既有线提速200 km/h

行 车 组 织

铁道部运输局

中 国 铁 道 出 版 社

2010年·北京

内 容 简 介

本书为适用于既有线提速200 km/h的培训教材。全书共分8章，主要介绍第六次大提速应用的200 km/h及以上动车组、CTCS2列控系统、CTC调度集中指挥系统等新设备与新技术以及CTC调度指挥、CTC车站作业、200 km/h动车组运行组织等行车组织方法。内容新颖，系统完整，实用性强。反映和体现了大提速的技术创新成果和相关技术标准、规章制度的变化。本书主要作为第六次提速车务系统专业人员培训教材，也可供铁路运输及其他相关专业技术人员参考。

图书在版编目(CIP)数据

既有线提速200km/h行车组织/铁道部运输局编．—北京：中国铁道出版社，2006.12(2010.9重印)

ISBN 978-7-113-07551-4

Ⅰ.既…　Ⅱ.铁…　Ⅲ.铁路行车—行车组织—技术培训—教材　Ⅳ.U292

中国版本图书馆CIP数据核字(2007)第006796号

书　　名：既有线提速200km/h行车组织

作　　者：铁道部运输局

出版发行：中国铁道出版社（100054，北京市宣武区右安门西街8号）

责任编辑：梁兆煜　熊安春　　**编辑部电话**：010-51873078

封面设计：冯龙彬

印　　刷：北京市彩桥印刷有限责任公司

开　　本：787×1 092　1/16　印张：16.5　字数：405千

版　　本：2006年12月第1版　2010年9月第3次印刷

印　　数：15 001～17 000册

书　　号：ISBN 978-7-113-07551-4/U·2005

定　　价：45.00元

前　言

从 1997 年 4 月 1 日实施第一次大面积提速调图开始，我国既有铁路已经连续进行了五次大面积提速调图，取得了显著的经济效益和社会效益，为社会、经济发展作出了重要贡献。2007 年 4 月 18 日全国铁路将实施第六次大面积提速调图。第六次提速调图是一次划时代的大提速，将在京哈、京沪、京广、陇海、浙赣、胶济等客货混跑繁忙干线密集开行 200 km/h 及以上的动车组，200 km/h 提速线路延展里程将达到 6 000 多公里，有条件的线路列车最高运行速度可达 250 km/h，在部分提速区段还要开行 5 500 t 重载列车和双层集装箱列车。无论是一次提速线路里程、最高速度值，还是运输组织方式，在世界铁路上都是空前的。第六次大面积提速调图是我国铁路发展史上重要的里程碑之一，是我国既有铁路跻身世界铁路先进行列的重要标志，是铁路部门深入贯彻落实科学发展观和构建和谐社会战略任务的重要举措，对我国铁路现代化建设和经济社会发展具有深远的意义和重要的作用。

第六次大面积提速调图将推出一系列重大技术创新成果，包括我国自主研发的 CTCS2 列控系统、CTC 调度集中指挥系统和 200 km/h 及以上国产化动车组。列车速度的大幅度提高和新技术新装备的广泛运用，对运输组织方法提出了新的更高的要求，给运输安全带来了全新挑战和严峻考验，要求主要行车岗位人员提高专业素质和工作技能，学习和掌握新的技术标准和规章制度，确保第六次大提速安全顺利实施。

主要行车岗位人员培训是第六次大提速各项准备工作的重要组成部分，为做好车务系统专业人员的提速培训工作，按照铁道部领导的统一部署，由铁道部运输局组织西南交通大学和北京交通大学的相关专家共同编写了这本车务系统专业人员提速培训教材《既有线提速 200 km/h 行车组织》。

本书共分 8 章，主要介绍第六次大提速应用的 200 km/h 及以上动车组、CTCS2 列控系统、CTC 调度集中指挥系统等新设备与新技术以及 CTC 调度指挥、CTC 车站作业、200 km/h 动车组运行组织等行车组织方法，力求全面反映第六次大提速推出的技术创新成果，综合体现《铁路技术管理规程》、《时速 200 公里提速线路技术管理暂行办法》、《既有线提速 200 公里技术条件》等相关技术标准和规章制度的新内容。本书主要作为第六次提速车务系统专业人员培训教材，也可供铁路运输及其他相关专业技术人员参考。

本书由张海军担任主编，赵春雷担任副主编，参加本书编写的人员有：张超（第一章第一节），李映红（第一章第二节），蒋文怡（第一章第三节），吴俊勇（第一章第四节），赵鹏（第二章），韩学雷、魏玉光（第三章），何世伟、乐逸祥（第四章），王长林（第五章），王慈光（第六章），阎海峰（第七章），牟瑞芳（第八章）。全书总体结构、各章内容由铁道部运输局组织祝建平、徐建光、马驷、何世伟、乐逸祥、赵鹏、廖文胜、徐伟、程禹、林昌忠、余梦雄、林维统合、审定。铁道部运输局刘伟担任主审。

本书编写过程中，铁道部运输局先后组织了多次研讨会，参加会议的铁道部科技司、安监司及铁道科学研究院的有关领导和专家，以及济南、沈阳、北京、上海、南昌、郑州、武汉、西安、成都等铁路局，广铁（集团）公司运输处和调度所的有关同志提出了大量宝贵的意见，感谢他们的大力支持和帮助。

由于教材内容新，编写时间紧，难免存在各种缺陷和不足，恳请读者批评指正。

铁道部运输局

2006 年 12 月

目　录

第一章　固定设备

第一节　线路与站场

一、车站线路种类

在铁路车站内，除与区间直接连通的正线外，还设有站线及特别用途线，见图 1—1。

站线包括以下几类：

(1) 供接发旅客列车或货物列车用的到发线；

(2) 供解体或编组货物列车用的调车线和牵出线；

(3) 办理装卸作业的货物线；

(4) 办理其他各种作业的线路，如机车走行线、存车线、检修线等。

特别用途线是指为保证行车安全而设置的安全线和避难线。

此外，还有一些不属于车站管辖范围但与车站连接的线路，如通向工矿企业或仓库的工业企业线，以及机务段、车辆段等管辖的段管线。

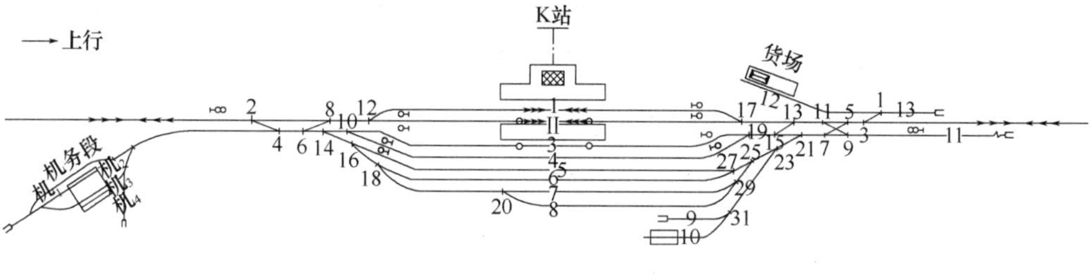

图 1—1　车站线路示意图

Ⅱ—正线；1、3、4—到发线；5、6、7、8—调车线；9、10—站修线；11、13—牵出线；12—货物线；机$_1$—机车走行线；机$_2$、机$_3$—整备线；机$_4$—卸油线。

二、限　　界

为了确保行车安全，凡接近线路的各种建筑物及设备，必须与线路保持一定的距离。同时，对于在线路上运行的机车车辆的横断面尺寸，也应有一定的规定。为此，铁路制定了各种专门的限界，其中最基本的是机车车辆限界和建筑限界。

机车车辆限界是一个和线路中心线垂直的横断面轮廓。无论是新造的机车车辆还是各种部件具有最大限度公差或磨耗的空重车，停在水平直线上时，沿车身所有一切突出部分和悬挂部分，除升起的受电弓外，都必须容纳在限界轮廓之内，严禁超出。铁路机车车辆上部限界如图 1—2、1—3 所示。

建筑限界也是一个和线路中心线垂直的横断面轮廓。在此轮廓内，除机车车辆及与机车车辆有相互作用的设备（车辆减速器、路签授受器、接触电线等）外，其他设备及建筑物均

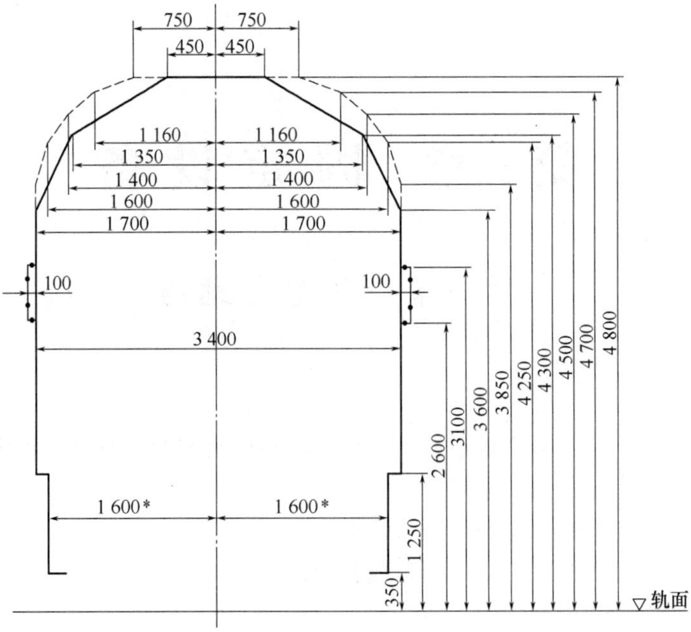

图 1—2　铁路机车车辆上部限界（v<200 km/h）（单位：mm）

—————— 机车车辆限界基本轮廓。

－－－－－－－ 电力机车限界轮廓。

—•—•—•— 列车信号装置限界轮廓。

* 电力机车在距轨面高 350～1 250 mm 范围内为 1 675 mm。

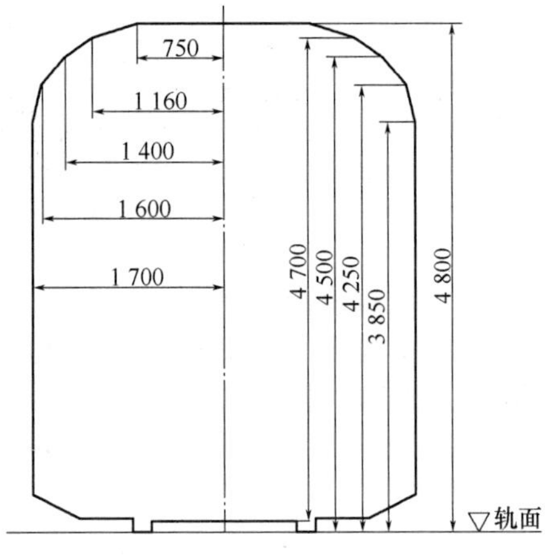

图 1—3　铁路机车车辆上部限界（v≥200 km/h）（单位：mm）

不得侵入。与机车车辆有相互作用的设备，也只能与机车车辆指定的部分接触。我国铁路的建筑限界如图 1—4、图 1—5、图 1—6 所示。

在制定铁路建筑限界时，不但要考虑超限货物的运输要求及车辆在运行中的震动偏移量，而且对超限货物的尺寸也要限定一个范围。为此，需要规定超限货物的最大装载限界尺寸。

三、相邻线路间的中心距离

在车站，相邻两线路中心线间的距离（简称线间距离），一方面要保证行车安全及车站

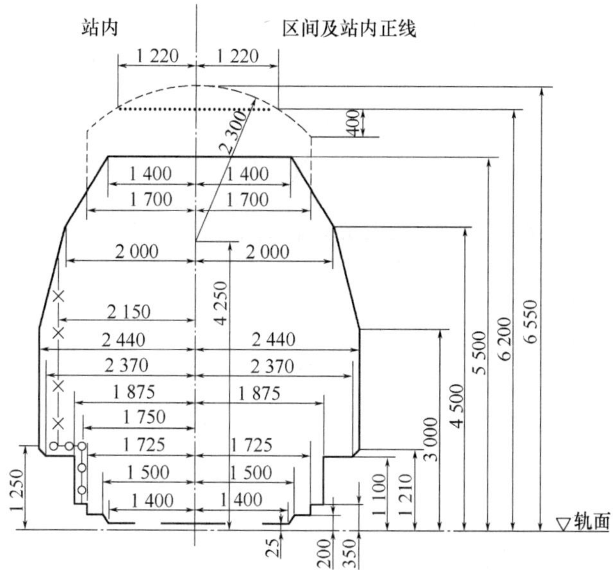

图 1—4　客货共线铁路基本建筑限界图（$v \leqslant 160$ km/h）（单位：mm）

—×—×—×— 信号机建筑限界（正线不适用）。
—o—o—o— 站台建筑限界（正线不适用）。
———— 各种建筑物的基本限界。
- - - - - - - 适用于电力牵引区段的跨线桥、天桥及雨棚等建筑物。
·········· 电力牵引区段的跨线桥在困难条件下的最小高度。

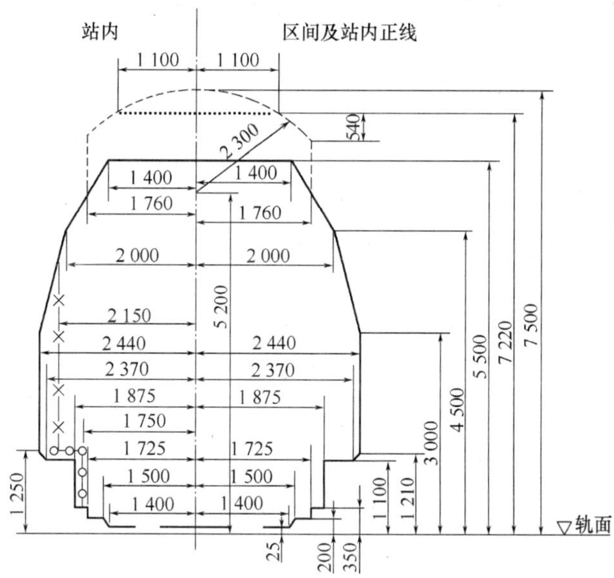

图 1—5　客货共线铁路建筑限界图（160 km/h$< v \leqslant$200 km/h）（单位：mm）

—×—×—×— 信号机建筑限界（正线不适用）。
—o—o—o— 站台建筑限界（正线不适用）。
———— 各种建筑物的基本限界。
- - - - - - - 适用于电力牵引区段的跨线桥、天桥及雨棚等建筑物。
·········· 电力牵引区段的跨线桥在困难条件下的最小高度。

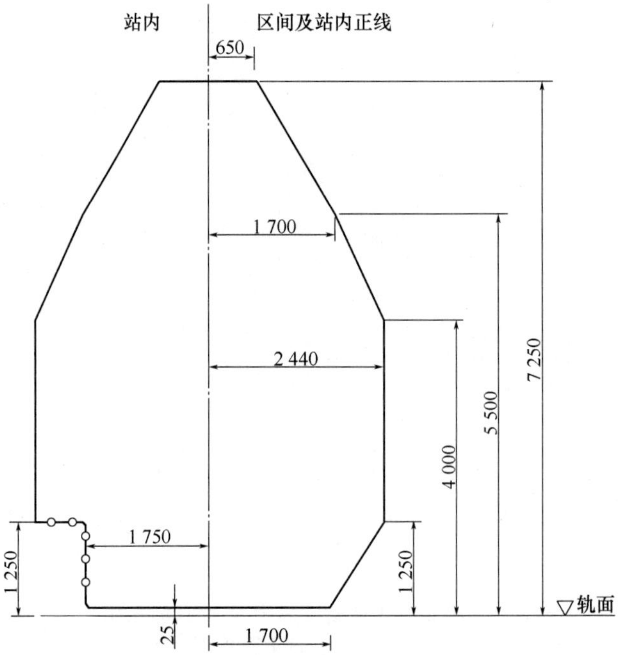

图 1—6　客运专线铁路建筑限界图（200 km/h≤v≤350 km/h）（单位：mm）

—o—o—o— 站台建筑限界（正线不适用）。

———— 各种建筑物的基本限界，也适用于桥梁和隧道。

工作人员进行相关作业的安全和便利，另外还要考虑通行超限货物列车和在两线间装设行车设备的需要。

线间距离决定于下列各项因素：

（1）机车车辆限界；

（2）建筑限界；

（3）超限货物装载限界；

（4）设置在相邻线路间有关设备的计算宽度；

（5）在相邻线路间办理作业的性质。

在新建或改建车站时，在线路的直线地段，站内两相邻线路中心线的间距见表 1—1 及表 1—2。

表 1—1　客货共线铁路线间距

<table>
<tr><th>顺序</th><th colspan="4">名　　称</th><th>线间最小距离/mm</th></tr>
<tr><td rowspan="3">1</td><td rowspan="3">区间双线</td><td colspan="3">v≤120 km/h</td><td>4 000</td></tr>
<tr><td colspan="3">120 km/h<v≤160 km/h</td><td>4 200</td></tr>
<tr><td colspan="3">160 km/h<v≤ 200 km/h</td><td>4 400</td></tr>
<tr><td>2</td><td colspan="4">三线及四线区间的第二线与第三线</td><td>5 300</td></tr>
<tr><td>3</td><td colspan="4">站内正线</td><td>5 000</td></tr>
<tr><td rowspan="7">4</td><td rowspan="7">站内正线与相邻到发线</td><td colspan="3">无列检作业</td><td>5 000</td></tr>
<tr><td rowspan="6">有列检作业或加水作业</td><td rowspan="2">v≤120 km/h</td><td>一般</td><td>5 500</td></tr>
<tr><td>改建特别困难</td><td>5000</td></tr>
<tr><td rowspan="2">120 km/h<v≤160 km/h</td><td>一般</td><td>6 000</td></tr>
<tr><td>改建特别困难</td><td>5 500</td></tr>
<tr><td rowspan="2">160 km/h<v≤200 km/h</td><td>一般</td><td>6 500</td></tr>
<tr><td>改建特别困难</td><td>5 500</td></tr>
</table>

续上表

顺序	名　　称		线间最小距离/mm
5	到发线与相邻到发线		5 000
6	站内相邻两线均需通行超限货物列车	线间装有高柱信号机	5 300
7	站内相邻两线只有一条通行超限货物列车	线间装有高柱信号机	5 000
8	铺设列检小车轨道的两到发线		5 500
9	换装线		3 600
10	编组站、区段站的站修线与相邻一条线		8 000
11	牵出线与其相邻线	调车作业繁忙车站	6 500
		改建困难或仅办理摘挂取送作业	5 000
12	站内中间设有接触网支柱的相邻线		6 500
13	线间设有融雪设备的相邻线		5 800
14	安全线与其他线路		5 000
15	其他站线		4 600

表 1－2　客运专线铁路线间距

顺序	名　　称		线间设施	线间最小距离/mm
1	区间正线、站内正线	200 km/h		4 400
		200 km/h<v≤250 km/h		4 600
		250 km/h<v≤300 km/h		4 800
		300 km/h<v≤350 km/h		5 000
2	正线与相邻到发线		无	5 000
			声屏障	5 940＋结构宽
			接触网支柱	5 200＋结构宽
			雨棚柱	4 590＋结构宽
			有站台	3 530＋站台宽
3	到发线间或到发线与其他线		无	5 000
			接触网支柱	5 000＋结构宽
			雨棚柱	4 300＋结构宽
			有站台	3 500＋站台宽
4	正线与其他线		无	5 000

站内正线保证能通过超限货物列车。此外，在编组站、区段站及区段内选定的三至五个中间站上，单线铁路应另有一条线路，双线铁路上、下行各另有一条线路，须能通行超限货物列车。

区间及站内线路曲线部分中心线间的水平距离，线路中心线至建筑限界的水平距离，均按曲线半径大小，根据《铁路技术管理规程》规定的曲线上建筑限界加宽公式计算确定。

铁路线路两侧应按规定设立安全保护区，在安全保护区边界设置标桩，并根据需要设置围墙、栅栏、防护桩等防护设施。

对于既有线提速（200 km/h）车站，在站内线路的直线地段，与通过 200 km/h 客车正线相邻线路的线间距应符合表 1—3 的规定。

四、道岔辙叉号码选择及连接

在铁路车站，为了保证机车车辆及列车能够由一条线路进入或越过另一条线路，需铺设线路连接设备。在线路连接设备中，最广泛采用的是道岔。道岔种类很多，常用的有单开道岔、对称道岔、三开道岔及交分道岔 4 种。

表 1－3　既有线提速（200 km/h）站内线间距

序号	名　称		线间距/mm	
1	正线间		5 000	
2	正线与无列检（或加水）作业的到发线间		5 000	
3	正线与有列检（或加水）作业的到发线间		一般	6 500
			改建特别困难	5 500
4	正线与到发线间设有中间站台时	高站台（不通行超限货物列车）	一般	3 625＋站台宽
			改建特别困难	3 500＋站台宽
		低站台		3 500＋站台宽
5	正线与牵出线间	调车作业频繁车站		6 500
		改建困难或仅办理摘挂取送作业		5 000
6	正线与其他站线间（含机车走行线）		5 000	

1. 提速道岔的特点

9 号、18 号和 30 号提速道岔是在 60 kg/m 钢轨 12 号提速道岔的基础上发展的，故提速道岔的结构介绍以 12 号为例。

在转辙器结构方面，60 kg/m 钢轨 12 号提速道岔在下列方面延续了 60 kg/m 钢轨 12 号单开道岔的特点：

（1）尖轨用矮型特种断面钢轨制造，强度与钢度大大增加。

（2）尖轨尖端与基本轨采用藏尖式结构，避免了尖轨尖端被车轮撞击。

（3）尖轨跟端 450 mm 范围按模压成形工艺制成 60 kg/m 钢轨断面，尖轨与辙后连接轨可采用普通夹板联结或焊接，大大提高了辙跟稳定性。

同时在转辙器结构方面，60 kg/m 钢轨 12 号提速道岔与 60 kg/m 钢轨 12 号单开道岔相比，在下列方面有了改进：

（1）尖轨长度由 11 300 mm 加长到 13 880 mm，尖轨在理论可弯段轨底不作刨切，增加了尖轨强度，可避免尖轨在削弱断面处伤损。

（2）两尖轨之间不设连接杆，采用分动方式转换，降低了尖轨的转换阻力，解决了长期以来原 11 300 mmAT 尖轨转换阻力大和反弹等问题。

（3）在尖轨跟部设有限位器。如图 1－7 所示。限位器由两铸钢件组成，一为 Ⅱ 形件固定在基本轨上，一为 T 形件固定在尖轨上，限位器设置在距尖轨跟端 1 800 mm 处。限位器容许尖轨与基本轨有一定的相对位移。当位移至极限位置时，限位器可限制尖轨与基本轨进一步相对位移。

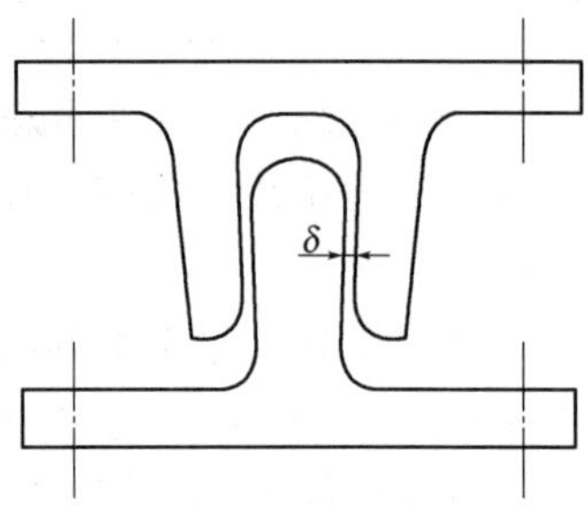

图 1－7　限位器

（4）焊接在垫板上的滑床台板厚度为 27 mm。对基本轨的扣压，在作用边一侧采用弹片扣压，另一侧采用Ⅱ型（或Ⅲ型）弹条扣压，大大提高了基本轨的稳定性和安全可靠性。滑床板结构如图 1－8 所示。

（5）滑床板在基本轨位置铣出 1∶40 的轨底坡，尖轨在轨顶面铣出 1∶40 的轨顶坡。为便于尖轨跟端与导曲线钢轨的联结，尖轨跟部成型段按 1∶40 扭转。

（6）侧向尖轨采用切线型曲线尖轨；对侧向行车较多，尖轨侧向磨耗严重的道岔，可采用特殊设计的耐磨尖轨。

辙叉方面，如图 1－9 所示。固定型辙叉 60 kg/m 钢轨 12 号提速道岔在以下构造方面与 60 kg/m 钢轨 12 号单开道岔相同：

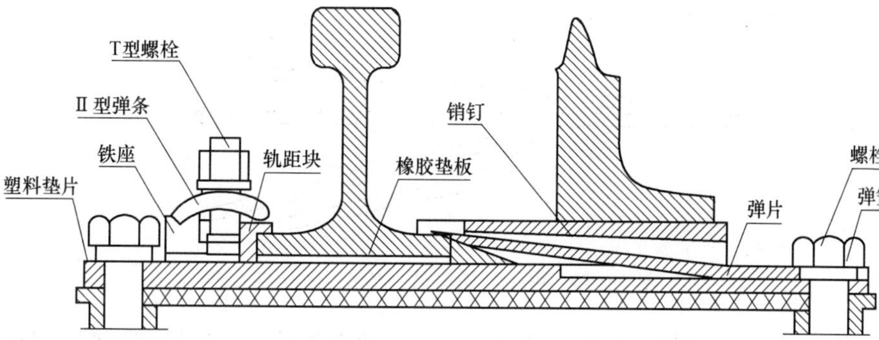

图 1—8　提速道岔滑床板结构

（1）采用高锰钢整铸直线型辙叉。

（2）趾端和跟端接头均采用双接头夹板联结。

（3）辙叉与岔枕间设铁垫板。

（4）翼轨及心轨顶面、工作边侧面、轨端、接头夹板贴合面、辙叉底面及轨距块的贴合面要进行表面加工。

（5）辙叉断面沿用传统结构型式，在型腔内设两条纵肋。

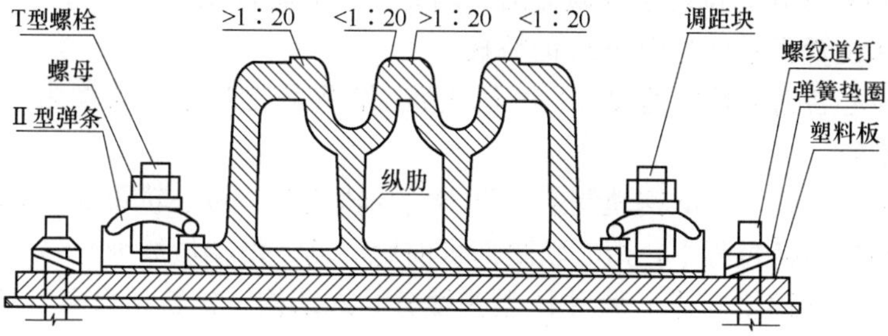

图 1—9　提速道岔辙叉

60 kg/m 钢轨 12 号提速道岔与 60 kg/m 钢轨 12 号单开道岔相比，固定型辙叉在如下结构上有了改进：

（1）翼轨缓冲段冲击角由原来的 46′减少为 34′。

（2）锰钢辙叉心轨设 1∶20 轨顶坡，翼轨的趾、跟端设 1∶40 轨顶坡，直接铸造成型或机加工成型。不同的轨顶坡分别在距辙叉的趾、跟端各 600 mm 的范围内逐渐过渡。

（3）护轨垫板厚度为 25 mm，采用 16 Mn 合金钢，安全储备大，可防止护轨垫板断裂。

（4）为缓和动力冲击作用，锰钢辙叉下设 5 mm 厚的橡胶垫板，在混凝土岔枕与垫板间设 10 mm 厚的橡胶垫板。由于护轨垫板厚度较辙叉垫板厚度相差 5 mm，辙叉设 1∶20 轨顶坡，护轨轨设 1∶40 轨底坡，造成高差 1 mm，故在护轨范围内的辙叉垫板（岔枕号 51～62 号范围内）下需增设 6 mm 厚塑料垫片。

可动心轨辙叉，如图 1—10 所示。其构造和特点如下：

（1）长、短心轨均用 60 kg/mAT 轨制造，长心轨与短心轨之间用间隔铁联结。长心轨为弹性可弯式，在理论弹性可弯部分轨底作刨切。长心轨跟端用模压成形工艺制成 60 kg/m 钢轨断面，与岔后连接轨可采用普通接头夹板联结或焊接，短心轨跟端为滑动端，与叉跟尖轨联结。

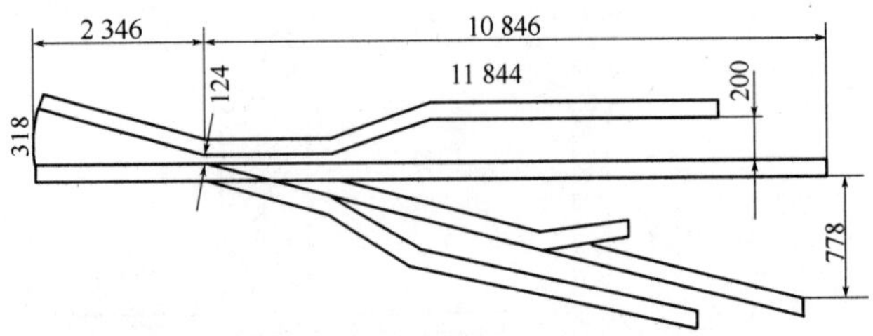

图 1—10　可动心轨辙叉（单位：mm）

(2) 采用 60 kg/m 钢轨制造的加长翼轨，在长心轨跟部设 3 个双孔间隔铁，用 6 个 M27 高强螺栓与长翼轨联结，增强辙叉整体稳定性，通过间隔铁的摩擦阻力传递区间钢轨温度力，能有效阻止长心轨位移，以适应跨区间无缝线路的铺设。

(3) 心轨转换采用二点牵引及外锁闭装置。在长心轨第一牵引点处，用热锻方式在轨底下部锻造出转换凸缘。转换杆件从翼轨下通过，与心轨联结，达到转换目的。

(4) 长、短心轨的顶面均刨切成 1∶40 的轨顶坡，在长心轨跟端成形段的起点按1∶40 扭转，以便与区间钢轨相连接。

(5) 翼轨采用 60 kg/m 钢轨制造，在对应长心轨转换凸缘部位，翼轨内侧轨底设有宽度为 55 mm 的切口，该切口削弱了翼轨截面。因此，在翼轨外侧轨腰处加装了厚度为25 mm的补强板，在下部设置了厚度为 20 mm 的桥板。

(6) 翼轨与心轨密贴段之前设 1∶40 轨底坡，密贴段之后通过长度为 400 mm 的过渡段将翼轨扭转成平坡。

(7) 叉跟尖轨用 60 kg/m 钢轨制造，设 1∶40 轨底坡。短心轨跟部与叉跟尖轨非工作边相互贴合，在心轨转换过程中，短心轨跟部可前后滑动，滑动量约为 6 mm。

护轨用 50 kg/m 钢轨制造，采用 H 型弹性分开式结构，护轨顶面高出基本轨 12 mm。

道岔采用分动外锁闭的优点是：

(1) 外锁闭装置直接承受列车轮对通过时对道岔的冲击振动及尖轨的反弹力，可大大减轻转辙机及安装装置各零部件的机械磨损，大幅度提高转辙设备的使用寿命。

(2) 采用内锁闭转换的道岔，工务部门维修调整道岔轨距、水平时，电务部门必须同时调整转换装置各种杆件位置，否则可能造成锁闭失常。而采用外锁闭转换的道岔，道岔轨距发生变化时，尖轨仍能保证锁闭。

(3) 采用外锁闭转换系统，安全可靠度大，因尖轨与基本轨直接用外锁闭装置锁闭，实际锁闭点和应该锁闭点不再通过多种杆件传到转辙机内进行锁闭，安全可靠。

60 kg/m 钢轨 18 号道岔全长 60 000 mm，导曲线采用圆曲线，半径 R 为 800 m。尖轨与基本轨的平面连接采用半切线型，切点在尖轨顶宽 20 mm 断面处，尖轨尖端由顶宽 3 mm 断面处向前 274 mm 作藏尖刨切，跟部采用限位器结构。尖轨长度为 15 680 mm，用 60 kg/mAT 轨制造，跟端为弹性可弯式。可动心轨辙叉采用钢轨组合型，长度为 17 392 mm。心轨用 60 kg/mAT 轨，长心轨后部设弹性可弯段，短心轨末端为滑动端，长心轨尖端采用热加工锻出一个“转换凸缘”，直接与外锁闭装置接头铁联结，实现心轨的转换。翼轨采用长翼轨，用 60 kg/m 钢轨制造。尖轨设 3 个牵引点，采用分动外锁闭装置、心轨两牵引点。

60 kg/m 钢轨 30 号提速道岔全长 102 400 mm，导曲线采用单一的圆曲线，半径 R 为 2 700 m。尖轨与基本轨的平面连接线型为半切线型，辙叉为曲线型可动心轨。尖轨长度为

27 980 mm，采用两根 60 kg/mAT 轨加工焊接而成，跟端为弹性可弯式，尖轨尖端部位在顶面宽 2 mm 处作藏尖刨切，刨切长度为 206 mm，跟部设两个限位器。可动心轨辙叉长度为 24 596 mm，心轨用 60 kg/mAT 钢轨拼装制造，长心轨跟端为弹性可弯式，短心轨跟端为滑动端，采用长翼轨，用 60 kg/m 钢轨制造。心轨尾部与翼轨之间用 4 个铸钢间隔铁和 8 根 27 高强螺栓联结，螺栓扭矩为 700～900 N·m，翼轨一侧的轨腰螺栓为长圆孔，容许心轨和翼轨有相对错位。当错位至极限位置时，可将区间钢轨温度力放散近 600 kN，从而减少传递至翼轨、尖轨的温度力。尖轨转换采用多点多机、分动及钩型外锁闭，共设 6 个牵引点。心轨转换采用多点多机及燕尾型外锁闭，共设 3 个牵引点。

2. 道岔辙叉号码的选用

道岔的辙叉号码（道岔号数）可用道岔辙叉角的余切（即辙叉的跟端长和跟端支距的比值）来确定，如图 1—11 所示，即

$$N=FE/AE=\cot\alpha$$

式中

N ——道岔辙叉号数；

FE ——辙叉跟端长；

AE ——辙叉跟端支距。

我国常用道岔的有关尺寸及侧向允许速度如表 1—4 所示。

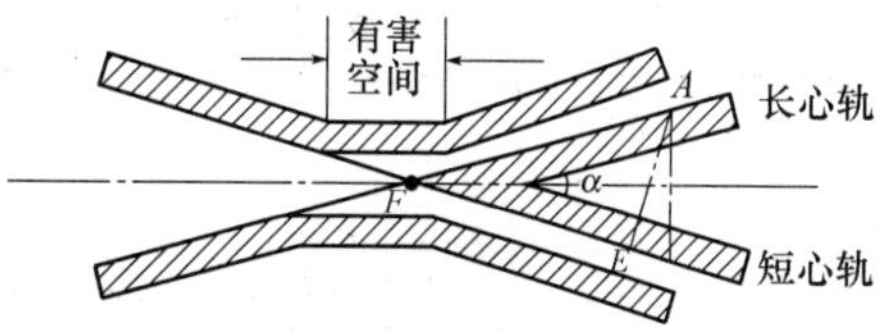

图 1—11　道岔辙叉号码的确定

表 1—4　常用道岔尺寸及侧向允许通过速度表

道岔类型	辙叉号码	辙叉角 α	道岔导曲线半径 R_0/m	道岔全长 L_Q/m	道岔侧向允许通过速度 v/km·h^{-1}
单开道岔	9	6°20′25″	180	28.848	30
	12	4°45′49″	330	36.815	45
	18	3°10′12.5″	800	54	80
对称道岔	6	9°27′44″	180	17.457	35
	9	6°20′25″	300	25.354	45
提速道岔	9	6°20′25″	180	28.848	30
	12	4°45′49″	330	36.815	45
	18	3°10′47″	800	60	80
	30	1°30′26.8″	2 700	102.4	140
	38	0°53′33″	3 300	136.2	140

从表 1—4 中可以看出，辙叉号码 N 越大，辙叉角越小，导曲线半径 R_0 越大，侧向过岔允许速度越高。但 N 越大，则道岔全长 L_Q 越长，占地长度也越长。同时，采用辙叉号码大的道岔，工程费用增加，故设计站场时，辙叉号码应按《铁路技术管理规程》的下列规定选用：

（1）用于侧向通过列车，速度 80 km/h 以上至 140 km/h 的单开道岔，不得小于 30 号；

（2）用于侧向通过列车，速度 50 km/h 以上至 80 km/h 的单开道岔，不得小于 18 号；

（3）用于侧向通过列车，速度不超过 50 km/h 的单开道岔，不得小于 12 号；

（4）用于侧向接发停车旅客列车的单开道岔，不得小于 12 号；

（5）用于侧向接发停车货物列车并位于正线的单开道岔，在中间站不得小于 12 号，在其他车站不得小于 9 号；

(6) 其他线路的单开道岔，不得小于 9 号；

(7) 狭窄的站场采用交分道岔，不得小于 9 号，但尽量不用于正线，必须采用时，不得小于 12 号；

(8) 峰下线路采用对称道岔，不得小于 6 号；采用三开道岔，不得小于 7 号；

(9) 段管线采用对称道岔，不得小于 6 号；

(10) 在新建或改建铁路上，列车运行速度 120 km/h 以上并小于 160 km/h 的区段，正线道岔采用固定型辙叉、轨底坡 1∶40、分动外锁闭的Ⅱ型道岔；列车运行速度 160 km/h 及以上至 200 km/h 或货车轴重 25 t 的区段，正线道岔应采用可动心轨、轨底坡1∶40、分动外锁闭的Ⅰ型道岔。

关于提速道岔的直向允许通过速度，从设计角度看，允许通过速度可达200～300 km/h，因为直向限制速度的因素都在提速道岔上得到了解决或根本改善，但由于缺少理论依据和实测数据，设计图标明的直向允许通过速度为 160 km/h，如表 1—5 所示。

表 1—5　9 号、12 号、18 号道岔直、侧向允许通过速度

轨型 /kg·m^{-1}	道岔号数	道岔结构	直向允许通过速度/km·h^{-1}	侧向允许通过速度 /km·h^{-1}
50	9	普通断面尖轨，跟端活接头，钢轨组合辙叉	85	30
		AT 尖轨，跟端活接头，高锰钢整铸辙叉	90	
	12	普通断面尖轨，跟端活接头，高锰钢整铸辙叉	110	R=300 m 时 40；R=350 m 时 50
		AT 尖轨，可弯式跟端结构，高锰钢整铸辙叉	120	
	18	AT 尖轨，跟端活接头，钢轨组合辙叉 AT 尖轨，可弯式跟端结构，钢轨组合辙叉	100 120	75
60	9	普通断面尖轨，跟端活接头，高锰钢整铸辙叉	95	30
		AT 尖轨，跟端活接头，高锰钢整铸辙叉	95	
	12	普通断面尖轨，跟端活接头，高锰钢整铸辙叉（过渡型）	110	40
		AT 尖轨，可弯式跟端结构，高锰钢整铸辙叉	120	50
		AT 尖轨，可弯式跟端结构，可动心轨辙叉	160	
	18	AT 尖轨，可弯式跟端结构，可动心轨辙叉	160	75

3. 相邻两道岔中心间的距离

设计车站时，为了缩短车站咽喉长度以及机车车辆站内走行距离，并节省工程投资及运营费用，相邻道岔应力求排列紧凑。但如果两岔心间距离太短，则会影响行车的安全、平稳及道岔使用年限。为此，有关规章规定了两相邻道岔间的最小距离。该距离与道岔配列的形式及其办理的作业性质有关。

(1) 在基线异侧、同侧布置两个对向道岔，如表 1—6 所示。采用这两种形式，若两相邻道岔紧密布置，则在大型机车经过时，易使机车产生扭力，影响行车平稳，而且对道岔损害也大。如在两道岔间加一直线段，则行车就比较平稳，道岔损害也小。两相邻道岔间的最小距离应为

$$L=a_1+f+a_2+\Delta$$

式中

a_1 ——从第一组道岔基本轨起点到道岔中心的距离；

a_2 ——从另一组道岔基本轨起点到道岔中心的距离；

f ——两对向道岔基本轨起点间插入的直线段长，可采用表 1—6 中所列数值；

Δ ——轨缝的长度，按 0.008 m 计。

表 1—6　两道岔间插入钢轨的最小长度表

道岔布置	线别	f 值/m		
		有正规列车同时通过两侧线时		无正规列车同时通过两侧线时
		一般情况	特殊情况	
(a) 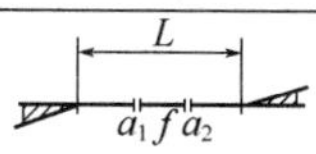	正线	12.50	6.25	6.25
	到发线	6.25	6.25	0
(b) 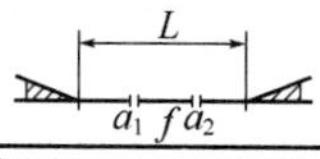	其他站线和次要站线	—	—	0

注：正线上有正规列车同时通过两侧线时，18 号单开道岔间不应小于 25 m。

（2）在基线异侧布置两个顺向道岔，如表 1—7 所示。在基线的支分线路上又顺向布置一个道岔亦属此种形式。

采用此种形式，若相邻道岔紧接着布置，则大型机车经过时，机车及其所挂的车辆将产生摇摆震动，影响列车的平稳和损害道岔。因此，在相邻道岔间亦应加一直线段，以改善运营条件和减少对道岔的损害。两相邻道岔间的最小距离应为

$$L=a_2+f+b_1+\Delta$$

式中 b_1 为从第一组道岔辙叉后跟到道岔中心的距离，可采用表 1—7 中所列数值。

表 1—7　基线异侧两顺向单开道岔间插入钢轨的最小长度

道 岔 布 置	线　别	f 值/m	
		木岔枕道岔	混凝土岔枕道岔
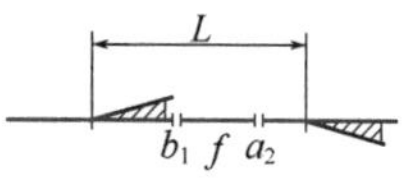 (a)　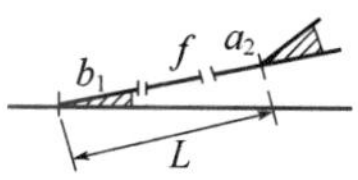 (b)	正线直向通过速度等于或大于 120 km/h	12.50	6.25
	正线直向通过速度小于 120 km/h	6.25	
	到发线	4.50	
	其他站线和次要站线	0	

注：1. 改建车站在列车直向通过速度为 120 km/h 及以上路段内，在特别困难条件下，插入短轨长度可采用不小于 6.25 m；

2. 相邻两道岔轨型不同，插入钢轨宜采用 6.25 m 或 12.5 m 异型轨；

3. 在其他站线和次要站线上，如一组道岔后顺向并连两组 9 号单开或 6 号对称道岔时，其中至少一个分路的前后两组道岔间应插入不小于 4.5 m 长的钢轨；

4. 两道岔连接宜采用同种类岔枕，当采用不同种类岔枕时，站线上插入钢轨的长度不宜小于 12.5 m，正线上应满足两道岔相邻端各铺设 50 根同种类轨枕的要求；

5. 对称道岔间的插入钢轨长度，对向布置可不插入短轨，顺向布置最小长度为 4.5 m；三开道岔与其他类型相邻道岔间的插入钢轨长度，可根据配置形式及道岔结构采用不同的长度。

表 1—6、1—7 中所列数值是按Ⅰ、Ⅱ级铁路标准考虑的，但Ⅲ级铁路也可参照办理。

正线行车速度较高，所加直线段要求长一些，一般取 12.5 m（一根钢轨长）。如两道岔顺向布置，则机车车辆经过时，影响行车平稳和对道岔的损害程度没有对向布置的严重，因此直线插入段可短一些。由于《铁路线路修理规则》规定钢轨最短不能小于 4.5 m，所以规定在困难情况下可采用 4.5 m。在其他站线上，机车车辆通过的速度较低，直线插入段可以不设，即 $f=0$。

（3）在基线同侧布置两个顺向道岔，如图1－12所示。梯线上两相邻道岔亦属此种布置形式。

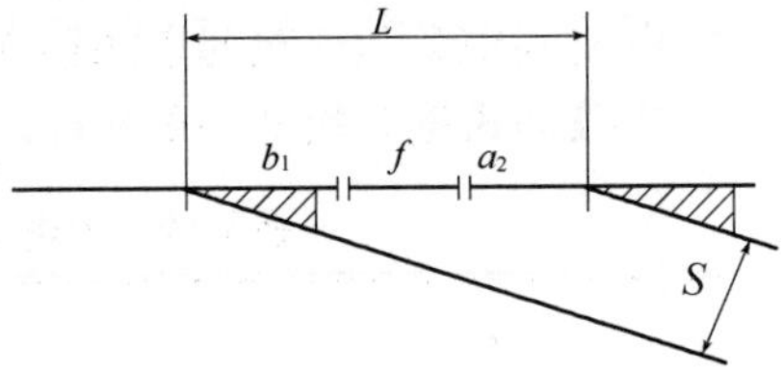

图 1－12　两道岔顺向布置在基线同侧

这种布置的两相邻岔心间的最小距离 L 决定于相邻线路的最小容许间距 S。其长度可按下式确定。

$$L=\frac{S}{\sin\alpha}$$

（4）在基线异侧布置两个辙叉尾部相对的道岔，如图 1－13 所示。两平行线间渡线道岔的布置亦属此种形式。

此种形式的两相邻岔心间的最小距离 L 亦决定于相邻线路的最小容许间距 S。其长度可按下式确定。

$$L=\frac{S}{\sin\alpha_{min}}$$

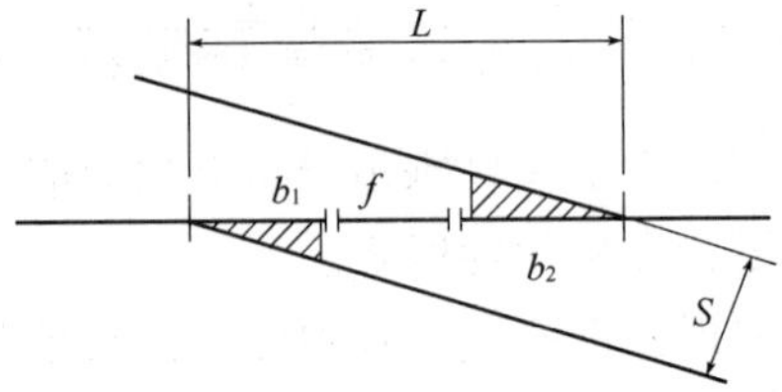

图 1－13　两道岔辙叉尾部相对布置在基线异侧

4. 提速线路（200 km/h）道岔辙叉号码选择及连接的有关规定

正线与到发线的连接道岔的号码，应根据道岔侧向通过速度确定。侧向通过速度大于 80 km/h、小于 140 km/h 时应采用 38 号可动心轨道岔；侧向通过速度大于 50 km/h、小于等于 80 km/h 时应采用 18 号可动心轨道岔；侧向通过速度小于等于 50 km/h 时，应采用 18 号或 12 号可动心轨道岔。

站内正线上两组连续对向铺设的道岔间插入短轨长度，当有旅客列车同时通过两侧线时，不应短于 50 m；困难条件下不应短于 33 m。当无旅客列车同时通过两侧线或道岔顺向铺设时，宜采用 25 m，困难条件下不应短于 12.5 m。

车站两端 200 km/h 客车通过正线道岔距曲线头长度不宜短于 70 m，困难条件下不应短于 30 m。

五、提速线路客运设施

专门用于接发客车的到发线有效长度应不小于 700 m，困难条件下单方向使用的到发线有效长度不小于 575 m。

200 km/h 旅客列车停靠的站台宜采用高站台，高出轨面 1 250 mm；站台长度应为 550 m，在困难条件下，可采用 450 m。根据需要，在高站台下方设置列车检查通道，有效高度不低于 1 800 mm。邻靠通过超限货物列车线路的站台或改造困难时，可根据超限级别选用 300 mm 或 500 mm 的站台高度。

旅客站台不宜邻靠正线。旅客列车通过的车站，通过线路的站台安全标线与站台边缘距离规定为：列车通过速度不超过 120 km/h 时，1 000 mm；列车通过速度 120 km/h 以上至 160 km/h 时，1 500 mm；列车通过速度 160 km/h 以上至 200 km/h 时，2 000 mm，也可在距站台边缘 1 m 处设栅栏防护。

既有通行旅客、行包车辆的人行过道、平过道宜改造为地道或天桥。

六、提速线路中间站、会让站、越行站站型

改建越行站或会让站应采用不少于两条到发线的横列式站型，如图 1—14，1—15 所示。越行站两端咽喉区的正线间，宜设单渡线；有条件时应预留铺设八字形渡线的条件。

改建中间站应采用不少于两条到发线的横列式站型，如图 1—16 所示，两端咽喉区正线间设置渡线的规定宜与越行站规定相同。中间站台宜设在站房对侧的到发线外侧。

图 1—14　越行站平面布置示意图

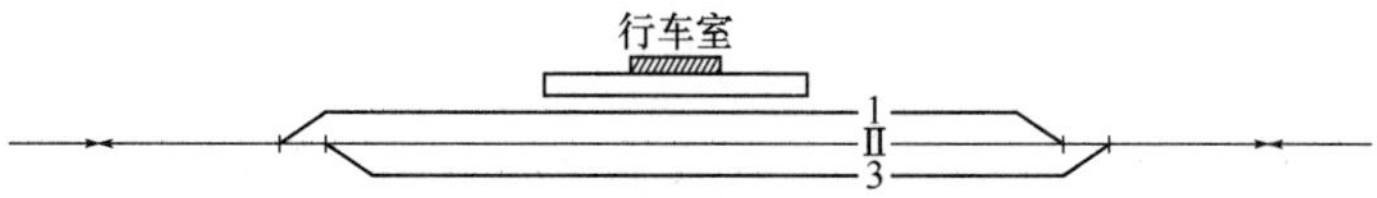

图 1—15　会让站平面布置示意图

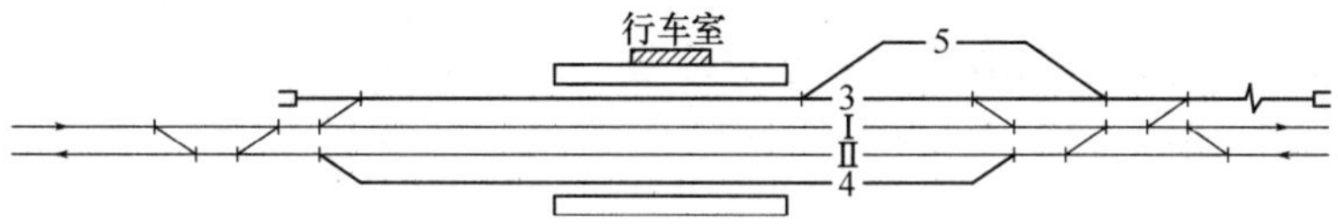

图 1—16　中间站平面布置示意图

200 km/h 旅客列车均停站的到发线平面曲线半径可保留既有标准。

七、提速线路站场安全设备及措施

为确保 200 km/h 客车通过车站的运行安全，应尽量减少正线出岔，除到发线外其他线路应避免直接与正线衔接。在困难条件下，必须在衔接处线路前方设置安全线或其他隔开设备；安全线的有效长不应小于 50 m，安全线与相邻线的间距不应小于 5 m。

有调车作业的中间站宜设置牵出线。

与通过正线相邻的同向到发线设于 1.0‰以上的下坡道上时，为防止车辆受高速列车通过风压影响而发生溜逸或其他原因引起车辆侵入正线，应在到发线下坡方向末端设置安全线。

八、提速线路正线平、纵断面

1. 最小曲线半径和曲线通过速度

最小曲线半径应根据客货列车近、远期的运行速度和超高参数允许值确定。改建 200 km/h地段最小曲线半径 3 500 m，困难条件下 2 800 m。既有线保留地段半径 2 500 m 的曲线通过速度可为 200 km/h。

最大曲线半径不宜大于 12 000 m。

2. 缓和曲线

缓和曲线采用三次抛物线线型。

缓和曲线长度应根据曲线半径，按表 1－8 的规定优先采用一般情况下的长度。当采用表列数值间的曲线半径时，其相应的缓和曲线长度可采用线性内插值，并进整为 10 m 的整倍数。使用困难情况下的缓和曲线长度时，必须经过技术经济比较确定。

表 1－8 缓和曲线长度

曲线半径/m	一般情况/m	困难情况/m	曲线半径/m	一般情况/m	困难情况/m
12 000	40	40	4 500	100	90
10 000	50	40	4 000	120	100
8 000	60	50	3 500	140	120
7 000	70	60	3 000	160	130
6 000	80	70	2 800	180	150
5 000	90	80	2 500	190	160

3. 夹直线及圆曲线最小长度

改建地段夹直线及圆曲线最小长度为 $0.7v_{max}$，困难条件下为 $0.5v_{max}$；既有线保留地段，困难条件下可为 $0.4v_{max}$。

4. 线间距

区间直线地段线间距不应小于 4.4 m，曲线地段的线间距按有关规定进行加宽。线间距的变更宜利用邻近曲线完成。

5. 线路纵断面

线路纵断面应避免大起大落改造，主要应通过增大牵引动力满足远期运输能力的要求。

最小坡段长度一般不宜小于 600 m，困难条件下不应小于 400 m，且连续使用时不得超过 2 个。

坡度代数差大于 1‰时，须设置圆曲线型竖曲线，且竖曲线最小长度不宜小于 25 m。竖曲线半径不得小于 15 000 m。

第二节 信 号

一、自动闭塞

（一）自动闭塞概述

自动闭塞是国内外大量应用的较为先进的行车闭塞方法。它可以在确保安全运行的条件下，增加列车运行密度，提高列车在区间内的运行速度。所谓自动闭塞就是根据列车运行状态及有关闭塞分区状态，自动变换通过信号机的显示。这种方法，由于不需要人的操纵，所以叫做自动闭塞。

利用通过信号机将一个区间划分为若干个闭塞分区（三显示自动闭塞其长度一般不小于 1 200 m），每个闭塞分区内都装有轨道电路（或列车检测设备），通过轨道电路将列车和通过信号机的显示联系起来，使信号机的显示按照列车运行或区间状态自动变换的系统（或制式）称为自动闭塞系统。图 1－17 是双线单方向自动闭塞示意图。

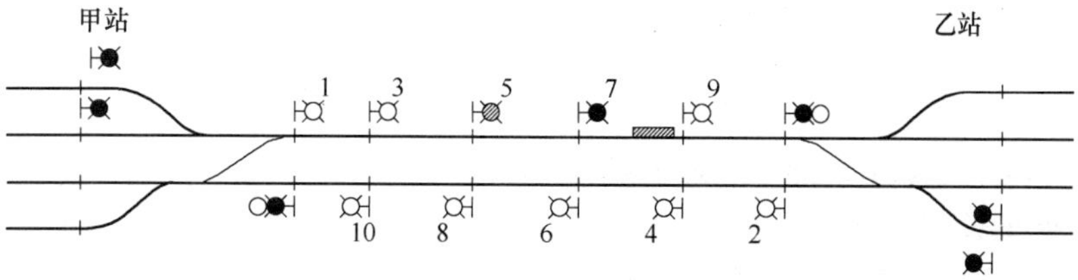

图 1－17　双线单向自动闭塞

在图 1－17 中，每个闭塞分区的始端都设置一架通过信号机，防护其后方的闭塞分区。这些通过信号机平时显示绿灯，即“定位开放式”，只有当列车占用该信号机所防护的闭塞分区或线路发生断轨、坍方等故障时，才显示红灯（停车信号）。

三显示自动闭塞的特点如下：

(1) 通过信号机的显示随列车所在位置的不同而自动改变显示，当显示绿灯，机车前方至少有 2 个闭塞分区空闲。

(2) 禁止信号（红显示）利用轨道电路传送，而其他命令可以利用轨道电路，也可利用其他通信道传送。另外对三显示自动闭塞必须传递 3 种以上的信息。

(3) 若利用轨道电路传送信息时，在每一个信号点处不但有接收本信号点信息的接收设备，同时还具有向前方信号点发送信息的发送设备。

图 1－18 是利用轨道电路传递自动闭塞信息的原理框图。

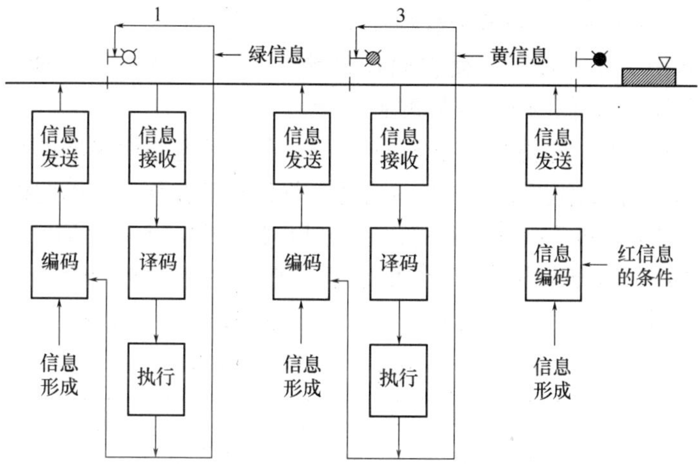

图 1－18　自动闭塞信息传递原理框图

（二）三显示自动闭塞追踪间隔时分

三显示自动闭塞通过信号机具有 3 种显示，能预告列车前方 2 个闭塞分区状态的自动闭塞。图 1－19 是三显示自动闭塞系统。由图可知，通过信号机的显示决定于两个轨道电路状态。

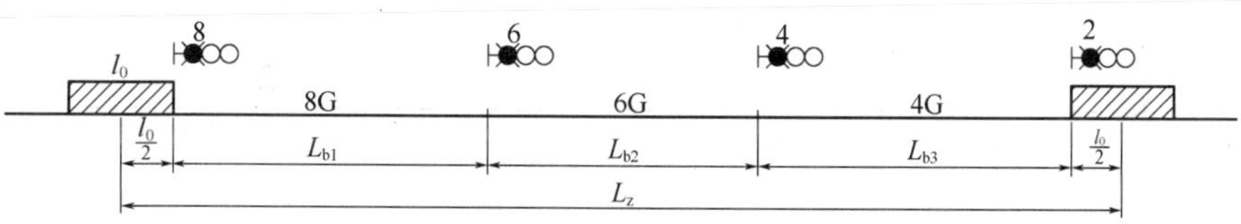

图 1－19　三显示自动闭塞系统

三显示自动闭塞列车追踪间隔时分：

$$I = 0.06\frac{l_0 + l_{b1} + l_{b2} + l_{b3}}{\overline{v}} = 0.06\frac{Lz}{\overline{v}}$$

式中　I——三显示自动闭差列车追踪间隔，min；

l_0——列车长度，m；

l_{b1}，l_{b2}，l_{b3}——闭塞分区长度，m；

$\overline{v}$——列车平均运行速度，km / h；

0.06——化“km / h”为“m / min”的系数。

（三）移频自动闭塞

移频自动闭塞是一种频率调制式的自动闭塞，它以轨道电路为通道，利用移频信号的形式传送低频控制信息，来自动控制区间通过信号机的显示。

移频信号是一种调制信号，它是以低频控制信号对载波信号的参数进行改变。移频信号的调制方式是使载频信号的频率 f_0 随低频控制信号的频率 F_c 产生一定形式的变化，因而也称它为频率调制或调频。图1—20为调频波形图。

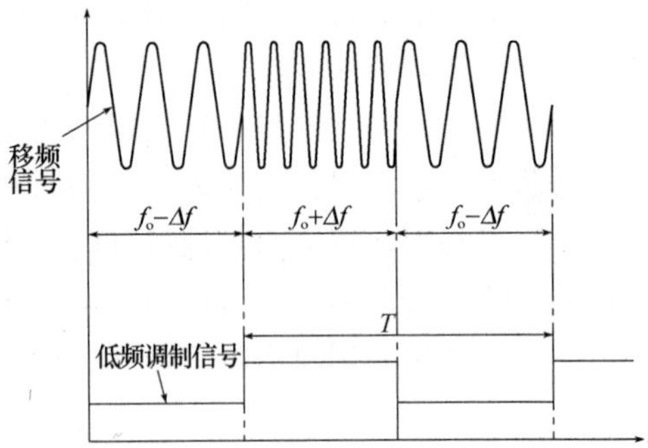

图1—20　调频波形图

移频信号的变化规律是以载频信号 f_0 为中心，作高低频率偏移，如图1—20所示。在轨道电路中传送的移频信号，是受低频控制信号 F_c 控制，作交替变化的高端载频 f_2 和低端载频 f_1，二者交替变化一次叫做一个周期T，而它们在每秒钟内交替变化的次数是与低频控制信号的频率 F_c 相同的，例如 F_c 为11Hz，即要交替变化11次/s。在轨道电路中传输的移频信号是低端载频 f_1 和高端载频 f_2，它们作近似突变性的变化，好像频率在移动，因此称为移频信号。

移频信号具有较强的抗干扰能力，可以防止外界信号的侵入，因而它既适用于内燃牵引区段，也适用于干扰大的交流电气牵引区段。移频信号的低频控制信号频率 F_c 共有4种，可参看表1—9。经过整形后的调制信号，其与信号显示的关系，如表1—10所示。

表1—9　移频信息与信号显示的关系

编码的定值（发送端地面信号机的显示）	产生的电码名称	信号频率（F_C）	在轨道电路中传输的移频信号高低载频交替变化的次数	接收端被控制的通过信号机的显示	被控制的机车信号的显示
	11赫信号	11 Hz	11		
	15赫信号	15 Hz	15		
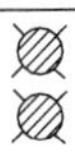	20赫信号	20 Hz	20		
	26赫信号	26 Hz	26		
有车占用或无码	——		——		或

注：1. 若载频，即中心频率为550 Hz，频偏为±55 Hz，则上、下边频各为605 Hz和495 Hz。
2. 用11 Hz调制，则上、下边频每秒钟要变化11次。其他以此类推。

移频自动闭塞的中心载频 f_0 设计为4种，上行线采用650 Hz和850 Hz两种频率交错排列，下行线以 550 Hz 和 750 Hz 两种频率交错排列，如图 1－21 所示。这样，可以防止同一线路两相邻闭塞分区之间，由于钢轨绝缘双破损造成的错误干扰，以及防止双线区段上、下行线路相互间的错误干扰。

表 1－10　移频信号的高、低载频的频率

中心载频 f_0/Hz	频偏 Δf/Hz	低端载频 $f_1=f_0-\Delta f$	高端载频 $f_2=f_0+\Delta f$
550	55	495	605
750	55	695	805
650	55	595	705
850	55	795	905

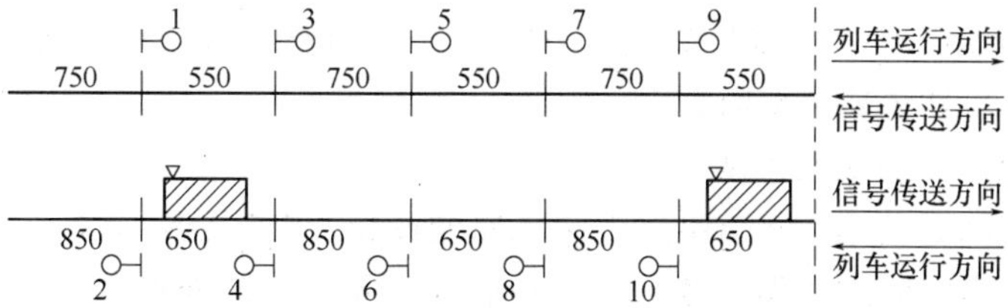

图 1－21　双线区段载频频率配置图

当先行列车在闭塞分区 4 内行驶时，防护该闭塞分区的通过信号机 4 显示红灯。这时通过信号机 4 处的发送设备 FS，自动产生 26 Hz 低频控制信号调制中心载频 850 Hz 的移频信号，并向后方闭塞分区 6 内发送；通过信号机 6 处的接收 JS，接收到此移频信号以后，通过信号机 6 显示黄灯。此时通过信号机 6 的发送设备 FS，自动产生 15 Hz 低频控制信号调制中心载频 650 Hz 的移频信号，并向其后方闭塞分区 8 发送；在通过信号机 8 处的接收设备 JS，接收到此移频信号后，通过信号机 8 便显示绿灯。同理，通过信号机 8 的发送设备 FS，自动向其后方闭塞分区 10 发送，以 11 Hz 调制中心载频 850 Hz 的移频信号，使通过信号机 10 显示绿灯。这时追踪列车 B 的司机，便可以在绿灯下按线路允许的最大速度驾驶列车运行。

二、多信息自动闭塞

（一）概　述

自动闭塞是提高通过能力保证行车安全的一种有效手段，提高通过能力的效果主要表现在增加列车密度方面。根据需要，如果要改造我国双线三显示自动闭塞，主要有两个要求：一是使其适合于提高列车运行速度，二是使其适合于加大列车运行密度。实际上，如果只着眼于三显示自动闭塞，则不可能解决既提高列车运行速度，又加大列车运行密度这一对相互矛盾的问题，故提出了四显示自动闭塞，它可以在保证行车安全的基础上，提高区间通过能力。

四显示自动闭塞在三显示的基础上，增加一种显示，即除红、黄、绿三种显示外，再增加一种黄绿显示（或黄闪）。黄绿显示的含义是规定当列车以全速通过绿色信号机后，司机用常用制动方式立即开始减速，以便列车减速到规定的速度，通过下一个也为黄绿灯或黄灯的信号机，并保证列车在黄灯之后遇到的红灯信号机前方使列车停车。在机车上装有超速防护系统的情况下，列车以全速通过黄绿信号机后，超速防护系统用紧急制动方式，使列车以规定速度越过黄灯信号机后，在下一个红灯信号机前使列车停车。因此，四显示自动闭塞的信息都有速度的含义。

（二）UM71 型无绝缘轨道电路系统

1. 概述

无绝缘轨道电路是根据铁路运输中的需求提出来的。由于有绝缘轨道电路在运用中钢轨故障率比较高，这将引起维修费用的增加，而且可能延误列车运行，影响运输计划；为了提高线路质量，长钢轨在世界各国得到了广泛地采用，因此采用无绝缘轨道电路，免除了钢轨切割问题，同时绝缘节故障问题也不存在。特别在电气化区段，不需要特别设置变压器。

2. UM71 型无绝缘轨道电路系统的基本原理

（1）系统构成

如图 1－22 所示，BA 为调谐单元，SVA 为空心线圈，B 为匹配变压器，EM 为发送器，RE 为接收器，GJ 为轨道继电器。

（2）电气分隔接头的基本原理

无绝缘轨道电路要求相邻轨道电路采用不同的载频。电气分隔接头的主要作用是对相邻轨道电路的频率起电气隔离作用。图 1－23 是电气分隔接头的简单示意图，图中 L_2、C_2 为谐振频率为 f_2 的串联谐振回路，因此，相当于对 f_2 频率信号跨接一根短路线，因此 f_2 频率不能向左侧传输。L_1、C_1、C_0 是三元件二端网络。对 f_2 频率信号而言呈容性阻抗，并且与钢轨电感 L 构成并联谐振，因而对 f_2 呈现最高阻抗，故 f_2 频率信号可以向右侧传输。同理，由于 L_1C_1 对 f_1 频率信号谐振，相当跨接一个短路线，终止了 f_1 频率信号向右侧传输，但 L_2C_2 对 f_1 呈现容性阻抗，它与钢轨电感构成并联谐振，因而对 f_1 呈现高阻抗，故可以接收左侧输入的 f_1 信号，f_1 信号可向左侧传输，这样电气分隔接头对相邻两轨道电路的信号传输起到了电气绝缘的作用。

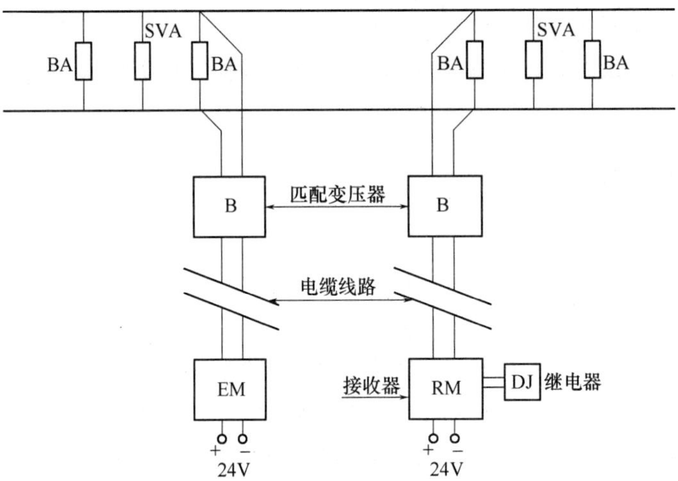

图 1－22　系统构成的基本框图

（3）UM71 型无绝缘轨道电路的载频及低频信息

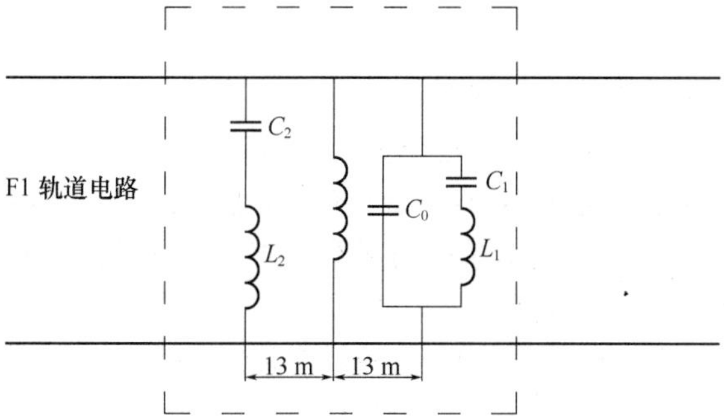

图 1—23　电气分隔接头示意图

UM71 型无绝缘轨道电路由发送器产生低频信号，其频率记作 f_{tbf}，从 10.3 Hz 至 29 Hz 按 1.1 Hz 等差数列递增，共有 18 个低频频率，即

$$f_{tbf}=10.3+1.1n\ (n=0\sim17)$$

f_{tbf}分别是：10.3、11.4、12.5、13.6、14.7、15.8、16.9、18、19.1、20.2、21.3、22.4、23.5、24.6、25.7、26.8、27.9、29 Hz。

发送器的载频频率为 4 种，即 1 700 Hz、2 000 Hz、2 300 Hz、2 600 Hz。线路上实际传送的移频信号，即载频用低频调制，移频信号 $f_0-\Delta f$ 和 $f_0+\Delta f$，其中频偏 Δf 为 11 Hz。因此对于四种载频分别形成：

$f_0=1\,700$ Hz 时：　$f_0-\Delta f=1\,689$ Hz，　$f_0+\Delta f=1\,711$ Hz；

$f_0=2\,200$ Hz 时：　$f_0-\Delta f=1\,989$ Hz，　$f_0+\Delta f=2\,011$ Hz；

$f_0=2\,300$ Hz 时：　$f_0-\Delta f=2\,289$ Hz，　$f_0+\Delta f=2\,311$ Hz；

$f_0=2\,600$ Hz 时：　$f_0-\Delta f=2\,589$ Hz，　$f_0+\Delta f=2\,611$ Hz。

（三）ZPW—2000A 无绝缘轨道电路

ZPW—2000A 型无绝缘移频自动闭塞是在法国 UM71 无绝缘轨道电路技术引进、国产化基础上，结合国情进行的技术再开发，不仅满足主体化机车信号和列车超速防护对轨道电路的高安全、高可靠要求，同时在轨道电路传输安全性、传输长度、系统可靠性以及结合国情提高技术性能价格比、降低工程造价上都有了提高。

系统满足了单线半自动提速区段的特殊需求。其合理的系统设备组合及双预告半自动闭塞，不仅进一步地降低了工程造价，更确保了行车安全和效率。ZPW—2000A 无绝缘轨道电路采用标准载频 1 700 Hz、2 000 Hz、2 300 Hz、2 600 Hz，传输的低频调制信号频率为 10.3 Hz、11.4 Hz、12.5 Hz、13.6 Hz、14.7 Hz、15.8 Hz、16.9 Hz、18 Hz、19.1 Hz、20.2 Hz、21.3 Hz、22.4 Hz、23.5 Hz、24.6 Hz、25.7 Hz、26.8 Hz、27.9 Hz、29 Hz。

ZPW—2000A 无绝缘轨道电路由较为完备的轨道电路传输安全性技术及优化的传输系统参数构成。国家知识产权局已受理了有关“钢轨断轨检测”、“机械绝缘节轨道电路”、“多路移频信号接收器”等 8 项专利，ZPW—2000A 无绝缘轨道电路成为我国目前安全性高、传输性能好、具有自主知识产权的一种先进自动闭塞制式，为“机车信号作为主体信号”创造了必备的安全基础条件。

1. ZPW—2000A 型无绝缘移频自动闭塞系统技术特点

（1）充分肯定、保持法国 UM71 无绝缘轨道电路整体结构上的优势。

（2）解决了调谐区断轨检查，实现轨道电路全程断轨检查。

（3）减少调谐区分路死区。

（4）实现对调谐单元断线故障的检查。

（5）通过系统参数优化，提高了轨道电路传输长度。

（6）实现了机械绝缘节轨道电路与电气绝缘节轨道电路等长度传输。

2.“机车信号主体化”相关技术条件与 ZPW—2000A 轨道电路

（1）机车信号主体化实现的关键

“机车信号主体化”能否实现的根本关键在于地面轨道电路自身的安全性和地—车信息传递的安全性及可靠性。

（2）轨道电路的安全性

① 在满足调整及机车信号短路电流条件下，有可靠分路保证。

② 在全程“断轨”条件下，接收机可靠不工作，可以得到断轨检查。

③ 在钢轨同侧接地故障条件下，满足对断轨的检查。

（3）轨道电路的稳定性

① ZPW—2000A 轨道电路在道碴电阻由 1Ω·km 至无穷长的条件下，均具有较低的特性阻抗，轨道电路受道碴电阻变化的影响较小。

② DSP 技术的应用，提高了轨道电路抗干扰水平，对轨道电路工作稳定性有利。

3. 综述

法国 UM71 无绝缘轨道电路设备以其无机械绝缘、抗干扰性强、工作稳定及可升级为数字轨道电路（UM2000）等特点，在世界上 21 个国家有 4 万余套的广泛运用。

ZPW—2000A 型无绝缘轨道电路是在法国 UM71 无绝缘轨道电路技术引进基础上，结合国情进行提高系统安全性和系统传输性能的技术再开发。

前者较后者在轨道电路传输安全性上、在轨道传输长度上、在结合中国国情提高系统技术性能价格比上、在降低工程造价上都有了显著的提高。

目前评价轨道电路传输问题时已不再局限于简单的调整、分路、机车信号入口电流几项传统要求。根据国外轨道电路现状及国内多年运用已经几度出现的重大安全问题，要求更加严格，如：断轨检查、钢轨对地不平衡的分路、轨道电路运用中接收器固有信噪比等。另外，钢轨对地不平衡时的断轨、分路死区、轨道电路的隔离性能及故障条件下的检测等诸多问题都已逐步成为评价轨道电路传输，特别是传输安全性的重要因素，得到人们的普遍理解和认同。这些问题也构成了考虑“机车信号做为主体信号”安全性的必要前提条件。

在轨道电路传输安全性上，ZPW—2000A 型无绝缘轨道电路已具备全程断轨检查、调谐区≤5 m 的分路死区、调谐单元断线轨道电路隔离性能丧失的检查、拍频干扰防护、钢轨对地不平衡条件下的列车分路及断轨检查、约 5 mW 的接收器端信号功率等涉及传输安全性的优良性能。

ZPW—2000A 无绝缘移频自动闭塞无论在电气还是在机械绝缘节轨道电路中，较法国 UM71 轨道电路都有着长得多的传输距离，ZPW—2000A 无绝缘移频自动闭塞系统满足了“机车信号做为主体信号”的必备条件，是我国自动闭塞发展史上的里程碑。

三、列车超速防护系统

随着铁路向高速度、高密度发展，各国铁路以防止列车冒进信号、超速行驶为中心，积极研究和发展各种制式的列车超速防护（ATP）系统。突出铁路信号对列车直接、闭环控制特点的 ATP 系统，伴随着铁路提速和高速铁路建设得到迅速的发展，技术日益先进，设备愈加完善，效果越来越明显，使列车运行安全更有保证。

（一）从列车自动停车到列车超速防护

1980 年后，我国铁路推广机车信号、列车自动停车和无线列调三项设备，其中列车自动停车装置从 ZTL—1 型发展到 ZTL—3 型，在我国铁路迅速普及。机车三项设备的普及，对列车运行安全起到一定的作用。列车自动停车装置功能简单，和机车信号配合使用，一旦机车信号出现降级或 HU 显示，则自动报警提醒司机注意驾驶，同时自动停车装置发挥作用；一旦司机（在 22 s 内每隔 7 s 按压 1 次）按压警惕按钮，则解除了自动停车功能。但由于自动停车装置与列车实际运行速度没有联系，可以人为经常解除自动停车功能，在红灯前不能连续地起作用，仍然存在着冒进信号的可能。为了有效地控制列车运行，减少列车冒进、超速行驶引起的事故，必须加速研制列车超速防护系统。

为此，在京广线郑武电气化改造工程中，引进了 U—T 系统，其中 TVM300 就是与 UM71 配套使用的列车超速防护系统。TVM300 采用滞后的大台阶速度分级控制模式，地面自动闭塞必须设置双红灯防护区段，列车超速防护的制动方式只有一个接口（在法国 TGV 采用最大常用制动，在我国采用紧急制动方式）。

在广深准高速工程中，采用了具有 UM71 与移频制式兼容功能的 ZLSK 型准高速客车速度分级控制系统。系统由铁科院通号所研发，基本原理与 TVM300 超速防护系统相同，但在制动模式上进行了一定改进。它依据闭塞分区的长短、平直坡道，通过不同的低频信息将列车监控速度进行分级，如准高速列车速度分为 160 km/h、145 km/h、120 km/h、90 km/h、0 km/h 五级，一般客车分为 120 km/h、90 km/h、0 km/h 三级，货物列车分为 80 km/h、60 km/h、0 km/h 三级。当列车进入到某一闭塞分区时，车载设备通过接收到的轨道低频信息给出出口速度显示，要求列车到出口处将速度降至低于规定的出口速度。下一区段的入口速度就是本区段的出口速度，并通过对下一区段的入口速度的监督，实现对本区段出口速度的监督。当列车离开本区段的速度高于设备给出的出口速度时，将因超速而自动制动。系统为双机热备，常用制动和紧急制动分用。

LCF 超速防护系统是“八五”国家重点科技攻关项目。系统采用多微机结构，其超速防护的原理是通过对国产移频轨道电路叠加数字化点式信息，提供闭塞分区内的线路信息，采用速度—距离模式曲线方式控制列车运行。在制动方式上采用常用制动为主，在常用制动失效时才采用紧急制动，无须设置重复防护区段。它在防止“两冒一超”方面具有较强功能。曾在京九线商阜段试验。在川黔线还进行过引进的瑞典 ABB 公司的查询应答式 ATP 试验。

2003 年在秦沈客运专线上采用基于数字轨道电路的 TVM430 列车运行控制系统，由 UM2000 数字轨道电路提供地面信息，包含闭塞分区长度、曲线坡度、监控速度等信息，实现速度—距离模式曲线方式控制列车运行。

目前，研制或引进已投入运营或进行试验的超速防护系统有：①京广线郑武段投入运营的 TVM300 系统；②广深线投入运营的 ZLSK 和 LSK 系统；③京九线商阜段试验的 LCF 系统；④通过北京环行铁道试验线试验的为秦沈客运专线研发的点连式 LSK—2000 和 LCF—200 系统；⑤在秦沈客运专线投入运营的 TVM430 系统。

但是，就全国铁路而言，还没有建立起完整的列车运行控制系统。

列车超速防护系统是当今世界各国普遍采用的安全技术设备。我国已具备发展列车运行控制系统的基础，在铁路跨越式发展的进程中，应结合既有线提速、客运专线和高速铁路建设，进行总体规划，系统设计，分步实施，积极发展，逐步建成集 TDCS（调度指挥管理信息系统）、CTC（调度集中）、CTCS 为一体的列车运行控制中心，对列车进行安全控制，实现行车指挥的综合现代化。

铁道部组织全路有代表性的信号控制专家组成专家组，参照 ETCS 欧洲列控标准，研究制定了我国的 CTCS 发展装备暂行技术标准，即《CTCS 技术规范总则》（暂行）。CTCS 就是中国列车运行控制系统的英文字头（Chinese Train Control System）。CTCS 分为 5 级：0 级为既有线现状，由通用机车信号与运行监控记录装置组成的系统；1 级为主体化机车信号与加强型运行监控记录装置组成的系统；2 级为基于轨道电路（模拟或数字轨道电路）传输信息的列车运行控制系统；3 级是基于无线传输信息（GSM—R）并采用轨道电路等方式检查列车占用的列车运行控制系统；4 级是完全基于无线传输信息（GSM—R）的列车运行控制系统。

当前，面临的紧迫任务是尽快制订和完善与其相对应的技术条件，确定高速铁路、客运专线、提速区段等不同线路级别技术设备的配置标准，形成适应我国运输特点的列车运行控制系统。特别要突破在高、中、低速列车混跑，跨越不同速度区段以及地面设备配置不同等情况下，如何有效地在 CTCS 各级中相互兼容、实施列车超速防护这一重大技术关键问题，这是当前需要研究解决的最重要、最迫切的课题。

由于我国目前缺乏成熟产品及系统建设经验，因此，必须采用引进和研发相结合的方式，加快推进我国 CTCS 的发展。

（二）ATP 概述

1. ATP 的基本概念

ATP（Automatic Train Protection），即列车运行超速防护系统。众所周知，列车制动距离与其运行速度成正比。当列车速度提高到 140 km/h 时，紧急制动距离为 1 100 m；提高到 160 km/h 时，紧急制动距离为 1 400 m；而提高到 200 km/h 时，紧急制动距离为2 000 m。当人的视距小于列车制动距离和操作所需的时间（司机视觉能力对信号做出判断的最少时间为 3～5 s）时，传统的信号控制系统以及以人为主的保证行车安全的控制方式，已不能适应列车运行安全的需要。因此，随着列车速度的提高和密度的加大，必须装备列车超速防护系统来保证行车安全。ATP 的核心是铁路信号速度化，要求信号信息具备明确的速度含义，并根据这些信息对列车运行速度实时连续监控。地面列控信息主要根据进路、线路条件以及前后列车的运行位置，在分级速度控制时，产生不同的出口速度信息；在采用速度—距离模式曲线控制时，产生目标距离、目标速度等信息。ATP 车载设备依据接收到的信息，根据列车构造速度、制动性能计算出控制曲线，对列车是否遵守信号（速度）指令进行实际运行速度的监控。当列车在允许速度控制曲线以下运行时，ATP 车载设备相当于“机车信号”，只不过信号显示已不仅是灯光颜色，而是允许速度值的量化显示；当列车的实际运行速度接近、超过允许速度曲线时，ATP 车载设备就报警、卸载、制动，起到防止“两冒一超”的安全作用。

ATP 系统是由地面信号设备（含列车占用检查、运行位置定位、信息传输等）和车载信号设备共同构成的系统。在列车占用检查和运行位置定位上，一般采用轨道电路或计轴器等信号设备；在信息传输上，一般采用模拟轨道电路、数字轨道电路、轨道环线、应答器以及无线通信设备。车载设备早期往往采用模拟或数字集成电路等纯硬件构成，当前主要采用车载安全型计算机以软硬件为核心、多系冗余构成。从世界各国的国家铁路来看，ATP 系统主要用于提速和高速铁路，驾驶操作包括列车加速等仍由司机完成，而防止“两冒一超”的安全性操作则由系统自动完成。

我国铁路列车提速后，列车制动距离增加，信号显示距离不足，现行信号显示制式和列车速度控制方式难以满足行车安全的要求。列车运行速度超过 160 km/h 时，司机难以辨认地面信号，以司机为主的列车控制系统难以保证列车的安全运行，必须发展 ATP 系统。

2. ATP 的功能

ATP 的功能主要有：停车点防护、超速防护、列车间隔控制（移动闭塞时）、测速测距。

3. 点式和连续式 ATP

ATP 按地面信息的传输方式分为点式和连续式两种。

（1） 点式 ATP

系统由车上设备和地面设备组成。车上设备接收信号点或标志点的应答器信息，还接收列车速度和制动压力信息，输出控制命令和向司机显示。地面应答器向列车传送每一信号点的允许速度、目标速度、目标距离、线路坡度、信号机号码等信息。应答器本身无源，接收查询器（车载天线）发射的能量，供内部电路与回答发送用。

点式 ATP 在运用中表现出的最大问题是信息不实时、不连续，难以胜任列车密度大的情况，如后续列车驶过地面应答器时，因前方区段有车，它算出的速度曲线是一条制动停车曲线。当前行列车驶离，后续列车因得不到新的信息只能减速运行，直到抵达运行前方的地面应答器，才能接收到新的信息，进而决定如何运行。所以各国在实际运用中，往往采取其他的补充技术手段，弥补其实时性方面的不足。例如保留地面信号机、增设环线（Euroloop）或非连续式无线通信等。

（2） 连续式 ATP

连续式 ATP 包括轨道电路、轨间电缆和无线通信等传输方式。

① 轨道电路方式

采用轨道电路传输列车控制信息是最普遍的方式。此时轨道电路既作为检测列车（占用、完整性、定位）的设备，又发送列车控制信息。如法国的 TGV 铁路采用 UM71 无绝缘移频轨道电路，日本新干线 ATC 采用单边带调制音频轨道电路。

利用轨道电路传输信息时，由于受到道床环境的严重制约，存在邻线干扰和外界干扰问题使得传输性能不理想，集肤效应非常明显，传输距离也受到限制。

② 轨间电缆方式

利用轨间铺设的电缆传输信息。控制中心储存线路的固定数据：区间线路坡度、弯道、缓行区段的位置及长度等。经联锁设备，将沿线的信号显示、道岔位置等信息传送至控制中心。列车将其数据，如载重量、车长、制动率、所在位置、实际速度经电缆传给控制中心。控制中心的计算机根据这些数据计算出该时刻的列车允许速度。此速度值经电缆传送给运行在线路上的相应列车。列车获得此速度值，一方面显示出来，另一方面对列车速度进行监控。

这种方式统一指挥全部列车运行，遇有发生行车晚点或其他障碍，可迅速地将行车命令传给列车。但控制中心一旦发生故障则全线瘫痪。因此采用另一种控制方式，控制中心将有关信息（线路坡度、缓行区段位置、目标距离或目标速度等）通过电缆送至机车，由车载计算机计算其允许速度。

德国铁路的 LZB 系统就采用轨道电缆，既用于传输信息，又用于列车定位。1978 年在汉堡—不来梅区段正式投入运用，每天控制 200 km/h 的特快列车达 74 次。

轨道电缆及其铺设方法与机械化养路作业存在着矛盾，由于造价和维修费用高等原因，未得到推广。

③无线方式

利用无线通信的方式传输信息。地面编码器生成编码信息，通过轨道天线向车上发送。信号显示控制接口负责检测要发送的信号显示，并从已编程的数据中选出有用数据送编码器，同时选出与限制速度、坡度、距离等有关的轨道数据。编码器用高安全度的代码将这些数据编码，经过载波调制，馈送至轨道天线向机车发送。车上接收设备接收限制速度、坡度、距离后，由车载计算机计算出目标速度，对机车进行监控。

美国自 1984 年以来，利用全球定位系统（GPS）对列车进行跟踪、定位和测速，定位误差为 20～50 m，测速误差为±1. 6 km/h。用静止卫星定位，精度可达 2～7 m，因此在卫星定位的基础上开发无线列车控制系统。

4. 分级制动和一级制动

列车制动控制模式分为分级制动模式和一级制动模式。

（1）分级制动

分级制动是以闭塞分区为单元，根据与前行列车的运行距离来调整列车速度，各闭塞分区依据进路条件、前后列车位置，采用不同的低频频率调制，指示不同的速度等级，在此基础上确定限速值。分级制动模式又分为阶梯型和曲线型。

阶梯型分级制动模式俗称大台阶型。它将一个列车全制动距离划分为 3～4 个闭塞分区，每一闭塞分区根据与前行列车的距离来确定限速值。法国 TGV 速度控制即采用该方式，速度等级分为 270 km/h、220 km/h、160 km/h、0 km/h 四个速度等级。对 270 km/h 和 220 km/h，检查值高于标定值 15 km/h；对于 160 km/h，检查值高于标定值 10 km/h；对于 0 km/h，留有 35 km/h 开口。当列车速度高于检查值时，列车自动制动。其为滞后监督方式，即在闭塞分区出口才监督是否超速，为确保安全，必须设有“保护区段”。阶梯型分级制动模式的速度曲线如图 1－24 所示。

阶梯型分级速度控制方法虽然构成较为简单，但具有较多缺点：

①不能区分制动性能不同的列车，一律按制动性能差的列车布点，影响高性能列车的效能；

②段段考虑设备应变时间，影响通过能力；

③保护区段在进站口影响运输能力。

日本和法国在其新建高速铁路的 ATP 系统中，都改为速度—距离模式曲线控制方式。模式曲线是根据该闭塞分区提供的允许速度值以及列车参数和线路常数由车载计算机计算出来（或将各种制动模式曲线储存调用）。

（2）一级制动

一级制动是按目标距离制动。根据距前行列车的距离或距运行前方停车点的距离，由控制中心根据目标距离、列车参数和线路参数计算出列车制动模式曲线，或由车载计算机予以计算，按制动模式曲线控制列车运行。信息传输有数字编码轨道电路传输和无线传输两种方式。无论何种方式，传输的信息必须包括线路允许速度、目标速度、目标距离。一级制动方式最能合理地控制列车运行速度，是列车自动控制技术的发展方向。

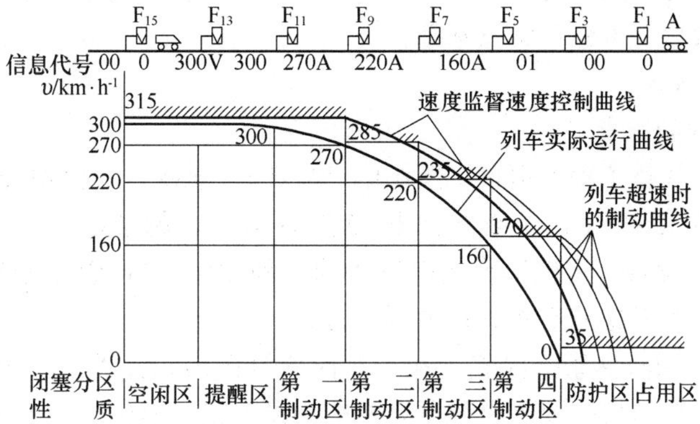

图 1—24　阶梯型分级制动曲线图

5. 测速和测距

（1）测速

列车运行速度的测量非常重要，列车实际运行速度是速度控制的依据。该速度值的准确和精度直接影响调速效果。

测速有车载设备自测和系统测量两种方法。车载设备自测有测速发电机、路程脉冲发生器、光电式传感器和霍尔式脉冲转速传感器等方法。系统测量有卫星测速和雷达测速等方法。

①测速发电机

早期采用测速发电机测速。测速发电机安装在车轮轴头上，它发出的电压与车速成正比，该电压经处理后产生模拟量和数字量两个输出，分别用来驱动速度表和进入车上主机用于速度比较。测速发电机结构简单，但在低速范围内精度较差，可靠性也不高。

②路程脉冲发生器

其核心部件是一个 16 极的凸轮，随着车轮的转动，发生一系列脉冲，车速越快，脉冲数越多，只要在一定时间内记录下脉冲的数目，即能换算成列车的实际速度。

③光电式传感器

随着车轮的转动，光线不断地通过和被阻挡，使光电式传感器产生电脉冲，记录脉冲数目来测量车速。

④霍尔式脉冲转速传感器

车轮转动时，使霍尔式传感器产生的频率正比于车轮转速的信号来进行测速。需采用两路测速，以对机车车轮空转、蠕滑、死抱等引起的误差进行修正。

（2）测距

如何测量距停车点的精确距离是列车运行超速防护系统的重要任务。测距是通过测速与轮径完成的，必须不断地对轮径进行修正。

6. 紧急制动和常用制动

紧急制动是将压缩空气全部排入大气，使副风缸内压缩空气很快推动活塞施行制动，使列车很快停下来。法国的 TVM300 车载设备利用紧急放风阀控制列车制动。紧急制动时，列车冲击大，中途不能缓解，充风时间长，不能使列车安全平稳地运行。

常用制动是直接控制列车主管压力使机车制动与缓解，不影响原有列车制动系统的功能。它缩短了制动空走时间，大大减小了制动时的纵向冲击加速度，使列车运行更安全、舒适。在常用制动失效后，可施行紧急制动。

（三）TVM300 系统

1. TVM300 系统的原理

在京广线郑武电气化工程中引进了法国的 TVM300 系统。它以地面 UM71 无绝缘轨道电路为基础，具有机车信号（含速度值和颜色显示）和超速防护功能。机车上安装的 TVM300 系统为单套设备，可以接收地面发送的 4 种载频、14 种低频调制的连续式移频信息和地面点式环线设备发送的 5 种点式单频信息。

TVM300 系统采用阶梯制动模式，在一个闭塞分区内只监控一个速度等级——该闭塞分区的入口速度。它所给出的速度显示是列车应遵循的出口速度，要求列车在本闭塞分区的出口端调到低于该速度值。当列车实际运行速度超过给定的限制速度时，系统将使列车自动施行紧急制动。

这种滞后型的速度控制方式，要求地面闭塞分区必须设有“保护区段”，在速度监督的作用下，保证使超速越过第一个禁止信号的列车能在“保护区段”内停车，一般情况下追踪列车均不会发生追尾事故。

TVM300 系统主要包括连续式机车信号、点式接收器、测速单元、记录器。连续式机车信号用来接收连续式移频信息，由载频信号接收及处理电路、低频信息处理电路、继电器电路、速度控制电路、电源变换器组成。点式接收器用来接收点式信号，为单频信号，有 14 个有效信息。它由传感器、放大及滤波电路、选频器、继电器电路等组成。测速单元为速度控制电路提供列车实际走行速度信息，测速误差为 1 km/h，包括速度传感器、线性处理器和电源变换器。为提高可靠性和“故障—安全”的需要，设两个独立的测速链，由安全比较器对两路测速链进行检测。速度监督的核心是具有“故障—安全”保障的速度比较器。它将实际运行速度与目标速度进行比较。当实际运行速度超过目标速度规定值时，将使超速继电器失磁，使列车制动。

此外，还有速度显示器、速度表以及转换开关、按钮、表示灯、扬声器、制动继电器等辅助设备。

2. TVM300 系统在我国铁路的应用

在郑武线电气化工程中，根据当时我国的实际情况，将列车运行速度定为客车 120 km/h、货车 80 km/h。车上设备可处理 18 种连续信息（实用 14 种），5 种点式信息。采用阶梯型速度控制曲线，对列车进行速度控制，列车超速时，实行紧急制动。地面区间设置保护区，进站信号机前方 380 m 处以及站内股道中心点设置点式环线，用于点式速度检查、控制等以保证行车安全。列车进入侧线，在没有实行侧线进路电码化情况下，采取储存 45 km/h 速度信息方式，以保持站内侧线行车速度超速防护的连续性。站内调车考虑了 45 km/h 的限速控制。区间正向运行时，列车运行速度分级为：客车 120 km/h、100 km/h、85 km/h、0 km/h，货车 80 km/h、70 km/h、55 km/h、0 km/h。速度控制曲线的速度检查值按如下方式确定：标定速度在 50 km/h 以下，检查值高于标定值 5 km/h；50 km/h 以上时，检查值高于标定值 10 km/h。防护区入口速度检查值为 25 km/h。

区间正向运行的速度检查如图 1—25 所示。

郑武段坡道较多，闭塞分区长度按上坡道、正向运行考虑。反向运行时，相应区段运行速度等级有所降低，划分为：客车 120 km/h、90 km/h、70 km/h、0 km/h，货车 80 km/h、65 km/h、50 km/h、0 km/h。

TVM300 系统在运用中存在一些问题，即其采用阶梯型制动模式，在一个闭塞分区只监控一个速度等级——该闭塞分区的入口速度，这种滞后型的速度控制方式，不仅影响通过能力，而且降低了红灯的严肃性。一“撞墙”就施行紧急制动，而且中途不能缓解，影响了行车效率，且运行不平稳。留有 25 km/h 的开口也不安全，另外机器体积也过大。

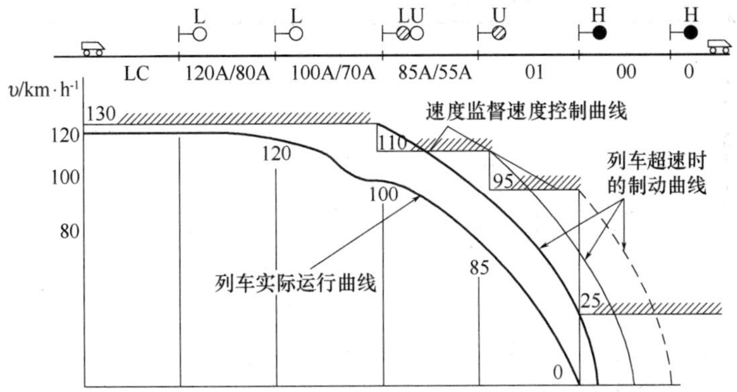

闭塞分区性质	空闲区	提醒区	第一制动区	第二制动区	第三制动区	防护区	占用区
信息种类	线路空闲	提醒注意	预告	预告	停车		

图 1—25　区间正向运行速度检查图

3. 200 km/h EMU 超速防护系统

（1）轨道电路

根据 CTCS 有关技术规范，不同级别的线路其制式有所不同，主要有以下制式：

①CTCS0 级：国产 4 信息、8 信息和 18 信息移频；

②CTCS1 级：UM71、ZPW—2000；

③CTCS2 级：UM71、ZPW—2000。

（2）车载设备

ATP 主机柜设置在驾驶室后方的机械室内。另外，DMI 设置在驾驶台上，STM 天线、BTM 天线、速度发电机设置在车体下方。ATP 的制动由 ATP 装置中的继电器逻辑单元输出，并连接到车体方的设备—综合配电盘上，再通过该装置与制动装置连接。

当列控车载设备运行于 CTCS0 级和 CTCS1 级线路时，只作为机车信号功能使用。列车在 CTCS2 级线路上运行时，间隔 7 个闭塞分区追踪运行，运行追踪情况见图1—26。

CTCS2 列控系统主要用于 200～250 km/h 客货共线铁路（含既有线提速 200 km/h 线路），主要设备包括：车载 ATP、列控中心、微机联锁、调度集中 CTC、应答器、ZPW—2000 轨道电路，并已基本实现国产化，已在胶济等提速线路上应用。CTCS2 列控系统采用轨道电路加点式应答器作为信息传输手段，实现列车运行的安全控制，GSM—R 用于无线通信。

主界面显示区域：DMI 的主界面分为如图 1—27 所示的 6 个区域。

当列车处于顶棚速度监控（CSM）区时，如果 ATP 制动预警时间大于 8 s 时，DMI 不

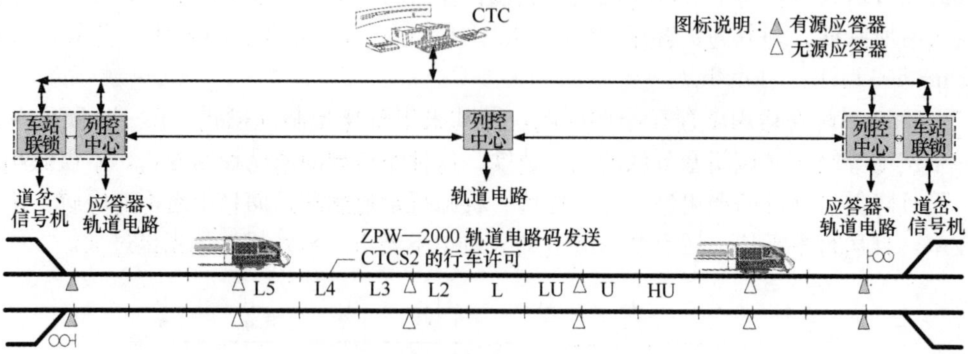

图 1—26　CTCS 运行追踪

显示任何图标；如果 ATP 制动预警时间小于或等于 8 s 时，DMI 应当按相应比例显示制动预警图标。

当列车处于目标速度监控（TSM）区时，如果 ATP 制动预警时间大于 8 s，DMI 显示最小的制动预警图标（最大图标的 10％），如果制动预警时间小于或等于 8 s 时，DMI 应当按相应比例显示制动预警图标。

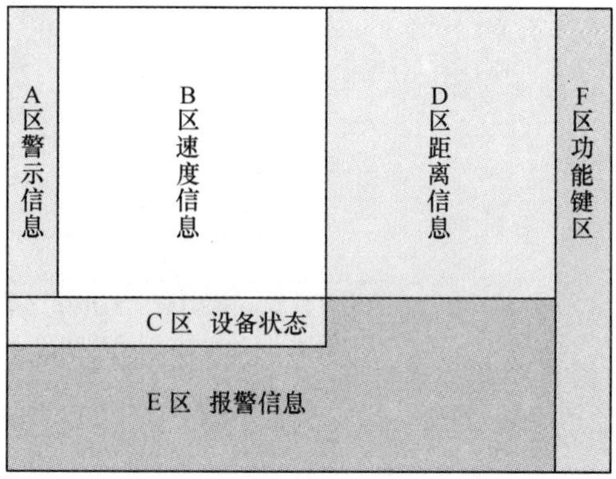

图 1—27　DMI 主界面

DMI 使用两种表示方法同时表示目标距离：柱状光带表示法以及数字表示法。柱状光带位于该区域的下部，光带正上方为数字表示区。柱状光带的左侧为坐标系，该坐标系采用对数坐标，最大的显示范围是 1 000 m。当目标距离大于 1 000 m 时，柱状光带的高度保持不变，只用数字标出实际目标距离，数字表示法可表示的最远距离为 8 000 m。DMI 目标距离显示示意图见图 1—28。

列车实际运行速度采用双显示备份表示。一种表示方式是采用速度表的表示方法，速度表的指针指向刻度盘的当前速度。表盘的刻度为 0～400 km/h；另一种表示方式是数字表示的方法，在速度表的中间区以数字的形式表示出当前速度值。根据不同的情况，在速度表盘上以不同颜色的光带显示目标速度、允许速度、最大常用制动速度和紧急制动速度。具体表示方式如图 1—29 所示。

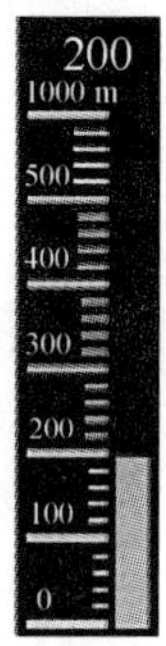

图 1—28　A2 区显示示意图

①在列车未超速情况下，显示器以不同颜色的光带在速度表的表圈上显示目标速度和允许速度。在允许速度处，光带的宽度是正常光带宽度的两倍，形成“钩”状光带。

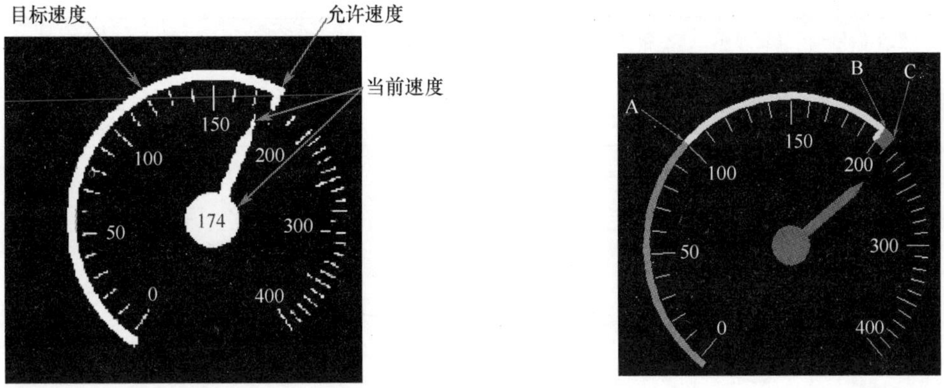

a. 未超允许速度时　　b. 超过允许速度时

图 1—29　DMI 运行速度显示

②在 CSM 区，列车未超速情况下，目标速度以深灰色（Dark Grey）显示；允许速度以灰色（Grey）显示。

③在 TSM 区，列车未超速情况下，允许速度以黄色（Yellow）显示。

④列车速度超过允许速度，但未超过 SBI 速度情况下，开始以光带方式显示 SBI 速度，从允许速度到 SBI 速度之间光带的宽度为正常光带宽度的两倍，显示颜色为橙色（Orange）。同时速度表指针指向列车当前速度。

⑤列车速度超过 SBI 速度，但未超过 EBI 速度情况下，以光带方式显示 EBI 速度，从允许速度到 EBI 速度之间光带的宽度为正常光带宽度的两倍，显示颜色为红色（Red）。同时速度表指针指向列车当前速度。

⑥列车速度超过 EBI 速度后，以光带方式显示 EBI 速度，从允许速度到 EBI 速度之间光带的宽度为正常光带宽度的两倍，显示颜色为红色（Red），超出 EBI 速度部分不显示光带，同时速度表指针指向列车当前速度。

当列车运行于 CTCS0/1 级时，显示机车信号。机车信号的显示标准符合 TB/T3060 的相应规定，显示方式如图 1—30 所示。

图 1—30　机车信号

机车信号定义与显示图标的对应关系如表 1—11 所示。

表 1－11　机车信号与显示对应关系表

序号	机车信号	规定显示	备注	序号	机车信号	规定显示	备注
1	L5	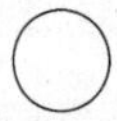		10	U2S		以 1 Hz 的频率闪动
2	L4			11	U3	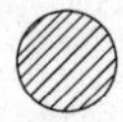	
3	L3			12	UU	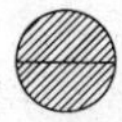	
4	L2			13	UUS		以 1 Hz 的频率闪动
5	L			14	HB		以 1 Hz 的频率闪动
6	LU			15	HU		
7	LU2			16	H		
8	U			17	25.7 Hz		
9	U2			18	27.9 Hz		

车载 ATP 设备在运行过程中存在机控/人控优先不同控制状态，这两种优先状态可以通过 ATP 机柜内部的跳线来实现初始化设置，也可以由车载 ATP 设备在运行过程中根据具体情况进行实时的切换。

在机控优先情况下，显示图标“机控”，当车载 ATP 设备提示司机介入时，E5 区的图标更换为“人控”。人控/机控优先图标如图 1－31 所示。

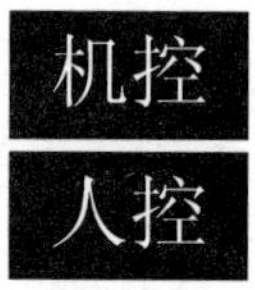

图 1－31　人控/机控表示图标

四、列车运行监控记录装置（LKJ2000 型）

列车运行监控记录装置简称监控装置，是中国技术人员研制的以保障列车运行安全为主要目的的列车速度控制装置。该装置在实现安全速度控制的同时，采集记录与列车安全运行有关的各种机车运行状态信息，促进了机车运行管理的自动化。并且随着运输需求的发展，监控装置逐渐成为了列车车载运行信息中心，为多种安全监测、运行信息传输提供基础。

ATP 系统由运行指令信息传递、运行所处线路参数信息传递、列车自身运行状况信息采集等信息获取环节和对信息进行处理并做出控制的主机组成。监控装置以在中国铁路已普遍使用的轨道电路及机车信号设备作为列车运行指令信息源，以线路数据预置于主机的独特方式获取运行线路参数信息，采用计算机智能处理对列车运行速度进行安全监控，实现 ATP 功能。

我国监控装置的研究开发从 20 世纪 90 年代初开始，从 1995 年起形成全路普及使用的规模。LKJ2000型监控装置吸取了JK—2H型和LKJ—93型监控装置的成熟技术经验，在技术等级、功能、性能和可靠性等方面都有了较大程度的提高，并且在功能扩展性和与各项发展中的技术设备的接口配合方面作了适应设计，是监控装置的新一代设备。与JK—2H型及LKJ—93型装置相比，LKJ2000型监控装置的技术性能具有明显优势。

（一）系统组成

LKJ2000型列车运行监控记录装置基本组成结构主要由主机箱、显示器、事故状态记录器（选件）、速度传感器、压力传感器以及双针速度表组成（见图1—32）。

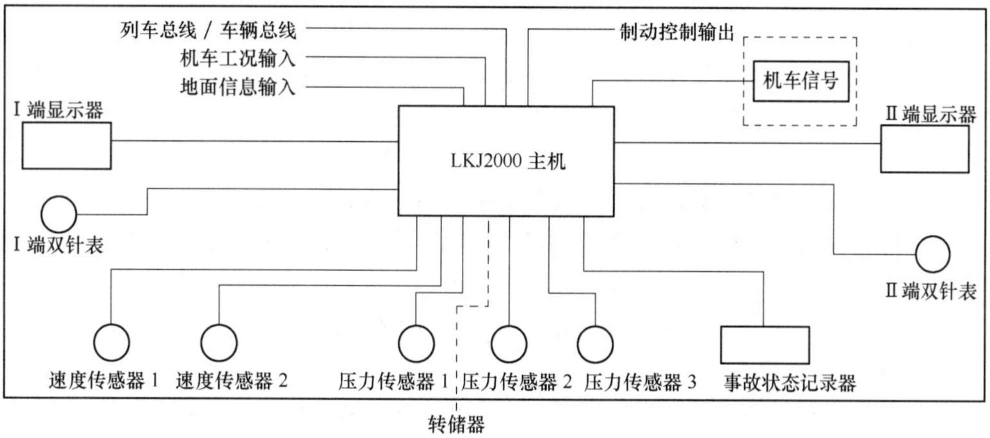

图1—32　LKJ2000型监控装置系统结构图

显示器分数码显示器与屏幕显示器两种。速度信息来自安装在机车轮对上的TQG15型或DF16型光电式速度传感器，速度信号的基本配置为二通道（可扩充至三通道），如果二通道速度信号相位相差90°，则可以满足装置相位防溜功能的需要。在无相位防溜功能的情况下，二通道速度信号可分别取自两个速度传感器。机车信号信息可取自JT1—A（SJ93）、JT1—B（SJ94）型通用式机车信号装置的点灯条件，也可通过RS485/RS422串行通信方式获取。压力信息除了检测列车管压力外，还检测机车均衡风缸压力及制动缸压力。均衡风缸压力信号用于反馈控制以提高常用制动减压量控制精度；制动缸压力信号主要在机车单机运行时作为状态记录依据。压力传感器可采用TQG14型机车压力变送器。指针式速度指示可采用ZL型或EGZ3/8型双针速度表，双针速度表实际速度与限制速度指针依靠装置主机驱动，驱动信号为0～20 mA的电流信号。在装置关机情况下，实际速度指针可由数/模转换盒驱动。Ⅰ端双针速度表的里程计指示可由监控装置驱动，在安装了数/模转换盒的情况下，也可由数/模转换盒驱动。双针速度表照明电源采用机车照明电源。

1. 主机箱

主机箱采用6U×160 mm标准机箱结构，其宽度尺寸为84R。主机箱为系统控制中心，其内部由A、B两组完全相同的控制单元组成，每组有8个插件位置（包括一个预留位置），各插件位置以机箱中心线为基准对称排列，从中心线开始往左、右，各插件排列顺序依次为：监控记录、地面信息、通信、模拟量输入/出、预留、数字量输入、数字量输入/出、电源。各插件之间采用VME标准总线母板连接。机箱采用背板对外出线方式，所有输入输出信号均通过机箱背部连接器引出。

2. 屏幕显示器

作为人—机界面的显示器，采用 10 英寸 TFT 高亮度彩色液晶显示屏，以屏幕滚动方式显示实际运行速度轨迹曲线及模式限制速度（或线路允许速度）曲线，以图形、符号和文字形式显示地面信号机的位置、种类以及运行线路的曲线、坡道、桥梁、隧道及道口等信息，同时可显示指导性机车优化操纵运行速度曲线和手柄级位曲线，以便提示或引导乘务员操作。屏幕显示器内部采用 PC/104 模块结构，并具备语音提示功能以及大容量 IC 卡数据读写功能。

3. 事故状态记录器

列车事故状态记录器（黑匣子）将记录 30 min 以内的最新列车运行状态数据（事故发生后将自动停止记录），并且其记录密度大大高于监控主机数据记录密度，列车走行距离超过 5 m 时，将产生一次相关参数记录。因此在发生严重事故后可提供详细、准确的列车运行状态数据。事故状态记录器具备抗冲击性能。

4. 转储器

转储器可将车载记录数据转录至地面微机系统供分析处理。其内部数据存储器采用大容量非易失性数据存储器。转储器与车载主机的数据传输以及与地面微机的数据转录均采用 RS232 标准通信方式，通信具备数据校验功能。转储器既可转储 LKJ2000 型监控装置数据，也可转储 LKJ－93 型监控装置数据，并能自动识别不同设备类型及记录数据格式。

（二）系统通信结构

装置主机采用双套热备冗余工作方式，由 A、B 两组完全独立的控制单元组成。每组单元都有完整的信号输入及控制输出接口模块，单元内部各不带 CPU 的模块之间采用 VME 并行总线与监控记录模块连接。不带 CPU 的模块包括模拟量输入/输出模块、数字量输入模块、数字量输入/输出模块及电源模块，监控记录模块作为 VME 并行总线的主机单元。带 CPU 的模块之间采用 CAN 标准串行总线连接，这些模块包括监控记录模块、地面信息处理模块及通信模块。系统内部串行通信网络 CAN 也采用 A、B 组冗余方式。由于 CAN 总线采用多主通信方式，CAN 总线各模块在通信上不存在主/从关系，因此任何模块均可主动对外发送数据，而 CAN 的数据链路层协议可以避免数据的冲突问题。系统 A、B 组监控记录模块之间采用同步通信方式进行数据交换，同步通信主要用于 A、B 机记录数据的传输，以实现二机记录数据的完全一致。主机箱与显示器及事故状态记录器之间采用与主机箱内部网络相同的双路 CAN 网络进行连接。系统通信结构如图 1－33 所示。

（三）车载软件系统结构

LKJ2000 型监控装置车载软件包含 4 部分独立的软件：监控记录插件软件、对外通信软件、地面信息处理插件软件、显示器软件。

1. 监控记录插件软件

（1）依据预先存储的地面数据、乘务信息卡揭示，接受过机信息，接受乘务人员操作，监控列车防冒防超。

（2）实时发送列车运行的状态，如速度、距离、公里标、管压、柴速等信息，以供显示器进行显示。

（3）记录列车运行的各种状态、设定信息、乘务人员操作、监控装置自身的状态，并可通过显示器、转储器进行运行记录的转储。

2. 地面信息处理插件软件

（1）轨道过机信号的识别：将通过机感线圈感应出的地面轨道信号，通过 AD 采样量

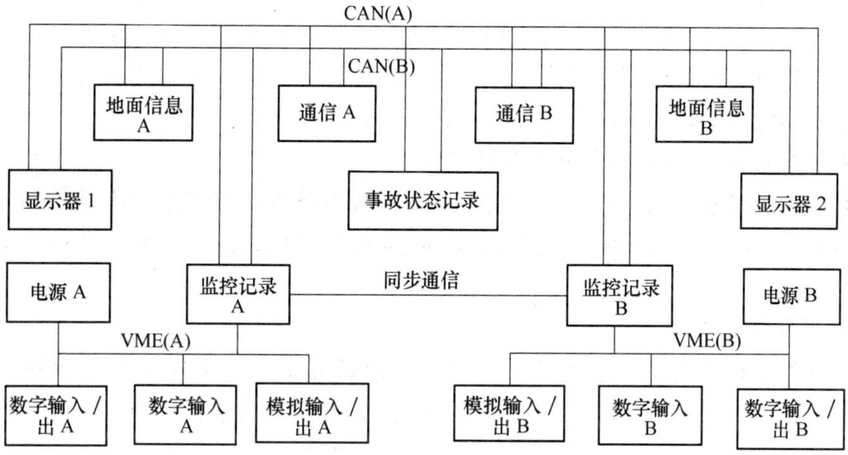

图 1—33　系统通信框图

化，根据监控记录插件发来的地面制式信息，进行相应的数字处理，识别出过机信息，然后以中断方式实时通知监控记录插件。

（2）通过双口 RAM 与地面点式信息设备通信，并将收到的地面点式信息发送至 CAN 总线上（此项功能需要附加点式信息选件）。

（3）将自身的自检报告发送至 CAN 总线上。

3. 对外通信软件

（1）将 CAN 总线上的 LKJ2000 型信息转换为 LKJ—93A 的格式发送至 RS485 总线上。RS485 总线上目前接有 TAX2 机车安全信息综合监测装置。

（2）与地面点式应答器通信，并将收到的地面点式应答器信息发送至 CAN 总线上（此项功能需要附加点式应答器设备）。

4. 显示器软件

（1）通过 CAN 总线与监控记录插件通信，显示列车运行的各种状态。

（2）接收乘务人员的操作及乘务信息卡设定信息及揭示，发送至监控记录插件。

（3）可将运行记录转储至乘务信息卡。

（四）LKJ2000 型监控装置的特点

1. 车载存储线路参数

LKJ2000 型监控装置继承了各型监控装置获取线路参数的成熟技术，将列车运行全部线路设施资料预先存储于主机中，不用在地面增设附加设备。既节省设备投资，又节省维护管理费用。大量线路资料载于车上，不需要复杂的地面至车上的传输环节，稳定可靠。对于地点特征、特殊要求信息，LKJ2000 型监控装置设计了接受地面传输信息的接口。

2. 采用连续平滑速度模式曲线控制

与各型监控装置相同，将线路设施固定限速、闭塞指令限速等各种控制要求的控制值沿运行里程形成连续平滑速度模式曲线，最大限度地适应司机正常人工操纵和运行效率的提高，提高了控制精度。连续平滑曲线控制模式符合当今国际 ATP 控制方式发展方向。

3. 实时计算取得速度控制值

LKJ2000 型监控装置继承了 LKJ—93 型和 JK—2H 型等前代监控装置的成熟经验，对每一速度控制值均针对限速目标按验证成熟的数学模型进行计算取得。LKJ2000 型监控装置采用了先进的 32 位 CPU 作为系统主机，比前代装置具有更高的运行速度、控制精度和更强的数据处理能力。实时计算中考虑了本列车设备类别和状况、本地线路参数、本地特殊控制要求等随机变化因素，最大限度地使控制符合运行实际。

4. 装置主要控制过程全部采用计算机实现

做到了全国铁路采用统一的硬件和统一的基本控制软件，对各运行区域的不同线路条件和不同行车要求，通过写入不同的线路资料和控制条件予以适应，因此，适应性强，便于规范管理。

5. 提高可靠性设计

LKJ2000 型监控装置系统采用模块级主从机热备冗余。当工作机发生故障，便自动切换到热备机工作；当任何一个单元或通道出现故障，便自动启动备用单元和备用通道。采用控制器局域网（CAN）作系统内部通信方式进行数据交换，具有很强的检错与纠错能力，传输可靠性大为提高。系统设计除满足机车振动、温度等环境的国家标准要求外，其电磁兼容性满足 IEC61000 标准的三级要求。

6. 提高安全性设计

LKJ2000 型监控装置的故障安全措施较前代做了很大加强。在双机数据处理方面，在速度信号故障、轨道绝缘节识别故障、通信故障等的检测、判断和处理方面均进行了专门设计。

7. 采用了图形化屏幕显示器

LKJ2000 型监控装置采用 10 英寸 TFT 高亮度彩色液晶显示器，以动态图形方式预示运行前方线路的弯道、坡道、桥梁、隧道、道岔以及信号机布置情况，随列车运行滚动显示监控装置控制模式限速曲线。图形化屏幕显示器显示直观，认读性好，司机操作的交互性好。装置也可选配与 LKJ—93 型相类似的数码显示器。

（五）LKJ2000 型监控装置的功能

1. 监控功能

（1）防止列车越过关闭的信号机；

（2）防止列车超过线路（或道岔）允许速度以及机车、车辆的构造速度；

（3）防止机车高于规定的限制速度调车作业；

（4）在列车停车情况下，防止列车溜逸；

（5）可按临时增加的运行要求控制列车不超过临时限速；

（6）在自动闭塞区段，列车在显示停车的通过信号机前停车 2min 后又继续向此关闭信号机防护的分区运行时，保证在该信号机防护的分区内运行速度不超过规定的限制速度；

（7）列车通过显示黄色、双黄色、双黄闪的进站信号机进入站内无码的股道时，装置按前方信号机关闭进行控制，经正、副司机同时确认操作后，装置允许列车以低于规定的限制速度通过该信号机。

2. 记录功能

（1）一次性记录项目

① 开机记录：日期、时间、机型、机车号、装置编号、机车轮径；

② 输入参数记录：车次、司机号、副司机号、区段代号、车站代号、客货车别、本务补机别、牵引总重、载重、计长、辆数、支线号、侧线股道号、出入段时间。

（2）运行参数记录项目

① 时间；

② 线路公里标；

③ 距前方信号机距离；

④ 前方信号机种类及编号；

⑤ 机车信号显示状态（绿、绿/黄、黄、黄 2、双黄、红、白等）；

⑥ 地面传输信息；

⑦ 运行实际速度；

⑧ 限制速度；

⑨ 列车管压力、机车制动缸压力；

⑩ 机车工况（牵引制动别、零位、运行前后方向别）；

⑪柴油机转速、原边牵引电流；

⑫装置控制指令输出状况（动力切除、常用制动、紧急制动、允许缓解等）；

⑬装置报警；

⑭司机操作装置状况（开车、调车、解锁、警惕键、坐标调整、IC 卡操作、事件打点记录等）；

⑮装置异常状况；

⑯平面调车灯显装置信息变化。

（3）记录条件

①运行记录

当满足下列条件之一时，产生一次参数记录：

a. 实际速度变化 2 km/h；

b. 限制速度变化 2 km/h；

c. 列车管压力或机车制动缸压力变化 20 kPa；

d. 柴油机转速变化 100 r/min；

e. 机车信号显示及平面调车灯显信息变化；

f. 机车工况变化；

g. 机车过闭塞分区（轨道绝缘节）；

h. 装置控制指令输出；

i. 司机操作装置；

j. 地面传输信息变化；

k. 装置报警；

l. 装置异常。

②运行事故状态记录

机车走行距离每变化 5m 将上述“运行参数记录”项目内容记录一次。

3. 显示提示功能

显示和提示功能由监控装置的显示器实现。LKJ2000 型监控装置系统允许配置数码型显示器或屏幕型显示器运用。

（1）数码显示器

①显示实际运行速度、限制速度/目标速度。

②显示机车信号色灯信息。

③具备如下选择显示功能：

a. 装置原始设定的参数：日期、时间、机型、机车号、装置编号、机车轮径；

b. 乘务员输入信息：车次、司机号、副司机号、区段号、客货车别、本务补机别、牵引总重、载重、计长、辆数、支线号等；

c. 运行参数：车站号、公里标、信号机编号、机车工况、列车管压力、机车制动缸压力、柴油机转速、过闭塞分区信息等；

d. 显示地面传输信息；

e. 装置故障信息：故障类别。

④声音提示内容：

a. 机车信号灯状况；

b. 前方信号机处限速值变化；

c. 乘务员输入有关信息；

d. 临时限速地点及限速值；

e. 装置实施动力切除、常用或紧急制动；

f. 装置允许缓解；

g. 车机联控作业；

h. 进入侧线股道或支线地点；

i. 装置报警；

j. 装置状况；

k. 事故状态记录器状况。

（2）屏幕显示器

数码显示器的显示和提示内容屏幕显示器全部涵盖。由于屏幕显示具有信息量大、显示方式灵活的特点，运行显示的内容可充分发挥图形、符号、曲线的优势。屏幕形式器主要分两类显示界面形式。

①综合信息显示

a. 运行已经过的 1 km 路程至当前所处地点的实际运行速度值轨迹曲线；

b. 显示运行前方 3 km 路程内线路允许速度、机车车辆构造限速或临时限制速度三者的较低速度值曲线；

c. 显示运行前方 3 km 路程内线路控制模式限制速度曲线；

d. 以曲线、图形、符号和文字形式，沿线路里程的延展显示运行已经过的 1 km 路程至运行前方 3 km 路程内的线路平面曲线、桥梁、隧道、坡道、信号机、平交道口、电气化断电标、车机联控作业地点及车站的布置情况；

e. 显示运行前方 3 km 路程内机车优化操纵运行速度曲线和手柄级位或牵引电流曲线，显示站间运行图规定运行时间；

f. 以图形或数字方式显示实际运行速度、控制模式限制速度、距前方信号机距离、时钟等。

②单项信息显示

与数码显示器中选择显示功能内容相对应的各种显示均以单项信息方式显示，每种显示依其功能性质采取了适宜的图形、表格等界面形式。

第三节　铁路数字调度通信

一、概　　述

1. 铁路专用通信业务

铁路是一个庞大的企业，包含了运、机、工、电、车辆等专业部门，各部门围绕铁路运输协同动作。为保证部门之间信息畅通，指挥列车运行和编解列车，铁路有一套完整的专用通信。

传统的铁路专用通信业务包括干、局线通信，区段通信，站场通信，无线专用通信，应急通信和列车通信，最近铁路正在大力发展 GSM—R 数字移动通信系统，具体类别见表1－12。

表 1－12　铁路专用通信业务

干线通信	区段通信			站场通信	无线专用通信	应急通信	列车通信
	区段调度通信	区段专用电话	区段数据通信				
1. 干线各种调度通信； 2. 干线会议电话； 3. 干线会议电视	1. 列车调度通信； 2. 货运调度通信； 3. 电力调度通信； 4. 其他调度通信	1. 车务、工务、水电、供电等电话； 2. 桥隧守护电话； 3. 道口电话； 4. 区间电话	1. 各类MIS信息通信； 2. 电力远动通道； 3. 红外线轴温检测通道； 4. 信号控制信息通道； 5. 其他控制信息通道	1. 站内调度电话； 2. 站场内部电话； 3. 扳道电话； 4. 客运广播； 5. 客运信息系统； 6. 站场扩音对讲	1. 列车无线调度电话； 2. 列车无线防护报警； 3. 站场无线电话； 4. 铁路数字移动通讯系统； 5. 公安、工务对讲； 6. 道口无线报警	1. 救援指挥系统电话； 2. 图像传输； 3. 数据传输	1. 列车广播； 2. 列车电话； 3. 闭路电视； 4. 旅客电话； 5. 列车安全告警系统

从表 1－12 可以看出，铁路运输调度通信是铁路专用通信的重要组成部分，是直接指挥列车运行的通信设施，按铁路运输指挥系统分干线、区段二级调度通信体系。

干线调度通信是铁道部为统一指挥各铁路局，协调地完成全国铁路运输计划，在铁道部与铁路局之间设立的各种调度通信；区段调度通信是铁路局为指挥运输生产，在调度员与所辖区段的铁路各中间站按专业、部门设置的调度通信系统，统称区段调度。

2. 铁路调度通信网的网络结构

铁路调度通信网的网络结构根据铁路运输调度体制，分为干线、区段二层，各层网络自成系统独立组网，铁路局是各层网络的相切点。例如，局调台在干调网内是一台干调分机，可是在局调网内是局调指挥中心，同样，区段调度台在局调网内是一台局调分机，可是在区段调度网内是区段调度指挥中心。可见，调度网是根据调度业务流程和地理位置来组网。干、局调网络是一个呈辐射形的星型网络，区段调度网络是一个呈链状的总线型网络。

3. 铁道部干线调度通信网

铁道部运输指挥中心设数字交换机，用数字中继通道与各铁路局运输指挥中心的数字调度交换机相连，相邻铁路局的数字调度交换机之间也以数字中继通道相连作为直达路由，从而组成一个复合星型网络结构的干线调度通信网。

4. 区段调度通信网

铁路局运输指挥中心（局调度所）设区段数字调度机（俗称主系统），与所辖区段沿线各中间站车站数字调度机（俗称分系统），用 2 M 数字通道呈串联型逐站相连，并由末端车站环回，组成一个 2 M 自愈环。区段内所有调度业务（行调、货调、电调、无线列调）纳入 2 M 数字环内，一种调度业务固定占有一个共线时隙。

二、数字调度通信的基础知识

铁路数字调度通信系统的主要技术特征是采用数字交换技术。要实现数字程控交换，必须解决两大问题：第一，将模拟的话音信号变为数字信号，即话音信号数字化；第二，将数字化的话音信号进行交换，即数字交换。另外，在区段的数字专用通信系统中要实现数字共线和数字交叉连接。

1. 数字传输系统

数字传输系统的原理如图 1－18 所示。它表示模拟话音信号在发送端经过抽样、量化和编码以后得到了脉冲编码调制（PCM）信号，此过程称为模拟话音信号数字化，该数字信号经过传输线路送到对端。在接收端将收到的 PCM 码组还原成模拟话音信号。

为了实现双向通话，通信双方都要有图 1－34（a）中的发送与接收设备，形成四线制通信方式，如图 1－34（b）所示。

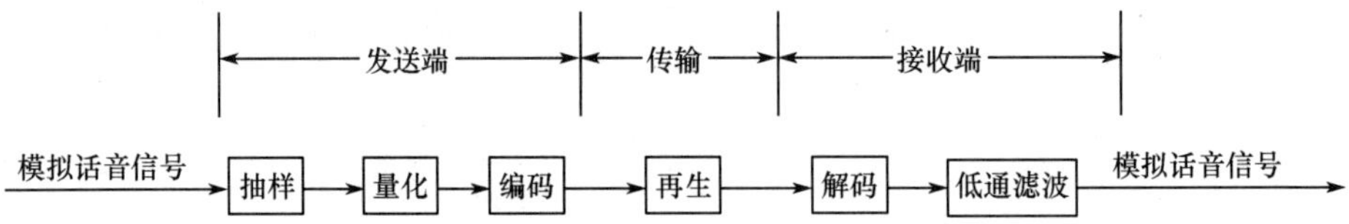

(a)

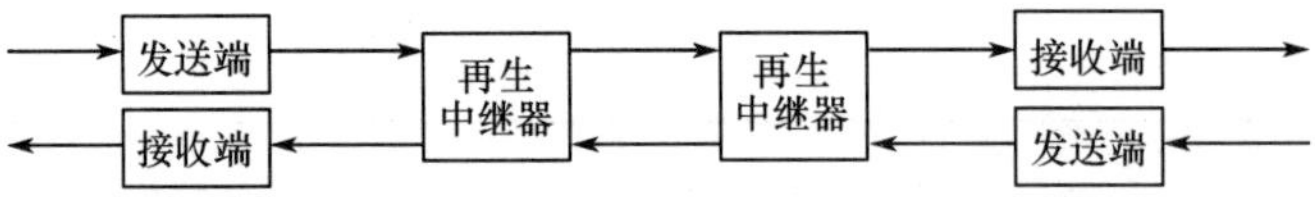

(b)

图 1－34　数字传输系统原理图

PCM 传输系统采用了时分多路复用技术，即在一对传输线上，传输多个话路的信息。从话音模拟信号转换成数字信号的过程中，为确保接收端能将离散的数字信号还原成连续的模拟信号，抽样频率采用 8kHz，即每隔 125μs 抽样一次。PCM 时分通信是把 125μs 时间分成许多小段落，每小段落占一小段时间间隔，将每一路信号的传输时间分配在不同的时间间隔，以达到互相分开的目的（每一路所占用的时间间隔称为时隙）。PCM30/32 的帧结构中，Ts0 为同步时隙，Ts16 为标志信号时隙，Ts1～Ts15 及 Ts17～Ts31 为 30 个话路时隙。

2. 呼叫处理基本过程

程控数字交换机的主要任务就是为用户完成各种呼叫接续，这个过程称为呼叫处理。一般呼叫接续过程大致分为以下几个阶段。

（1）呼出接续：从主叫用户摘机到听到拨号音。

①主叫摘机呼出的监测：交换机通过对用户回路状态变化的检测来识别主叫是否摘机。

②查明主叫类别：通过软件查明主叫的用户线类别、话机类型和服务类型。不同的主叫类别将导致不同的处理方式。

③选择一个空闲的收号器。

④发出拨号音。

（2）接收地址信息：主叫听到拨号音后，开始发送地址信号（即拨号）。当收到第一位号码后，停发拨号音。

（3）数字分析：根据所收到的号码分析接续去向：本局呼叫、出局呼叫、长途呼叫、特服呼叫等。

（4）路由选择：出局呼叫时，则从相应路由中选择一条空闲的中继线。本局呼叫时，直接检测被叫用户的忙闲状态。

（5）通路选择：在主叫用户和被叫用户间或选定的中继线与用户间，通过交换网络建立一条空闲的通路。

（6）振铃：若被叫用户空闲且有空闲通路，则向被叫用户振铃，并向主叫用户送回铃音。

（7）应答监视：从开始振铃到被叫摘机应答为止，监视被叫是否摘机应答。被叫摘机应答识别与主叫摘机呼出的检测类似。

（8）通话和释放监视：被叫应答后，切断铃流和回铃音信号，将交换网络接通，主、被叫用户进入通话状态，同时启动计费系统。

（9）话终释放：从收到通话任一方挂机信号起，直至系统返回到初始空闲状态。此时交换系统任务如下：停发计费脉冲，向未释放一方发送忙音或催挂音，拆线处理。

3. 信号系统（信令系统）简介

为保证通信网的正常运行，完成网络内各部分之间信息正确传输和交换，以实现任意两个用户之间的通信，必须要有完善的信号方式。信号是通信网中交换局和用户终端之间及各交换局间在完成各种呼叫接续时所采取的一种通信语言。如交换局和用户终端之间，用户摘机、听拨号音、拨号、听回铃音、向用户振铃等就是交换机与用户间交互信息的一种语言，是信号方式的一种。

4. 交换机的组成

交换机通常由 3 部分组成：交换网络、接口、控制系统。交换网络实现交换机内用户间或用户与中继线间话音信号的交换。接口把来自用户或中继线的各种不同的输入信令和消息转换成统一的机内信号，以便控制单元和交换网络进行处理和接续。交换机的控制系统实现对整个交换机的控制和处理。其功能可分为两大类：呼叫处理；运行、管理和维护（OAM）。

5. 区段数字调度的基础知识

（1）数字会议电路的基本原理

数字交换网络只能实现两个用户间的全交换（通话双方均能听到对方讲话）及一个用户对多个用户的广播式交换（一个用户为主持，其他用户只能听到主持讲话，而主持只能听到其中一个人讲话），而不能完成 3 个或 3 个以上用户全双工会议交换。在数字交换系统中，由数字会议电路完成该功能。

（2）回波相消技术简介

对于既有调度设备，为防止主通道（传声器和扬声器）啸鸣，调度总机采用的是由调度员脚踏控制的单工通话方式，车站值班台采用的是模拟音控自动半双工的通信方式。要实现主通道的全双工通话，必须解决啸鸣问题。引起啸鸣的关键是话音的回波。区段数字调度系统的操作台运用回波相消技术实现了调度指挥的全双工通信。回波相消一般采用 DSP 数字信号处理技术，对回波信号进行自适应预估而提前将之消除。

（3）数字锁相环技术简介

数字交换设备通过数字接口互联互通式时，必须解决系统间的同步问题，这要用到数字锁相环（DPLL）技术。利用数字锁相环技术，可以使本系统时钟与上级时钟源的频率和相位同步，从而达到两个系统同步的目的。

（4）数字交叉连接（DXC）的运用

数字交叉连接是指数字交换设备（或数字交叉连接设备）的两个端口用固定或半固定的方式连接起来，以达到两个端口直通的目的。在数字交换设备内，数字交叉连接通过网管或维护终端做数据建立或拆除。数字交叉连接在区段连接数字调度系统中的运用主要表现在提供通道的能力方面。

三、干线调度通信系统

铁路干线调度通信网络由一套 Hicom382 调度交换机、14 套 Hicom372 调度交换机，以及外围设备调度功能模块、调度台、多媒体终端、网络管理和调度管理系统等组成。

1. Hicom 调度交换机设备构成

Hicom 调度交换机由西门子数字程控通信有限公司生产的 Hicom ISDN 交换机配置调度功能模块组成具有调度功能的数字交换机，习惯上称之为数字调度交换机。Hicom372 和 Hicom382 的设备构成基本雷同，只是容量有所不同。另外 Hicom382 调度交换机配置一套网络管理系统，负责对整个调度网络内所有调度交换机进行统一管理。Hicom 调度交换机由 Hicom 主机、内置调度模块、服务器公共控制单元等 3 部分组成。

2. 系统维护与管理

（1）系统启动

系统启动可分为系统的断电再启动（俗称冷启动）和非断电再启动（俗称热启动）。冷启动一般是由人工进行，系统全部中断，系统所有的内存单元重新初始化，全部的系统程序及用户数据均需从硬盘重新调入，启动时间较长（冷启动时间一般为 20 min），一般不采用冷启动。系统的热启动又可分为硬启动和软启动两种。系统硬启动时，全部数据丢失，系统全部或部分中断，系统程序和用户数据需重新从硬盘调入，但系统内存单元不需要重新初始化，启动时间较短（约 10 min），一般也不采用；系统软启动，只丢失动态数据，且不影响已接续的电话，也不需重新从硬盘调入系统程序和用户数据，启动时间只需 3 min。

（2）系统维护和管理

系统维护主要完成系统数据库中非常驻程序的查询、修改以及系统功能单元的测试、故障定位及恢复等功能。Hicom 交换机的系统维护包括网管维护、软件维护及远端维护等。其系统管理主要对系统的硬件配置变化、分机终端类型的变更、分机号码或性能的改变、服务登记的增添或修改、通信方式的改变及软件版本更新等进行管理。

四、区段数字调度通信系统

区段数字调度通信系统的基本原理，就是使用计算机硬件软件区控制数字时分交换网络的交换接续，来达到人们期望的通信方式及通信需求。

1. 系统组成

数字调度通信系统一般由数字调度主机、操作台、集中维护管理系统等组成。

（1）数字调度主机是为调度所和站场提供调度指挥的数字交换设备。其主要功能为：网络和通道管理、组网、呼叫处理、交换及各种通信业务的综合接入。其为模块化结构设计，一般由电源模块、控制模块、交换模块、资源模块、时钟模块、接口模块组成。系统框图见图1—35。

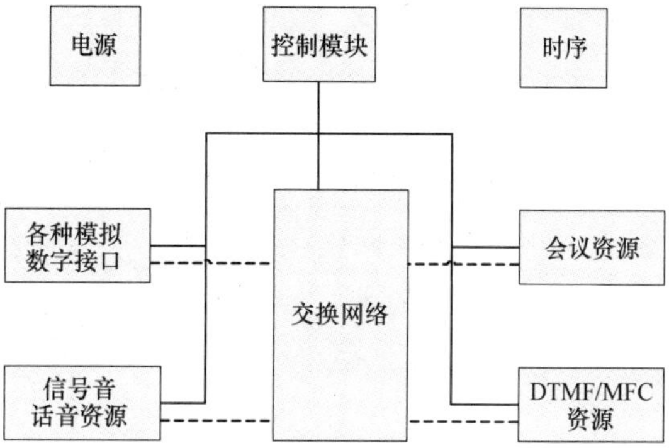

图1—35　数字调度主机系统框图

——— 控制线

- - - - - - - 网络PCM线

（2）操作台是调度（值班）员进行调度操作的终端设备。调度（值班）员通过操作台上各按键进行各种调度操作，如应答来话，单呼、组呼、全呼用户，转移或保持来话，召集会议等。操作台一般由键盘部分、显示部分、接口部分、控制部分、通话回路部分、电源部分、其他辅助功能部分组成。

（3）集中维护管理系统由一台或多台集中维护管理终端、打印机组成。当系统有多台集中维护管理终端时，放置于主系统所在地的终端称为主维护管理终端，其他终端称为分维护管理终端。该系统可对主系统和主系统管辖范围内的所有分系统进行集中维护管理及监控，但主系统与分系统之间需通过2M数字通道相连。集中维护管理系统具有性能管理、配置管理、故障管理、安全管理等功能。

2. 系统运用

（1）单机运用

单机运用指采用一套主机，完成单一功能的通信设施，根据不同的需求，可在多种场合下使用。

①作为固定交换机使用

主机只配置公共模块，包括电源模块、控制模块、交换模块、资源模块、时钟模块等。此外，根据实际需要，再配置中集模块，具有E1接口、模拟用户接口和数字用户接口，便成了一台固定交换机，具有PBX的全部呼出功能。

②作为站场通信使用

主机除配置公共模块外，还需配置2B＋D数字用户接口以及与本系统配套的操作台，模块用户接口和调度回线接口。组成多个相互独立的封闭用户群，以完成站场内部通信业务，取代现有用多台模拟电话集中机的组网方式。操作台可为内部用户的主席台（车站值班台），例如某站场有到达场、出发场、调车场三场，每场均由自己的值班台，与所属用户组成一个内部相对独立的封闭用户群，值班台与相应的列车调度台相连。

（2）多机组网综合运用

多机组网综合运用是采用一套主系统和若干套分系统组网，完成多种业务的通信设施，区段调度通信系统就是一个典型的实例。

①系统总体结构

系统总体结构图如图 1－36 所示。主系统放置于局调度所或大型调度指挥中心，主要用于接入各调度操作台和各种调度电路，是整个系统的核心。主系统由数字调度主机、调度操作台、集中维护管理系统、录音系统等组成。

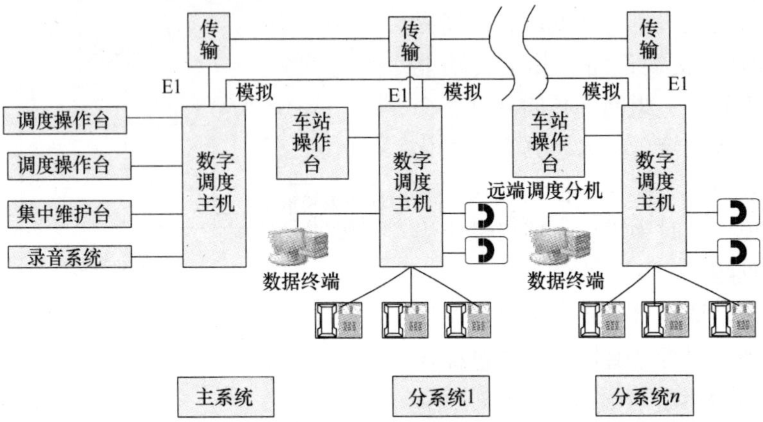

图 1－36　系统总体结构示意图

分系统放置于局管辖范围内各车站，通过数字传输通道与主系统相连，主要用于接入车站操作台、远端调度分机、站间电话、区间电话、站场电话等。分系统由数字调度主机、车站操作台等组成。

②系统的呼叫与通信方式

在模拟调度通信中，调度总机对分机的呼叫是通过发送不同双音频组合来呼叫不同的分机，调度分机呼叫调度总机则是采用定位受话方式即不需发送呼叫信号，通话与呼叫是在同一个通话（电路）中进行的。

在数字调度系统中，通话与呼叫是在不同的通道中进行的，话音是在“数字共线”通道中传送的，而呼叫信号是通过专用通道信道（一般占 3～4 个时隙）传送的。在总线型组网方式下，该专用信道通信自主系统贯穿所有分系统，如图 1－37 所示。

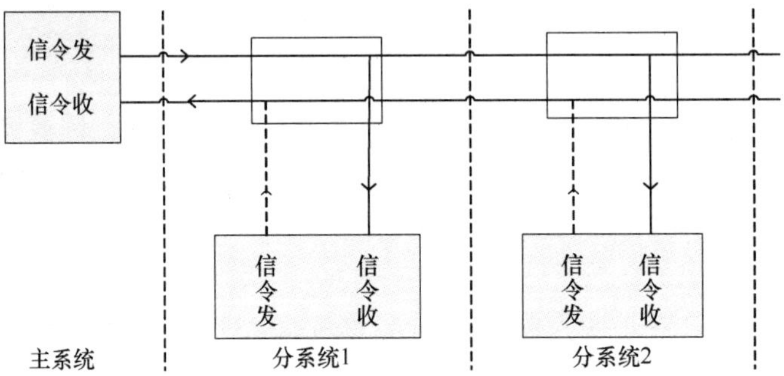

图 1－37　主系统与分系统间通道示意图

由图 1－37 可以看出，主系统和各分系统间通信为典型的总线式结构，以主系统为主导，其他系统处于从属地位。主系统对各分系统采用分时轮询的访问方式，专用通信信道的管理权归主系统。通信由主系统发起，即主系统通过图中信令发端口发送各种消息，其中包含被访问分系统的地址信息，图中各分系统对应信令收端口为实线，表示所有的分系统的信令收端口均随时处于接收状态，并分析主系统是否访问自己。图中各分系统对应信令发端口为虚线，表示平常处于断开状态，当被访问分系统确认自己为被访问对象时，通过交换网络将该分系统的信令发端口连至主系统的信令收总线，从而实现主系统与该分系统间通信。

（3）系统主要业务及功能

区段数字调度通信系统可以全面实现铁路各项专用通信业务，包括区段调度通信、站场通信、站间通信、区间通信、专用通信等。区段调度通信包括列车调度通信、货运调度通信、牵引供电调度通信。该系统可以实现铁路所有方向、所有区段的区段调度通信业务，并可以实现与干线调度的多机联网。

专用通信包括车务、工务、电务、机务、水电等专业调度通信。专用通信与调度通信只是业务性质的不同，从技术原理上，两者完全相同，系统可以实现铁路局各方向的所有专用电话业务。

站场通信包括车站（场）集中电话、驼峰调车电话、平面调车电话、货运电话、列检电话、车号电话和商检电话。站场通信是铁路专用通信的重要组成部分，它上与调度电话、专用电话联系，下与铁路车站站场内不同用户保持联系。每个车站分系统都是一个独立的调度交换机，车站分系统可实现以一个或多个车站操作台为中心，接入各种站场电话，并保留原有通信方式的站场通信系统，以取代原有集中机等既有站场通信设备。

站间通信是指（相邻）两车站值班员之间进行话音联络的点对点通信业务。

区间通信包括有区间电话、区间应急抢险人工电话以及区间应急抢险自动电话

此外，该系统还有 DXC 功能、PBX 和自动电话延伸功能、集中管理功能以及通道保护功能。

（4）系统运用的安全与保护措施

为保证系统的安全运用，区段数字调度通信系统从以下三个方面提供安全保护措施。

①组网：数字自愈环、断电保护、数字/模拟通道互为备份。

②硬件设计：可靠性好的超大规模集成电路，局部损坏不影响全局的模块化设计以及实时热备份，并且可用普通话机代替操作台。

③诊断告警、集中维护。

五、通信网

铁路调度通信网的网络结构根据铁路运输调度体制来安排，按干线、局线、区段三级调度分三层网络结构。

1. 干线调度通信网

（1）网络组成

干线调度通信网络由设在铁道部的 Hicom382 数字调度交换机为汇接中心，与设在各铁路局的 Hicom372 数字调度交换机用 2M 数字中继通道相连接。相邻铁路局的 Hicom372 数字调度交换机之间也用 2M 数字中继通道相连作为直达路由，从而构成一个复合星型网络的干线调度通信网。

（2）网路编号及呼叫方式

干线调度专用网用户与局线调度专用网用户的电话号码，全路统一编号，采用五位码（ABCDE）编号，前两位 AB 为调度局向号，后三位 CDE 为用户号，分别以铁道部、各铁路局为一个编号区。

纳入调度台的用户，调度员无需拨号，单键直呼所属调度分机，分机遇忙，调度员可强插通话，调度员还可进行全呼、组呼。调度网内用户相互间呼叫，听一次拨号音直拨五位码。

（3）网络同步

网内同步采用主从同步方式，铁道部的 Hicom382 调度交换机配置的时钟作为第一从时钟，从铁道部 SPC 上提取的时钟为主时钟，各铁路局 Hicom372 调度交换机通过传输通道（PCM30/32 的 Ts0）保持与第一从时钟同步。

同时，为了保证调度网络的可靠性，铁道部 Hicom382 调度交换机配置的时钟，采用全双工热备份方式作为调度网络的副时钟（精度为$\pm 5\times 10^{-6}$）。当铁道部 SPC 主时钟故障或与铁道部 SPC 相连的数字链路故障时，各铁路局与 Hicom382 副时钟同步；各铁路局 Hicom372 调度交换机本身也配有时钟（精度为$\pm 1\times 10^{-6}$），如果铁道部副时钟或铁路局与铁道部 Hicom382 的数字链路中断，铁路局 Hicom372 自身的时钟自动进入工作状态。

（4）接口及信令

交换机之间的局间中继接口采用 30B+D 数字接口，用 2M 数字通道相连接。

局间信令采用西门子专用 ISDN 网络共路信令（CorNET 信令）。在以 CorNET 互连的 Hicom 交换机专网范围内可提供大量公共 ISDN 网络所没有的服务，并组成一个统一的 ISDN 调度网络，实现全部 ISDN 功能的全网透明传输，如全网范围内的遇忙/无应答呼叫转移、遇忙/无应答回叫、会议电话、热线、强插、强拆、多次中央呼叫等调度功能。

2. 区段调度通信网络

（1）区段调度通信网络的特点

铁路区段调度通信网络是根据调度通信业务性质、地理位置，以及安全可靠的特殊要求等多方面因素来组建，概括起来有两大特点：

①数字共线型的通信网络

区段调度的通信方式：调度所调度员→车站值班员为指令型；车站值班员→调度所调度员为请示汇报型。

根据调度业务性质为一点对多点的调度指挥，地理位置又呈链状结构。为有效利用传输通道，仍沿用模拟通信时的共线方式。

②以 2M 自愈环组成区段调度通信网络

区段调度业务包括了列车调度、货运调度、电力调度，每一类调度分别只占用一个时隙，一个 2M 传输通道的通信容量，完全可以容纳多个区段的各类调度业务。组网时，一个 2M 数字通道从始端站至末端站按上下行逐站串接，末端站又从另一层传输网中的一个 2M 返回至主系统，从而构成一个 2M 数字环。逐站串接的 2M 为主用，末端站迂回的 2M 为备用。当区段通信线路在某一点中断，从断点至末端站可由迂回的 2M 接通主系统，所以称之为 2M 自愈环。尽管通信传输网络也具有自愈功能，区段调度通信网的 2M 自愈功能为安全可靠运用多了一层保护，即使大通道全部中断，只要从主系统至末端站从异网沟通一个迂回 2M，仍能保证调动通信的正常使用。

（2）区段调度通信网络的组成

区段调度通信组网时，必须根据数字传输通道和铁路运输区段的实际情况，综合考虑如何组成 2M 自愈环。

①首先确定一个自愈环内串接多少个分系统（车站）

在保持同步和呼叫响应时间不大于 50 ms 的要求下，根据制造商提供的资料可以稳定串接 50～64 个分系统。50 个车站之间的线路长度不会小于 500 km，至少有 4 个行车调度区段，这对安全可靠性来说是不可取的。在实际运用中，运输繁忙的主干线路上以一个行车调度区段为一个 2M 自愈环，其他线路上以两个行车调度区段合用一个 2M 自愈环。

②其次对几种特殊情况的处理

a. 枢纽列车调度台的组网；

b. 具有分支铁路线的区段调度通信网络；

c. 具有分流线路的区段调度通信线路；

d. 中间站没有光纤网络单元（ONU）设备或 2M 通道的处理。

（3）网络的综合运用

区段内调度通信业务包括：列车调度、货运调度、电力调度、无线列车调度。铁路数字专用通信系统完全是针对铁路区段通信的特点和需要而开发的产品，接口丰富，使用灵活，可以提供数字共线的通信业务，因此完全可以利用区段调度网络内的空闲时隙开放中间站局调分机、区间应急通信自动电话、区段公务专用电话等区段话音业务，以及红外线轴温检测传输通道、电力远动、信号检测等区段数据通信，这样做不仅可以节省投资、降低运营成本，还可真正实现铁路区段专用通信数字化、综合化。

六、铁路数字专用通信系统与铁路综合数字移动通信系统

铁路综合数字移动通信系统（GSM—R）是在数字蜂窝移动通信系统（GSM）上增加了调度通信功能和适合高速环境下使用的要素，能满足国际铁路联盟提出的铁路专用调度通信的要求。在 GSM—R 网络上实现中国铁路无线列调需要增加一个车站台，而车站台既要具有调度业务又要具有站内通信、站间通信、区间通信等各类通信业务。

1. GSM—R 的组成

GSM—R 是以移动交换中心（MSC）为平台的移动通信网络和以固定用户接入交换机（FAS）为平台的有线通信网络互连互通，是移动通信网络和有线通信网络的结合体，是有线调度通信与无线调度通信的融合，实现站车通信一体化，从而形成现代化的调度通信、公务移动、信息传输、列车传输一体化的通信系统。

GSM—R 由三大部分组成：GSM—R 陆地移动网络、FAS 固定网络、移动终端和固定终端，如图 1－38 所示。

（1）GSM—R 陆地移动网络的基本结构

GSM—R 陆地移动网络由三个子系统组成，如图 1－39 所示。

基站子系统（BSS）由一个基站控制器（BSC）和若干个基站收发信机（BTS）组成，BTS 主要负责与一定覆盖区域内的移动台（MS）进行通信，并对空中接口进行管理。BSC 来管理 BTS 与 MSC 之间的信息流。

网络子系统（NSS）建立在移动业务交换中心（MSC）上，负责端到端的呼叫、用户数据管理、移动性管理、与固定网络的连接、包括 GMSC（网关 MSC）、HLR（归属位置寄存器）、VLR（拜访位置寄存器）、GCR（组呼寄存器）、AuC（鉴权中心）、EIR（设备识别寄存器）等。

操作和维护子系统（OSS）是相对独立的子系统，为 GSM—R 网络提供管理和维护功能，主要提供移动用户管理、移动设备管理、网络操作和控制三类功能。有操作维护中心（OMC）来完成，其中 OMC—R 负责管理 BSS，OMC－S 负责管理 NSS。

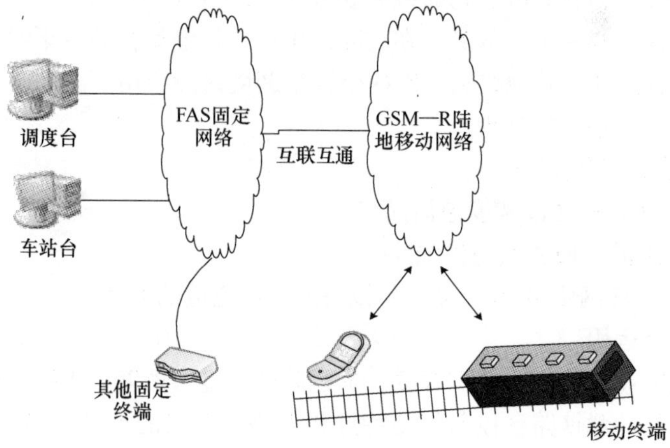

图 1－38　GSM—R 组成示意图

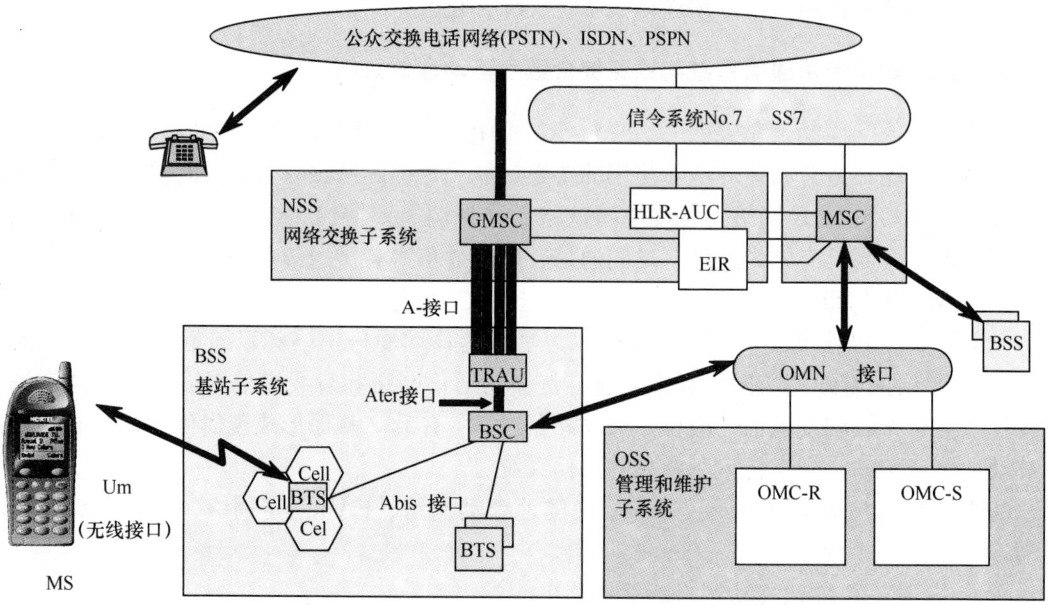

图 1－39　GSM—R 陆地移动网络的基本结构

（2）FAS 固定网络

FAS 固定网络实际上是一个以专用交换机及（PBX）为平台的有线调度通信网络。干、局线区段调度网络所采用的数字调度设备也是以电路交换为平台，具有 PBX 的全部功能，而且干线调度网络和正在逐步改造中的区段数字调度网络已经比较完善，可以充分利用现有的有线资源。当然现有的数字调度设备需要增加连网的接口，软件要升级，功能要扩展，才能满足有线调度与无线调度的融合。

（3）移动终端和固定终端

中国 GSM—R 应用的用户终端类型包括移动终端和固定终端，适应于铁路运输指挥通信、铁路运输管理通信及数据传输通信的不同用户终端类型，见表 1－13。

2. 基于 GSM—R 的调度通信系统组网方式

利用 GSM—R 进行无线列调组网，既可以完全利用无线方式，也可以同有线方式结合起来共同完成调度通信任务。事实上，在铁路上的有线通信已经比较完善，因此完全可以利用现有的有线资源，构成 GSM—R＋PBX，即 ISDN 专用自动交换机的有线/无线混合网络，进行有线用户（固定终端）和无线用户（移动终端）的统一调度指挥。

表 1－13　GSM—R 系统终端及用户类型

<table>
<tr><th colspan="2">终端类型</th><th>用户类别及范围</th></tr>
<tr><td rowspan="7">移动终端</td><td>作业手持台（OPH）</td><td>用于列车上以及车站、编组场、沿线区间及其他铁路作业区的各工种地面工作人员话音和数据通信</td></tr>
<tr><td>通用手持台（GPH）</td><td>用于铁路工务人员、与铁路业务相关的人员话音和数据通信</td></tr>
<tr><td>调车手持台（OPS）</td><td>用于编组场调车作业话音和数据通信</td></tr>
<tr><td>机车综合通信设备</td><td>用于运营机车、维修检测机车、编组场调车机车、轨道车等机车司机话音通信和通用数据传输</td></tr>
<tr><td>列控机车台</td><td>用于运营机车、维修检测机车、编组场调车机车、轨道车等机车与地面控制中心之间的安全信息传输</td></tr>
<tr><td>汽车车载台</td><td>用于各工种维护维修用车辆的话音和数据通信</td></tr>
<tr><td>列尾通信设备</td><td>用于列车尾部风压、GPS 及控制信息传输</td></tr>
<tr><td rowspan="4">固定终端</td><td>调度终端</td><td>用于各种调度所调度员、值班室值班员的话音和数据通信</td></tr>
<tr><td>车站终端</td><td>用于车站值班员、其他工种值班员的话音和数据通信</td></tr>
<tr><td>固定无线电</td><td>用于区间、站场各类信息点、业务点通用数据传输</td></tr>
<tr><td>有线电话</td><td>需要纳入 GSM—R 网络的固定电话用户</td></tr>
</table>

根据铁道部运输局公布的《GSM—R 调度通信系统主要技术条件（V3.0）》，系统构成及组网方式如图 1－40 所示。

各 MSC 之间通过 E1 接口相连，借口采用 No.7 信令。

路局的 FAS 通过 30B＋D 接口接入邻近的 MSC，接口信令采用 DSS1。

如果路局内有多台不同类型的 FAS，相互之间通过 30B＋D 接口相连接，接口信令采用 DSS1，其中为主的一台 FAS 与 MSC 相连。

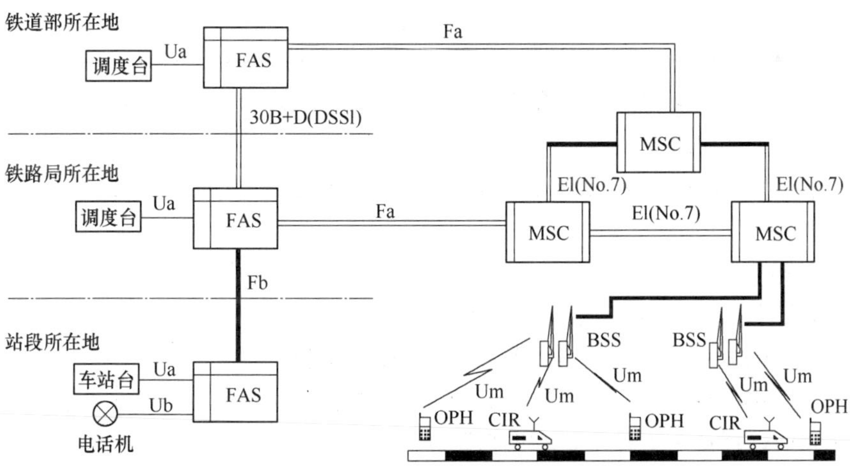

图 1－40　GSM—R 调度通信系统构成及组网方式示意图

铁路局 FAS 至沿线车站的 FAS 通过 E1 接口相连接。如果采用现有的区段数字调度设备，用 2M 逐站串联组成自愈环的区段调度网络，其信令传输用的是 2M 中 3～4 个数字共线时隙，使用的调度台、车站台必须与 FAS 配套组成一个完整的系统，其信令宜采用生产厂家的内部信令，如果用标准的 DSS1 信令，显然要增加设备的复杂性，且组网方式也要相应的改变。

3. 基于 GSM—R 的调度通信的通信过程

有线调度网络内的调度通信业务和要求，如调度员对辖区范围内的调度分级进行单呼、全呼、会议呼（临时组呼）；调度分机呼叫调度员及组织辖区范围内的组呼；调度分机之间不允许呼叫；区段调度网络为一个相对独立的封闭网络，其他用户不能呼入网络，调度分机不能呼出网络，以确保行车调度指挥的安全畅通。这些由网络特性和操作台的操作过程来保证实施。

GSM—R 调度通信网络内的用户，除原有的有线用户之外，还包含了移动终端，具体的用户有机车台、运转车长手持台、车站助理值班员手持台等，而移动终端处于不断移动状态，除了车站助理值班员之外其他移动终端的位置随时变更，不仅地理位置变化，由一个调度区段到另一个调度区段，接受调度指挥的对象也发生变化，因此对移动终端的电话号码，除了用户的真实号码 MSISDN 号之外，还要赋予一个功能号。所谓功能号就是能表明用户身份特征的号码，有车次功能号、机车功能号、车号功能号之分，每个功能号都有统一规定的号码结构。例如车次功能号，除了表明某趟列车的车次之外，还要表明使用者的身份（职务），车次功能号的号码结构为“CT CH ×××××× FC”，举例如表 1－14 所示。

表 1－14 车次功能号号码结构举例

CT	CH	××××××	FC
呼叫类型	车次号字母	车次号中的数字位	功能码
呼叫车次 CT＝2	如：Z＝90 T＝84 K＝75 N＝78 . . . 无字母为 00	不足 6 位时， 高位填 0 补齐	如：本务机司机＝01 运转车长＝08 列车长＝10 列检人员＝29 乘警长＝31 . . .

用户呼叫 Z19 次列车司机，可直接拨打车次功能码 2Z1901，由终端（或 FAS）翻译成 11 位的车次功能号为 29000001901。

按调度通信业务流程，可归纳为四类通信过程，即点对点个别呼叫、组呼、会议呼（临时组呼）、广播呼叫。

（1）个别呼叫

①移动终端按 MSISDN 号码呼叫移动终端

a. 移动终端以被叫移动终端的 MSISDN 号码发起呼叫。

b. GSM—R 网络收到呼叫后，以 MSISDN 号码呼叫移动终端，双方建立通信。

c. 通话完毕，任意一方挂机，呼叫拆除。

②移动终端按功能寻址呼叫移动终端

a. 移动终端以功能号码发起对移动终端的个别呼叫。

b. GSM—R 网络收到呼叫后，将被叫移动终端的功能号转换为 MSISDN 号码，并以 MSISDN 呼叫移动终端，双方建立通信。

c. 通话完毕，任意一方挂机，呼叫拆除。

③移动终端按 ISDN 号码寻址呼叫固定终端

a. 移动终端以被叫固定终端的 ISDN 号码发起呼叫。

b. GSM—R 网络收到 ISDN 号码，进行号码分析后，把呼叫路由到 FAS，并向 FAS 发送被叫固定终端 ISDN 号码。

c. FAS 根据 ISDN 号码呼叫固定终端，双方建立通信。

d. 通话完毕，任意一方挂机，呼叫拆除。

④移动终端按位置寻址呼叫固定终端

a. 移动终端以短号码发起对固定终端的呼叫。

b. GSM—R 网络接收到呼叫，对短号码进行分析，根据移动终端所在位置把短号码转换为被叫固定终端的 ISDN 号码，并将呼叫路由到相应的 FAS。

c. 由 FAS 根据 ISDN 号码呼叫固定终端，双方建立通话。

d. 通话完毕，任意一方挂机，呼叫拆除。

⑤固定终端按 MSISDN 号码呼叫移动终端

a. 固定终端以 MSISDN 号码对移动终端发起呼叫。

b. FAS 收到 MSISDN 号码，进行号码分析后，判断是移动终端 MSISDN 号码，把呼叫路由到 GSM—R 网络，并把 MSISDN 号码发给 GSM—R 网络。

c. GSM—R 网络根据 MSISDN 号码呼叫移动终端，双方建立通信。

d. 通话完毕，任意一方挂机，呼叫拆除。

⑥固定终端按功能寻址呼叫移动终端

a. 固定终端以功能号码发起对移动终端的个别呼叫。

b. FAS 收到呼叫，进行号码分析，判断是移动终端功能号码，会把呼叫路由到 GSM—R 网络。

c. GSM—R 网络将移动终端功能号转换为被叫移动终端的 MSISDN，并以 MSISDN 呼叫移动终端，双方建立通信。

d. 通话完毕，任意一方挂机，呼叫拆除。

⑦固定终端呼叫固定终端

a. 固定终端以被叫固定终端 ISDN 号码发起呼叫。

b. FAS 收到呼叫后，根据 ISDN 号码呼叫被叫固定终端，双方建立通信。

c. 通话完毕，任意一方挂机，呼叫拆除。

（2）组呼

①移动终端发起组呼

a. 移动终端以 GSM—R 组 ID 向 GSM—R 网络发起组呼。

b. GSM—R 网络根据主叫移动终端所在小区选择相应的 GSM—R 组呼区域，按 GSM—R 组 ID 向属于该组的移动终端发起 GSM—R 组呼，使处于组呼区域内的移动终端进入 GSM—R 组呼状态。

c. 当只有一个固定终端为调度身份的组成员时，应在 GCR 中预定义该固定终端的 ISDN 号码作为调度身份的组成员，由 MSC 完成组呼。

d. 当有两个或两个以上的固定终端为调度身份的组成员时，应在 GCR 中预定义虚拟组呼号码作为调度身份的组成员。MSC 把呼叫路由到 FAS，并把虚拟组呼号码作为被叫号码，把呼叫类型、组呼区域、组呼 ID 号作为主叫号码发送到 FAS。FAS 根据虚拟组呼号码组织有线组呼，呼叫预定义的各固定终端进入有线组呼状态，并把呼叫类型、组呼区域号、组呼 ID 号作为主叫号码发送到固定终端。

e. 具有调度身份的固定用户可进行全双工通话，无需 PTT 操作。

f. 移动终端越出 GSM—R 组呼区域时，如果该移动终端是发起者，则自动拆除 GSM—R 组呼；如果不是发起者，则自动退出 GSM—R 组呼。

g. 通话完毕，发起组呼的移动终端挂机，组呼拆除。不允许其他组成员拆除组呼。或者在规定时间内组内无通话时，由系统自动拆除组呼。

②固定终端发起组呼

a. 固定终端以组地址向 FAS 发起组呼。

b. FAS 收到组地址，进行号码分析。

c. 当只有该固定终端为调度身份的组成员时，应在 GCR 中预定义该固定终端的 ISDN 号码作为调度身份的组成员。FAS 将呼叫路由到 MSC，并以主叫的 ISDN 号码作为主叫号码，以组呼类型、组呼区域号、组呼 ID 号作为被叫号码发送给 MSC，由 MSC 完成组呼。

d. 当有两个或两个以上的固定终端为调度身份的组成员时，由 FAS 组织有线组呼，呼叫预定义的各固定终端进入有线组呼状态，并把呼叫类型、组呼区域号、组呼 ID 号作为主叫号码发送到固定终端，以便固定终端显示正确的组呼呼入。如果该组呼成员中包含移动终端，FAS 将呼叫路由到 MSC，并以对应的虚拟组呼号码作为主叫号码，以组呼类型、组呼区域号、组呼 ID 号作为被叫号码发送给 MSC。

e. MSC 根据组地址向属于该组的移动终端发起 GSM—R 组呼，使处于组呼区域内的移动终端进入 GSM—R 组呼状态。

f. 具有调度身份的固定用户可进行全双工通话，无需 PTT 操作。

g. 移动终端越出 GSM—R 组呼区域时，自动退出 GSM—R 组呼。

h. 通话完毕，发起组呼的固定终端挂机，组呼拆除。不允许其他组成员拆除组呼。或者在规定时间内组内无通话时，由系统自动拆除组呼。

（3）GSM—R 广播

①发起方以 GSM—R 组地址发起 GSM—R 广播呼叫。

②预定义为广播小组成员的固定用户和处于组呼区域内被预定义为广播小组成员的移动终端接收到 GSM—R 广播通知后，进入接收 GSM—R 广播状态。

③移动终端越出组呼区域时自动退出接收 GSM—R 广播状态。

④广播完毕，发起广播的终端挂机，广播拆除。不允许广播小组的其他成员拆除广播。或者在规定时间内组内无通话时，由系统自动拆除组呼。

（4）紧急呼叫

①移动发起方以紧急呼叫组 ID 发起优先级为 0 级的紧急呼叫。

②GSM—R 网络判断本次呼叫为紧急呼叫后，采用快速呼叫建立流程，完成紧急呼叫的主叫建立过程，并根据紧急呼叫的组 ID 和 GSM—R 组呼区域发起到紧急呼叫组成员的 GSM—R 组呼。

③处于 GSM—R 紧急组呼区域内的移动终端接收到紧急呼叫，进入通话状态。

④如果该组成员预定义了固定终端，GSM—R 网络将紧急呼叫路由到当前调度区段的 FAS，并将相应固定终端的 ISDN 号码和紧急呼叫优先级发送给 FAS。

⑤FAS根据ISDN号码呼叫固定终端。

⑥具有调度身份的固定用户可进行全双工通话，无需PTT操作。

⑦移动终端越出GSM—R组呼区域时，如果该移动终端是发起者，则自动拆除GSM—R铁路紧急呼叫；如果不是发起者，则自动退出GSM—R铁路紧急呼叫。

⑧通话完毕，发起紧急呼叫的终端挂机，紧急呼叫拆除，或者在规定时间内组内无通话时，由系统自动拆除紧急组呼。

⑨紧急呼叫拆除后，参与紧急呼叫的移动终端自动发起到AC（确认中心）的确认呼叫，呼叫信令中包含本次紧急呼叫的发起方身份、通话结束时间、通话时长、组呼优先级、拆线原因等信息。

⑩ 确认中心收到确认呼叫后，记录确认信息，并拆除本次确认呼叫，拆除信令中包含确认应答。

4. GSM—R在铁路运营和服务中的特殊业务与应用

（1）功能寻址

功能寻址是指用户可以由它们当时所担当的功能角色，而不是所使用的终端设备的号码来寻址。功能寻址是GSM—R的特征，它允许通过功能号来呼叫用户，而功能号可用来识别应用和功能。GSM—R网络用户可以靠功能号来发起或接收呼叫。功能号和MSISDN结构一样，从其他外部网络也可以拨打这些号码（例如：已连接的外部公共PSTN/ISDN网络）。

在铁路通信中有许多这样的情况，因为从铁路运输管理的角度出发，主叫方在发起呼叫时更多的是使用被叫方所担当的功能角色的编号。由于谁在担当这个功能角色是在动态变化的，所以该编号与真实的物理号码之间的对应也是在动态改变的。在铁路上，功能寻址主要用于解决固定用户到移动用户的呼叫。

（2）基于位置的寻址

基于位置的寻址是指网络将移动用户发起的用于特定功能的呼叫，路由到一个与该用户当前所处位置相关的目的地址，正确的调度员或车站值班员由主叫移动用户当前所处的位置来确定。如无线列调中的“大三角”通信，移动台要呼叫的调度员取决于移动用户当前所处的位置。在铁路通信中，基于位置的寻址主要用于解决移动用户呼叫固定用户。

GSM—R中，使用小区特定路由来实现基于位置的寻址，由于每次呼叫MSC都可以获取移动台当前所处的小区，所以位置信息的获取非常容易。同时，一个无线蜂窝小区对于无线列调的呼叫来说已经足够了。在GSM—R自身强大的数据功能之上，开发列车位置应用是比较容易的。

（3）调度数据和旅客服务信息传输通道

铁路信息化是铁路发展的必然趋势。目前，已拥有了TMIS、TDCS、PMIS等等各种各样的信息系统，这些系统在提高铁路的运输能力、提高列车安全性能诸多方面发挥着重要作用。为了支持这些信息系统，各种数据通信网络相继建成并且投入使用，包括运输网、X.25数据通信网、铁路互联网、卫星通信网，这些网络为铁路提供了强大的通信能力。

但是，这些通信手段中，大部分解决的是地面上固定点之间的通信问题。在实际的运营中，列车作为铁路运营的中心载体，是一个巨大的信息源，列车上的数据如列车位置、列车尾部风压信息、旅客和货物实时信息都需要传送到地面上来，在另一方面，地面的控制中心有时会有一些信息发送到列车上来，这样就需要在列车与地面之间建立一条双面的数据传输通道。GSM—R 作为铁路综合通信平台，能够在列车高速移动时提供可靠的信息传输能力，因此，它在中国铁路上的发展，为列车于地面双向数据传输这一目标的实现提供了契机。

第四节　高速铁路牵引供电系统

牵引供电系统主要包括牵引变电所及接触网两个部分，其任务是保证质量良好并不间断地向机车供电。牵引变电所是电气化铁路供电系统中的心脏，无论一般线路还是高速线路都要求它具有高度的可靠性，除后者在变压器容量的选择上要考虑高速运行的条件外，其他方面均区别不大。接触网是牵引供电系统的主动脉，其功能是通过与受电弓在运行中的良好接触将电能传给电力机车。“良好接触”的概念包括的内容有：弓网振动小、相互冲击小、离线次数和时间少、导线和滑板磨耗小。为取得弓网间的“良好接触”，各国专家花费了大量的时间和精力研究接触网和受电弓的结构及主要参数，有的国家已针对不同的运行速度确定了不同的受电弓类型。我国高速电气化铁路研究也把重点放在弓网受流的研究上。通过对铁道科学研究院环行试验基地接触网及郑武线高速试验区段的接触网改造和试验，以及广州至深圳电气化铁路的开通运营，我国已初步积累了 200 km/h 电气化铁路接触网的设计和施工经验，明确了高速电气化铁路的关键技术和科研的主攻方向。

一、牵引供电系统概论

1. 供电方式

电气化铁路中有 5 种供电方式：直接供电方式、带吸流变压器的供电方式、带回流线的直接供电方式、自耦变压器供电和同轴电力电缆供电。

在高速电气化铁路中，一般不再采用吸流变压器供电方式和同轴电力电缆供电方式，前者是因为接触线在吸流变压器处存在断开点，受电弓高速通过断开点时产生电弧，后者是因为造价昂贵、施工复杂。因此，只介绍直接供电方式、带回流线的直接供电方式和自耦变压器供电方式。

（1）直接供电方式是牵引中不加特殊防护措施的一种供电方式。它以一根馈线接在接触网上，另一根馈线接在钢轨上，如图 1—41 所示。

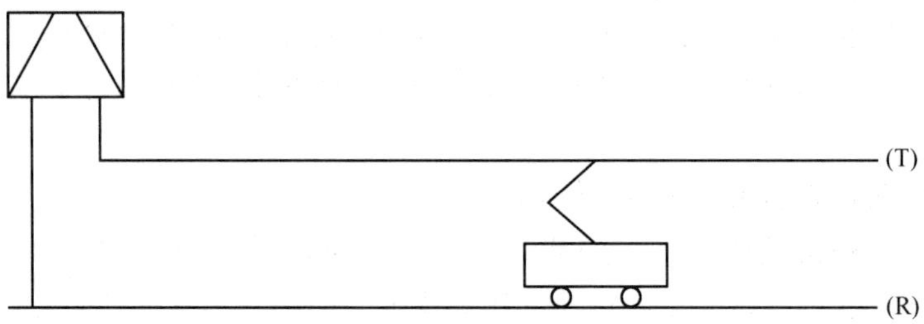

图 1—41　直接供电方式

这种供电方式最简单，投资最省，牵引网阻抗小，能耗也较低。供电距离单线一般为 30 km 左右，双线一般为 25 km 左右。电气化铁路是单相负荷，机车由接触网取得电流，经钢轨流回牵引变电所。由于钢轨与大地是不绝缘的，一部分回流由钢轨流入大地，因此对沿线的通信线路产生感应影响。这是直接供电方式的缺点。

(2) 带回流线的直接供电方式是在接触网支柱上架设一条与钢轨并联的回流线，如图1—42所示，利用接触网与回流线之间的互感作用，使钢轨中的电流尽可能地由回流线流回牵引变电所，因而能部分抵消接触网对邻近通信线路的干扰。

(3) 自耦变压器供电方式（简称 AT 供电方式），是每隔 10 km 左右在接触网与正馈线之间并联接入一台自耦变压器，其中性点与钢轨相连。自耦变压器将牵引网的供电电压提高一倍，而供给电力机车的电压仍为 25 kV，如图 1—43 所示。

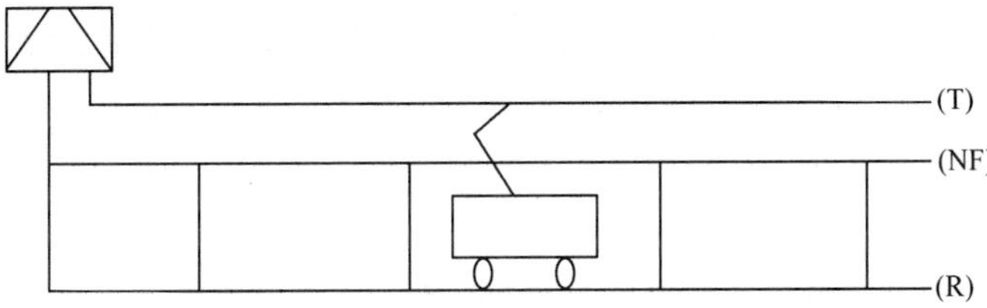

图 1—42　带回流线的直接供电方式

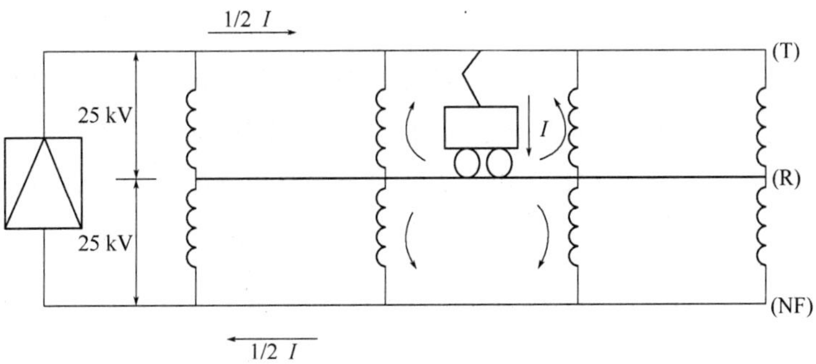

图 1—43　自耦变压器供电方式

电力机车由接触网受电后，牵引电流一般由钢轨流回，由于自耦变压器的作用，经钢轨流回的电流，经自耦变压器绕组和正馈线流回变电所。当自耦变压器的一个绕组流过机车电流时，其另一个绕组感应出电流供给电力机车。因此，当机车负荷电流为 I 时，由接触网和正馈线供给的电流为 0.5I。另外的负荷电流由自耦变压器感应电流供给。

这种供电方式的牵引网阻抗很小，电压损失小，电能损耗低，供电能力大，供电距离长，可达 40～50 km。由于牵引负荷电流在接触网和正馈线中的方向相反，因而对邻近的通信线路干扰很小。

2. 变电所主接线方式及变压器容量的选择

(1) 变电所主接线方式

电气主接线反映牵引变电所的主要电气设备及其相互关系，通过电气主接线可以了解牵引变电所的设置规模和设备情况。

牵引变电所的主接线由电源侧、主变压器、牵引侧三部分组成。

①电源侧主接线

牵引变电所属用户变电所，属终端型变电所，电源侧主接线较简单，多采用线路变压器组接线方式，两回进线间没有跨条，每回进线与一台变压器组成一组，这种接线方式适用于主变压器固定备用方式，要求两回电源均为主供回路，随时可以切换。

②牵引侧主接线

电力系统的三相高压电源经过牵引变压器变压后，要用 27.5 kV 或 55 kV 的单相电源向接触网供电，所供负荷以牵引负荷为主，因此称为牵引侧主接线。

高速电气化铁路多为双线，在牵引变电所内一般设有四回馈电线，上下行方向各两回。上行方向两回线设一台备用断路器；下行方向两回线设一台备用断路器。

自耦变压器供电方式：馈电线有接触网（T）和正馈线（F）两根线，断路器和隔离开关均为两极。另有中线（N）馈出，不设断路器和隔离开关。当牵引变压器牵引侧线圈中点不抽出时，在变电所内还应另设自耦变压器，一般将自耦变压器设在馈电线外侧。当相邻变电所越区供电时，可作为末端的自耦变压器。双线铁路一般为四回馈电线，每两回同相馈电线设一组备用断路器。

（2）变压器容量的选择

牵引变压器的容量由单列车取流及单个供电臂上的列车数决定。

计算馈线电流的方法较多，在将计算机应用于供电计算之后，采用运行图和列车电流曲线进行计算比较准确，特别是在高速电气化区段，由于列车运行图比较稳定，且行车密度较高，采用该法计算更为合理。

为了得到馈线电流曲线 $i_a=f(t)$，可把运行图分成等分间隔，每个间隔 1 min，就每一时刻查明在分区中运行的列车编号及其电流值。每一时刻所有运行列车电流之和，就是这时刻的馈线电流 i_a，得出一日内所有时刻的电流 i_a，便可绘制出馈线电流曲线 $i_a=f(t)$。设等分间隔总数为 n，那么将有 $n+1$ 个计算时刻，因此，馈线平均电流：

$$I_a=\frac{1}{n+1}\sum_{k+1}^{n+1}i_{ak}$$

馈线有效电流：

$$I_{ea}=\sqrt{\frac{1}{n+1}\sum_{k=1}^{n+1}i_{ak}{}^2}$$

式中 i_{ak} 为第 k 计算时刻所得馈线电流 i_a。

对于给定的牵引负载，三相牵引变电所和单相牵引变电所一般有不同的容量。设一边馈线电流为 I_{ea}，另一边馈线电流为 I_{eb}，$I_{ea}\geq I_{eb}$，则容量的计算方法如下：

①三相牵引变电所：

三相牵引变电所变压器的容量决定于重负载线圈的电流 I_{eca}。

$$I_{eca}=\frac{2I_{ea}+0.65I_{eb}}{3}$$

两台三相变压器的总容量：

$$S_3=3K_tU_eI_{eca}$$

式中 K_t ——温度系数；

U_e ——馈线电压。

②单相 V 接线牵引变电所：

V 接线牵引变电所每台变压器的容量决定于对应的馈线电流。

$$S_a=U_eI_{ea}$$

$$S_b=U_eI_{eb}$$

单相接线两台变压器并联，总容量为：

$$S_1 = U_e(I_{ga} + I_{gb})$$

3. 变电所综合自动化和远动

(1) 保护装置

牵引变电所的综合自动化系统负责变电所所有设备电气量的数据采集、数据通信、事故报警和远程操作，其中继电保护装置负责快速切出出现故障的电气设备，是综合自动化系统的重要组成部分。继电保护装置对电力系统的正常运行非常重要，一个变电所有 10 多台断路器，每台都要有专门的保护装置来控制，如果没有符合要求的保护装置，那么短路故障就不能迅速地排除，从而造成严重的危害。保护装置除了用来切除短路故障外，也用作发出不正常运行状态的信号，如变压器过负荷或过热、控制回路断线、绝缘不良等不正常状态，运行人员发现不正常信号后，可及时采取措施消除不正常状态，保证供电系统的安全、可靠运行。

对保护装置有 4 个基本要求：

①选择性：保证该跳闸的断路器跳闸，不该跳闸的断路器不跳，以使停电限制在最小的范围。

②速动性：故障后迅速动作，可减小设备的损坏程度及对非故障区段的影响时间，但速动性不能影响选择性。

③灵敏性：要求对保护范围内的故障反应灵敏，不产生拒动。

④可靠性：要求保护装置的元件和接线处于良好状态，该动作时均能正常工作。

在电气化铁道的牵引变电所内，一般设牵引网保护（或称馈线保护）、牵引变压器保护、电容器保护（设置在有电容补偿的变电所内）、进线保护等。

①牵引网保护

牵引网和一般电力系统的供电线路比较有以下特点：

a. 单相供电，负荷波动性较大；

b. 牵引网的阻抗大，在系统的最小运行方式下供电臂末端短路时，短路电流在数值上可 能与最大牵引负荷差不多；

c. 故障率高（其中瞬间故障，即一次重合闸能成功者占 70%以上）。

根据以上特点，牵引网仅采用过流保护不能满足要求，目前采用的是具有平行四边形特性的阻抗保护，其原理是鉴别故障时的线路阻抗（包括相位角）以保证装置的选择性和灵敏度。

目前我国采用的微机保护已使保护装置的水平与电气化发达的国家相接近。

②牵引变压器保护

变压器的故障一般分为内部故障和外部故障两种。内部故障包括线圈间的多相短路、单相层间短路、单相接地短路及铁芯烧坏等。外部故障包括套管及引出线上的故障。

为保证变压器发生故障时能及时断开变压器的供电，采用了以下保护：

a. 瓦斯保护：内部故障时，绝缘物分解而产生气体，气体上升引起油流变化而使保护装置动作；

b. 差动保护：在变压器内部、套管以及引出线上的多相短路时，变压器进线（原边）和出线（次边）的电流比发生变化，利用这一特性构成的保护称为差动保护；

c. 过流保护：用于切断变压器的外部短路故障；

d. 过负荷保护：当电流过负荷时，经过一段延时后，发出信号，引起值班人员注意，以采取减轻负荷的措施。

③电容器保护

a. 电流速断保护：可切除母线及电容器引线的接地故障；

b. 过流保护：作为电流速断的后备保护；

c. 纵差动保护：为提高保护的灵敏度，当末位电容器与电抗器的主绝缘闪络或击穿时也能有效地切除故障，采用差动保护；

d. 过电压保护；

e. 差压保护：用于保护每个电容器的内部故障。

（2）变电所的自动化和远动化

变电所的自动化和远动化是一个密不可分的整体，若实现牵引供电系统的远动化，首先必须实现设备操纵的自动化，当收到遥控命令时，设备能自动完成所要求动作。

远动化是利用远程通信技术完成远程控制、远程信号、远程测量、远程调节等功能的总称。由调度端主机通过通道与执行端连接成一个 1∶n 系统，如图 1—44 所示。其基本原理是将操作命令、数据和信息编成电码，再将电码经过调制，成为适合传输的电信号，通过通道送到执行端，经过调解还原成电码，再经过译码去执行或显示。原理方框图如图 1—45 所示。

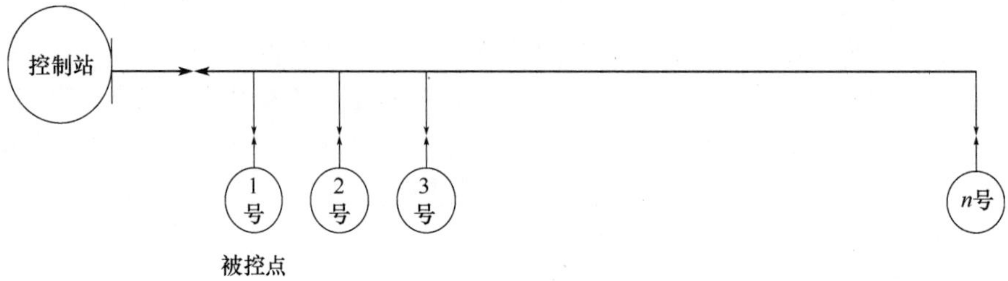

图 1—44　远动系统图

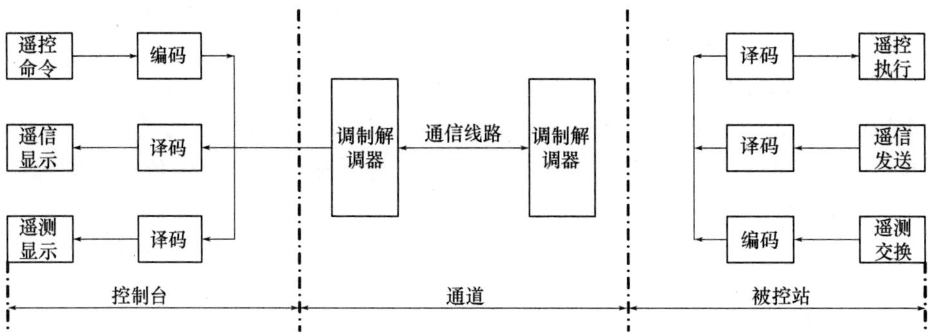

图 1—45　远动装置基本原理图

远动装置由三部分构成：

①调度端设备

调度端设备由两台工业微机构成主机，通过切换装置互为备用。主机配有调机设备，外围设备配有模拟盘、显示终端（CRT）、打印机，显示终端（CRT）和打印机为双重配置，通过切换设备可以互为备用，通过调制解调器与通道相连，如图 1—46 所示。

主机是远动装置的心脏，完成数据收集储存及处理等功能。主机与外围设备相连，通过

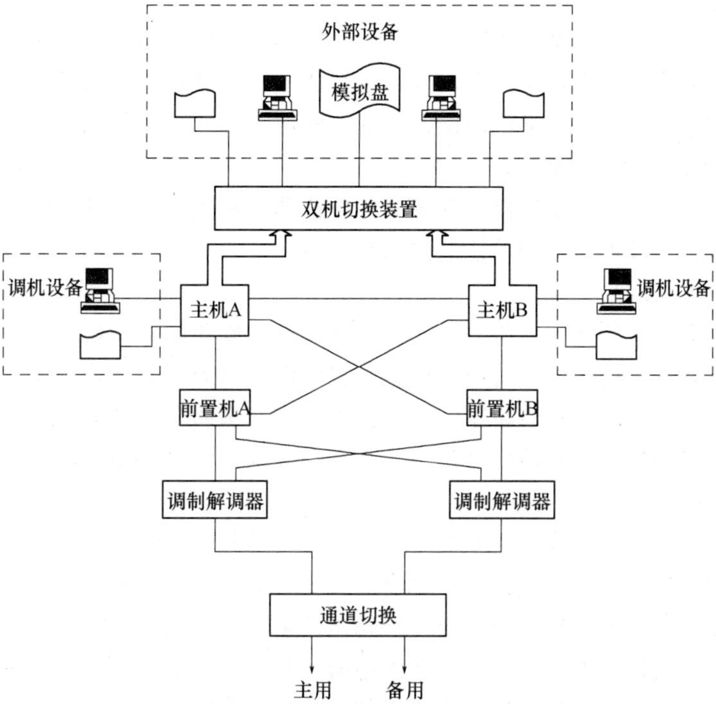

图 1－46　调度端设备配置图

外围设备进行人机对话，主机具有在线自检和自启动功能。

模拟盘将牵引供电系统的主回路和供电设备模拟在盘上，设备所处状态从模拟盘上可以一目了然，调度员通过模拟盘监视供电系统的运行状态。

显示器（CRT）作为人机对话的重要设备，附有键盘、跟踪球（鼠标器）或光笔。显示器（CRT）的画面有供电系统模拟图、程序控制目录、事故记录（不断更新）、测量数据图表、故障点测量参数和计算结果、当日的用电量及功率因数等，可供调度员监视和查阅。通过键盘、跟踪球或光笔可以进行遥控，召唤测量和查询。

打印机作为记录设备将当日的运行情况一一打印在纸带上，以供查询，打印内容包括发生情况的时间、遥控内容、执行结果、现场发生异常的情况、测量结果、定时报告的电度量、故障点测量的参数和计算结果等，并可用制表打印机打印测量图表。

调制解调器，是将电码调制成适于传输的电信号，或相反将电信号解调成电码，调制方式有调幅、调频、调相。调幅易于受到干扰，调相较为复杂，目前大多数采用调频方式。

②执行端设备

执行端设备由计算机构成，一般用微机或单片机。它的功能为接收调度端远动装置发来的查询、遥控命令，经译码确认后执行，将被控站内的数据和信息编码发送给调度端。被控站内的信息和数据包括：开关的位置信号、事故信号、预告信号（何种保护动作、动作时间、自动重合闸是否动作等）以及电度表、电压、电流和故障点的测量数据等。

③远动通道

调度端与执行端是通过通道联系起来的。通道形式有有线、无线、光缆等多种。电气化铁路牵引供电远动系统一般采用有线传输，将电码经调制变为音频信号后，直接送入通信电缆中专用音频芯线。当需要一次传输距离较长时，可将音频信号送至通信站，经二次调制到高频载波话路中，送到对方通信站，解调还原成音频信号后再送入通信电缆中音频专用芯线。在高速电气化铁路中均采用光缆，音频信号或电码可直接送到通信站，经调制成光信号传输到执行站附近车站，经光端机解调还原成音频或电码送往执行站。

4. 变电所设备运营检测装置

对变电所的一次设备（变压器、互感器、断路器、隔离开关）及二次设备（继电保护装置等）进行检测，一般采用不同功能的测试车进行。

（1）高压绝缘测试车

该车用于牵引变电所变配电设备一次侧的预防性试验和部分大修交接试验，相当于一个小型流动高压试验室。它可以进行绝缘电阻、直流泄漏电流、介质损失角、直流电阻、变压比的测量和交流工频耐压、直流耐压、绝缘油电气强度试验。必要时还可增加局放、感应耐压、导电回路电阻测量、变压器特性试验、高压开关动作特性测试等项目。

（2）继电保护测试车

该车用于牵引变电所二次回路的检查与测试。将测试设备固定装在车内的移动试验室内。其主要试验项目包括：交直流电压继电器、交直流电流继电器、直流电压动作，直流电流保持继电器或直流电流动作、直流电压保持继电器、直流信号继电器、直流时间继电器、同步检查继电器、阻抗继电器、负序电流继电器、负序电压继电器、差动继电器、保护加综合重合闸操作箱屏、交直流接触器跳合闸线圈及开关跳合闸时间等几乎所有保护继电器的检验和试验。使用它还可进行电流、电压、中间等继电器动作时间及返回时间的测量，以及 CT 伏安特性的现场试验等。

二、高速铁路接触网

1. 接触悬挂形式及其主要技术参数

接触悬挂形式是指接触网的基本结构形式，它反映了接触网的空间结构和几何尺寸。不同的悬挂形式，在工程造价、受流性能、安全性能上均有差别，另外，对接触网的设计、施工和运营维护也有不同的要求。

对高速接触网悬挂形式的要求是：受流性能满足高速铁路的运营要求、安全可靠、结构简单、维修方便、工程造价低。

世界上发展高速铁路的主要国家，如日本、德国、法国的高速接触网悬挂形式是在不断改进中发展起来的，主要有 3 种悬挂形式：简单链形悬挂、弹性链形悬挂、复链形悬挂。各国对这 3 种悬挂形式有不同的认识和侧重，根据各自的国情发展自己的悬挂形式。日本的高速线路，如东海道新干线、山阳新干线、东北新干线、上越新干线均采用复链形悬挂，近几年来，日本高速铁路又采用了简单链形悬挂；法国的巴黎—里昂的东南线采用弹性链形悬挂，巴黎—勒芒/图尔的大西洋线采用接触导线带预留弛度的简单链形悬挂；德国在行车速度低于 160 km/h 的线路采用简单链形悬挂，在 160 km/h 及以上的线路采用弹性链形悬挂。下面分别介绍简单链形悬挂、弹性链形悬挂和复链形悬挂 3 种形式的结构和技术性能。

（1）简单链形悬挂

简单链形悬挂结构形式如图 1－47 所示。

性能特点：结构简单、安全可靠、安装调整维修方便，适应于高速受流。

定位点处弹性小，跨中弹性大，造成受电弓在跨中抬升量大，跨中采用预留弛度，受电弓在跨中的抬升量可降低，定位点处易形成相对硬点，磨耗大。如果选择结构形式合理、性能优良的定位器，则可消除这方面的不足。

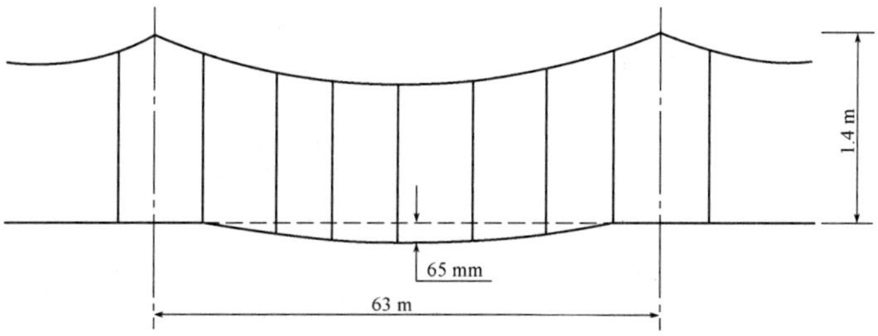

图 1—47　带预留弛度的简单链形悬挂

（2）弹性链形悬挂

弹性链形悬挂的结构形式图如图 1—48 所示。

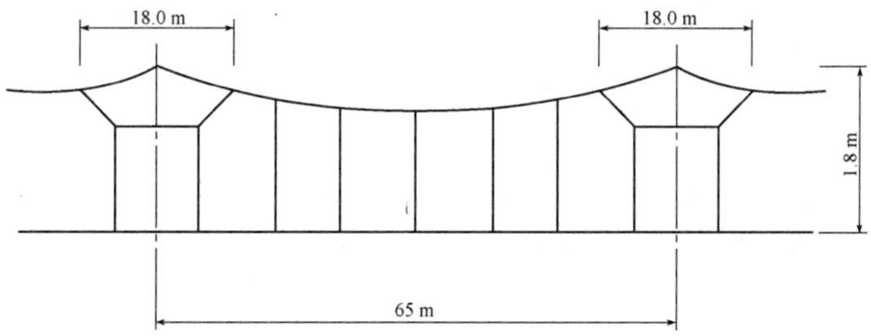

图 1—48　弹性链形悬挂

在结构上，相对于简单链形悬挂在定位点处装设弹性吊索，主要有两种形式："π"形和"Y"形。弹性吊索的材质一般与承力索相同，其线胀系数与承力索相匹配。

性能特点：结果比较简单，改善了定位点处的弹性，使得定位点的弹性与跨中的弹性趋于一致，整个接触网的弹性均匀，受流性能好。其缺点是弹性吊索调整维修比较复杂，定位点处导线抬升量大，对定位器的安装坡度要求也较严格。

（3）复链形悬挂

复链形悬挂的结构形式如图 1—49 所示。

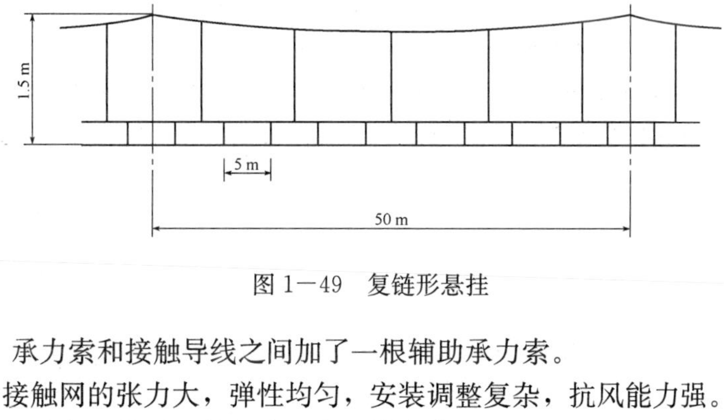

图 1—49　复链形悬挂

在结构上，承力索和接触导线之间加了一根辅助承力索。

性能特点：接触网的张力大，弹性均匀，安装调整复杂，抗风能力强。

表 1—15 为三种高速接触悬挂形式的主要技术参数。

表 1－15 三种高速接触悬挂形式的主要技术参数

	法国 TGV—A	德国 Re330	日本 HC
悬挂形式	简单链形悬挂	弹性链形悬挂	复链形悬挂
运营速度/km · h^{-1}	300	330	275
接触导线材质	Cu150 扁	Ris120	Cu170
接触导线密度/kg · m^{-1}	1.33	1.07	1.51
接触导线张力/kN	20	24/27	14.7
导线预留弛度	1.0	0	0
承力索材质	青铜 70	青铜 65	ST180＋TJ150
承力索张力/kN	14	45/48	24.5＋14.7
承力索密度/kg · m^{-1}	0.623	0.58	1.45＋1.377
波动传播速度/km · h^{-1}	441	539/572	355
无量纲速度	0.68	0.58～0.65	0.77
多普勒系数	0.19	0.21～0.27	0.13
反射系数	0.36	0.48/0.47	0.58
增强因数	1.92	1.75～2.19	4.46
跨中弹性/mm · N^{-1}	0.53	0.36	0.29
弹性不均匀系数/%	41.2	<10	<10
跨　距	63	65	50

几个技术参数的定义：

（1）波动传播速度 C：由于受电弓抬升力的作用，引起接触导线的振动，该点的振动传播速度称为波动传播速度。C 与接触导线张力 T 和线密度 ρ 的关系如下：

$$C=\sqrt{T/\rho}。$$

（2）无量纲速度 β：列车运行速度 v 与波动传播速度 C 之比，即：$\beta=v/C$。当列车速度越接近 C，即 β 接近于 1 时，弓网振动越剧烈。

（3）多普勒系数 α：是无量纲速度的另一种表达式：

$$\alpha=(C-v)/(C+v)。$$

式中　v——为列车行驶速度；

C——为接触线波动传播速度。

（4）反射系数 γ：指接触网的振动波在非均质点被反射，这些非均匀质点如吊弦线夹、接头线夹等。反射系数 γ 用下式表示：

$$\gamma=\sqrt{\rho_m\times F_m}/(\sqrt{\rho_c\times F_c}+\sqrt{\rho_m\times F_m})$$

式中　ρ_m、F_m——分别代表接触导线的线密度和接触导线的张力；

ρ_m、F_m——分别代表承力索的线密度和承力索的张力。

（5）增强因数 r：接触网的振动波在非均质处被反射，被反射回的波形与该物体相向运动，并被继续向前运动的物体以输入能量的方式再次反射回去，波的能量被增强。增强因数用下式表示：

$$r=\gamma/\alpha$$

式中　γ——反射系数；

α——多普勒系数。

（6）弹性不均匀系数 ε：反映一跨内跨中弹性和定位点弹性的差异程度。

$$\varepsilon=\frac{E_{max}-E_{min}}{E_{max}+E_{min}}\times100\%$$

式中　E_{max}——一跨内最大弹性；

E_{min}——一跨内最小弹性。

2. 高速接触网的主要技术参数

(1) 导线高度：指接触导线距钢轨面的高度。它的确定受多方面的因素制约，如：车辆限界、绝缘距离、车辆和线路振动、施工误差等。一般地，高速铁路接触导线的高度比常规电气化铁路的接触导线低，这主要因为：

①高速铁路一般无超级超限列车通过，车辆限界为 4 800 mm；

②为了减少列车空气阻力及空气动态力对受电弓的影响，受电弓的底座沉于机车车顶顶面，受电弓的工作高度较小。所以，高速铁路接触导线的高度一般在 5 300 m 左右。

(2) 结构高度：指定位点处承力索距接触导线的距离。它由所确定的最短吊弦长度决定的，吊弦长时，当承力索和导线材质不同时，因温度变化引起的吊弦斜度小，使锚段内的张力差小，有利于改善弓网受流特性；长吊弦的另一个优点是高速行车引起的导线振动时，吊弦弯度小，可以减少疲劳，延长使用寿命。表 1－16 为三种高速悬挂的结构高度。

我国接触网的结构高度为 1.1～1.6 m 。

表 1－16　三种高速悬挂的结构高度

	TGV—A	Re330	HC
结构高度	1.4 m	1.8 m	1.5 m

(3) 跨距及拉出值：取决于线路曲线半径、最大风速和经济因素等。

考虑安全因素及对受电弓滑板的磨耗，我国高速铁路一般在保证跨中导线及定位点在最大风速下均不超过距受电弓中心 300 m 的条件下，确定跨距长度和拉出值的大小。

(4) 锚段长度：它的确定主要考虑接触导线和承力索的张力增量不宜超过 10%，且张力补偿器工作在有效工作范围内。高速铁路接触网的锚段长度与常规电气化铁路基本一样。

(5) 绝缘距离：参照电气化铁路接触网的绝缘配合标准。

(6) 吊弦分布和间距：吊弦间距指一跨内两相邻吊弦之间的距离。吊弦间距对接触网的受流性能有一定的影响，改变吊弦的间距可以调整接触网的弹性均匀度。但是，如果吊弦过密，将影响接触导线的波动速度，而对弹性改善效果不大。所以，确定吊弦间距时，既要考虑改善接触网的弹性，又要考虑经济因素。

吊弦分布有等距分布、对数分布、正弦分布等几种形式，为了设计、施工和维护的方便，吊弦分布一般采用最简单的等距分布。

(7) 接触导线预留弛度：指在接触导线安装时，使接触导线在跨内保持一定的弛度，以减少受电弓在跨中对接触导线的抬升量，改善弓网的振动。对高速接触网，简单链形悬挂设预留弛度，弹性链形悬挂一般不设预留弛度。

(8) 锚段关节：锚段关节是接触网的张力的机械转换关节，是接触网的薄弱环节，其设计和安装质量对受流影响较大。高速接触网一般采用两种形式的锚段关节：

①非绝缘锚段关节采用三跨锚段关节；

②绝缘锚段关节采用五跨锚段关节。

安装处理上，尽量缩短接触导线工作支和非工作支同时接触受电弓滑板的长度，提高非工作支的坡度。

(9) 接触导线的张力：提高接触导线的张力，可以增大波形传播速度，改善受流性能，同时增加了接触网的稳定性。导线张力的确定受导线的拉断力、接触网的安全系数等因素影响。

(10) 承力索的张力：受接触网的稳定性、载流容量、结构高度、支柱容量等因素影响，提高承力索的张力可以增加接触网的稳定性，但对弓网受流性能影响不大。减少承力索的张力，有利于减少反射系数。承力索的张力受接触网的结构高度的限制，也就是在一定的结构高度上，要保持跨内最短吊弦的长度。

3. 接触网的主要设备和零部件

(1) 接触网的线材

①接触导线。接触导线是接触网中直接与机车受电弓作摩擦运动传递电能的线材，它对接触网—受电弓系统的受流性能的好坏产生至关重要的作用，受流系统的许多性能指标直接由接触导线决定，如：波动传播速度、接触导线的抬升量、接触导线的磨耗、安全系数。表1—17给出了国外高速接触导线的比较。高速铁路对接触导线的基本要求如下：

a. 机械强度高；

b. 单位质量尽量小；

c. 导电性能好；

d. 良好的耐磨及耐腐蚀性能及高温软化特性，使用寿命长；

e. 摩擦性能与受电弓滑板相匹配。

表1—17 国外高速接触导线的比较

	运行速度 /km·h^{-1}	接触线类型	接触线线密度 /kg·m^{-1}	接触线张力 /kN	波动传播速度 /km·h^{-1}
日本	240	Cu170	1.51	14.7	355
	300	CT-CS110	0.942	20	525
	300	CT-CSD110	0.957	20	520
法国	300	Cu150	1.32	20	441
	270	CdCu120	1.07	14	412
	350	SuCu120	1.07	24	539
德国	250	AgCu120	1.07	15	426
	330	MgCu120	1.08	27	569

随着运行速度的提高，为了提高抗拉强度，增大波动传播速度、耐磨性，国外有关 国家对高速铁路的接触导线都趋向于研制铜合金导线或复合导线。

铜合金导线是在铜中加入其他金属元素，如镁、银，采用合金方法制成的。

复合导线是用铜与另一种机械强度高的金属制成的。

②承力索。承力索是接触网承载接触导线，并传输电流的线材。承力索的选用应符合下列条件：承力索的线胀系数与接触导线相匹配；机械强度高；耐疲劳、耐腐蚀性能好，耐温特性好；导电率高。

国外高速铁路使用的承力索性能如表1—18所示。

表1—18 国外高速铁路使用的承力索性能表

	日本	法国	德国
承力索	镉铜绞线	BZ65	120—BZ
张力/kN	24.5	14	21

我国电气化铁路接触网的承力索一般采用95 mm^{2}和70 mm^{2}的铜合金绞线，增加承力索的张力可以增强接触网的稳定性。

③弹性吊索。对弹性链形悬挂，弹性吊索一般选用截面积为 35 mm^2 的青铜绞线，张力为 2.8～3.5 kN。

（2）高速铁路接触网的支持装置

①支柱：由于高速铁路接触网的承力索和接触导线的张力增大，使作为接触网支撑的支柱受到较大的负荷，另外，还要考虑到接触网的稳定性问题。高速铁路接触网支柱的选择，区间一般采用环形等径预应力混凝土支柱；桥上支柱采用热浸镀锌钢柱；软横跨硬横跨支柱：跨度小时用环形等径预应力混凝土支柱，跨度大时选用热浸镀锌钢柱。

②硬横跨：是用于站场或两股以上线路的接触网支持钢结构，一般用型钢焊接成梁式结构横跨于线路上空，用于支持接触悬挂。这种刚性硬横跨的特点是，各股道上的接触网在机械上和电气上相互独立。接触悬挂在硬横跨上采用吊柱旋转腕臂的支持结构，其结构特性与区间中间柱基本相同，组合定位装置与区间的接触悬挂完全相同。硬横跨的优点是机械上独立，结构稳定，抗风能力强，寿命长，在受流性能上与区间接触悬挂相同。法国、英国、日本等国家的高速铁路接触网几乎全部采用硬横跨。我国的高速铁路的接触网也趋向使用刚性硬横跨。

③腕臂支持结构：为了提高接触网的稳定性和安全性，高速铁路接触网采用刚性腕臂支持结构，由水平腕臂和斜腕臂组成的稳定三角形结构，提高了腕臂结构的整体稳定性和抗风能力。

④组合定位装置：包括定位器、定位管、支持器、定位防风拉线和定位管防风支撑，这部分零部件对接触导线起定位和支持作用，影响弓网受流性能。

在机械结构上它必须满足接触导线温度偏移，保证高速受电弓安全通过及接触导线抬高等要求。

对定位器的要求：

a. 构造简单，安装方便，不形成接触悬挂硬点；

b. 材质上一般采用铝合金材料，重量轻，耐腐蚀；

c. 具有较高的强度；

d. 环路电阻小，不形成电损坏。

（3）高速接触网的终端锚固类零部件

终端锚固类零部件包括：承力索终端锚固线夹、接触导线终端锚固线夹、张力补偿器、坠砣等。

①张力补偿装置。张力补偿装置是调整承力索、接触导线张力，使它们保持恒定的自动装置，是接触网的关键部件。高速铁路接触网一般有两种方式的自动张力补偿装置：滑轮组自动补偿装置和棘轮补偿装置。对张力补偿装置的要求是：传动效率高，达到 97%以上；安全可靠；耐腐蚀性能好，少维修，寿命长，有断线制动装置。坠砣采用铁坠砣。

②承力索终端锚固线夹和接触导线终端锚固线夹。这两种零件是接触网的主要受力部件，是保障接触网安全的关键零件。在结构上，有锥套式螺纹胀紧结构和楔形胀紧式结构两种。在材质上，整体铝青铜，紧固件采用不锈钢。其工作张力，应满足 20～27 kN。

（4）高速接触网的电连接类零件

电连接是保证接触网各导线之间及各股道之间电流畅通的部件。对它的要求是：电连接线夹与接触导线或承力索间的接触电阻小，整体电连接导电性能好。在结构上，连接可靠，重量轻，耐腐蚀。在材质上，用纯铜和铝青铜。

(5) 吊弦及吊弦线夹

它是接触网的悬吊类零件，在接触网中调节接触导线弛度，又可分流，属于面广量大的零件。正确选用悬吊类零件将有效地保证接触网的受流性能，又能减少其维修工作量。在高速接触网中，一般先经过现场测量，再计算出每跨中每根吊弦的长度。在工厂将吊弦线夹和吊弦制成一体后，到现场直接安装。

对吊弦及吊弦线夹的要求为：重量轻，体积小，耐腐蚀，安全可靠。

材质上，吊弦采用青铜绞线；吊弦线夹采用铝青铜。

(6) 高速接触网的线岔

线岔是两股道接触网交叉处的装置。它直接影响着高速受电弓的运行安全，是高速接触网设计和安装中需要特别解决好的环节。

高速接触网的线岔应满足下列要求：

①满足正线高速行车，避免钻弓、打弓。

②正线进渡线或渡线进正线时，保证受电弓平稳过渡。

③保证正线高速行车的受流质量，做到离线率低、硬点小，导线抬高量满足要求。

④安装简单，维修调整方便。

高速接触网线岔一般有交叉式和无交叉式两种形式，根据两种线岔的工作原理，我国的高速接触网适合采用无交叉式线岔。

(7) 高速接触网的分相装置

我国既有 120 km/h 以下的电气化铁道的接触网分相装置，均采用分相绝缘器来实现相间隔离。当列车速度超过 160 km/h 时，这种形式的分相绝缘器存在明显的硬点，对受电弓的滑板撞击很大，容易造成弓网事故。高速铁路接触网的分相装置一般采用绝缘锚段关节带中性段方式（锚段关节的跨数应根据中性段的设置长度来确定）来满足高速接触网—受电弓系统的性能要求。

机车通过分相锚段关节的方式一般有两种：

①地面开关切换方式。当机车受电弓在分相的中性段之前和刚进人中性段时，由一相供电，然后在中性段断电 0.25～0.3 s 后切换到另一相。其优点是列车无操作，停电时间短暂，冲击及失速小，但设备复杂，切换过程容易产生很高的过电压。

②机车切换方式。当机车通过分相中性段时，机车接收地面上的信号，控制机车主断路器断开，断电不降弓通过中性段，机车通过中性区后，机车又接收到地面信号，控制机车主断路器合闸受电，完成了机车过分相的全过程。

这种方式结构简单，地面设备非常简单，投资小。

三、高速铁路的受流技术

接触网—受电弓受流系统的受流过程是受电弓在接触网下，以机车速度运动中完成的，受流过程是一个动态过程，这一动态过程包括了多种机械运动形式和电气状态变化：受电弓相对于接触导线的滑动摩擦；受电弓上下振动；受电弓由于机车横向摆动而形成的横向振动；接触网上下振动，并形成行波沿导线向前传播；受电弓和接触导线之间发生的水平和垂直方向撞击；弓网离线发生电弧，受电弓受流中，电流发生剧烈变化等等。所以，弓网受流过程是一个复杂的机械电气过程，随着列车速度的提高，上述各种运动加剧，维持弓网之间的良好接触性能愈加困难，受流质量也随之下降，当列车速度超过受流系统的允许范围时，受流质量将严重恶化，影响列车取流和正常运行。在高速条件下，受流系统的性能与常规电气化铁路的受流质量是不同的，系统所需解决的问题也不尽相同，高速受流技术是高速铁路的关键技术之一。

1. 高速铁路中接触网—受电弓受流系统的新特点

（1）弓网受流系统必须符合的基本条件

电气化铁路发展100多年来，接触网—受电弓系统在外观的硬件上没有太大的变化，但是，随着列车速度的提高和新技术的采用，受流系统的电流容量、适用速度、安全性能有了相当大的提高，高速铁路的受流系统必须符合的基本条件如下。

①保证功率传输的可靠性

在高速列车运行的全部接触网区段，必须保证电力机车所需要的最低电压；在高速铁路所有可能的运营条件下，接触网—受电弓系统的电流负荷能力必须保证高速列车的可靠运行。高速列车的电流负荷特性较之常规电力机车有较大的区别，其特征是脉冲负荷占的比例大，电流大，持续时间短，由于列车速度快，起动和加速获得电流很大，在弓网高速相对运动中，整个牵引供电系统均要适应高速列车对电压水平和电流负荷的要求。

②受流系统的运行安全性

受流系统的安全运行是高速铁路正常运营的保证。高速受流系统的安全性主要从下面几个方面建立：

a. 接触网的几何参数（拉出值、导线高度、定位器坡度）保证受电弓滑板沿接触网安全地滑动；

b. 接触网的性能参数（硬点、弹性、分相绝缘器、分段绝缘器和线岔结构的平滑性）不损坏受电弓的滑板乃至弓头；

c. 受电弓的自身性能（受电弓滑板的抗冲击性、耐磨性、横向刚度）；

d. 接触网—受电弓的匹配性能（离线、接触导线抬升量、接触导线的弯曲应力）。受流系统的安全性能涉及的方面很多，它是接触网设计、施工、运营维护首先要考虑的因素。

③良好的受流质量

受流系统的理想运行状态是弓网可靠接触，机车不间断地从接触网上获得电能。运行状态的性能要求为：无离线、无火花。实际线路中，离线率要尽量小，系统具有动态稳定性。

④保证受流系统的使用寿命

受流系统中，涉及使用寿命的两个主要因素是接触导线的使用寿命和受电弓滑板的使用寿命。其寿命取决于它们之间的磨耗，磨耗量在一定速度和传递功率条件下，主要取决于弓网接触力的大小，保持接触力均匀，即控制接触力的标准偏差以减少接触导线的局部磨耗。接触导线和受电弓滑板在材质上应具有一定的耐磨性能。另外，接触导线应具有抗电化学腐蚀性能。

⑤减少对周围环境的影响

受流过程中，产生的电弧会产生电磁干扰和噪声，应采取措施减少对周围环境的影响。

（2）高速接触网的特点

高速列车是靠受电弓与接触导线的滑动接触来获取电能的，所以，高速铁路的接触网是与速度直接相关的，关系更为密切，它必须满足高速列车受流的要求。高速接触网除具有常速下电气化铁路接触网的性能和特点外，还具有下列特点：

①由于高速铁路安全性的要求，高速接触网必须具有很高的安全性，这主要表现两个

方面：

a. 接触网设备本身应具有很高的运行安全性和可靠性；主要设备和零部件的使用材料应选用强度高、耐腐蚀、电气性能好的材料，在制造结构方面应做到设计合理，制造精良，以确保设备和零件的使用寿命。

b. 接触网的设计和安装的主要几何参数应适应高速铁路的运营要求，接触网与运营安全性直接相关的几何参数有：拉出值、导线高度、定位器坡度、线岔位置、锚段关节。

(a) 拉出值：高速铁路中，由于列车速度的提高，机车车体和受电弓的横向摆动量的增大及受电弓滑板宽度的缩小，接触导线的拉出值一般都小于常速电气化铁路接触导线的拉出值。如高速铁路接触导线的拉出值均为 200～300 mm，其中，直线区段 200 mm，曲线区段 300 mm。

(b) 接触导线高度：由于高速电气化线路上不运营超限货物列车，高速接触网的导线高度低，在 5 300～5 500 mm 之间。

(c) 定位器坡度：高速行驶时，受电弓弓头和上下部框架受空气动态力的影响，最终结果是增大了受电弓对接触导线的抬升力，导致接触导线的动态抬升量增大，接触导线上下振动剧烈，定位器抬升量增大。如果定位器坡度不足，定位器根部或支持器将撞击受电弓滑板，危及行车安全。因此，高速接触网定位器坡度较大或采用新型结构的定位器。

(d) 线岔位置：由于导线抬升量的增大和提高受流性能的要求，常速电气化铁路接触网的直接交叉式线岔已不能适应高速的要求，高速接触网的线岔一般采用无交叉线岔。

(e) 锚段关节：由于高速接触网张力的增大，另外，工作支和非工作支过渡平滑的要求，高速铁路的接触网将采用三跨或五跨锚段关节。

②高速接触网应具有良好的受流性能。在接触网方面，跨距间各点的弹性应保持一致。不同温度时，跨内各点接触导线离钢轨水平面的高度变化应较小。接触网与弓网受流性能相关的参数有：承力索和接触导线的张力、吊弦间距、接触导线预留弛度、跨距、结构高度、锚段长度等。

涉及受流性能的接触网参数有：接触导线波动传播速度 C、接触网静态弹性和静态弹性差异系数、反射系数、增强因数、多普勒系数。

③高速接触网应采用状态修，减少接触网维修给高速铁路带来的干扰。

④具有较高的可靠性和较长的使用寿命。

(3) 高速受电弓应具有的特点

受电弓和接触网是一对相互作用的振动系统和摩擦耦件，要获得良好的受流性能，除了接触网具有良好的性能外，还必须有受流性能好的受电弓来匹配。受电弓作为一个弹性机构，通过自身结构保持与接触导线一定的压力，在运行过程中，还受到空气动态力的作用，使其在运动中的振动变得非常复杂。综合世界各国的高速铁路使用的受电弓，它具有如下特点：

①小的静态抬升力；

②较小的当量归算质量；

③良好的跟随特性；

④大的横向刚度；

⑤具有良好的气动力模型和气流调整装置，以改善受电弓的气动力稳定性，保证弓头位置稳定；

⑥与接触导线摩擦性能相匹配的滑板材料；

⑦具有紧急降弓控制系统。当接触网损坏受电弓滑板时，受电弓自动快速降弓。

2. 接触网—受电弓系统的受流质量评价

接触网—受电弓系统的受流质量与接触网和受电弓的匹配性能有很大关系，单方面来评价接触网的受流性能或受电弓的性能都是不全面的，在某种程度上是没有意义的。我们说一种形式的接触网受流性能好，应当说明与何种受电弓匹配时才有意义。如果用一种性能差的受电弓来匹配，再好的接触网，其受流性能也不可能好。在评价弓网受流质量方面，我国至今还没有一个通行评价标准。参考国外的经验和近几年来我国提速和高速试验的结果，评价弓网受流质量可以从以下几个方面来考虑。

（1）弓网间动态接触压力

弓网间的动态接触压力直接反映了受电弓弓头与接触导线的接触状态，弓网间接触力的大小受受电弓的静态抬升力、空气动力以及垂直方向上的质量惯性力等因素决定。当接触力过大时，会使弓网磨耗加剧，引起弓网位移增加，另外，在定位器和线岔处可能造成受电弓损坏；接触力过小，会造成离线，产生电弧。动态接触力主要从接触力的最大值、最小值及标准偏差这几个方面来评价。在不同速度下，上述几个评价指标是不同的。

（2）接触导线最大垂直振幅

接触导线最大垂直振幅指受电弓滑板在一个跨距内的振动幅度，即上下振动的范围，一般用 2 倍振幅 2A 来表示，它反映了受电弓弓头垂直方向的振动情况。2A 受接触网的安装尺寸影响，2A 越小，受电弓运动轨迹越平滑，受流质量越好。

（3）接触导线的抬升量

接触导线的抬升量指受电弓经过时，接触导线的最大抬升量，用 ΔH 表示。受流系统中，受电弓和接触导线的运动振幅越小，受流质量越好，一个好的受流系统，受电弓的振幅应均匀。

运动振幅过大，可能引起下列问题：

①引起接触网振动加剧，影响弓网的跟随性，造成离线率增加；

②定位器处接触导线抬升量过大，会使受电弓弓头撞击定位器的尾部，造成弓网事故；

③使接触导线所受的弯曲应力增大，对接触导线的疲劳寿命有影响。

根据我国提速和高速试验的数据，接触导线的最大垂直振幅（一跨内）为 150 mm；接触导线的动态抬升量在速度小于 160 km/h 时为 100 mm，大于 160 km/h 时为 150 mm。

（4）离线

高速列车运行时，当受电弓与接触导线失去接触就发生了离线。由于高速列车运行中，受电弓的取流很大，弓网离线时，必然伴随着电弧，从而加大滑板和导线的电磨耗，引起电磁干扰；当发生大离线时，电弧也不能维持电流通路时，还造成机车失压，需要重新启动，对再生机车还会使再生颠覆。

弓网离线参数主要从下列两方面来评价：

①每一次离线的最大高线时间：小于 100 ms。

②离线率：$s=\frac{\sum t}{T}\times 100\%$

式中　s ——离线率；

$\sum t$——运行时间内各次离线时间总和；

T ——运行时间。

我国高速线路的离线率应取 5%以下。

（5）硬点

评定高速列车运行时接触导线对受电弓滑板的冲击主要指标是受电弓滑板受到的垂直方向和线路方向上加速度的最大值。

受电滑板所受到的纵向和垂直加速度，根据高速列车受电弓使用的滑板类型来确定硬点的评判标准。

（6）接触网的静态弹性差异系数

静态弹性差异系数由下式计算：

$$\varepsilon=\frac{K_{max}-K_{min}}{K_{max}+K_{min}}\times 100\%$$

式中 K_{max}——跨距内最大弹性；

K_{min}——跨距内最小弹性。

评判标准：简单链形悬挂不大于 30%；

弹性链形悬挂不大于 10%；

复链链形悬挂不大于 10%。

（7）接触导线弯曲应力

弯曲应力的允许值为 500 微应变。

3. 研究高速接触网—受电弓受流性能的方法

（1）弓网受流性能的计算机动态模拟

根据弓网关系的受流理论，建立数学模型，使用计算机模拟计算接触网—受电弓系统的静态性能和动态性能，实现弓网受流的计算机仿真。这种动态模拟计算可以实现以下几个功能：

①改变系统的条件和参数，计算不同形式的接触网和各种受电弓的相互匹配时的受流性能。

②在高速接触网设计时，选择和优化弓网受流系统的参数，给出定量化的指标，并给予预评价。

③指出弓网关系恶化的边界条件（如共振速度、最大接触压力、最大离线率、最大接触导线抬升量等）。

④预报高速试验时弓网受流试验的试验结果。

⑤模拟锚段关节、线岔、分相等部位的动态接触过程。

（2）接触网—受电弓系统受流性能的现场测试

为了准确研究高速接触网—受电弓系统的受流性能，必须对实际的高速接触网—受电弓系统进行现场试验，以取得准确可靠的试验数据，对弓网系统的受流性能作出评价。

试验方法是高速列车以不同的速度运行时，对接触网的性能、受电弓的性能和弓网匹配性能进行测试。测试项目如下：

①接触网的静弹性测试（无机车运行时进行）；

②接触网几何参数的测量（包括：导线高度、拉出值）；

③接触网性能的地面测试，测试项目包括：接触导线关键部位的抬升量、接触导线的弯曲应力等；

④接触网硬点的测试；

⑤接触导线动态振幅；

⑥受电弓的空气动态力；

⑦受电弓离线的测试。

（3）弓网受流性能测试方法及其关键技术

弓网受流性能测试一般应结合高速列车的高速试验进行，在高速电力机车受电弓上安装相应的测量装置和传感器，通过必要的信号高低压隔离及传输系统将测试信号传至试验车的数据处理系统进行数据采集和分析，获得评价弓网受流性能的试验数据。

弓网受流性能的测试，是在接触网带电和电力机车高速运行的条件下进行的，这给测量带来了不少困难，主要有下列几个方面：

①电气干扰。在弓网受流性能检测中，电力机车受电弓在接触网下高速运行，电力机车频繁操作开关引起的操作过电压及受电弓离线引起的高频干扰，有可能通过接触网和空气干扰测量设备，这方面的干扰非常严重。

②机械振动。有受电弓的振动和车体的振动，这些振动常常造成传感器损坏，仪器插板接触不良，从而造成检测故障。对弓网受流性能的测试系统必须满足下列要求：

a. 很强的抗干扰能力；

b. 较高的可靠性；

c. 较高的测量精度；

d. 能实时处理各种测量参数；

e. 对测量受电弓有监控装置；

f. 有抗震措施。

弓网受流性能测试中，要做到测量系统可靠地运行，测量数据准确，必须解决下列几个方面的关键技术：

①测量装置及数据处理的抗干扰问题。所有测量传感器及测量装置都是在强磁场和强电场下工作的，所以，所选测量传感器必须具有很强的抗干扰能力；信号处理电路必须作特殊设计，充分考虑电路的抗干扰能力；测量装置及信号传输线要有很好的屏蔽性能；数据处理系统的硬件和软件设计要作抗干扰处理，防止测量中计算机系统的死机问题。

②测量信号的高低压隔离和传输问题。弓网受流测量中，许多传感器是安装在机车受电弓上，属于 25 kV 的高压侧，要将测量信号传送至试验车的低压侧，必须解决测量装置的高低压隔离问题和信号的传输问题，解决这一问题有三个途径：

a. 测量信号的光电隔离：如弓网接触压力、冲击加速度，拉出值、支柱信号等项目的测量需使用光电隔离装置。装置的系统表示如图 1—50 所示。

图 1—50

信号处理及放大单元：将传感器的信号进行处理、整形、放大，变成标准的电压水平，并按传输系统的要求，使信号转化为易于传输的信号，如频率调制信号、数据码信号。

E/O 单元：将经过处理的测量信号转化为光信号。

隔离介质：一般有光纤和空气两种。

E/O 单元：将高压侧传过来的光信号变成电信号。

信号恢复单元：将高压侧的测量信号恢复，变成易于数据处理系统采集的模拟信号、脉冲信号或数字信号。

b. 绝缘器件隔离：对接触导线高度测量装置，设计一个机械传动机构，将受电弓主轴的转角变化成低压侧角位移传感器的输出电压信号的变化，高低压侧用硅橡胶棒式绝缘子隔离。

c. 高压电容器隔离：离线测量装置采用此方案，低压侧的离线检测仪通过高压电容器向受电弓和接触网发送一恒流高频调制信号，通过测量回路中的电流变化，可以获得弓网离线状态。

③测量信息的实时处理。在弓网受流性能的测试中，各种测量信息必须进行实时处理。因为弓网受流参数是以支柱号为横坐标来定位的，所以在测量中，必须时刻检查机车经过的支柱是否与计算机内存储的支柱号相对应，不一致时应立即修改，否则，所测数据是无效的。测量中，每经过一个支柱，数据处理系统将所有测量信号进行采集计算和统计后，进行存盘、显示和打印，这样，在测量中可以实时监测弓网受流性能。

④高压侧的电源问题。测量中，25 kV 侧的传感器和信号变换装置需要电源，解决这一问题的方法是：(a) 在高压侧安装蓄电池；(b) 使用绝缘变压器，变比为 220 V/220 V，将低压侧的电能送至高压侧。

第二章　动　车　组

第一节　动车组概述

动车组是完成既有线路提速的客运专线旅客运输生产任务主要的移动设备。它是指列车的牵引动力装置（相当于机车）和载客的装置（相当于客车车底）固定为一体的特殊车底，具有机车和客车车底双重功能。

一、动车组的构成

动车组通常由车体、转向架、车辆连接装置、制动装置、车辆内部设备、牵引传动系统、辅助供电系统等部分组成。

1. 车体

车体是容纳乘客和司机驾驶的地方，同时，又是安装与连接其他设备和部件的基础。动车组车体分为带司机室车体和不带司机室车体两种。

2. 转向架

动车组转向架分动力转向架和非动力转向架。动力转向架的车轴可以是全动轴，也可以是部分动轴。转向架置于车体和轨道之间，用来牵引和引导车辆沿轨道行驶与承受和传递来自车体及线路的各种载荷，并缓和其动作用力。转向架是保证列车运行品质和安全的关键部件。转向架一般由轮对轴箱装置、构架、弹簧悬挂装置、牵引装置和基础制动装置组成。对于动力转向架还包括牵引电动机及传动装置。

3. 车辆连接装置

车辆编组成列车运行必须借助于连接装置，其中，机械连接包括车钩缓冲装置和风挡等，同时还有车辆之间的电气和空气管路的连接、高压电器连接、辅助系统和列车供电连接以及控制系统连接等。

4. 制动装置

制动装置是保证列车安全运行所必需的装置。动车组常采用动力制动与摩擦制动的复合制动模式，制动控制系统包括动力制动控制系统（再生制动）和空气制动控制系统。此外还有电子防滑器及基础制动装置等。

5. 车辆内部设备

车辆内部设备是指服务于乘客的车内固定附属装置，如车内电气、供水、通风、取暖、空调、座席、车窗、车门、行李架、旅客信息服务系统等。

6. 牵引传动系统

牵引传动系统包括：主电路、高压设备、受电弓、主断路器、主变压器、牵引变流器、牵引电机及电传动系统的保护等。

7. 辅助供电系统

辅助供电系统供电的设备包括：空气压缩机、冷却通风机、油泵/水泵电机、空气调节系统、采暖设备、照明设备、旅客服务设备、应急通风装置及维修用电等。另外，辅助供电系统还具备应急供电功能。应急用电包括：客室应急通风、应急照明、应急显示、维修用电、通讯及其控制等。

二、动车组的主要技术特点

由于速度的提高，动车组的设计与开发中需要解决一系列关键技术。如果说高速铁路是现代化高新技术的综合集成，那么动车组则是包括材料、机械、电子、计算机和控制等现代技术的集中体现。动车组的主要技术特点如下。

1. 优良的空气动力学外形

随着列车运行速度的提高，空气的动力作用一方面对列车和列车运行性能产生影响；同时，列车高速运行引起的气动现象对周围环境也产生影响。对于高速动车组来说，列车头型设计非常重要，好的头型设计可以有效地减少列车表面压力、列车空气阻力、会车压力波、隧道内列车表面压力和列车风等。

2. 车体结构轻量化

为了节省牵引功率，降低高速所引起的动力作用对线路结构、机车车辆结构产生的损伤，以及提高旅客乘坐舒适度，需要最大限度地降低高速动车组的轴重。因此，各国高速动车车体的主要材料是铝合金和不锈钢，从发展趋势看，铝合金将成为动车组车体的主导材料。

3. 高性能转向架技术

提高列车运行速度首先遇到的问题是转向架运行的稳定性和安全性，所以，提高列车运行速度应具有高性能的转向架。高速转向架要求具有高速运行的稳定性和安全性、良好的曲线通过性能以及旅客乘坐的舒适性。

4. 复合制动技术

高速列车对制动技术提出了严峻的挑战，因为列车的动能与速度的平方成正比，而在一定的制动距离条件下，列车的制动功率是速度的三次函数。因此，传统的空气制动能力远远不能满足需要。

动车组制动系统具备的条件是：①尽可能缩短制动距离以保障列车安全；②保证高速制动时车轮不滑行；③司机操纵制动系统灵活可靠，能适应列车自动控制的要求。因此需要采用大功率盘形制动机，采用复合制动方式，即：空气盘形制动＋电气动力制动（再生制动）＋非粘着制动（涡流制动和磁轨制动）；按速度控制制动力的大小以充分利用粘着；采用高性能的防滑装置以及采用微机控制等。

5. 密接式车钩缓冲装置

车辆间的牵引缓冲装置是关系到缓和列车冲击，提高旅客舒适性和列车安全的重要部件，高速列车对牵引缓冲装置提出了更高的要求。

目前世界各国高速列车（如日本、德国）普遍采用密接式车钩连接装置，该装置两车钩连接面的纵向间隙一般都小于 2 mm，上下、左右偏移也很小，对提高列车的运行平稳性和电气线路、风管的自动对接提供了保证。

6. 交流传动技术

早期的电力牵引传动系统均采用交—直传动，用直流电动机驱动。由于直流电动机的单位功率重量较大，使高速列车既要大功率驱动又要求减轻轴重，特别是减轻簧下部分的质量形成难以克服的矛盾。在交流传动系统中，交流牵引电动机较传统的直流牵引电动机具有额定输出功率大，结构简单、体积小、重量轻、易维修，速度控制方便，效率高等一系列优点。

7. 列车自动控制及故障诊断技术

列车自动控制系统对保证高速列车安全运行有十分重要的作用，世界各国在发展高速铁路时都十分重视列车自动控制系统的研究和开发，研制了多种基础技术设备，例如列车超速防护系统、卫星定位系统、车载智能控制系统、车载微机自动监测和诊断系统等。目前在世界高速铁路上的自动控制方式主要分为两类，一类是以设备为主，人控为辅的控制方式，以日本新干线采用的 ATC（列车自动控制）方式为代表；另一类是人机共用、人控为主的方式，以法国 TGV 高速列车为代表，主要采用 TVM300 型安全防护系统及改进的 TVM430 型安全防护系统。还有德国 ICE 高速列车采用的 FRS 速差式机车信号和 LZB 型双轨条交叉电缆传输式列车控制设备等。

8. 高速受流技术

接触网—受电弓受流系统的受流过程是受电弓在接触网下，以列车速度运动中完成的，是一个动态过程，这一动态过程包括了多种机械运动形式和电气状态变化。因此，高速铁路中接触网—受电弓受流具有新的特点。受流系统的电流容量、适用速度、安全性能有了相当大的提高，高速铁路的受流系统必须符合以下基本条件：一是要保证功率传输的可靠性，必须保证动车组所需要的最低电压，保证动车组的可靠运行，高速列车的电流负荷特性较之常速列车有较大的区别，其特征是脉冲负荷占的比例大，整个牵引供电系统要适应高速列车对电压水平和电流负荷的要求；二是受流系统的运行安全性；三是良好的受流质量；四是保证受流系统的使用寿命。

第二节　动车组的组成

一、动车组车体及车内设备

为了使动车组跑的快、舒适程度高、对线路的破坏作用小、维修工作量小，要求其运行阻力小、重量轻、气密性和防噪声性能好、防火性能高，此外，车辆间连接装置传递与缓冲纵向力的性能亦要好。为满足这些性能要求，动车组车体采用了大量新技术、新材料和新工艺。

（一）流线形车体结构

1. 列车空气动力学

随着列车运行速度的提高，周围空气的动力作用对列车和列车运行性能产生影响；同时，列车高速运行引起的气动现象对周围环境也产生影响，这就是高速列车的空气动力学问题。

（1）动车组运行中列车的表面压力

当动车组在空旷地带直线行驶时，空气绕流列车外表面。从风洞试验结果来看，列车表面压力可以分为三个区域：

①头车鼻尖部位正对来流方向为正压区；

②头部附近的高负压区：从鼻尖向上及向两侧，正压逐渐减小变为负压，接近与车身连接处的顶部与侧面处，负压达到最大值；

③头车车身、拖车和尾车车身为低负压区。

因此，在动车（头车）上布置空调装置及冷却系统进风口时，应布置在靠近鼻尖的区域内，此处正压较大，进风容易；而排风口则应布置在负压较大的顶部与侧面。

在有侧向风作用下，列车表面压力分布发生很大变化，当列车在曲线上运行又遇到强侧风时，还会影响到列车的倾覆安全性。

（2）动车组会车时列车的表面压力

当一列车与另一列车会车时，将在两列相对运行列车一侧的侧墙上引起压力波（压力脉冲）。这是由于相对运动的列车车头对空气的挤压，将在与之交会的另一列车侧壁上掠过，使列车间侧壁上的空气压力产生很大的波动。随着会车列车速度的大幅度提高，会车压力波的强度将急剧增大。这一压力波动产生的冲击力可造成门窗密封的破坏，车窗玻璃破碎。压力波传入车内会引起乘客耳感不适以及影响周围环境等。

（3）动车组通过隧道时列车的表面压力

列车在隧道中运行时，将引起隧道内空气压力急剧波动，因此列车表面上各处的压力也呈快速大幅度变动状况，完全不同于在明线上的表面压力分布。压力波幅值的变动与列车速度、列车长度、堵塞系数（列车横截面积与隧道横截面积的比值）、头型系数（又称长细比，即车头前端鼻形部位长度与车头后部车身断面半径之比）以及列车侧面和隧道侧面的摩擦系数等因素有关，其中以堵塞系数和列车速度为重要的影响参数。

（4）列车风

当列车高速行驶时，在线路附近产生空气运动，这就是列车风。当列车以 200 km/h 行驶时，在轨面以上 0.814 m、距列车 1.75 m 处的空气运动速度将达到17 m/s，这是人站立不动能够承受的风速，当列车以这样或更高的速度通过车站时，列车风将给铁路工作人员和旅客带来危害。

高速列车通过隧道时，在隧道中所引起的纵向气流速度约与列车速度成正比。在隧道中列车风将使得道旁的工人失去平衡以及将固定不牢的设备等吹落在隧道中，这都是一些潜在的危险。国外有些铁路规定，在列车速度高于 160 km/h 行驶时不允许铁路员工进入隧道。列车速度稍低时，也不让员工在隧道中行走和工作，必须要在避车洞内等待列车通过。

（5）运动列车受力

列车运行中受到多个力的作用，其中有空气阻力、升力、横向力以及纵向摆动力矩、扭摆力矩和侧滚力矩等。

2. 动车组头型设计

对于高速动车组来说，列车头型设计非常重要，好的头型设计可以有效地减少运行空气阻力、列车交会压力波，可以解决好运行稳定性等问题。

3. 动车组车身外型设计

一般来说，动车和拖车的车体长、宽、高需要根据内部布置的要求由设计任务书规定，所以车身的外形设计主要是横断面形状设计。

动车组车身横断面形状设计有以下特点：

（1）整个车身断面呈鼓形，即车顶为圆弧形，侧墙下部向内倾斜（5°左右）并以圆弧过渡到底架，侧墙上部向内倾斜（3°左右）并以圆弧过渡到车顶。这不仅能减小空气阻力，而且有利于缓解列车交会压力波及横向阻力、侧滚力矩的作用。

（2）车辆底部形状对空气阻力的影响很大，为了避免地板下部设备的外露，采用与车身横断面形状相吻合的裙板遮住车下设备，以减少空气阻力，也可防止高速运行带来的沙石击打车下设备。

(3) 车体表面光滑平整，尽量减少突出物。如侧门采用塞拉门；扶手为内置式；脚蹬做成翻板式，使侧门关闭时可以包住它。

(4) 两车辆连接处采用橡胶大风挡，与车身保持平齐，避免形成空气涡流。

(二) 动车组车体的轻量化设计

1. 轴重对轮轨相互作用的影响

(1) 轴重对轨道损伤的影响

随着轴重的增加，钢轨承受轮载而产生的轮轨接触应力、轨头内部的剪切应力、局部应力和弯曲应力将相应增加，同时疲劳荷载作用下的应力水平也将随之提高，从而大大缩短了钢轨的使用寿命。

钢轨头部损伤几乎全是疲劳损伤，钢轨折损率随轴重的增加而增加。其他轨道部件也同样出现这种情况。

(2) 高速对轮轨间垂向动力作用的影响

列车运行中，如果存在车轮偏心和扁疤，或者遇到轨道不平顺时，将产生轮轨间的冲击载荷，这种载荷属于“动态作用力”。

(3) 高速动车组对轴重及簧下质量的要求

轴重增加会导致轨道及其各部件的损坏，轮轨的垂向动力作用随着运行速度的提高而加大。因此，欧洲铁路联盟在“高速列车技术条件”中对轴重有明确规定：允许的静态轴重为17t，新建线路和300 km/h速度运行时，每个轮子作用在正常维护线路钢轨上的静态和动态力之和不得超过170 kN。各国在高速列车的发展中，都非常重视车辆的轻量化，降低轴重和减小簧下质量。表2－1列出了各国高速列车轴重比较。

表2－1　各国高速列车轴重比较

车　型	最高运营速度/$km \cdot h^{-1}$	最大轴重/t	平均轴重/t
(日) 0系列	210	16.0	15.1
(日) 100系列	220	15.0	14.5
(日) 300系列	270	11.3	11.1
(法) TGV—PSE	270	17.0	16.0
(法) TGV-R	300	17.0	16.0
(法) TGV-2N	300	17.0	16.3
(德) ICE	250	19.5	15.1
(德) ICE-2	280	19.5	14.2
(意) ETR-500	300	17.0	12.3

2. 车体结构的轻量化技术

实现结构轻量化的主要途径有两个：一是采用新材料，二是合理优化结构设计。

(1) 车体轻量化材料

目前，国外高速车辆的车体材料主要有不锈钢、高强度耐候钢和铝合金。

铝合金车体：用铝合金制造车体的尝试早在20世纪上半期就已经开始，最早用于地铁和市郊列车，后来应用于普通列车上。近年来，特别是进入20世纪90年代，与车体等长的多品种大型中空挤压型材的出现，使铝合金成为生产高速列车的主导材料。铝合金车体的优势主要有：制造工艺简单，节省加工费用；减重效果好；有良好的运行品质；耐腐蚀，可降低维修费。

为了进一步减轻重量，改善隔声性能，以及便于设计、制造，国外已开始试用纤维增强塑料夹层结构代替金属制造车体。纤维增强塑料具有质轻，强度高，疲劳强度高、裂纹扩展速率低，较好的结构阻尼性、隔热和耐蚀性能等优点。其缺点是弹性模量低，抗弯扭刚度比金属差，价格贵。若用碳素纤维制造车体，又将比铝合金车体减重 30%，这是下一代高速列车的理想材料。

(2) 车体结构的轻量化设计

在保证车体强度和刚度的基础上，应充分利用等强度理论和结构的有限元分析程序，对车体结构进行优化设计，减轻车辆自重。国内外经验证明，通过优化计算，车体结构重量可显著降低。

3. 车内设备的轻量化技术

车内设备材料，首先应满足功能要求和防火阻燃要求，装饰板应反映时代感。车内设备约占客车总重量的 20%，轻量化具有重要意义。

(1) 车内设备如门、窗、行李架、座椅、供水设备、卫生设备等，均可选用轻合金或高分子工程材料和复合材料，使设备重量大大减轻。

(2) 车内装饰板材广泛采用薄膜铝合金墙板、工程塑料顶板等。

(3) 其他设备的轻量化。如日本 100 系采用直流牵引电机，每台重量为 825 kg（功率为 230 kW)，而 300 系采用交流感应电机后，每台重量仅为 390 kg（功率增至 300 kW)。德国 ICE—3 的主变压器铁芯采用优质铁—铝合金，使导磁率提高 4～5 倍，又将铜编线改为铝编线，冷却使用硅油，这样其总重由 11.5 t 降为 7 t，等等。

4. 转向架结构轻量化技术

降低转向架自重是高速转向架技术开发的一个重要方面，它对改善车辆振动性能和减小轮轨之间的动力作用均具有显著效果。国外高速转向架轻量化的主要措施之一是采用无摇枕结构，此外还有很多轻量化措施，例如：

(1) 构架结构轻量化。采用焊接构架可比铸钢结构减重 50%左右。

(2) 轮对轻量化。采用空心车轴和小直径车轮，减轻转向架重量。

(3) 轴箱和齿轮箱采用铝合金制作。铝合金轴箱的重量只有原来的 40%左右，齿轮箱亦减到原来的 56%。

通过对车体结构、转向架结构、车内设备及其他设备从选材和结构优化设计上采取措施，可使车辆自重（轴重）明显降低，表 2—2 中列出了日本新干线 100 系和 300 系动车组车辆重量的比较。

表 2—2　日本 100 系和 300 系车辆重量比较

项目 \ 重量 \ 车型	100 系/t	300 系/t
车体结构	10.3	6.5
转向架	19.3	13.4
电气装置	13.5	10.0
车内设备	10.6	9.8
1辆车重量（平均）	53.4	39.7

(三) 车体的密封隔声技术

车外压力的波动会反应到车厢内，使旅客感到不舒服，轻者压迫耳膜，重则头晕恶心，甚至造成耳膜破裂。

为了减少压力波的影响，保证旅客的舒适度，需要采取措施提高车辆的密封性能。各国对高速列车都提出了自己的要求。

1. 车体的密封技术

列车的密封需要从车体结构和部件上给以考虑。当前世界各国在高速列车上采用的密封技术主要有：

（1）车体结构采用连续焊缝以消除焊接气隙；对不能施焊的部位，必须用密封胶密封。

（2）采用固定式车窗，车窗的组装工艺要保证密封的可靠性和耐久性。

（3）侧门采用密封性能良好的塞拉门；头、尾的端门要采用可充压缩空气的橡胶条，通过台风挡采用橡胶大风挡，并注意处理好渡板处的密封问题。

（4）空调环控设备设立压力控制，如在客室进排气风口安装压力保护阀，在排气风道中装设带节气阀的排风机，安装压力保护通风机等，主要目的是既保证正常的通风换气又保证车内压力变化控制在限值之内。

（5）厕所、洗脸室的水不能采用直排式，而要通过密封装置排到车外；对直通车下的管路和电缆孔应采取必要的密封措施。

2. 车内噪声控制技术

为了降低车内噪声，一方面要削弱噪声源发出噪声的强度，另一方面要提高车体的隔声性能。

（1）削弱噪声源发出噪声强度的措施

①在车轮上安装消音器和开发弹性车轮，可有效地降低轮轨噪声；

②车体外形设计成流线形，车体表面平整、光滑都有利于减小空气与车体的摩擦声；

③采用橡胶风挡，可减小撞击声；

④在空调系统上安装消音器，降低牵引电机风扇的噪声、驱动装置等设备的振动噪声。

（2）提高车体隔声性能的措施

①采用双层墙结构，可增加隔声量 4～5 dB（A）；

②在车体金属（如地板）表面涂刷防振阻尼层，使钢结构的声频振动转化为热能消散，减少声波的辐射和声波振动的传递，从而减少车内噪声；

③采用双层车窗，减少从侧面传入车内的噪声；

④车内选用吸声效果好的高分子聚合材料；

⑤提高车体气密性的措施，同样可以起隔声作用。

3. 动车组连接装置

车钩缓冲装置使动车组与动车组或动车组的车辆之间实现连挂，并且传递及缓和动车组在运行时所产生的牵引力或冲击力，它也是保证列车运行安全，提高旅客舒适度的重要部件。

车钩缓冲装置以缓和列车纵向冲动功能更为突出。高速动车组普遍采用密接式车钩缓冲装置，该装置的两车钩链接面纵向间隙一般不小于 2 mm，上下、左右偏移也很小，这为高速列车的平稳和电气、风管的自动对接提供了保障。

二、动车组转向架

（一）高速转向架应具备的性能

在设计制造高速转向架时，必须解决其高速运行时的稳定性、平稳性和良好的曲线通过性能等关键技术问题，以保证高速列车安全行驶、乘坐舒适、减少维修。

高速列车需提高其运行稳定性，减少轮对的蛇形运动。高速列车必须保证在其临界速度以下运行，以使其运行稳定、安全。当转向架运动不稳定时，不仅车辆运行性能恶化，使旅客舒适度下降，而且直接影响行车安全。因此，通过改变转向架结构、优化参数使其具有较高的临界速度，是研制高速转向架需要解决的关键技术问题，也是高速转向架有别于一般转向架的主要特点。

乘客舒适度是反映乘客在旅途中疲劳程度的综合性生理指标，振动是车辆整个运行中始终存在的、一直起作用的主要因素，应该通过合理设计转向架的悬挂装置（弹簧减振系统）和选择其参数来提高高速列车的平稳性。

高速列车通过曲线时，产生过大的侧压力会造成轮、轨的剧烈磨损，还易引起脱轨、倾覆等事故。一般来说，改善车辆的曲线通过性能与抗蛇行运动稳定性往往是矛盾的。因此在选择高速转向架的有关设计参数时，要合理地兼顾两方面的性能要求。

（二）动车组转向架类型与特点

1. 动车组转向架的分类

高速列车的牵引可以采用传统的机车牵引型式，也可采用动车组牵引型式。动车组牵引方式分为完全分散模式和相对分散模式。动力车下面为动力转向架，拖车下面为非动力转向架。将牵引动力分散到各个动力车上，克服了传统机车牵引功率受限制的缺点，可以提高牵引的总功率、实现高速运行。因此，目前世界上大部分高速列车采用动车组牵引型式。

充分利用粘着是采用动力分散牵引的另一个重要的指导思想。人们对高速运行条件下粘着的认识已有提高；随着电力技术的发展，新型防滑装置的研制成功，使动力车的设计可以取较大的粘着系数、用较少的动力轴即可满足牵引力的要求。动力集中配置列车的粘着利用也完全可以满足高速列车运行的要求。

动车组转向架分为动力转向架和非动力转向架两类，动力转向架又有单动力轴转向架和双动力轴转向架之分。

2. 动力转向架与非动力转向架的结构特点

动力转向架和非动力转向架，其主要部分采用基本一致的结构型式，如：

（1）均为无摇枕转向架；

（2）轮对为空心车轴、整体轧制车轮、磨耗型车轮踏面；

（3）一系悬挂采用钢弹簧＋液压式减振器＋轴箱定位装置；

（4）二系悬挂主要采用空气弹簧；

（5）牵引装置主要采用拉杆方式。

动力转向架还要有：

（1）牵引电机，安装方式采用架悬或体悬或半架半体。其中体悬式可降低簧下质量。

（2）驱动装置（齿轮减速装置和联轴节），齿轮减速装置通过轴承安装在车轴上，牵引电机与齿轮减速装置通过联轴节传递驱动力。

此外，动力车和拖车均采用综合制动方式。其中，动力车采用电阻制动（或再生制动）

＋盘形制动，而拖车采用涡流盘制动（或磁轨制动）＋盘形制动。由于动力转向架有牵引电机和驱动装置，空间位置比较紧张，因此需采用轮盘式（每轴 2 个），而非动力转向架采用轴盘式（每轴 2～3 个）。

三、动车组制动及其控制

（一）高速列车的制动方式

1. 制动方式的分类

从能量的观点来看，制动的实质就是将列车动能转变成别的能量或转移走；从作用力的观点来看，制动就是让制动装置产生与列车运行方向相反的外力，使列车产生较大的减速度，尽快减速或停车。采取什么方法将动能转化或转移，通过什么方法产生，这是制动的一个基本问题，即制动方式问题。

根据列车动能消耗的方式不同，制动方式可分为摩擦制动和动力制动。摩擦制动是指通过机械摩擦来消耗列车动能的制动方式。其优点是制动力与列车速度无关。无论列车是在高速还是低速时都有制动能力，特别是在低速时能对列车施行制动直至停车。可以说，摩擦制动始终是列车最基本的制动方式。摩擦制动的缺点是，制动力有限，这是受热能散发的限制而直接影响制动功率增大的缘故。摩擦制动包括闸瓦制动、盘型制动和磁轨制动等。

动力制动是指利用某种能量转换装置，将运行中列车的动能转换为其他形式的能量，并予以消耗的制动方式。动力制动的基本原理是使牵引电机作为发电机工作而产生制动力，所产生的电能可以在制动电阻上转变为热能发散（电阻制动）或反馈至供电网（再生制动），在高速列车中的应用以后者为多。其特点是制动力与列车速度有很大关系，列车速度越高，制动力越大，随着列车速度的降低，制动力也随之下降。动力制动包括电阻制动、再生制动、电磁涡流轨道制动、以及电磁涡流转子制动等。具体分类见图 2－1。

- 根据动能消耗方式
  - 摩擦制动
    - 闸瓦制动
    - 盘形制动
    - 磁轨制动
  - 动力制动
    - 电阻制动
    - 再生制动
    - 电磁涡流轨道制动
    - 电磁涡流转子制动

图 2－1　根据动能消耗方式分类

根据制动力产生的方式不同，制动方式又可分为粘着制动和非粘着制动。车轮在钢轨上滚动时，轮轨接触处既非静止，也非滑动，在铁路术语中用“粘着”来说明这种状态。粘着制动是指依靠粘着滚动的车轮与钢轨粘着点之间的粘着力来实现列车制动的方式。粘着制动包括闸瓦制动、盘形制动、电阻制动、再生制动及电磁涡流转子制动等。以闸瓦制动为例，车轮、闸瓦和钢轨三者之间有三种可供分析的状态：第一种是难以实现的理想的纯滚动状态；第二种是应极力避免的“滑行”状态；第三种是实际运用中的“粘着”状态。根据轮轨间的静摩擦系数＞粘着系数＞动摩擦系数的关系，在上述三种情况中，可能实现的制动力的最大值以纯滚动状态时为最大，但实际上这是达不到的；“滑行”状态最小，这不但会延长制动距离，而且会擦伤车轮；“粘着”状态介乎于两者之间，它随气候与速度等条件的不同可以有相当大的变化。非粘着制动包括磁轨制动和轨道涡流制动等。根据制动力的不同制动的分类见图 2－2。

- 根据制动力产生的方式分
  - 粘着制动
    - 盘形制动
    - 闸瓦制动
    - 电阻制动
    - 再生制动
    - 旋转涡流制动等
  - 非粘着制动
    - 磁轨制动
    - 轨道涡流制动等

图 2－2　根据制动力产生的分式分类

2. 复合制动

由于列车的制动能量和速度的平方成正比，因此传统的纯空气制动能力已不能满足高速列车的需要，高速列车制动不仅受到有制动热容量和机械制动部件磨耗寿命的限制，还有摩擦材料性能对粘着利用的局限性和对旅客乘坐舒适性的不利影响。即使在考虑故障情况的纯空气作用紧急制动条件下，其制动距离也不免要有所延长。因此高速列车必须采用能提供强大制动力并更好利用粘着的复合制动系统。复合制动系统通常由制动控制系统、动力制动、摩擦制动（如盘形制动和踏面制动等）系统、微机控制的防滑器和非粘着制动装置等组成。复合制动力的产生分别来自电气（动力制动）、机械（盘型制动或踏面制动）和非粘着力（磁轨制动或涡流制动）。国外高速列车的复合制动方式及紧急制动距离见表2－3。

表 2－3　高速列车的制动方式和紧急制动距离

列车型号	最高速度 /km • h^{-1}	制动方式	拖车制动盘数/轴	标准距离 /m	不良状态距离/m
300 系（日本）	300	动力＋盘形	2	4 000	4 960
ICE（德国）	300	动力、盘形＋磁轨		3 450	——
TGV—A（法国）	300	动力、盘形	4	3 500	4 500
TGV—PSE（法国）	270	动力、盘形、踏面	4	3 000	3 700

高速列车的复合制动模式包括不同车辆在不同制动作用工况和各种速度下的制动能量分配关系，应根据列车的动力方式和编组条件进行设计并通过微机控制，是高速列车的关键技术问题之一。

（二）制动控制系统

1. 高速列车制动系统的基本要求

为保证列车正常运行和停车制动，并在意外故障或其他必要情况下具有尽可能短的紧急制动距离，高速列车必须装备高效率和高安全性的制动系统。由于列车的制动能量和速度成平方关系，时速在 200～300 km 的高速列车的制动能量是普通列车的 4～9 倍，从而在制动系统的性能要求和组成方面，均完全不同于目前的常速列车。因此，对高速列车制动系统的基本要求如下。

（1）制动能力的要求

高速列车的制动包括调速制动和停车制动，其制动能力首先表现为停车制动时对制动距离的控制。在同样的制动装置、操纵方式和线路条件下，其制动距离基本上与列车制动初速度的平方成正比关系，所以随着列车速度的提高，必须相应地改进其制动装置和制动控制方式才能满足缩短制动距离的要求。在各种不同的制动方式中，又以紧急制动距离为最短。紧急制动是检验列车制动能力和运行安全性的基本技术条件，也是通信信号系统设计和运输组织的重要依据。

紧急制动距离的设计值主要基于轮轨间制动粘着的利用、基础制动装置的热容量以及制动控制性能等各种制约因素所容许的最大紧急制动能力。此外，还应该考虑必要的安全裕量，特别是在动力制动作用不良状态下的紧急制动能力。

国外300 km/h高速列车的紧急制动距离均在3 000～4 000 m之间。根据制动粘着利用和热负荷等理论计算的结果，我国高速列车在初速300 km/h条件下的复合紧急制动距离可保证在3 700 m以内。

（2）舒适性的要求

从列车动力学的观点出发，旅客的乘坐舒适性包括横向、垂向和纵向三方面的指标。高速列车纵向运动的特点除起动加速度较快以外，主要是制动作用的时间和减速度远大于普通旅客列车，因此必需有相应措施来控制旅客纵向舒适性的指标，包括对制动平均减速度、最大减速度和纵向冲动的要求，均应高于普通旅客列车。

为满足纵向舒适性的高要求，高速列车制动系统必须采用下述关键技术：

①采用微机控制的电气指令制动系统以实现制动过程的优化控制，并在提高平均减速度的同时尽量减少减速度的变化率；

②对复合制动的模式进行合理设计，使不同型式的制动力达到较佳的组合作用；

③减少同编组列车中不同车辆制动力的差别，以缓和车辆之间的纵向动力作用；

④采用摩擦性能良好的盘型制动装置和强有力的动力制动装置，以提供足够的制动力。

（3）安全可靠性

制动系统作用的可靠性是列车行车安全的基本保证。特别是高速运行时制动系统失灵的后果将不堪设想。

2. 制动控制系统组成与分类

微机控制的制动控制系统由电气部分和气路阀类部分组成。电气部分又包括制动控制器、微机控制系统和安全联锁装置。气路阀类部分包括制动电磁阀和缓解阀、紧急制动电磁阀、强迫缓解电磁阀和切换阀、荷重传感器和EP传感器、重空车压力平衡阀、紧急限压阀、制动缸压力中继阀、总风缸及电空制动压力开关、空电转换电磁阀等。利用这套控制系统可以操纵两种制动装置：其一是正常情况下使用的采用微机控制的直通式电空制动装置。这是一种以动力制动为优先的动力制动、空气制动、磁轨制动的复合制动方式。其二是在电空制动失效的情况下使用的处于热备用状态下的自动空气制动装置。整个制动系统分成三级控制：网络控制、电空制动控制和空气制动控制。其中网络控制以网络来传输控制指令，实现ATP列车控制；电空制动控制是以贯穿全列车的电空制动电缆为介质来传输控制指令及电制动力的模拟指令；空气制动是以贯穿全列车的列车管压力为介质来传输控制指令。上述三种控制的安全级别以空气制动最高，其余依次为电空制动和网络制动。而其指挥级别以网络控制最高，电空制动控制次之，空气制动控制最低。

该系统由列车管减压方式变为电气指令式的控制装置，不仅缩短列车制动空走时间，还包括有复合制动控制、空重车调整、制动模式控制、监控信息处理和显示等功能。从而可适应于ATP、ATC列车自动控制甚至最新的列车控制信息管理（TIS）装置的运用要求。

3. 防滑器控制

防滑装置的作用首先是对宏观打滑的检测，即通过对轮对滚动线速度的连续监测，以速度差、减速度及其变化率为评价指标，在发现打滑后利用降低制动缸压力的方法来恢复粘着。由于高速列车强大的复合制动力矩在高速时更容易超过粘着力矩而可能造成车轴的抱死和车轮擦伤，制动缸压力的下降对高速列车制动距离的影响也更大，因此普通列车的防滑器已不能满足高速列车制动作用的需要。近年来，在国外例如日本已采用了高精度控制的新一代防滑器，其主要特点是检测精度高、微机处理时间短、排风阀灵敏度高并采用新型的模糊控制方法，因此能减少防滑过程中的制动力损失，提高粘着利用和防止高速时的车轮打滑。

四、动车组供电与牵引系统

（一）动车组的动力配置及组成

动力分散方式动车组的动力配置也有两种模式，一种是完全分散模式，即动车组中的车辆全部为动力车，如日本的 0 系高速列车，16 辆编组中全部是动力车。另一种是相对分散模式，即高速列车编组中部分是动力车，部分为无动力的拖车，如日本的 100 系、700 系高速列车，16 辆编组中有 12 辆动力车，4 辆是拖车，所谓 12 动+4 拖。

（二）高速受电弓

1. 高速受电特点

目前世界各国的最高运行速度在 200 km/h 以上的高速列车，除英国的 HST 高速列车由内燃动车组牵引外，其余均采用电力牵引。与常速列车的电力牵引相比较，高速列车电力牵引的受电的主要特点如下：

（1）接触网与受电弓的波动特性。高速列车的行驶速度较常速列车高得多，因而受电弓沿接触导线移动的速度大大加快，这就使接触网与受电弓的波动特性发生变化，从而对受电产生影响。

（2）高速列车在高速运行时所受的空气阻力远较常速列车大得多，空气动态力也是高速受电的一个重要因素。

（3）受电弓从接触网大功率受电问题。高速列车所需的牵引功率较常速列车大得多，若采用多弓受电必然会增加阻力和加大噪声，并引起接触网的波动干扰，因而受电弓的数量不能太多，这就需要解决受电弓从接触网大功率受电问题。

高速列车的受电是通过受电弓与接触网的接触导线紧密接触而实现的，因而受电是否正常直接取决于接触网—受电弓系统的技术状态。接触网—受电弓系统工作可靠是确保高速动力车良好取流的根本条件。

2. 对高速受电的接触网的要求

由于接触网的接触导线是一根具有弹性的导线，受电弓也是一个弹性体，故而两者构成的是一个相互接触的弹性系统。对高速受电用的接触网应有更高的要求：

（1）在最高运行速度和更大的速度变化范围内应能保证正常供电；

（2）应有更高的耐磨性和抗腐蚀（包括抗电蚀）能力；

（3）对接触网的结构和布置应有更高的要求；

（4）在接触网的接触悬挂方面，目前在常速列车供电中采用的弹性半补偿链形悬挂和弹性全补偿链形悬挂已不能适应高速列车的要求，应有更为先进的接触悬挂装置。

3. 对高速动车组受电弓的要求

（1）受电弓的滑板与接触导线之间要保持恒定的接触压力，以实现比常速受电弓更为可靠的连续电接触。其接触压力不能过大或过小。

(2) 与常速受电弓相比要尽可能减轻受电弓运动部分的重量，以保证与接触网有可靠的电接触。列车运行中，受电弓将随着接触导线高度变化而上下运动。在高速条件下，这种运动更为频繁，从而直接影响滑板与接触导线之间接触压力的恒定。由于接触压力除与接触网结构、性能有关外，还与受电弓的静态特性（静止状态下接触压力与受电弓高度的关系）和动态特性（运行状态下受电弓上下运动的惯性力）有关，因此对于高速受电弓，除必须保证机械强度和刚度外，应尽可能降低受电弓运动部分的重量，从而减小运动惯性力。这样才能使受电弓滑板迅速跟上接触导线高度的变化，保证良好的电接触。

(3) 由于高速运行时空气阻力很大，因此高速受电弓在结构设计上要作充分考虑，力求使作用在滑板上的空气制动力有别的零件承担，从而使受电弓滑板在其垂直工作范围内始终保持水平位置，以减小甚至消除空气制动力对滑板与接触导线间接触压力的影响。

(4) 滑板的材料、形状和尺寸应适应高速的要求，以保证良好的接触状态及更高的耐磨性能。

(5) 要求受电弓在其工作高度范围内升降弓时，初始动作迅速，终了动作较为缓慢，以确保在降弓时快速断弧，并防止升降弓时受电弓对接触网和底架有过大的冲击载荷。

五、动车组空调系统

当列车以 80～120 km/h 或更高的速度运行时，如果开启车窗，车内将会产生强烈的“穿堂风”和噪声，并随之进入大量灰尘。为此，高速客车都采用固定车窗。又由于其车体采用气密性高的结构，这就必须很好地解决车内的通风换气问题。另一方面，在外界气温变化时，车内应保持一定的温度和相对湿度，为旅客创造舒适的旅途生活条件。因此，空气调节装置（以下简称空调装置）是高速客车的主要设备之一，并具有以下特点：

(1) 高可靠性；

(2) 高舒适性；

(3) 适应车外压力波的变化；

(4) 适应高速车辆轻量化、小型化的要求；

(5) 低噪声和低振动。

（一）高速客车的通风换气装置

高速客车在通过隧道或两列车会车时，车外空气压力会大幅度变化。如，列车进入隧道时产生“活塞”效应，列车前部的墙板所承受的空气压力大为增加，而列车尾部处于负压作用下。该压力的变化与列车速度、长度、隧道长度、列车与隧道的断面积比有关。两列车在隧道内会车时，空气压力变化最大。国外曾对进入隧道后车外空气压力的变化进行过专门测定：速度为 200 km/h 时，空气压力变化为 3.2～－4.9 kPa；速度为280 km/h时，空气压力变化为 3.9～－5.9 kPa。

由于车体结构不能做到完全密封，因此，车内空气压力会随着车外空气压力的变化而上下波动。车内压力对旅客的舒适度，尤其是“耳感不适”有很大影响。据日本在新干线上进行调查的结果：当车内压力在－0.2 kPa 以下时，开启车门时有“耳感不适”的现象；当车内压力在＋0.2 kPa 以上时，同样也存在开启车门时发生“耳感不适”；超过＋0.5 kPa时，车门一打开，旅客将感到极度不适。

另外，处于列车前部的客车，在外界正压力的作用下排气阻力增加；处于列车尾部的客车，在外界负压的作用下，新风风机的进风阻力增大。

为了在车外气压变化很大时仍能正常地进行通风换气，同时避免通过换气口将车外气压变化传入车内，引起旅客“耳感不适”，因此，国外高速客车的通风换气装置都设计成可控式。

德国 ICE 高速列车，为控制列车通过隧道时产生的压差，在空调系统的外部进气口中安装了压力波动阀。在压力正常时它接通进气口，当压力发生波动时，则使之短时间关闭。

日本新干线的换气装置采用外气截止阀，进入隧道前接受信号，关闭外气截止阀，经过一定时间后再开启阀门进行换气。但在隧道较多的线路上运行时，每通过一个隧道都要关闭外气通道，势必造成车内换气量不足。因此，现在改为连续换气装置，采用高压头的新风风机和排气风机，以保证车内换气不受车外气压的影响。

图 2—3 为日本新研制的风量控制式换气系统，进、排风口由电磁阀开闭，电磁阀受车内、外压力传感器和进、出隧道信息的控制。一旦列车进入隧道（或两列车交会）在车内、外压力上升的瞬间，压力传感器动作，通过电磁阀暂时关闭进、排风口。试验证明，该系统对克服震耳的噪声极其有效。

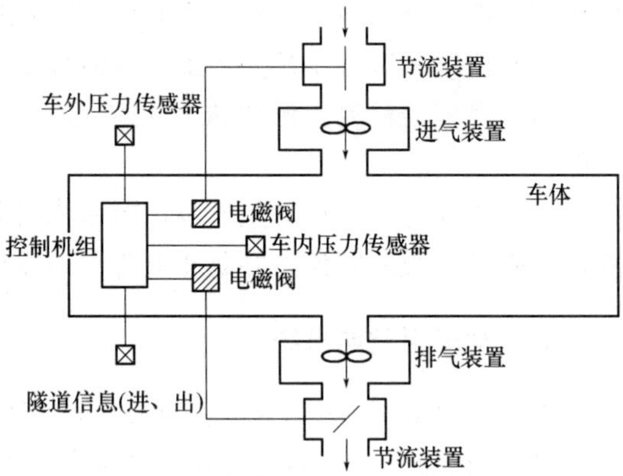

图 2—3　风量控制式换气系统

（二）高速客车的空调机组

高速客车的空调机组与普通客车的相比，在安装方式、机组的性能、轻量化、减小振动和噪声等方面都有较高要求，特别是应该满足高可靠性的要求。

无论是日本还是西欧各国，当运行速度达到 250 km/h 或 300 km/h 时，空调机组均采用车下安装方式，这样可降低车辆重心，有利于提高运行的平稳性。

为了适应高速客车轻量化的要求，日本早期的新干线客车就采用单元式空调机组。所谓“单元式”，就是将每台空调机组的制冷压缩机与空气冷却器等组合在一起，以便减轻重量。近年来又采用体积小、重量轻、效率高的转子滚动式制冷压缩机以取代活塞式制冷机。

随着变压变频调速技术的出现，性能先进的涡旋压缩机在国外高速客车空调装置上得到采用。其运动件少，振动小，噪声低，磨损轻，因此可靠性高，使用寿命长。

另外，制冷、采暖兼用的热泵式空调机也在国外高速客车上被采用，以达到节能的目的。

（三）合理的气流组织

空调客车除了要有合适的空气温度和相对湿度外，对空气温度和风速的均匀程度也有一定的要求。

为保证在全年各个季节里高速客车车内的旅客都感到舒适，必须合理地布置送风口、回风口和排风口的数量和位置，使车内获得均匀的气流速度场、温度场和压力场。也就是说，要对车内气流的流动和分布进行控制，称之为气流组织。

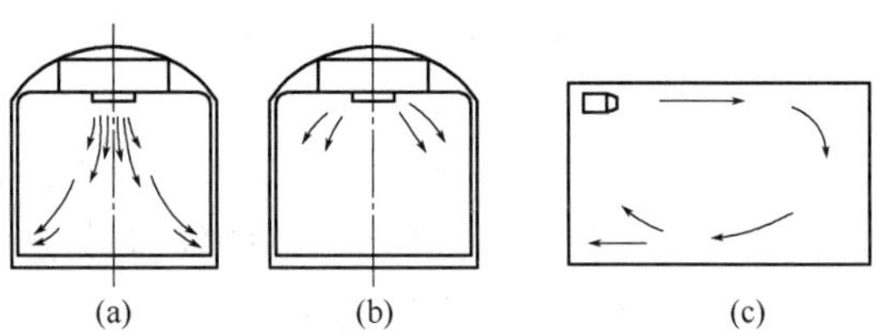

图 2—4　空调客车的气流组织

（a）上送下侧回气流；（b）上送下端部回气流；（c）侧送气流。

普通空调客车的送风口都设在车顶上，由上而下进行送风，称为“上送”。

若回风口沿侧墙下部均匀分布，形成“上送下侧回气流”；若回风口在通风机一端的内端墙下部，形成“上送下端部回气流”如图 2—4（a）、（b）所示。另一种是送风口布置在侧面，称为“侧送”。侧送使气流在室内形成一个大的回旋气流，而旅客居留区处于速度与温度较稳定的回流中，如图 2—4（c）所示。

六、动车组网络控制

（一）动车组控制与诊断网络的组成及功能

1. 动车组监控与诊断网络的组成

高速动车组的控制、监测与诊断系统是车载分布式的计算机网络系统。在每节车辆（动车或拖车）内通过车厢总线将分布在同一车厢内的各计算机控制装置联网；通过列车总线把分布在不同车厢中的主控单元（节点）联网，直至安装在列车前、后端动车上的列车控制、诊断中心，再通过动车司机操纵台上的显示屏，可选择显示列车中各受控设备的工作状态。从而实现对动车的重联控制和对全列车的综合监控作用。图 2—5 所示为我国高速试验列车监控与诊断系统的组成框图（以标准方式的动车组编成为例）。

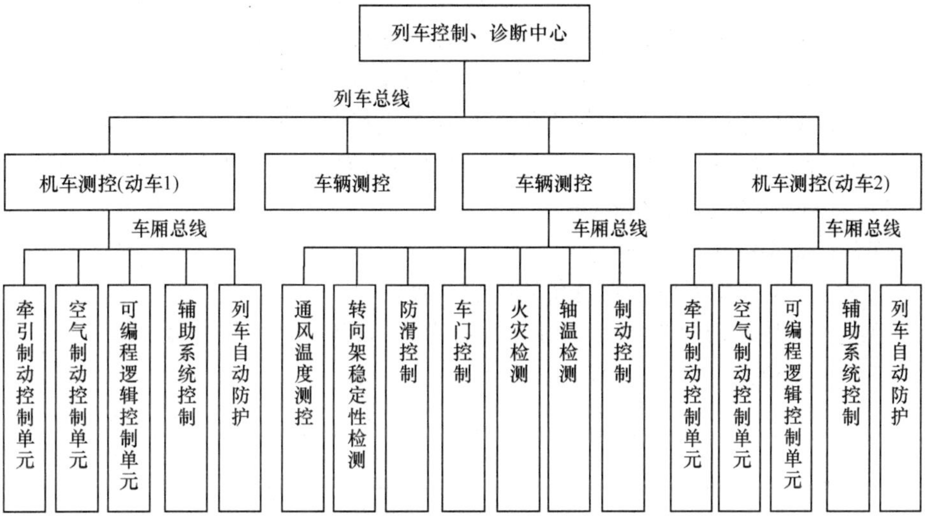

图 2—5　高速列车控制、监测与诊断系统例示框图

该系统组成在结构上可以分为三个层次：列车级、车辆级和子系统级。由二个网络即列车网络和车厢网络的各计算机连接构成为一个树状网络系统。系统组成按其作用功能又可分为三部分，首先是一个包括牵引控制、制动控制、车辆部件控制、辅助系统控制和超速防护在内的控制系统，在控制系统的各部分均应作冗余设计，保证在工作层失效时冗余层能顶替工作；同时，在上述各控制中具有各种故障诊断、储存及显示功能，如图 2—5 中所示的通风温度检测、转向架动力学性能检测、轴温检测、火灾检测和制动装置检测等均属于这部分的作用功能；此外，还有传输大量信息的通信网络功能，不仅是列车内部各种控制命令、设备状态、旅客服务信息和故障信息等的传输，还包括和地面的无线电网络联络、与车辆维修基地之间的远程故障信息传输等。

2. 动车组控制系统

（1）车载设备

20 世纪 80 年代以后，在日本、法国和德国等国的高速列车上发展新型控制系统的主要特点是将基本信息的列车位置传感器放在车上，不需要轨道电路等地面检测设备；在地面和车上之间的信息传输采用无线方式，从而能高速地进行大量的信息交换。由车载传感器接收地面的无线信息后，再通过车上的微机处理，根据列车制动性能、线路坡度及限速对制动模式进行计算，以防止超速和冒进。

（2）列车控制级

列车控制级主要由动力车上的主控单元（MCU）执行以下任务：

①从动力车上获取司机操纵台（包括牵引/制动指令）和列车自动防护装置（ATP）对列车控制的要求，并将控制所需的状态信息经过处理后送至各车辆的计算机接点，由后者再将状态的故障信息反馈给该主控单元。

②实现前导动力车对其他动力车的重联控制。

③自动牵引/电制动控制，即牵引和动力制动级位的控制。

④传送列车速度、动力制动级位和 ATP 要求，以便各动力车和拖车的制动控制单元对各种制动设备进行制动力的分配，包括列车超速时的调速制动。

⑤在列车停站时按列车运行方向和站台位置，控制拖车侧门的开启和关闭。

⑥收集各车厢中主要设备的诊断数据，采取相应的故障对策，并在显示屏上显示。

⑦根据列车防护设备（ATP）的信号允许速度要求和实际运行速度，对备用制动线输出控制要求，以便在通信故障时，司机仍能对列车进行常用制动和紧急制动的控制。为此，ATP 系统应能及时将分相区预告信号、隧道通过信息通知前导动力车的主控单元，再通过后者将其传达至各车厢的计算机接点。

⑧与旅客信息系统接口。

⑨对列车总线和车厢总线的信息传输实施管理。

列车总线的拓扑结构如图 2－6 所示，主控单元（MCU）及列车总线采用双份冗余自动转换，拖车的控制单元（VCU）不考虑冗余。

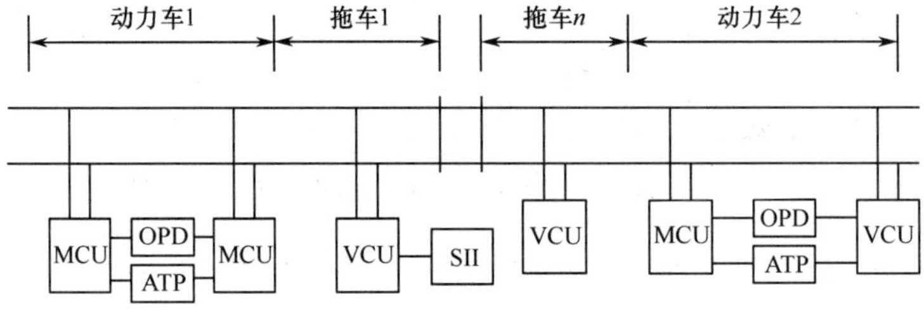

图 2－6　列车总线拓扑结构

OPD－司机台；SⅡ－旅客信息系统接口；ATP－列车自动防护装置；

MCU－动力车主控单元（节点）；VCU－拖车控制单元（节点）。

（3）动力车车厢控制级

动力车车厢总线上的控制信息主要是牵引和转向架控制单元、空气制动单元、空调装置与主控制单元之间的交换信息，其任务如下：

①牵引控制单元根据来自主控单元的指令及列车实际速度的目标控制值分别对动力车的两个转向架进行牵引/动力制动和防空转/滑行控制；

②空气制动控制单元根据上一级指令对本动力车的空气制动设备分配制动力，并进行防

滑保护；

③对动力车电气部分的主要参数进行监测和安全联锁的保护逻辑运算，并在必要时采取保护措施，以避免事故扩大；

④网侧变流器控制，使网侧功率因素接近于1，并采取措施防止过分相区时的电流冲击；

⑤司机室空调控制及轴温检测；

⑥电机侧变流器控制；

⑦辅助变流器控制；

⑧通过列车总线传来的数据和人机接口查知本车各计算机控制装置的状态。

动力车车厢总线的拓朴结构如图2—7所示。

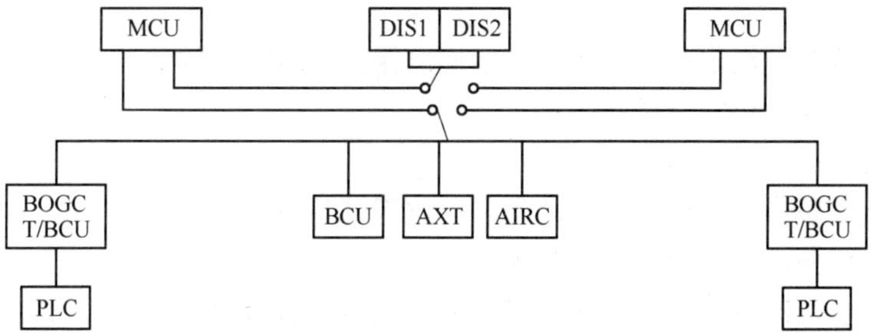

图2—7　动力车车厢总线拓扑结构

MCU—动力车主控单元（节点）；　DIS—显示屏；
BOGC—转向架控制单元；　T/BCU—牵引/电制动控制单元；
BCU—空气制动控制单元；　ACU—辅助逆变器控制单元；
AIRC—空调；　PLC—可编程逻辑控制单元。
AXT—轴温检测单元；

（4）拖车车厢控制级的任务

①拖车车门控制；

②防滑控制；

③轴温检测：分为预告、报警、故障三个档次；

④拖车车厢内压力和温度的空调控制；

⑤拖车制动控制：根据列车速度和从上一级接收的制动指令计算目标控制值，自动地对本拖车的各种制动设备分配制动力；

⑥列车和拖车车厢供电控制。

此外，拖车子系统应具有过分相区的保护措施；拖车中的各种微机控制装置可通过车厢总线与拖车控制单元通信，也可以通过输入/输出口与拖车控制单元交换信息，通过控制单元的人机接口应能查知本车中各计算机控制装置的状态。

拖车车厢控制级的拓朴结构见图2—8所示。

（二）动车组监测诊断系统

1. 监测和诊断系统的任务

对高速列车实施车上监测和诊断的目的是提高其运营安全性和车辆运用率，优化运行管理，并便于运用和维修作业。为此，监测和诊断的主要任务是：

（1）识别部件磨耗和偶发性故障，并记录故障信息；

（2）尽量明确显示故障发生的部位和功能范围；

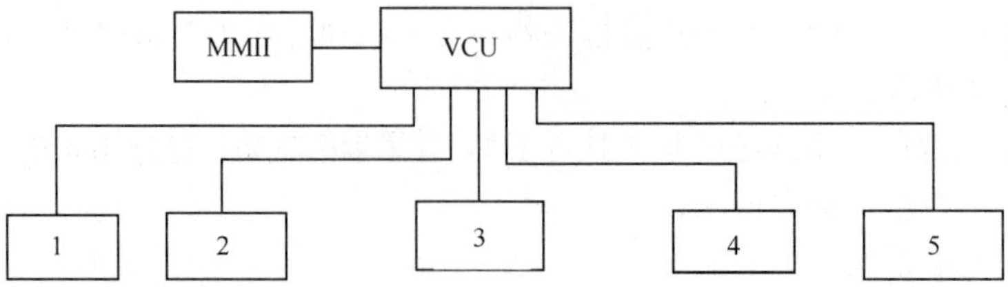

图 2—8 拖车车厢总线拓扑结构

1—门控制；2—压力、温度控制；3—防滑控制；4—制动控制；
5—轴温检测；VCU—拖车控制单元（节点）；MMI—人机接口。

（3）在故障情况下提示运行方式，包括提出保持功能措施的建议；

（4）提示迅速排除故障的维修方式；

（5）在必要时提示紧急制动作用；

（6）自动化整备作业，包括全自动的制动过程试验等。

为完成上述任务，车载诊断的控制主要用于以下 3 种场合：

（1）出库检查，即发车前的停车状态检测，包括车载微机的自检和对被控关键部件的检查，后者主要是受电弓、制动装置和关门装置的试验。

（2）列车运行过程中的功能诊断：在进行控制的同时对被控对象实行保护性监测，当发现异常状况时保留有关信息，以供进一步的故障分析。

（3）在车辆检修基地内进行定期检查时，将车载设备与其他设备连接进行诊断检查。

2. 监测、诊断装置的车载设备

高速列车除在司机室内装有显示各种机器动作状态和故障信息的显示装置以外，还有其他一些具有诊断功能的监测装置，按其系统结构和作用功能可以进行分类，见表 2—4。

（1）机器监测器

为分析故障原因，需要有故障发生时间（地点）和故障发生前后机器状态的信息记录。因此在机器内装有经常监视机器动作状态的监测器，平时经常按几秒钟的间隔进行记录储存，当发生故障时触发使保护装置动作，从而可保持故障前后的详细记录，其数据采样时间为数十毫秒，在装置高速动作时的采样时间可精确到 250 μs 甚至 20 μs，以便于分析故障。

（2）带有传输功能的监测装置

机器监测器带有传输系统，能采集数据和故障显示，并具有表示故障处理顺序的制导显示，还有到站显示、自动广播等服务机器接受传输地面信息的例子。

为了减少车辆连接线，传输系统采用串行传输，司机室的显示装置经由中央装置与终端装置连接。在一个有限范围也可设有月检功能与试运行功能。

（3）带有运行控制的监测装置

为带有传输功能的监测装置的进一步发展。由于司机室内主控制器及前后转换器等均为无接点化，使传输系统达到高速化及高可靠性，从司机室主控制器发出的牵引、制动指令也由传输系统传送到监测装置。在作月检查时除主控制器本身的检查外，不需要检查员操作主控制器，从司机室中央装置自动发出检查所需的模拟牵引、制动指令，可以有效地进行车内检查。

表 2－4　日本新干线采用的车载监测装置

<table>
<tr><td colspan="3">装置名称</td><td>机器监视装置</td><td>有传送功能的监视装置</td><td>有运行控制功能的监视装置</td></tr>
<tr><td colspan="3">概　　要</td><td>做出故障记录</td><td>监视列车上的机器，连接试验操作器，根据控制作车上最少限度的检验</td><td>根据传送和接受的运行控制指令，可自动进行车上检查</td></tr>
<tr><td rowspan="14">功能</td><td rowspan="2">记录故障</td><td>故障记录</td><td>○</td><td>○</td><td>○</td></tr>
<tr><td>追踪功能</td><td>○</td><td>○</td><td>○</td></tr>
<tr><td rowspan="8">显示</td><td>故　　障</td><td>—</td><td>○（发生故障，车辆项目、控制）</td><td>○（发生故障，车辆项目、控制）</td></tr>
<tr><td>装置开放状态</td><td>—</td><td>○</td><td>○</td></tr>
<tr><td>出库检查</td><td>—</td><td>○（出库前有无异常）</td><td>○（出库前有无异常）</td></tr>
<tr><td>制　　动</td><td>—</td><td>○（指令级、制动缸压力）</td><td>○（指令级、制动缸压力）</td></tr>
<tr><td>牵引状态</td><td>—</td><td>○（指令级位、主回路电压电流）</td><td>○（指令级位、主回路电压电流）</td></tr>
<tr><td>车门信息</td><td>—</td><td>○（门的关闭状态、几号车）</td><td>○（门的关闭状态、几号车）</td></tr>
<tr><td>累计电力</td><td>—</td><td>○</td><td>○</td></tr>
<tr><td>故障记录</td><td>—</td><td>○（有无故障记录、内容）</td><td>○（有无故障记录、内容）</td></tr>
<tr><td colspan="2">收集试运行数据</td><td>—</td><td>○</td><td>○</td></tr>
<tr><td colspan="2">车上试验</td><td>—</td><td>○（主控制器为手动操作）</td><td>○（除检查主控制器本身外，不操作主控制器，用显示器指令自动进行）</td></tr>
<tr><td colspan="2">控制运行指令</td><td>—</td><td>—</td><td>○</td></tr>
<tr><td colspan="2">补充控制指令</td><td>—</td><td>○</td><td>○</td></tr>
</table>

3．车载诊断系统分类

（1）车载诊断系统的结构

①部件诊断：由各计算机控制装置对其本身进行自诊断，并对被控对象进行监测诊断，然后按事先确定的编码将诊断数据输入控制单元。

②单节车辆诊断：包括动车和拖车，各车的节点通过车厢总线或输出入口获取、分类、评估本车的诊断数据，并以断电保存的方式存储这些数据，按事先确定的单车诊断参数编码，传输到动力车主控单元中进行故障列表。

③列车诊断：由列车安装在动力车上的主控单元（诊断中心）获取、分类、评估和存储列车的诊断结果，并在前导动力车上显示，同时可将这些信息存储在其他动车的主控单元中。

上述各层诊断级均应设有故障自诊断、故障信息保存、必要的故障自排除以及将重要故障信息向上一级传送的功能。各诊断装置还应配备有人机接口，以便维修人员从故障部件读取故障信息和对故障进行定位分析，并查知本车的诊断结果。列车诊断级的人机接口应包括彩色液晶显示屏、功能按键及蜂鸣警报器。

（2）诊断结果作如下两种平行的处理

行车过程中将诊断结果输入车载微机系统进行判断分类，然后向列车控制发出相关的指令。

在行车中或检修中将诊断结果送入列车状态数据存储装置或其他数据库，为维修提供信息。

（3）显示

面向业务人员的运行诊断显示：在动车司机驾驶台的显示屏幕上显示主要的诊断结果。

面向维修人员的保养诊断显示：在各控制级的故障读出端口处由维修人员使用便携机读

出诊断结果。

4. 高速列车控制与监测诊断的关系

车辆及列车诊断装置作为诊断系统的专用设备，与控制系统不直接相关，但部件诊断这一层一般与控制系统结合在一起，有的是增加插件，插在控制箱中，有的是在控制系统中增加诊断的功能，诊断与控制共享输入和输出数据，不必另外增设传感器。保护性监测不仅是诊断需要，也是控制所必不可少的，诊断主要起故障监测、故障数据的保存、故障性质的评估以及故障数据的编码传送等方面的作用。尽管在部件诊断这一层，诊断离不开控制，但必须明确，诊断系统不附属于控制系统，它不是控制系统的一部分。没有诊断系统，车辆亦能正常运行。诊断功能与控制功能是不同的，是相对独立的。但作为一个完善的计算机系统，在力所能及时应增加诊断功能，可使系统性能更完善。

在车载诊断之外，还有地面诊断装置和控制系统的关系。主要是在动力车主控单元上应附加有对地面的发送设备，以便在列车到达前，将故障情况及时发送至地面车辆基地，以便做好地面维修的准备。

第三节　动车组的运用与维修

一、动车组的运用

（一）动车组的运用与管理特点

在常规铁路上，旅客列车的机车和客车车底的运用与管理一般是分离的。我国客运机车由负责交路的机务段提供并指派相应的机车乘务组，由各交路的机务段和折返段负责其整备工作。一般长途旅客列车需要由其径路上若干个机务段的机车担当，每台机车只牵引列车总运程中的一部分。而客车车底和对应的列车乘务组则由该车底的配属客运段或列车段负责组织与管理。可见，担任牵引任务的客运机车和负责客运服务的客车车底的关系不固定。设备或人员的管理是分散的。机车周转的优化和客车车底使用的优化是分别进行的。

高速铁路的旅客运载工具是由牵引动力和运输载体一体化的“动车组”构成，这同常规铁路有很大不同。高速铁路动车组的运用与管理特点如下：

(1) 运营效率的提高

高速铁路的牵引动力与运输载体联成一体，动车组在担当某一车次的全过程中，不需要在途中换挂机车。因此缩短了换挂机车的作业时间，既有利于提高列车的旅行速度，减少了工作环节，提高了工作效率，而且牵引动力（机车）和运输载体（客车车底）的管理合二为一，减少了管理机构和相应的管理人员，也提高了运营效率。

由于牵引动力与运输载体合一，高速铁路动车组运用的效率也超出了常规铁路机车的长交路，形成所谓的联程交路运用方案。在常规铁路，长交路是指机车运用范围可跨越若干个牵引区段，甚至跨局范围的运行，但一般而言，由一台机车自始至终地完成更大运程(1 500 km 以上)的牵引任务，并不多见，而由一台机车连续完成两个及其以上不同运程的牵引任务，则由于组织管理工作复杂，尚难以实现。而高速铁路动车组则完全可以实现连续完成多个不同运程服务的联程交路运用方案，这不仅是由于高速铁路动车组设备的高可靠性可以保证联程运用，而且也是强化利用动车组、提高运营效率的必然选择。

(2) 整备和维修体系的革新

与常规铁路不同，高速铁路动车组采用了新的整备和维修体系，提高整备和维修作业质量、缩短整备和维修作业时间，成为高速铁路动车组高质量、高可靠、高效率运营的一项重要表征。

维修方式是指对设备维修时机的控制，也就是说对维修时机的掌握是通过采用不同的维修方式来实现的。高速动车组可以考虑采用的维修方式有 3 种：定期维修、状态修和故障修。

定期维修是以使用时间作为维修期限，只要设备到了预先规定的时间，不管其技术状态如何，都要进行规定的维修工作，这是一种强制性的预防修理。状态修是按实际技术情况来确定维修时机。它不对机件规定维修期限，不固定拆卸分解范围，而是在检查、测试其技术状况的基础上确定各机件的最佳维修时机。这种维修方式是靠不断定量分析和监测机件的某些参数和状态数据来决定维修时间和项目。故障修是在机件发生故障之后才进行修理，也不控制维修时机。实践证明，有些机件即便发生故障也不会危及安全造成恶果，采用事后维修则更经济。对于这些采用了冗余技术的机件，虽一台出现故障另一台会自动接替工作，但也应采用故障修方式。

国外高速动车组采用状态修与定期修相结合，以状态修为主的检修体制。如上所述，实行状态修，主要依据动车组上的先进检测设备、故障诊断设备及其与维修中心联网的信息传输系统，可以准确预知动车组的设备状态和故障情况，有针对性地进行检修作业。而定期修，则主要以定期检查、维护和更换重要的零部件为特征。所谓定期，是以高速动车组的实际走行公里或运用时间划定的。

高速动车组的维修作业一般在专门的维修中心（或维修基地）进行。维修中心的主要设备包括：整备维修库、电器测试装置、轮对踏面诊断装置、不落轮旋轮设备、车轴探伤装置、轮对及转向架更换中心、动车组外部清洗设备、动车组内部清洗和整备设备等，为了不受气候条件和夜间作业时间等环境影响，所有检修和维护工作都在建筑物内进行。在维修中心，动车组是作为一个整体来进行整备和维修综合作业的，这同常规铁路将机车和客车车底分别送入各自作业地点、分散进行各种整备和维修作业的模式有着根本的区别。德国 ICE 设置在汉堡—埃德尔施塔特动车组的整备维修车间是按整备维修一体化思想进行设计的典型。该车间凭借动车组上的先进检测、故障诊断设备和信息传输系统，可以准确预知动车组的设备状态和故障情况，因此可以提前计划作业内容并做好各项准备工作，包括人员、设备、材料、工具、零部件、备品及必要的图纸、资料等。该车间按上、中、下三层空间合理布局和配置生产线，设置有三个不同高度的作业平台和合理、流畅的备品、材料等运输通道，创造了良好的作业环境，既可以保证在同一时间对多个动车组进行综合作业，也可以保证同一动车组整备和维修的平行作业，既消除了动车组在作业过程中的调移转线，也减少了不同作业及同一作业不同工序之间的交叉干扰，大大压缩了整备维修作业的总时间，将动车组一次入段整备、维修的总时间标准从原来的 150 min 降低到 60 min。

（3）动车组的运用与整备、维修的一体化

动车组的整备、维修是保证动车组有效使用和运用质量的前提条件，而动车组的运用计划同时是合理安排整备、维修工作的重要依据。在国外高速铁路，列车运行图中动车组运用交路安排，即动车组周转图必须按照动车组实际走行公里数和定检期限及时安排相关的入段或入厂检修作业，并符合整备、维修作业时间标准的要求，以保证动车组在运用中的高质量和高可靠性，而动车组的整备、维修作业又必须严格按照动车组周转图的要求来进行计划和安排，以保证动车组按图行车，有效利用。在列车运行图调整时，更应注意其间的相互关系。这就是动车组运用计划与整备、维修计划一体化的含义。

根据动车组运用与整备、维修一体化的思路，动车组的运用和整备、维修计划是统一编制、统筹安排的，这使运载设备的运用和管理从常规铁路的分散化走向集中化，使动车组摆脱常规铁路客车车底的固定运用方案模式，采用更为高效的运用方案。也就是可以根据运用期间的所有动车组数量、设备状态、所在位置、累计运营里程和定检期限，安排滚动式的运用方案，在保证完成运输任务和按期进段检修的前提下，使动车组的利用效率达到最高。

（二）高速铁路动车组的运用方案

根据高速铁路动车组运用与整备、维修一体化的思想，高速动车组的运用方案主要有三种：

1. 固定运行区段的使用方式（简称固定使用方式）

这种方式与既有铁路客车车底的运用方式一致，高速动车组只在固定的区段内往返运行。固定方案又分为站间固定周转方式和两区段套跑周转方式，如图 2—9 所示。

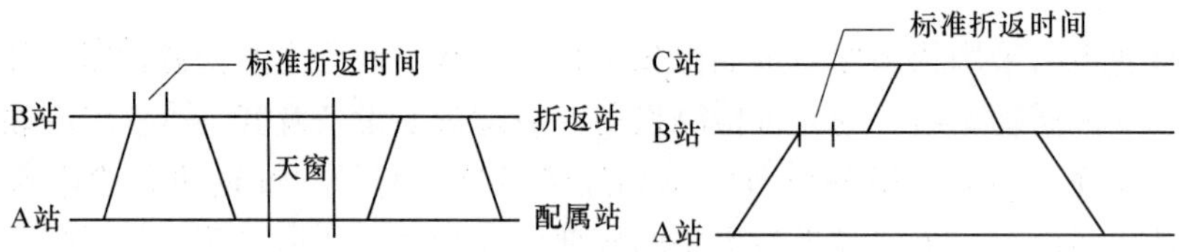

图 2—9　动车组固定使用方式示意图

在固定使用方式下，各动车组在固定的区段内运行，有利于动车组的管理，并可根据客流变化采用不同的车辆编组方案，动车组的运用组织比较简单。但是，这种方式不利于高速动车组的检修。一方面，在动车组检修期间需要有一定量的备用车组来代替，如果备用车组由各区段分别配备，则备用动车组数量较大且利用率不高；另一方面，由于高速动车组的维修技术复杂，设备昂贵，只能集中配置，将所有动车组的维修作业集中在维修中心。所以，对与维修中心不相邻的区段，需要维修的动车组必须专程送检，事后又需专程回送。

2. 不固定运行区段的使用方式（简称不固定使用方式）

不固定使用方式以全线（或高速线路网）为系统，统筹考虑动车组的使用与维修来安排动车组的运用。它的含义是，在假定各动车组无差别的前提下，不固定各动车组的运行区段，而是根据需要和可能，可以在任何高速区段之间运行。如图 2—10 所示。

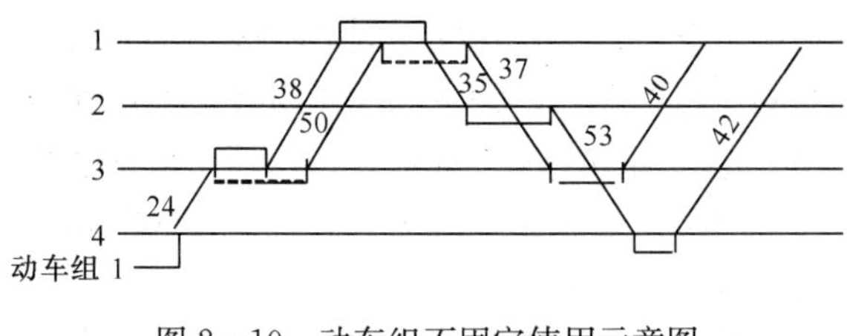

图 2—10　动车组不固定使用示意图

在图 2—10 中，位于第 4 站的动车组 1 可根据需要运行编号为 24、38、35、53、42 等 5 条运行线，也可根据需要运行编号为 24、50、37、40 等运行线，可以运行的区段没有限制。动车组可以连续运行不同运行线的基本原则是，满足动车组在变更车次，即担任新的运输任务时可能需要的转线（改变运行方向时）、整备作业等接续时间要求。

与固定使用方式相比，在不固定使用方式下，动车组在使用过程中可以根据其运行状态，对必须进行维修作业的预先在适当时间安排一条终到维修中心的运行线，从而保证它的及时维修。因此，能够比较灵活地解决运行与维修的配合问题。此外，由于动车组有多种运行线可以选择，就有可能提高动车组的使用效率，减少动车组的使用数量。因此，在高速铁路动车组不固定区段使用方式是比较合理的方式。但是，由于该方式动车组接续安排比较紧密，出现较大的运行干扰时，动车组运用所受的影响也大；由于假定各动车组之间无差别，动车组的编组也不能根据不同区段的客流特点而加以改变，因而也可能造成输送能力的虚糜和浪费。

3. 半固定运行区段的使用方式（简称半固定使用方式）

半固定使用方式是一些动车组采用固定使用方式，而其余动车组采用不固定使用方式。它是介于固定式方式和不固定使用方式之间的一种方式。

列车运行图是列车开行的综合计划，规定了各次列车的始发、终到车站和始发、终到时刻等，而这些列车的运行都必须由具体的动车组来牵引。动车组运用计划是动车组周转接续和维修的综合计划，也就是根据给定的列车运行图、有关动车组检修修程的法律规定以及检修基地条件等，对动车组在什么时刻、在哪个车站、担当哪次列车、在什么时间、什么地点、进行哪种类型的检修等作出具体安排，以确保用状态良好的动车组实现列车运行图。在列车运行图调整的同时，动车组运用计划也将重新编制。

二、动车组的维修

（一）维修制度和维修方式

1. 维修制度

维修实践需要一种思想观念作为指导，称之为“维修思想”。在一定的维修思想指导下，制定出的一套规定与制度（维修计划、维修类别、维修方式、维修等级、维修组织、维修考核指标体系等），称之为维修制度。目前世界上的维修思想和制度可以分为两大体系，一个是在“预防为主”维修思想指导下，以磨损理论为基础的计划预防维修制；另一个是“以可靠性为中心”的维修思想指导下，以故障统计理论为基础的预防维修制度。

“计划预防维修制”是指对机械设备的修理是有计划进行的。其要点是通过对机械零部件损伤的大量统计资料，进行分析研究后，把机械设备上不同损伤规律和损伤程度的零部件，科学地划分成若干组，并确定出不同零件的损伤极限，从而规定了不同修程的修理期限和修理范围。

“以可靠性为中心”的维修是在计划预防维修制的基础上发展起来的。在实践中，人们发现并不是维修越勤、修理范围越大就能减少故障，相反会因频繁拆装而出现更多的故障。设备的可靠性是由设计制造所确定的，有效的维修只能保持其固有可靠性。对于复杂设备，一般只有早期故障期和偶然故障期，而没有耗损故障期，也就是说复杂设备的浴盆曲线没有上升趋势，即可靠性与时间无关。因此定期计划维修对许多故障是无效的。

2. 维修方式

维修方式是指对设备维修时机的控制。也就是说对维修时机的掌握是通过采用不同的维修方式来实现的。目前的维修方式有三种：定期维修（又称计划修）、视情维修（又称状态修）和事后维修（又称故障修）。

3. 维修方式的选择

选择维修方式应该从设备发生故障后对安全和经济性的影响来考虑。由上述三种维修方式的特点可以看出，定期维修和状态修均属于预防性维修，可以预防渐进性故障的发生，故障修则是非预防性的，多用于偶然故障或用于预防维修不经济的机件。定期维修是按时间标准送修，状态修是按实际状况标准，而故障修则不控制维修时间。三种维修方式各有其适用范围，从这个意义上讲，它们本身并没有先进落后之分。然而应用是否恰当，则有优劣之分。问题的关键是应该根据维修的具体情况，正确的选择维修方式。在现代复杂设备上往往三种维修方式并存，相互配合使用，以充分利用各个机件的固有可靠性。

（二）国外主要国家高速列车维修

1. 日本高速列车的维修

日本新干线列车检修采用的是定期预防修制度，即按一定的周期规定内容的检查、维修。由于新干线列车采用了先进的故障诊断系统及检测设备，所以各修程规定的内容都以检查为主。检查周期的确定，要充分考虑车辆各部件发生故障的概率，并与其工作方式有密切关系。转向架与运行公里有关，车体、空气弹簧、橡胶件等与时间有关，电于部件等与工作时间有关，接触器、继电器触头与动作次数有关。

新干线列车运行时间是每天 6：00～24：00，夜间 0：00～6：00 进行线路和供电设备等的检查、维护，所以其车辆检修基地既要考虑整列编组的检修，也要考虑列车的到、发及夜间的停放。

新干线车辆的检修主要分为 4 个等级的修程：

（1）日常检查（日检）：周期 48 h，补充易损、易耗件，补充润滑油。

（2）周期检查（月检）：周期 30 天或 3 万 km，各部件功能检查，外观检查。

（3）转向架检查（年检）：周期 12 个月或 45 万 km（新造车辆为 24 个月），转向架解体。

（4）全面检查（大修）：周期 36 个月或 90 万 km，全面解体。

新干线列车的检修修程如图 2－11 所示。

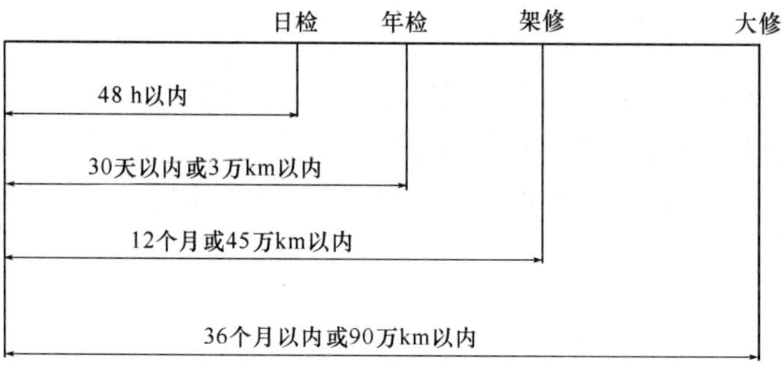

图 2－11　新干线列车的检修修程示意图

检修周期的时间或公里，哪个先到取哪个，并且周期只取负偏差，不能取正偏差。新干线车辆除了上述 4 种定期检查以外，还有两种非定期检查形式，以及对直接影响到行车安全的 ATC 装置的检查，即：

（1）运行检查（添乘）：根据需要乘车进行车辆动态检查和部件功能检查。

（2）临时检查（临修）：在已经发生故障或可能发生故障时，安排车辆检查。

（3）ATC 装置的检查，包括：

①运行检查：根据需要，乘车检查 ATC 装置的综合作用和功能。

②动作检查：根据 ATC 装置的使用状况，对装置的状态及功能进行检查。

③特性检查：根据 ATC 装置的使用状况，以 90 天为周期，对装置中的各个部件的状态及特性进行检查。

④临时检查：在发生故障或有可能发生故障的情况下，根据需要进行临时检查。

新干线车辆的检查体系如图 2－12 所示。

- 车辆检查
  - 预防检查
    - 定期检查
      - 日常检查
      - 周期检查
      - 转向架检查
      - 全面检查
    - 临时检查
      - 运行检查
      - 临时检查
    - 事后检查——故障处理

图 2－12 新干线车辆的检查体系

新干线车辆各个修程的检查内容根据该修程所要达到的目的不同来确定，通过定期预防性维修来保证车辆在进入一个修程之前运用良好状态。新干线车辆检修的内容包括：

(1) 日常检查

全列编组不分解，根据车辆的运用状态，对到限的磨耗件进行更换，如受电弓滑板、制动闸片，如果是直流电机，还要更换碳刷；对润滑部位进行补油，如轴承按规定补充润滑脂，传动齿轮箱的油位保证在规定刻线位置，受电弓、转向架、车钩、车门等处的活动、滑动部件也需检查润滑状态；同时对受电弓、转向架、制动装置等部分进行外观检查，保证其作用良好。日常检查一般是待车辆夜间回库时进行，全列检查完成停时 1.5 h。

(2) 周期检查

全列编组不分解，根据车辆的运用状态，对受电弓、走行部、车下电器装置、司机控制器、制动装置、车体等状态和功能进行检查和试验，对列车 ATC 装置进行试验检查，保证功能正常，对电气部分进行绝缘电阻测量。

基于这样的技术依据，ATC 装置虽是车辆的一部分，但不适宜采用车辆检查规则，应重新规定动作检查和特性检查，建立单独的检查体系。

①动作检查。在日常检查中，由试验设备发送与列车正常行驶时地面发送的相同信号，确认各设备的状态及制动设备动作状况。

②特性检查。在上述检查的基础上，测定各套设备、整个系统的特性值（频率特性、阻抗值），每 90 天测试一次，判断设备各特性是否良好。

周期检查与日常检查的项目差不多，所不同的是日常检查主要是外观检查，而周期检查更细一些，并要进行功能试验。全列编组的周期检查停时 4 h，一般车辆基地在一个台位上完成 2 个编组周期检查，即上午一列，下午一列。

(3) 转向架检查

更换车辆转向架，换下的转向架解体，对牵引电动机、传动齿轮、走行部、制动装置等主要部件进行检查。新干线 300 系车辆是 16 辆编组，首先将一列车分解成 4 辆一个单元，每个单元（4 辆）同时架车，更换转向架；对车轴进行超声波探伤，300 系车辆的空心轴是从轴心孔内部探伤；轮对链削，使踏面和轮缘恢复标准形状。

新干线 0 系、100 系、200 系、400 系车辆采用的是直流电动机，要进行电机解体检查，而 300 系、E1 系是交流电动机，只做外部清扫，不解体。

转向架检查完毕，要在车辆基地的试验线路上进行运行试验。转向架检查停时 1 天。

(4) 全面检查

将全列车编组分解成单节，按工序流水作业，车上、车内、车下所有的设备下车检修，主要部件实行互换修；高压布线在车上进行耐压试验，并测量绝缘电阻，不良者进行更换；客室内装饰地面换新，墙面、顶棚只做清洁处理，一般 12 h 彻底更新一次；车体外墙重新喷漆，大修后车体要做气密检查。转向架的检修内容与转向架检查修程内容相同。

将检查组装的单节车辆连接成一列编组，然后进行全列车的性能试验，在场内进行运行试验，最后进行正线试验。各检修基地全面检查的停时不完全一样，部分车型的检修库停时间见表 2—5。

表 2—5　全面检查库停时间

检修基地	所修车型	全面检查停时/天	备　注
仙台综合、车辆所	200 系、400 系、E1 等	13	JR 东日本
滨松工场	0 系、100 系、300 系	12	JR 东海
博多综合车辆所	0 系、100 系、300 系	10	JR 西日本

正线试运主要检查的内容有（以 300 系为例）：

①起动加速 0～160 km/h（100 s 内）；

②最高速度 270 km/h；

③ATC 动作 275 km/h；

④振动每次连续测 5 km；

⑤气密性人工检查（必要时用仪器测量）。

2. 法国高速列车的维修

法国 TGV 高速列车的检修等级、检修周期和检修内容见表 2—6。值得注意的是，这种列车采用大部件换修方式，在维修中心卸下大部件，更换后送往工厂进行大部件大修。

法国 TGV 高速列车设计制造部门非常重视高速列车的可靠性设计和维修性设计。由于采用了可靠性设计与维修性设计，保证了列车的质量，再加上有维修基地的良好维修作保证，使得 TGV 高速列车达到了非常好的运营效果。

表 2—6　高速列车检修周期及检修内容

检修等级		检修周期	检修内容
日常检查	车内检查 EJ	1 天	车内设施检查，以发现妨碍使用的问题
	制动检查 EJM	1 天	检查制动状况
	车端检查 NSN	1 天	检查车两端情况
	基本检查 ES	≤3 000 km	全面检查列车，以发现安全部件、运作件和受流件的故障
	卫生间除污 WC	3 天	厕所排污，补充卫生纸、水、肥皂
	标准清洗 NND	5 天	利用清洗设施的基本作业，较彻底地清扫、清洗

续上表

检修等级		检修周期	检修内容
检修	舒适性检修 ECF	9 天	检修车内设施，食品供应、厕所和照明设施等
	走行部检修 VOR	18 天	ES+齿轮及其他运动部件检修、闸瓦磨耗，轮缘润滑等情况的检查
	其他系统检修 ATS	36 天或 3.5 万 km	VOR+牵引电动机、车钩检修，过滤器更换，隔次进行蓄电池、车轴、灭火器检查更换
	小型检修 AL	4、5 个月	各种功能的试验和检查，磨耗件和系统的修理或根据试验结果进行检修
	较大型检修 VG	9 个月（24 万 km）	内容同 AL，但更详细
	彻底清洗 SIV	12 个月	列车内部全部清洗
	大型检修 GVG	18 个月	内容同 VG，更换牵引电动机和转向架
	镟轮 RPEL	35 万 km	对轮对进行镟修
大修	更新 OE	约 8 年	列车内外部重新油漆，内装修，地板、窗帘及装饰更新
	大修 RG	约 8 年（240 万 km）视情况而定	采用大部件换修方式，在维修中心卸下大部件，更换后送往工厂，进行大部件维修

3. 德国高速列车的维修

德国 ICE 动车组维修体制实行定期检测、保养和状态修相结合的维修原则，即：计划修与状态修（视情修）相结合；修理与保养相结合；换件修与专业化集中修相结合。分为 A、B、C 三个维修等级，对全德国铁路的修理工厂、修理段、运用段做了合理的布局与分工。A 级维修分布在科隆、巴塞尔、莱比锡；B 级维修分布在汉堡（ICE1）、柏林（ICE2）、慕尼黑（ICE3 和 ICE—T）和法兰克福（ICE3 和 ICE—T）；C 级维修在纽伦堡进行，避免了交叉作业和重复投资。维修原则是以可靠性为前提的最经济维修。采取的策略是：

（1）按每年客车（动车组）运行交路确定每一列车的最低级（A 级）修理，充分利用了列车在库时间完成必需的修理和保养。

（2）根据每天列车的运行的高峰和低谷情况安排维修计划，充分发挥动车组运用效率。德国铁路对 ICE1 型列车制定的常规的日保养维修计划示意图如图 2—13 所示，横坐标代表时间（h），纵坐标代表投入运营或被检修的列车数量。一天当中从 7：00 点到 19：00 点是列车运行的高峰时间，有 80%以上的列车投入运行，进行维修的列车不足 20%，而在非高峰期，进行维修的列车数量明显增多。

（3）按每周列车运行高峰低谷情况安排维修计划。

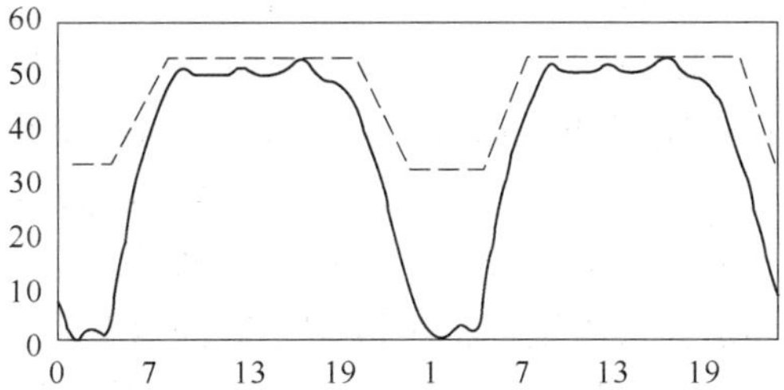

图 2—13　列车运行的高峰低谷情况安排维修计划

周密细致的计划修，对部件状态和故障能够准确指示和预报，以及制造商良好的维修技术支持，构成了德国铁路的维修体系，即：计划修+状态修+维修支持=维修体系。

计划维修是按零部件磨损、磨耗进行定期修理，恢复其基本尺寸；按照零部件使用寿命定期换件修理；按部件可靠性的变化规律进行定期检测；按机车车辆运行状态的变化进行定期保养。为此德国铁路对计划维修给予了高度重视，把维修与保养有效结合起来。德国铁路认为，合理地选择检修周期可提高可靠性，如图 2－14 所示。

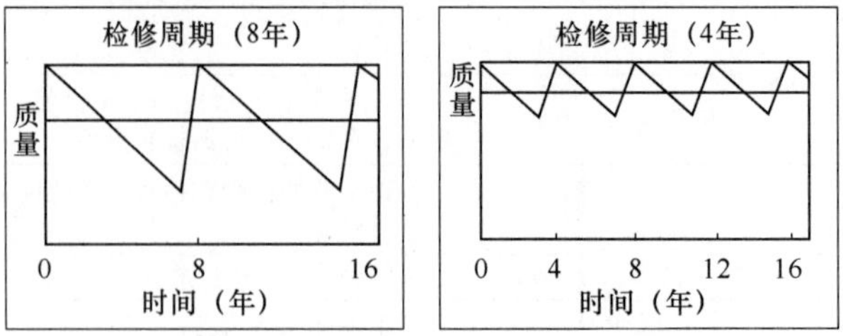

（a）　（b）

图 2－14　质量与检修周期的关系

图 2－14 是在总维修费用基本相同的情况下，展示出了长短不同的修理周期对列车质量的影响。从图 2－14 中可以看出，图 2－14（a）的可靠运用线较图 2－14（b）低，说明短的维修周期效果较好。因此，要保证机车车辆可靠运行，必须有科学的、按规律进行的计划维修制度。德国铁路在计划维修组织中充分体现了严谨、细致与周密。动车组修理等级见表 2－7。

表 2－7　动车组修理等级

等级	项　目	走行里程/km	检修时间
A	L 级检修（IS100）	2 000～4 100	1.5 h
	N 级检修（IS200）	20 000～24 000	2.5 h
B	IS510 级检修	60 000～72 000	9 h
	IS520 级检修	120 000～144 000	9 h
	IS530 级检修	240 000～288 000	11 h
	IS540 级检修	480 000～576 000	11 h
C	IS600 级大修	120 万～140 万	10 天
	IS700 级大修	240 万～280 万	10 天

A 级检修：以检查、测试的保养为主，可分布在各个运用段（点），分为 L 级检查和 N 级检查，表示方法为 IS100 和 IS200。

B 级检修：相当于最高级段修，以换件修为主，可分布在较大的动车配属段，如：法兰克福、汉堡、柏林、慕尼黑等，表示方法为 IS510、IS520、IS530、IS540。

C 级检修（也称为 REV 级检修）：以恢复基本质量为主的全面修理。可由专业化大修工厂进行。专业化大修工厂除完成 C 级检修外，还承担 B 级换件修下来的部件检修和无事故修复。表示方法为 IS600 和 IS700，相当于大修修程。各级检修的检修内容见表 2－8。

根据不同的车型检修周期也不同，例如 L 级走行里程由 2 000～4 500 km 不等。根据用途不同可采用以走行里程确定检修周期，也可以使用时间（年、月、日）来确定检修周期。检修周期的修程框架基本相同，A 级、B 级、C 级之间安排的修程一致。

检修停时的规定是统一的，以保证运行图的顺利实施，同时对动车组备用的数量进行了最经济的核算。备用多了浪费投资，备用少了不能保证运输的需求。因此德国铁路对动车组检修停时做了严格规定，见表 2－7。

状态维修是保证机车车辆可靠运用的又一重要手段。对故障发生不是很有规律，而且工作量大小难于准确掌握的维修均可纳入状态修理的范围。

德国铁路将运行中和计划修中检查出超过该级修程规定的工作内容分为五类故障。

（1）影响列车正常牵引和行车安全的故障，占总故障的0.1%；

（2）影响列车良好行驶状态的故障，如空调、暖气、集便器等设备所出现的故障，此类故障约占总故障数的5%；

表2－8　各级检修的检修内容

等级	项　目	检修内容
A	IS100（L级）	检查走行装置和轮对，列车排污，列车外部清洗，轮对诊断检测，列车装备作业等
	IS200（N级）	L级检查的全部作业内容，并检修制动系统、通信系统、防滑器等
B	IS510	N级检修的全部作业内容，并检修空调设备、厨房设备、座椅、蓄电池、乘务信息系统等
	IS520	IS510级检修的全部作业内容，并检修牵引电机、轮对轴承、轴箱轴承等
	IS530	IS520级检修的全部作业内容，并检修空压机、变压器的散热系统等
	IS540	IS530级检修的全部作业内容，并根据车厢的损坏状况进行检修
C	IS600	对整列进行全面修程
	IS700	对整列进行全面修理，对部分配件更新，对系统进行技术提升

（3）重复出现的第4类故障；

（4）可以4天后再处理的故障，第3、4类故障占总故障的60%；

（5）可以放到下一个修程再处理的故障，此类故障约占总故障数的35%左右。

德国铁路规定，不允许列车带有第1类故障运行，运行中出现第1类故障必须立即停车；允许列车有条件地带有第2类故障运行。如果第2类故障在规定时间没有消除，在有备用动车组的情况下，故障列车将被停止运营，直至故障消除；如果没有备用车，则允许其带故障运行一趟。第3、4、5类故障在规定时间内必须处理好。

制造商对维修的技术支持是保证列车安全可靠运行的重要因素。制造商既要把技术成熟、质量可靠、性能优良的机车车辆产品推向运营，同时也要给予用户充分的维修技术支持。德国在这方面的具体做法大致有以下几点：

（1）故障及部件状态自诊断系统随机车车辆同步开发，并要求自诊断系统对故障的发现率大于98%，故障的误报率小于等于2%；

（2）维修段的工装机具随机车车辆同步开发，并能够保证同型车在规定时间内完成换件修的作业要求；

（3）提供必要的《维修手册》和人员培训服务；

（4）提供互换配件的有偿服务（保修期之外）；

（5）提供完整的技术资料，但用户负责为制造商保密；

（6）提供较为详细的零配件寿命周期。

三、国外动车组维修基地简介

在德国，当ICE列车达到维修要求时，需要进入动车段进行维修养护。有时，在进入动车段之前还要进行外部清洁和轮对诊断。在动车段中进行维修之后，进入存车线停放。ICE列车在动车段进行维修的主要流程，如图2－15所示。

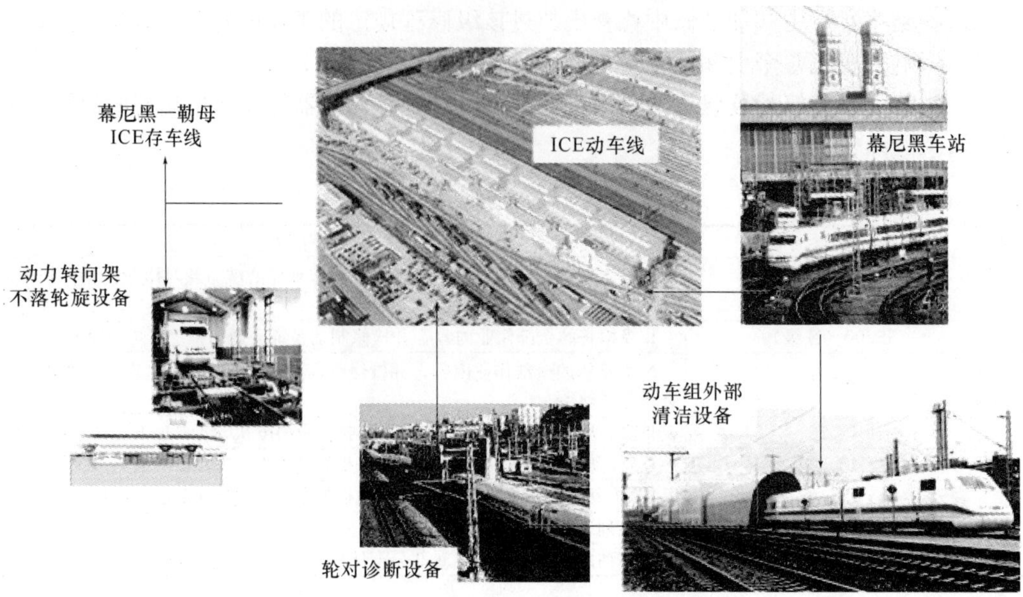

图 2—15　ICE 动车段到主要设备的连接图

图 2—16 展示了 ICE 维修车间工作环境工效性的设计。图 2—17 给出了慕尼黑与汉堡动车段工作平台的比较。

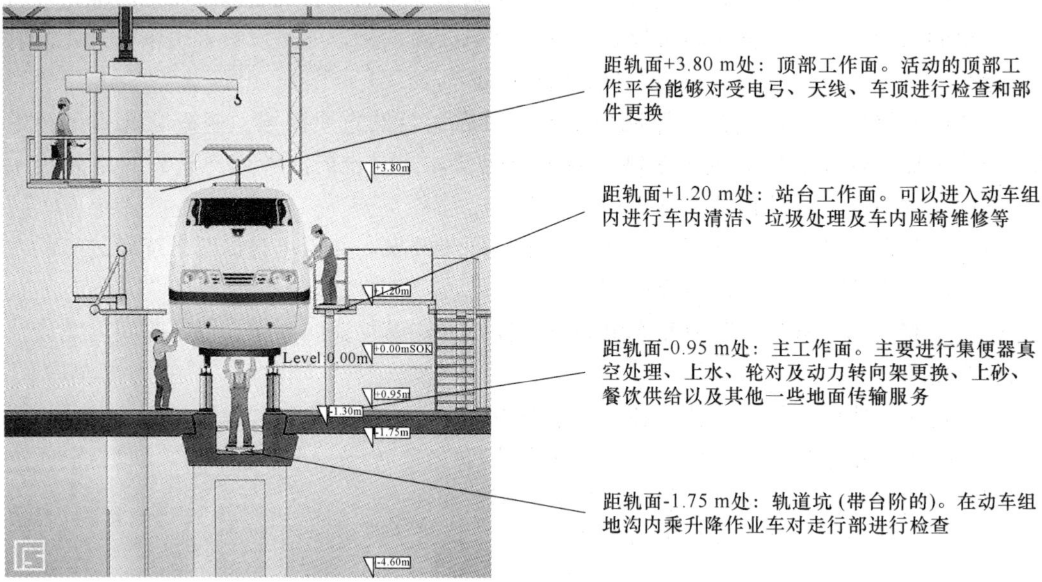

图 2—16　ICE 维修车间工作环境工效性的设计

对于构成网络的高速铁路来说，需要在整个网络范围内配置一定数量的动车段。如图 2—18给出了 JR 东日本公司新干线车辆基地的分布情况。

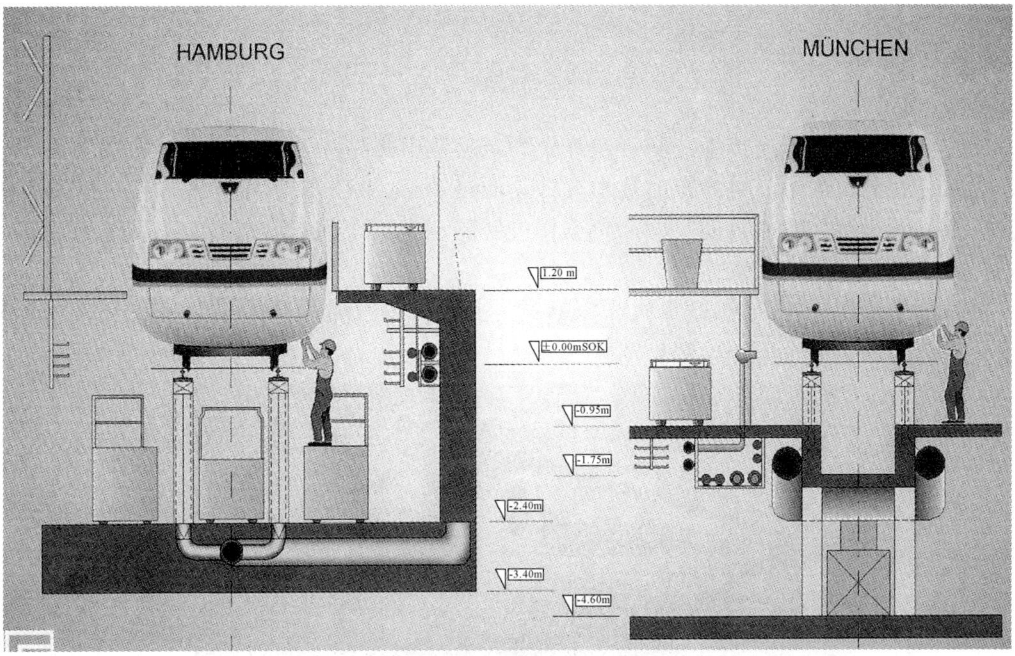

图 2—17　慕尼黑与汉堡动车段工作平台的比较

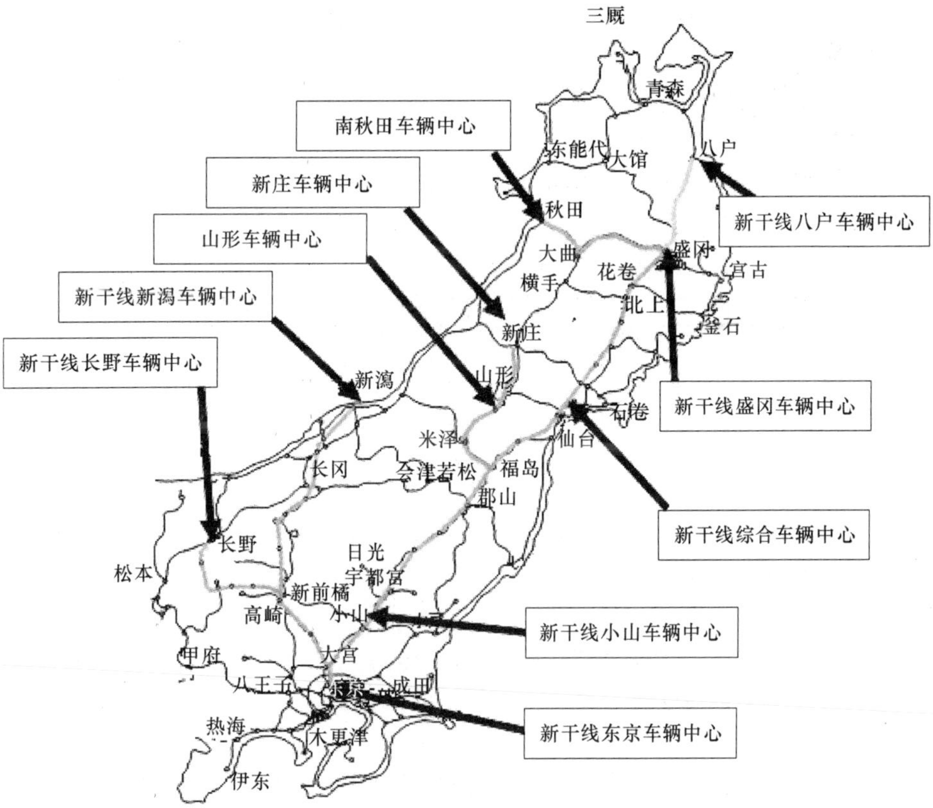

图 2—18　JR 东日本公司的新干线车辆基地

四、国产动车组及维修基地

（一）国产动车组情况

按照国家“引进先进技术，联合设计生产，打造中国品牌”的要求，铁道部确定了“先进、成熟、经济、适用、可靠”的技术方针，通过 2004 年和 2005 年两次采购，成功引进了世界一流的动车组技术。目前，国产化工作进展顺利。

1. CRH1——BSP 动车组

BSP 动车组以 Regina 型动车组为原型车，通过公司内部技术转移，由 BSP 公司在国内制造生产。CRH1 动车组效果图见图 2－19。

图 2－19　CRH1 动车组效果图

动车组的基本结构如下：

（1）编组结构

动车组由 8 辆车组成，其中 5 辆动车，3 辆拖车；首尾车辆设有司机室，可双向驾驶，编成后结构如图 2－20 所示。

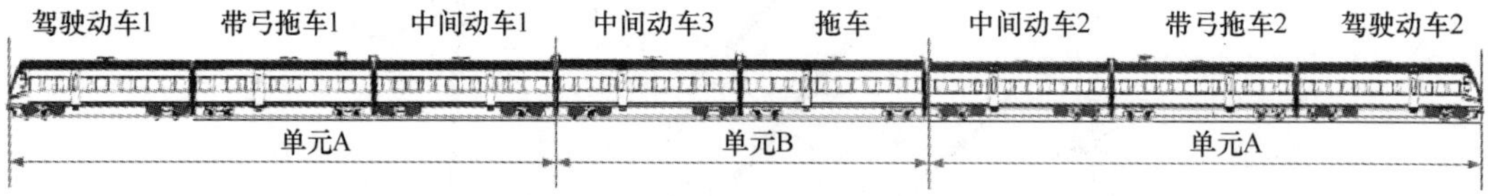

图 2－20　CRH1 动车组

（2）车辆长度

动车组头车长度 26.95 m，中间车长度 26.6 m，总长 213.5 m，车体宽度 3.331 m，车体高度 4.04 m，适应站台高度 1.25 m。

（3）车顶设备

在 2、7 号车设受电弓及附属装置，受电弓工作高度最低 5 300 mm，最高 6 500 mm。动车组正常运行时，采用单弓受流，另一台备用，处于折叠状态。

（4）车端设备

设密接式车钩装置、风挡及空气、电气的连接设备等，包括：列车通信总线连接、制动控制线连接、供电母线连接、直流供电母线连接、列车总风管、电路电气设备连接、电缆连接、高压电线连接。

（5）车下悬吊设备

每辆车下有空调机组、制动控制装置。在动车下有牵引变流器，在拖车下有牵引变压器。

（6）车内布置

全列车有 2 辆一等车和 6 辆二等车。一等车内座椅 2+2 布置，二等车 2+3 布置，车内座椅布置如图 2—21 所示。全列车定员 670 人，定员布置见表 2—9。

表 2—9　各节车厢定员

车　厢 顺　位	驾　驶 动车 1	带　弓 拖车 1	中　间 动车 1	中　间 动车 2	拖 车	中　间 动车 3	带　弓 拖车 2	驾　驶 动车 2
定员/人	72	102	102	102	16	102	102	72

一等座车设一个坐式厕所；二等座车设二个蹲式厕所，其中一辆二等座车为残疾人设一个坐式厕所。

图 2—21　车内座椅布置

（7）车体结构

车体为不锈钢焊接结构，车门处地板距轨面高度 1 270 mm，并设有翻板脚蹬装置，可以适应 300～1 200 mm 的站台高度。

2. CRH2——四方/川崎动车组

四方动车组以 E2—1000 型动车组为原型车，通过全面引进设计制造技术，由四方股份公司在国内制造生产。CRH2 动车组如图 2—22 所示。

图 2—22　下线的 CRH2 动车组

动车组的基本结构如下：

（1）编组结构

动车组由 8 辆车组成，其中 4 辆动车，4 辆拖车；首尾车辆设有司机室，可双向驾驶，编成后结构如图 2－23 所示。

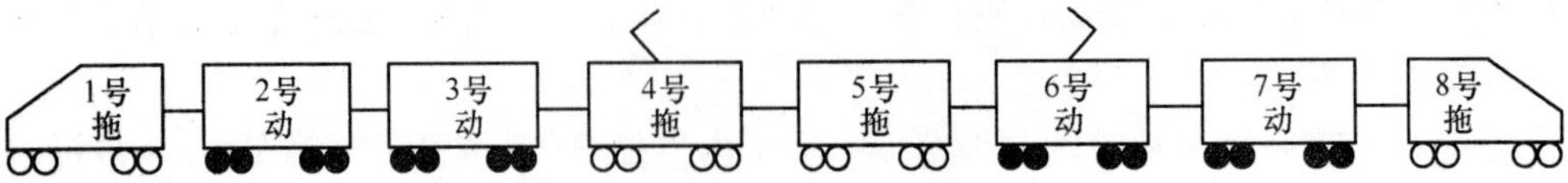

图 2－23　四方/川崎动车组

(2) 车辆长度

动车组头车长度 25.7 m，中间车长度 25 m，总长 201.4 m，车体宽度 3.38 m，车体高度 3.7 m。

(3) 车顶设备

在 4、6 号车设受电弓及附属装置，安装高度 4 m 时，受电弓工作高度最低 4 888 mm，最高 6 800 mm，最大升弓高度 7 000 mrn。动车组正常运行时，采用单弓受流，另一台备用，处于折叠状态。

(4) 车端设备

设密接式车钩装置、风挡及空气、电气的连接设备等，包括：列车通信总线连接、制动控制线连接、供电母线连接、直流供电母线连接、列车总风管、电路电气设备连接、电缆连接、高压电线连接。

(5) 车下悬吊设备

每辆车下有空调机组、制动控制装置。在 2、3、6 和 7 号车下有牵引变流器，在 2 号和 6 号车下有牵引变压器。

(6) 车内布置

全列车有 1 辆一等车和 7 辆二等车。一等车内座椅 2+2 布置，二等车 2+3 布置。全列车定员 610 人，定员和车内布置分别见表 2－10、图 2－24 和图 2－25。

表 2－10　各节车厢定员

车厢顺位	1	2	3	4	5	6	7	8
定员/人	55	100	85	100	55	100	51	64

图 2－24　一等车内布置

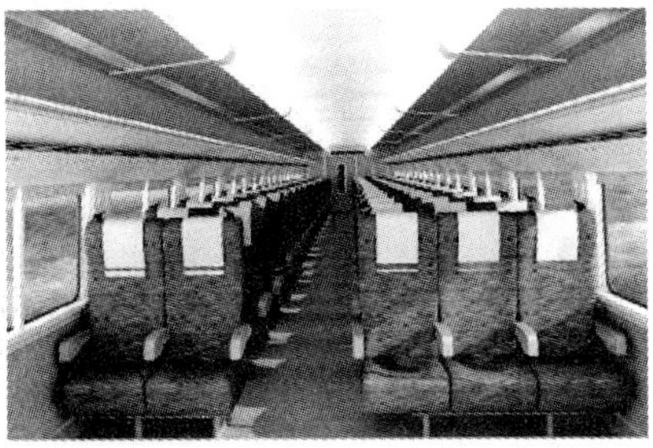

图 2－25　二等车车内布置

在单号车厢内设卫生间、小便间和盥洗室，如图 2－26～图 2－28 所示，司机室如图 2－29所示。

图 2—26　卫生间

图 2—27　小便间

图 2—28 盥洗间

（7）车体结构

车体采用铝合金结构，车门处地板距轨面高度 1 300 mm，适合 1 100～1 200 mm 站台。

图 2—29　司机室

（8）集便装置

集便装置由水箱、集便器及污物箱组成。污物箱和水箱容积均为 700 L，在车体下部两侧裙板设有上水口和排污口。上水嘴组装型式符合 TB/T 112—1974 “客车用注水（A、B 型）型式与尺寸”，排污嘴型式符合 UIC563 规定的通用 2.5″快速接头。

3. CRH3——唐山/西门子动车组

唐山动车组以 ICE3 型动车组为原型车，通过全面引进设计制造技术，由唐山机车车辆厂在国内制造生产。CRH3 动车组如图 2—30 所示。

图 2—30　CRH3 动车组效果图

动车组的基本结构如下：

（1）编组结构

动车组由 8 辆车组成，其中 4 辆动车，4 辆拖车；首尾车辆设有司机室，可双向驾驶，编成后结构如图 2—31 所示。

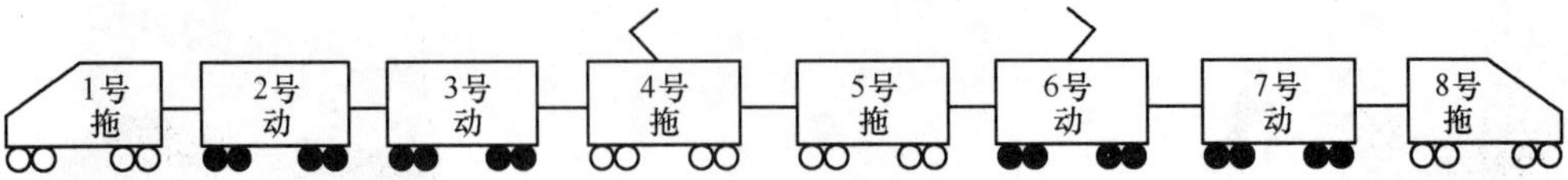

图 2—31　唐山/西门子动车组

（2）车辆长度

动车组头车长度 25.7 m，中间车长度 24.825 m，总长约 200 m，车体宽度 3.265 m，车体高度 3.89 m，适合站台高度 1.25 m。

（3）车内布置

全列车有 1 辆一等车和 7 辆二等车。一等车内座椅 2+2 布置，二等车 2+3 布置。全列车定员 601 人，定员和车内布置分别见表 2—11、图 2—32 和图 2—33。司机室布置如图 2—34 所示。

表 2—11　各节车厢定员

车厢顺位	1	2	3	4	5	6	7	8
定员/人	73	87	87	50	57	87	87	73

图 2—32　一等车内布置

图 2—33　二等车车内布置

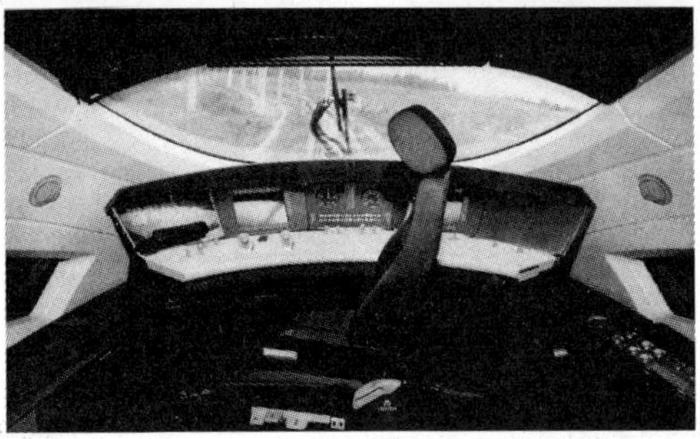

图 2—34　司机室

4. CRH5——长客/阿尔斯通动车组

长客动车组以 SM3 型动车组为原型车，通过全面引进设计制造技术，由长客股份公司在国内制造生产。CRH5 动车组如图 2—35 所示。

图 2—35　CRH5 动车组效果图

动车组的基本结构如下：

(1) 编组结构

动车组由 8 辆车组成，其中 5 辆动车，3 辆拖车；首尾车辆设有司机室，可双向驾驶，编组后结构示意图如图 2—36 所示。

图 2—36　长客/阿尔斯通动车组

(2) 车辆尺寸

动车组头车长度 27.6 m，中间车长度 25 m，总长 211.5 m，车体宽度 3.2 m，车体高 3.73 m，车辆高度 4.27 m，适应站台 0.5～1.25 m。

(3) 车顶设备

每车车顶均设有空调机组，在每个动车（1、2、4、7 和 8 号车）的车顶还设有制动变阻器，在 3、6 号车设受电弓及附属装置，受电弓工作高度为 5 300～6 500 mm，动车组正常运行时，采用单弓受流，另一台备用，处于折叠状态。

(4) 车端设备

设密接式车钩缓冲装置、折棚风挡及空气、电的连接设施等，包括：列车通信控制总线连接、制动控制线连接、AC380V 列车供电母线连接、DC24V 直流供电母线连接、列车制动管和总风管、主电路电气设备的电缆连接、车顶高压电缆连接。

(5) 车下悬吊设备

每辆车车下有净水箱、污物箱、蓄电池、充电机、制动装置和空气弹簧辅助器。

(6) 车内布置

全列车有 1 辆一等车和 7 辆二等车。一等车内座椅 2+2 布置，如图 2—37 所示。二等车 2+3 布置。全列车定员 610 人。定员布置见表 2—12。

表 2—12　各节车厢定员

车辆顺位	1	2	3	4	5	6	7	8
定员/人	60	90	90	90	90	45	71	74

除酒吧车外，每车均设两个卫生间。一等车设一个坐式卫生间和一个蹲式卫生间，二等车设两个蹲式卫生间，另外，在 7 号车还设一个残疾人卫生间。

(7) 车体结构

车体采用铝合金结构，车门处地板距轨面高度 1270 mm，并设有翻板脚蹬装置，可以适应 300～1 200 mm 的站台高度。

图 2—37 车内布置

（二）四种车型的性能对比

CRH1、CRH2 和 CRH5 动车组技术平台可满足时速 200～250 km 的要求；CRH3 动车组技术平台可满足时速 300～350 km 的要求；CRH2 动车组技术平台可直接提升，满足时速 300 km 及以上高速动车组开发要求。四种车型的性能比较见表 2—13，四种车型特性曲线如图 2—38 所示。

表 2—13 四种国产动车组性能对比

项目＼车型	CRH1	CRH2	CRH3	CRH5
编组型式	8 辆编组，可两编组连挂运行			
动力配置	2×(2M+1T)+(1M+1T)	4M+4T/6M+2T	4M+4T	(3M+1T) + (2M+2T)
车种	一等车、二等车、酒吧座车合造车			
定员/人	670	610	601	622
运营速度/km·h^{-1}	200	200/300	300	200
试验速度/km·h^{-1}	250	250/330	330	250
牵引功率/kW	5 300	4 800/7 200	8 800	5 500
车体型式	不锈钢车体	大型中空型材铝合金车体		
转向架	H 型无摇枕、转臂式定位、空气弹簧			
轴重/t	≤16	≤14	≤17	≤17（动）/18（拖）
受流电压制式	AC25kv—50Hz			
牵引电机功率/kW	285	300	582	550
制动方式	直通式电空制动+再生制动			
辅助供电制式	3 相 AC380V 50Hz、DC1 10V	DC100V、单相 AC 100V AC220V、AC400V	3 相 AC440V 60Hz、DC1 10V	3 相 AC380V 50Hz、DC24V
列车控制网络系统	车载分布式计算机网络系统			

（三）动车组基地及运用所分布

为了满足动车组开行的需要，铁道部计划在北京、上海、武汉、广州建立现代化动车组检修基地。四大基地建设在能力和规模上要立足干线，并辐射周边地区，做到“一次规划，分布实施”。四大检修基地由铁道部统一管理，面向全路，服务全路。如图 2—39 所示。

在四大基地的基础上，我国计划建设的动车段运用所分别是：北京、北京西、上海南、汉口、广州东、沈阳、青岛、郑州、南京、杭州、南昌、哈尔滨、大连、济南、西安、成都、长沙、福州、新深圳、石家庄、兰州、乌鲁木齐、昆明、南宁、三亚、贵阳。

至 2015 年，我国客运专线大体可以形成以四大动车组检修基地为中心，覆盖整个客运专线网的动车维修系统。如图 2—40 所示。

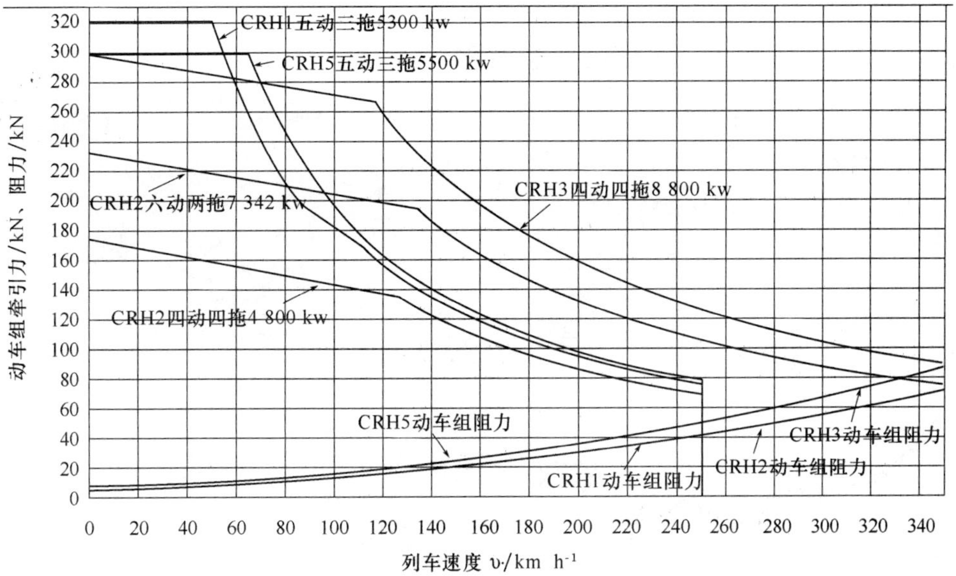

图 2—38　四种动车组特性曲线

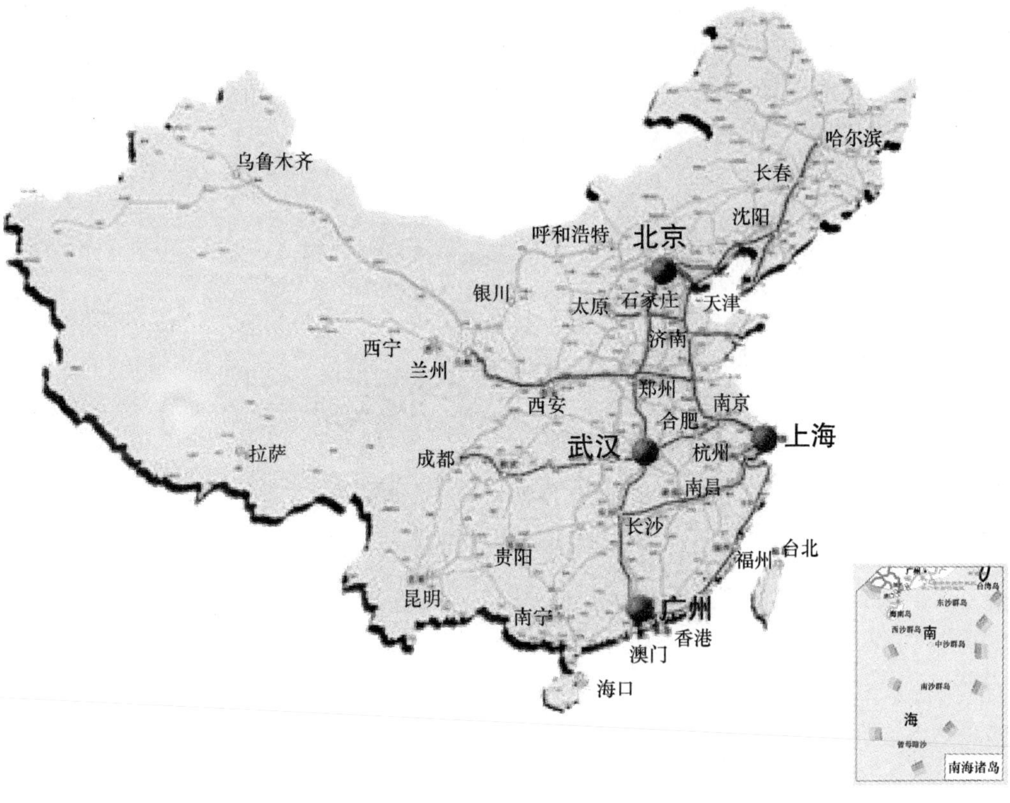

图 2—39　动车组运用检修基地分布图

图 2—40　动车段运用所分布图

第三章　CTC系统设备及功能

第一节　CTC技术设备

一、CTC技术设备对车站、区间、通信和信号设备的要求

实施调度集中的必要条件是车站具备集中联锁（继电联锁和计算机联锁）、区间具备自动闭塞或自动站间闭塞。调度集中对车站实行分散自律控制时，联锁关系仍由车站联锁设备保证。实现各种功能时，应保证既有联锁关系的完整性。调度集中与车站联锁的接口，应按继电联锁和计算机联锁分类，采用统一标准。接口应不影响车站联锁的安全性。系统所需要现场信联闭设备信息均应从车站联锁设备以及TDCS系统获得。对TDCS系统未包含的信息，由调度集中扩充解决。调度集中不改变既有联锁场间（含独立车场、独立调车区、无联锁区）的联锁检查条件。调度集中在排列相关进路时，也必须受这些条件约束，相应操作通过调度中心或车站车务终端办理。

调度集中应将统一调度区段内、同一联锁控制范围内所有车站（车场、线路所）的信号、联锁、闭塞设备纳入控制范围。单独设立的调车场、编组场控制设备原则上不纳入调度集中控制范围。

调度集中的控制信息依据不同处理阶段分为计划、指令和命令三个层次。计划是指形成指令队列前处理阶段的信息；指令是指车站自律机储存的进路信息；命令是指车站自律机输出的进路操作信息。

一个铁路局原则上设置一个调度中心系统，相邻铁路局间按TDCS方式交换信息，采用TDCS统一时钟标准。系统应采用冗余技术、可靠性技术和网络安全技术，对于车站自律机还应采用故障－安全技术。

通信系统是分散自律调度集中正常运用的重要基础，应满足分散自律调度集中对语音、数据通信的功能要求。调度员、司机、车站值班员之间必须具有良好可靠的语音通信；调度命令（含许可证等）、接车进路预告信息、调车作业通知单应可靠传送到机车；无线通信车载设备具备车次号校核、列车停稳、调车请求、信息回执等信息发送功能。

调度集中区段的专用调车机车应配套无线调车机车信号和监控装置。

二、CTC设备

1. CTC的硬件结构

控制中心主要由数据库服务器、CTC服务器（双机热备）、通信前置服务器、大屏显示系统、行调工作站、助理调度员工作站、综合维修工作站、CTC维护工作站、网管工作站、打印设备、远程维护接入TMIS接口计算机，以及局域网等设备组成。数据库服务器一般是由两台高性能的64位RISC服务器和磁盘阵列构成，并安装有集群软件和商业数据库。所

有数据全部写在共享磁盘阵列中，保证双机切换时的数据完整和一致。CTC 控制中心硬件结构示意图见图 3－1。

CTC 服务器一般是由两台高性能服务器构成，两台服务器互为热备，为系统的稳定运行提供保障。CTC 服务器是整个分散自律调度集中系统的核心，负责整个系统的数据收发、数据处理以及数据储存等工作。

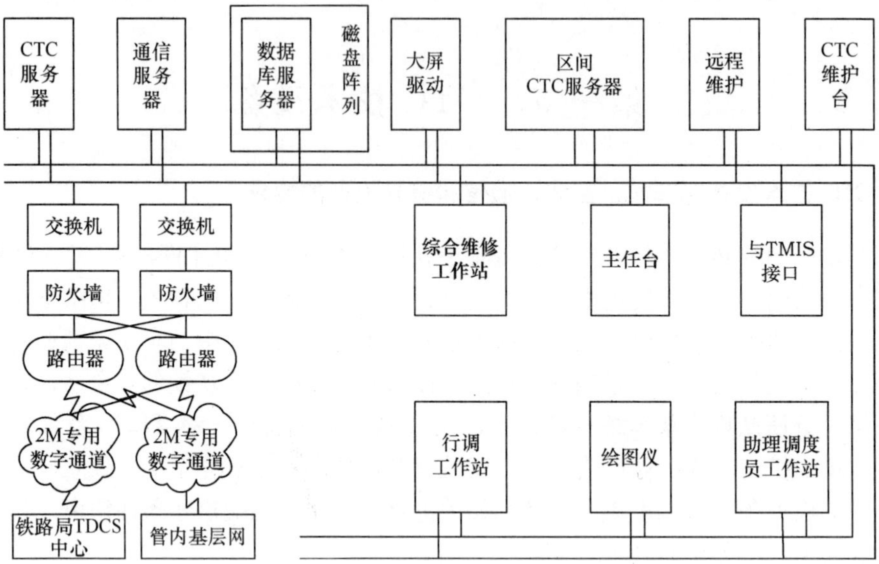

图 3－1　CTC 控制中心硬件结构示意图

通信前置服务器一般是由两台高性能服务器构成，两台服务器互为热备，用于调度中心和车站子系统之间的数据交换。

行调工作站一般是由两台安装了多屏卡的工作站构成，主要完成显现监控管辖区段范围内列车运行位置、指挥列车运行的功能（人工编制和调整列车运行计划、调度命令的下达、与相邻区段行调台交换信息），为 CTC 系统提供详细的列车会让方案，是分散自律调度集中系统完成自动控制功能的主要依据。

助理调度员工作站一般是由高性能工作站构成，主要实现调度中心人工进路操作控制、闭塞办理、区段解锁、非常处理等功能。同时还可实现无人车站调车作业计划的编制、调整、指挥以及在自律约束条件下的调车进路人工办理等调车相关功能。

CTC 维护台一般是由高性能工作站构成，主要用于系统设置、调试和技术支持。在授权的情况下，具有远程维护与技术支持功能。同时具有监视系统运行状况的功能，对系统、现场设备运用情况，操作命令，报警信息进行记录、分析、回放、输出和打印。

综合维修工作站是由高性能工作站构成，主要用于设备日常维护、“天窗”修、施工以及故障处理方面的登、销记手续办理，并具有设置临时限速，区间、股道封锁等功能。

大屏显示系统是由高性能工业控制计算机、多串口卡、驱动卡、驱动分机构成，用于显示车站站场作业情况和区间列车运行情况等信息。通过观察大屏，行车调度指挥人员可以清晰地掌握各自负责的调度区段内列车或车列的运行情况。

TMIS 接口计算机是由工作站构成，通过 USB 接口与机房中的 TMIS 终端交换数据。网络设备主要包括两台高性能路由器、两台高性能交换机、网络协议转换器和网络防火墙。

电源设备主要包括可以转换两路电源的电源屏和两台构成双机热备的 10kVA 不间断电源。

车站系统主要设备包括车站自律机、车务终端、打印机、综合维修终端、电务维护终端、网络设备、电源设备、防雷设备、联锁系统接口设备和无线系统接口设备等，见图 3—2。

车务终端采用两台双机热备的低功耗工业控制计算机，主要完成运统报表的生成、站间透明的显示、车站调车作业计划的编制、调车进路的办理及其他控制操作。

综合维修终端和电务维护终端（微机监测）采用低功耗工业控制机。

网络设备一般包括两台路由器、两台集线器、两台网络协议（如 G703/V. 35）转换器。

电源设备一般包括两台在线式不间断电源，为车务终端和车站自律机供电。

车站自律机一般由具有高可靠性能的专用计算机和采控设备组成，并通过串口和无线车次号解码器、无线调度命令转接器进行连接。车站自律机主要完成列车自动进路控制以及按照列车控制执行计划、《车站行车工作细则》（简称《站细》）、《行车组织规则》（简称《行规》）及《铁路技术管理规程》（简称《技规》）对列车进路和调车进路进行可靠分离控制。

车站电源系统一般由电源防雷、UPS 不间断电源、各电源模块及汇流排组成。首先从电源屏给出一个独立的电源，送至电源防雷箱，然后根据需要分成几路，其中一路送至 UPS，经过 UPS 的净化后送至机柜，再经过总开关送至各层电源模块进行工作。

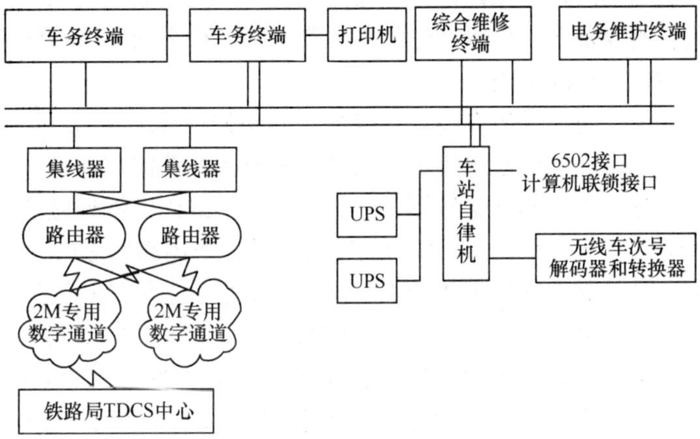

图 3—2　CTC 车站系统主要设备

2. 车站自律系统一般结构

车站自律分机系统一般要求为双机热备制式，A 机和 B 机互为热备，各自有 1 套独立的主机、驱动及采集系统，双套系统对现场的信息处理互不干扰，并且自动切换。A、B 分机通过采集系统及网络连接设备进行联络，以确定对方的工作状态。当只有 1 套系统工作时，该系统会自动处于主机工作状态。

分机中的两个自律主机通过双网卡、双集线器、双路由器等与调度中心相连接，成为整个广域网中的两个节点，接收调度中心的控制命令、回送控制命令执行的结果及采集控制台的表示信息送至调度中心。另外，为了实现信息共享，自律分机采集的表示信息可以通过网络或串口传送给其他系统，如微机监测，同时自律分机又与车务终端进行联系，保证车务终端在遥控状态下可进行调车作业。采集系统中的采集板应具有自诊断（回采）功能，在程序运行后能自动识别该板的好坏。驱动系统中的输出板在发出某位命令时，也应具备自诊断

(回采）功能，若该位出现故障主机板也同样能识别，从而提高了系统的可靠性、安全性、可维护性及可用性。

自律主机是各分机的核心，一般采用高可靠的专用计算机。自律主机主要完成信息的处理、命令的发送、通信及自律逻辑分析处理等。

3. 通信网络一般结构

(1) 中心局域网网络体系结构及其可靠性

分散自律调度集中的铁路局局域网一般采用 10 Mbit/s～100 Mbit/s 自适应以太网，根据规模也可采用千兆以太网。为了保证网络工作的可靠性，通常采用双以太网的冗余结构，当网络出现单点故障时不影响设备的正常运行。

中心局域网的网络体系结构通常采用交叉连接的星型结构，具有很高的可靠性，当网络出现单点故障时，不影响系统的正常运行。

(2) 广域网网络体系及其可靠性

分散自律调度集中系统控制中心的两台交换机通过网络防火墙，分别连接到两台路由器上，再接到车站的广域网。调度所到车站的通道和车站间的通道可采用不同介质，如同轴电缆或光纤，目前一般采用 64 kbit/s 或 2 Mbit/s 光纤通道。

每两个车站之间都有两条通道连通，每个车站都有两台路由器，再组成两套由几个环构成的网络，中间没有任何的物理接口，可以说它们是两个完全独立的网络。

车站设备与调度所设备通过广域网进行数据交换时，根据两个广域网的通信质量选择路径，保持广域网中的传输负载平衡。

车站通信网络系统一般由外界光缆、转换器、路由器（Router)、集线器（HUB）或交换机、各分机网卡、网络连接设备等组成。信息通过外界光缆的双通道，经过 4 个转换器转换后，经两路路由器分别到达两路集线器，形成双套共享式以太网连接的网络结构，两套网络之间为无缝切换方式。各分机与 HUB 间的网络介质，采用高可靠的 AMP 双绞线及 AMP 连接器，提高了网段的可靠性和抗干扰能力。由于系统采用双网结构，所以任一节点的 1 个网卡故障时，都不会影响系统的正常工作。采用两台独立共享式以太网集线器，分别连接各分机各节点的每个网络端口，使得 1 台集线器或路由器等故障时，不影响网络正常传输。另外，集线器的每个端口都有网络隔离功能，不管接到各节点的网络电缆发生诸如短路、断线、混线、接地、网络干扰等故障时，均不会影响其他端口的网络传输，确保了系统之间、系统信息与调度中心之间数据的可靠、安全传输。

4. CTC 的软件组成

分散自律调度集中系统的软件主要包括：通信服务子系统、自律控制子系统、控制计划编制子系统、列车进路控制子系统、调车进路控制子系统、综合维修子系统、车务终端子系统以及网络安全防护子系统和车地信息传输系统等。

三、CTC 技术设备工作基本原理

1. 自律模块的分布

自律控制系统是整个 CTC 系统的核心模块，运行在 CTC 服务器上，它根据各列车的实际运行情况，将调度员下达的控制计划转化为对车站联锁设备的控制命令，从而实现运输指挥的高效和自动。

自律控制系统分布在控制中心和车站。控制中心是中央自律控制子系统，车站是车站自律控制子系统。中央自律和车站自律互为备用。正常情况下，系统工作在车站自律状态下，只有在车站自律失效或调试时，中央自律控制才起作用。中央和车站的自律控制同时接受从调度台和调车控制模块发来的阶段计划和调车计划，但只有车站自律控制子系统发出进路办理命令。

2. 自律控制流程

为保证整个程序的实时响应时间，自律程序采用循环方式，每1～2s执行1次，每次循环流程如下：

（1）首先检查是否有新下达的控制计划，如接收到新计划，则根据计划进路的联锁表，重新计算每个站对应于此计划的进路占用时间和空间表。

（2）跟踪所有列车车次，记录列车实时位置。

（3）完整检查遍历等待执行的进路序列，察看每条进路所对应的列车位置。根据《站细》，如发车进路条件满足，则发送进路命令，办理进路，并将此进路插入历史进路序列。

（4）完整检查历史进路序列，如果进路未办出，则报警。检查列车的实际运行情况，如果与进路相关的接车、发车或列车通过执行完毕，刷新历史进路列表。

（5）对于手工办理的列车进路，自律程序在进行相关检查后会将命令直接发送到站机执行。

（6）对于手工办理的调车进路，自律程序会查此进路中所有元素的占用表及车站《站细》，看此进路是否满足自律条件，如满足，则发送命令给站机办理，如不满足，则不予办理。

（7）对于调车计划，如果收到机车回执，则将此调车计划进路插入活动调车表。

（8）完整检查活动调车表，自律程序会查此调车进路中所有元素的占用表及车站《站细》，看此进路是否满足自律条件。如满足自律条件，时间到便开始办理。

整个自律控制的过程如图3－3所示。

3. 调车自律控制的基本过程

调车自律控制允许中心通过助理调度员终端办理无人车站的调车作业；对于有人车站，也允许车站通过车站调车控制终端办理本站调车作业。办理调车作业通常有2种方式：①人工手动办理；②输入调车作业计划由自律机自动办理。人工办理调车进路要求在按压始终端按钮后，必须输入钩作业时分，经车站自律机允许后方能办理。自动办理需助理调度员通过助理调度员终端输入调车作业计划，在传送到自律机后，方能由自律机自动办理。

（1）通过助理调度员终端自动办理调车的流程

首先助理调度员在中心调车控制终端（助理调度员终端）输入调车作业单，确认车次、调车机号及进路正确无误后，发送到中心CTC服务器。CTC服务器收到后，向中心调车控制终端返回调车作业单进行校核。在准备向机车发送调车作业单信息时，由助理调度员启动发送，被发送机车的作业单信息将由CTC服务器转发到车站自律机，由车站自律机发送到机车。这时，车站调车控制终端通过CTC服务器取得调车作业单信息和中心保持透明。车站自律机在机车确认信息后，通过判断车次和调车机车确认返回信息是否有效，如果有效则激活调车作业单并进行监控同时转发回CTC服务器。此后，车站自律机不断跟踪机车调车进路请求信息，按照自律算法控制调车进路的执行时机，最终实现调车进路的自动办理。

（2）通过车站调车控制终端（车务终端）自动办理调车的流程

首先车站值班员在车站调车控制终端输入调车作业单，确认车次、调车机号及进路正确

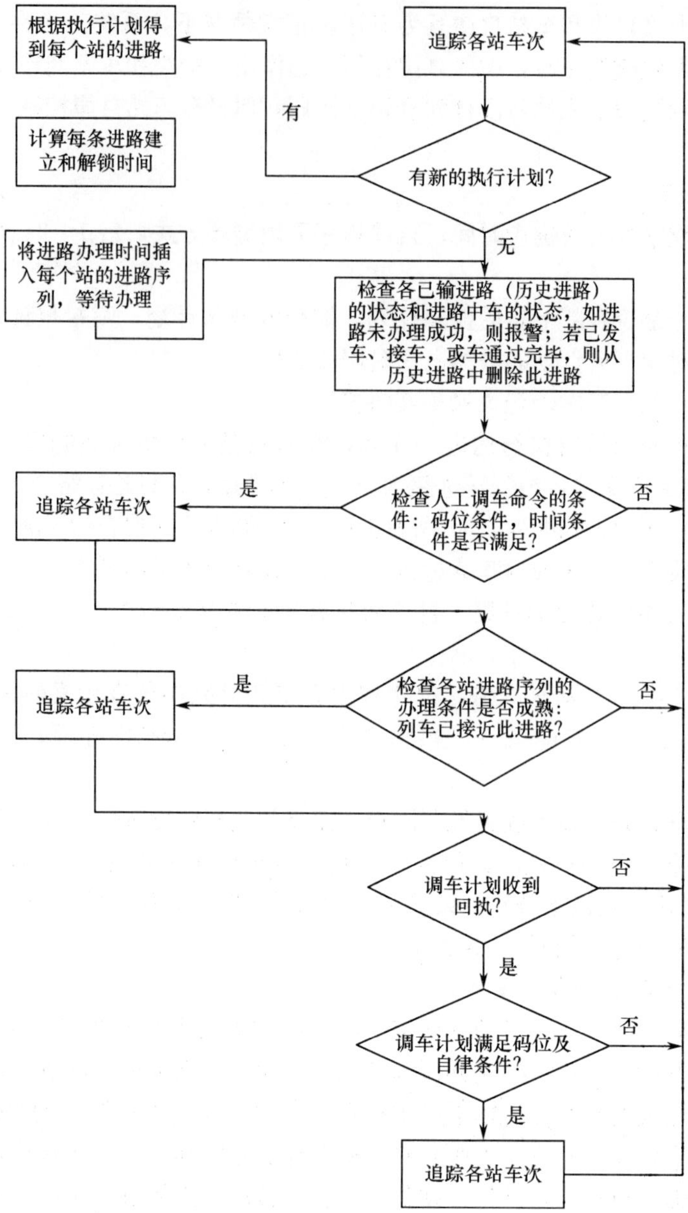

图 3－3　CTC 自律控制的过程

无误后，发送到车站自律机。车站自律机收到后，向车站调车控制终端返回调车作业单进行校核并转发到 CTC 服务器。在准备向机车发送调车作业单信息时，由车站值班员启动发送，被发送机车的作业单信息将由车站自律机发送到机车。这时，中心调车控制终端通过 CTC 服务器取得调车作业单信息和车站保持透明。车站自律机在机车确认信息后，通过判断车次和调车机车确认返回信息是否有效，如果有效则激活调车作业单并进行监控，同时转发回 CTC 服务器。此后，车站自律机不断跟踪机车调车进路请求信息，按照自律算法控制调车进路的执行时机，最终实现调车进路的自动办理。

4. 自律控制信息的交换

（1）通信过程

车站自律系统与控制中心系统通过远程网相连，使用TCP/IP协议通信。调度中心作为通信的服务端，站机作为通信的客户端，通信具体过程如下。

客户端（车站自律系统）：①连接服务端。②发送逻辑帧。③接收应答帧，在规定的时间收到正确的应答帧转④，否则转⑤。④收到服务端信息，发送应答帧，否则向服务端发送站机信息；若在规定的时间没有要发送的信息，则发送联络帧，转③。⑤关闭连接，转①。

服务端（控制中心）：①侦听并接受客户端联结。②接收逻辑帧，在规定的时间收到正确的逻辑帧转③，否则转⑥。③发送应答帧。④收到客户端信息，发送应答帧，否则向客户端发送命令。⑤若在规定的时间没有收到客户端信息，转⑥，否则转④。⑥关闭连接，转①。

通信帧的格式为：帧头（1B）＋帧类型（1B）＋帧长度（2B）＋帧发送序号（1B）＋帧应答序号（1B）＋数据。其中，帧头（1B）为0xff；帧类型（1B）中：0x01为逻辑帧；0x02为应答帧；0x03为数据帧；0x04为联络帧；0x05为命令帧。帧序号为从1到200，每次递增1，到200后循环到1。0为无效序号，任何帧都可兼作应答帧，只要相应的帧应答序号有效即可。

（2）信息传输内容

车站自律系统向中心系统传送的信息包括：站场表示信息、车次追踪及校核信息、上报的列车编组信息、车站站存车上报信息、调车进路请求信息、调度命令请求信息、控制报警信息、设备维护状态信息和应答或回执信息等。

中心系统向车站自律系统传输的信息包括：列车控制计划、调车作业计划、联锁控制命令、行车凭证和进路预报信息、控制报警信息、调度命令、列车编组顺序表和设备控制命令等。

（3）车站自律系统间信息的交换

分散自律调度集中车站自律系统间的信息交换十分复杂，通常有点点互通和中心中转两种方式。点点互通的方式是指车站自律系统间直接通过网络链路进行交换。由于分散自律调度集中系统要求每个车站必须要保持和相邻至少两个车站信息的透明，因此，系统通信链路呈网状分布，结构十分复杂，通信管理和协调也十分困难。车站自律系统间交换的内容如下：

① 发送的主要信息：本站车次追踪、本站站场表示、本站发往邻站的进路控制命令、车次变更命令、列车到发修正、联络或回执信息等。

② 接受的主要信息：发往本站的车次追踪；发往本站的站场表示；发往本站的进路控制命令；发往本站的车次变更命令；联络或回执信息等。

中心中转的方式是通过中心系统的通信服务器向各车站转发相应的信息。由于铁路调度指挥的方式是集中指挥，因此，即使是分散的系统也不可避免有一个信息中心，即控制中心必须掌握所有车站自律系统的相关信息，供调度员和维护人员进行宏观决策。因此，如果通过控制中心的通信服务器向各个车站中转信息，将可以大大简化通信的复杂程度，通信的可靠性也将大大改善。

比较点点互通和中心中转两种通信方式各有千秋。但中心中转更符合调度系统本身的特点并且更便于调试和系统的稳定。因此，中心中转方式应该更为合理。

5. 控制计划编制基本原理

控制计划编制是基于TDCS的列车运行调整系统的分散自律调度集中（CTC）实现自

动控制的前提。列车运行调整是行车指挥自动化的重要内容，但在分散自律调度集中系统中，计划的编制和调整考虑因素更多、更加细致。控制计划的编制是否合理准确，将直接影响列车进路的自动控制、列车运行的效率和安全。

第二节　CTC 系统功能

一、TDCS 与 CTC 的关系

铁路是一个联系全国各地的网络系统，列车南通北达全凭调度指挥。为了充分发挥已建铁路的能力，非常需要利用现代信息技术和控制技术提高铁路运输调度指挥水平，提高运输效率。为提高铁路调度指挥自动化水平，从 20 世纪 90 年代开始，我国铁路先后开发了 DMIS 系统、TDCS 系统和 CTC 调度集中系统，其中 CTC 系统由传统类型发展到分散自律的新一代 CTC。

（一）TDCS 系统

TDCS 系统是在 DMIS 平台上发展而来的全路联网的调度指挥系统。它由部中心 TDCS 系统、铁路局 TDCS 系统、车站系统三层机构有机组成。它采用数字化、网络化、信息化技术，是对传统调度指挥模式的革命性突破，它极大地减轻了调度员的劳动强度，提高了运输生产的效率。在 TDCS 系统基础上建设调度集中，是铁路跨越式发展的必经之路。所以，TDCS 系统为铁路调度实现现代化打下坚实基础。

TDCS 系统的重点在直接指挥车站的铁路局 TDCS 系统一层，铁路局 TDCS 实现对全铁路局的行车进行实时、集中、透明指挥，用自动化的手段调整运输方案，通过计算机网络下达行车计划和调度命令，实现自动报点和车次号自动跟踪，改变过去车站值班员用电话向调度员人工报点，调度员用电话向车站下达计划和命令，车站手抄再复诵的落后方式。列车实迹运行图自动绘制，自动过表，车站行车日志自动生成。这些都大大减轻了行车调度员和车站值班员工作强度。TDCS 工程建成后，优化了运输调度指挥管理手段，提高了调度管理水平和运输效率。

TDCS 系统具有的功能包括：车站信号设备状态监视和列车运行监视，车站运行及进路排放的历史回放，列车车次号及早晚点实时显示，对车站下达调度命令、阶段计划和其他信息，基本图显示、查找及打印，日班计划的引入及下达，列车运行计划自动调整并通过网络自动下达，列车实迹运行图自动生成及绘制，列车车次自动跟踪及无线车次自动校核，区段间及车站间透明，相邻调度台间行车计划的自动交换，中间站站存车统计，行车日志自动生成和打印，各种运输数据分析及统计，重点列车实时追踪及查询，列车运行正点率的自动统计和实时显示，列车运行密度自动统计和实时显示，分界口运输状况宏观显示等。

（二）传统 CTC 及其存在问题

调度集中系统（CTC）是综合了通信、信号、运输组织、现代控制、计算机、网络等多学科技术，实现调度中心（调度员）对某一区段内的信号设备进行集中控制，对列车运行直接指挥和管理的技术装备。它的功能主要体现在：

（1）遥控作用——调度员在调度所里可以集中控制管辖范围内（长达几百公里）每一个中间站的道岔、进路和信号机，直接办理各站的进路、开放进出站信号，指挥各次列车运行。

（2）通信作用——区段内的区间和车站的股道占用、进路开通、信号机开放、列车的运行和分布等情况，可以通过信息传输及时地反映到调度所内的区间和车站线路表示盘上，可供调度员监督。

CTC概念本身与TDCS并无关系，传统意义上的CTC技术上存在较大不足，在我国铁路运用中大多效果不好，其存在的主要问题包括：

（1）智能化程度不高。调度员不能摆脱老三件，未能将调度员从繁琐工作中解脱出来，反而将车站值班员的既有工作内容加给了调度员，加大了调度员的工作强度。另一方面，又摆脱不开对车站值班员的依赖，许多工作仍然依靠车站值班员完成，不能实现运输组织的根本变革。

（2）交放权频率大。由于传统调度集中只负责列车的集中指挥和控制，对调车作业未采取任何技术措施，只要车站一进行调车作业，就要出现中心控制与车站控制权力的交接问题，并且交放权手续繁杂，过程麻烦，不适应我国铁路路情，严重影响系统的使用。

（3）车次号技术存在一定的问题。车次号是调度集中的基础信息，但传统的调度集中在列车车次号自动输入、自动校核、自动跟踪的技术问题没有得到完全解决，造成车次号丢失或车次号错误，影响调度集中系统的正常使用。

（4）可靠性水平低。传统调度集中基于当时的技术水平，技术落后，质量不高，故障频频发生，再加上信号设备基础质量不高，使系统的可用度不高。系统经常的停用带来针对运用管理上的调度命令频发，增加了各级的工作量。

（5）无线通信手段不能满足要求。调度集中是基于调度所对列车进行集中指挥和调度管理的系统，它不同于传统的调度员—车站值班员—司机（车长）的运输组织模式，它是调度员对列车（司机）的直接指挥与管理。因此必须保证调度指挥中心对列车（司机）的直接指挥，必须具备调度员与司机直接良好的通信能力。但以往的无线列调在这一方面往往存在不足。

（三）新一代分散自律式CTC及其特点

新一代调度集中系统，是在铁路跨越式发展的新形势下，在计算机技术、通信技术、信号技术高度发达以及TDCS系统成功实施的基础上，提出来的一种新型的行车指挥和信号控制设备，同时也将带来一种新的高效的运输组织管理模式。

新一代调度集中系统对运输组织管理模式将进行结构重组、职能重划、分工重调、岗位重定，在没有客货作业的中间站可实现行车指挥无人化。中间站行车指挥有关岗位取消后，按照专业相近、作业关联、管理直接、设置合理的原则，对原有岗位、职能和作业方式重新进行调整和划分。

新一代调度集中系统吸取传统CTC的经验和教训，充分考虑中国铁路客货混跑、调车作业多的实际情况，采用“分散自律（Distributed Autonomic System）”的理论，将调车控制纳入到CTC功能中来，系统无需切换控制模式即可实现行车作业和调车作业的协调办理，并且能够进行无人值守车站的调车作业，从而将调度集中的优势彻底地发挥出来。

新一代的调度集中具备以下诸多特点：

（1）新一代的调度集中是智能化系统。智能化就是通过计算机软硬件技术（含TDCS技术），通过对实际运输生产中的调度指挥工作流程进行优化处理，并转化为计算机控制程序，使运输组织指挥达到智能化、自动化，最大程度地减少了调度员繁琐的工作；新一代调度集中在目前TDCS的基础上，实现列车运行计划自动调整，实际运行图自动描绘；调度命令多媒体下达（可根据列车运行计划执行情况自动向有关列车发送信息），事件自动记录，为统计分析提供原始数据，将使行车调度员彻底摆脱老三件，调度员的主要精力、主要工作专用于行车计划管理、调整，集中精力确保列车按图运行，安全运行，提高运输效益。

(2) 新一代调度集中是分散自律系统。分散自律就是基于 TDCS 系统的现代计算机技术、网络技术、信息处理技术和智能化软件；实现以日班计划图、列车运行调整计划（阶段计划）为主轴、为框架，将阶段调整计划下传到各个车站的分散自律机中自主执行；新一代调度集中系统将没有中心控制权与车站控制权之分，只有指令不同来源之分，通过列车运行阶段调整计划进行来自多处指令的自律，科学合理地解决中心控制与车站控制（含调车作业）的矛盾；新一代调度集中异常情况处理只存在非常站控模式，正常情况下不存在控制权转换问题；车站参与的控制只能影响进路选择，而不能影响列车运行调整计划的执行。

(3) 新一代调度集中不仅面向列车作业，同时解决沿线调车作业问题。新一代调度集中要面向我国路情，不仅要完成对列车作业的集中控制，还要解决沿线车站调车作业的集中控制。因此，新一代调度集中和传统调度集中不同，它不但要采集列车进路信息，还要采集调车进路信息。通过采用分散自律技术，在阶段计划的控制下，解决以往因调车作业带来的频繁交放权问题，实现中间站调车作业的集中控制。

(4) 新一代调度集中不但适应有人车站，也可以适应无人车站。新一代调度集中依靠先进的计算机技术、网络技术和智能化技术，通过对现行运输过程的优化，实现调度指挥中心对列车运行的直接集中管理与调度指挥，实现以列车运行为主、沿线调车作业为辅的行车指挥自动化，强化干线运输能力的调控手段。在配套子系统到位的情况下，例如在无线通信系统、车次号校核子系统、无线调度命令传送系统、列车编组顺序电子信息的基础上，增加取代车机联控的自动预告系统，则完全可以在没有客货运业务的中间站实现行车、调车作业控制无人化。新一代调度集中真正成为既是行车指挥现代化技术装备，也是现代铁路运输组织模式，必将大大促进我国铁路运力资源的优化调整。

(5) 充分体现 TDCS 平台的基础作用。近几年 TDCS 调度指挥信息管理系统的建设均已取得明显进展，实现了列车运行阶段计划自动调整、实迹运行图自动描绘、调度命令自动下达、行车日志电子信息化，许多区段已经通过 TDCS 系统实现甩图，行车调度工作在信息层次基本实现了现代化。除此之外，随着 TDCS 的建设铁路沿线初步具备了信息网络，这为新一代调度集中研究和装备奠定了重要基础。经研究得出如下结论：在 TDCS 基础上建设新一代调度集中，进一步按照行车指挥控制的要求加强补充，加快新一代调度集中的建设步伐。

(6) 新一代调度集中将充分体现高可靠性的技术特点。高可靠就是采用冗余系统配置和高质量的软硬件产品，使系统的可用度达到先进水平，并通过故障弱化措施，突破以往的技术误区，将大大提高系统的可用度。新一代调度集中系统采用高性能、高质量、高可靠的计算机设备，服务器、工作站、数据库以及网络设备，从中心到车站全部是双套冗余配置。广域网采用了迂回、环状、冗余设计，对于新建客运专线、高速铁路又特别提出了可使用独立的光纤以面对不同光缆敷设路径的更高要求。对电源和通道同步提出了高性能配置和雷电防护要求，应满足铁道部颁布的电磁兼容和防雷标准。在调度中心设置网管工作站，通过网络拓扑技术以及故障诊断技术，可以将网络上每一节点的状态进行实时监控。与此同时，专门设置了电务维护工作站，用于监视系统的运行状况，对中心控制工作站、车站自律分机的所有操作命令、设备运用状态、故障报警信息进行分类、记录和输出。采用远程维护服务器，用于远程紧急技术支持，在维护人员授权的情况下，可以进行异地远程修复及其他技术支持。新一代调度集中明确要求具有自我诊断、运行日志保存、查询和打印等功能，并实现维护专家系统功能，真正实现系统维护工作现代化。

（7）新一代调度集中充分体现了标准统一的原则。尽管多家公司同时开发，但基本实现了系统基本功能统一、网络结构统一、用户协议统一、系统软硬件平台统一、无线通信接口统一等等，特别要求面向车务操作的人机界面基本统一。

（四）CTC与TDCS的关系及其效果

新一代CTC本着“以TDCS为平台，以CTC为核心”的原则来进行开发。CTC系统包含了TDCS的所有功能，如列车运行监视、车次号自动跟踪、到发点自动采集、实际运行图自动生成、阶段计划的自动调整、调度命令的网络下达、车站行车日志自动生成等，在此基础上进一步实现了车站信号设备的集中控制，列车进路的按图排路和调车控制。在软件、硬件设备及网络传输通道上，该系统将最大限度地利用既有TDCS系统的资源。因此，CTC所具备的功能很多是已经在TDCS系统上实现的功能。我们所描述的内容，也是综合了以上两个系统的功能。

通过TDCS、CTC系统的建设，可以产生以下积极效果。

1. 调度办公—无纸化

延续多年的一张图、一只笔、一把尺、一块像皮的工作模式将被现代化的计算机系统所替代，调度员通过简单的点击鼠标即可实现运行线的自动铺画、调整、下达阶段计划和调度命令等操作。列车运行的到发点由系统自动采集，实际运行线自动生成。每班的运行图可打印输出。以计算机替代重复、简单的作业环节，减少作业员的工作环节、劳动强度。

2. 流程管理—程序化

通过详细描述列调、车站值班员工作中的设备、规则、方式、流程等条件，由程序智能控制作业流程，规范作业过程管理。

3. 安全检测—智能化

强大的防火墙系统和入侵检测系统保证了CTC系统作为行车设备的高度安全性，防止黑客的非法入侵和病毒的侵入。

4. 信息交换—网络化

调度员和车站值班员、司机的信息交换全部采用网络传输，替代了原有的电话交流的模式，包括计划的下达、到发点的上报、调度命令的下达等信息。采用电话下达的方式一方面工作强度大，另一方面容易造成误报、错报的情况，网络下达高速、准确。以信息和网络技术替代既有的信息采集、交换方式，可提高信息交换的效率和质量，提高工作效率。

5. 计划调整—自动化

针对3小时阶段计划的自动调整，由计算机的自动调整替代调度员人工调整，特别是单线调度区段，极大地减轻了调度员的工作强度，调度员只要把握住几个重点会让策略，进行人工干预，其他工作交给计算机来做就可以了。通过系统自动调整列车会让计划、智能判别列车运行必须满足的逻辑关系，以一定的方式与车站的信联设备联结，实现对车站设备的直接自动控制，满足调度集中的需要。

6. 调度指挥—无声化

调度员通过计算机网络来下达和获取相关的信息，实现信息的共享，不再依靠电话的联系，您将会看到一个非常安静的调度所，改善了调度人员的工作环境。

7. 调度控制—集中化

CTC 系统可以做到几百公里之外的车站全部由调度所来集中控制，调度员在调度台上便可直接控制车站的联锁设备，进行远程作业，可做到车站的无人值守，配以计算机辅助调度，可以实现按图排路，使整个运输调度工作跨上一个新台阶。

二、CTC 基本功能

（一）控制模式

调度集中有分散自律控制模式和非常站控模式两种。分散自律控制的基本模式是用列车运行调整计划自动控制列车运行进路，同时在分散自律条件下调度中心具备人工办理列车、调车进路，车站具备人工办理调车进路的功能；非常站控模式是指当调度集中设备故障、发生危及行车安全的情况或设备天窗维修、施工需要时，脱离系统控制转为车站传统人工控制的模式。在分散自律控制模式下，原车站联锁控制台不起作用；在非常站控模式下，调度终端不起作用。

控制模式的转换由车站值班员（或应急工作人员）在车站根据调度中心的调度命令进行控制操作，系统自动对控制模式转换操作作出明确记录。非常站控按钮（或开关）采用带计数器的非自复式铅封按钮或开关。正常状态为分散自律控制模式，破封按下（或转换）为非常站控模式。系统在模式转换时不应影响已办理的列车进路和调车进路并防止形成预排进路。分散自律控制模式转向非常站控模式不检查任何条件，但向调度员进行提示报警；非常站控模式转回分散自律控制模式系统则检查以下条件：

（1）分散自律系统设备正常；

（2）非常站控模式下没有正在执行的按钮操作。

在上述条件满足时，系统应给出“允许转回分散自律控制模式”的表示，方允许转回分散自律控制模式，否则操作无效。调度集中的控制模式状态有明确的表示。在非常站控按钮（或开关）处以及车务终端上设置有状态表示灯：红灯为非常站控模式，绿灯为分散自律控制模式，黄灯为允许转回分散自律控制模式。

（二）系统功能

1. 在 TDCS 基础上，调度集中具备列车运行计划人工、自动调整、实迹运行图自动描绘，行车日志自动生成、储存、打印，调度命令传送，车次号校核等功能。

2. 在 TDCS 基础上，调度中心具备向车站、机务段调度、乘务室等部门发布调度命令以及经调度命令无线传送系统向司机下达调度命令（含许可证、调车作业通知单等）的功能。

3. 系统依据列车运行调整计划，《技规》、《行规》、《站细》等规定，以及相关联锁技术条件，对列车、调车作业进行分散自律安全控制（含分散自律控制模式下的中心、车站人工直接操作）。对违反分散自律安全条件的人工操作，系统自动进行安全提示。

4. 系统对于影响正常运用的故障，如信号故障关闭（或灭灯及灯丝断丝）时具有报警、提示、记录等功能。

5. 与调度命令无线传送系统配合，具有接车进路信息自动预告功能。

6. 进行调车作业时不需要控制权转换。

7. 不影响既有的平面调车区集中联锁功能。

8. 具有部分非正常条件下接发列车功能以及降级处理措施。

9. 具有本站及相邻各两个车站的列车运行调整计划显示功能。

10. 具有本站及相邻各两个车站的站间透明功能。

11. 具有人工办理排进路功能。

12. 具有自我诊断，运行日志保存、查询和打印等功能。

13. 对所有的人工操作具有完整的记录、查询、回放和打印功能。

14. 实时监控电源状态，停电时应自动保存列车、调车作业等重要信息。

15. 在保证网络安全的条件下可与其他相关系统联网，实现数据资源共享。

（三）列车作业相关功能

调度集中控制范围内的列车作业，以列车运行调整计划自动控制为基本方式，以调度中心人工控制为辅助方式。

1. 列车计划管理

（1）日班计划编制及下达功能：接收日班计划或者单独制定日班计划，可按要求时间将日班计划以运行图或车次时刻表的方式提供给调度员，同时以调度命令的方式下达到有关站段。

（2）日班计划调整功能：以日班计划为依据，自动或人工调整列车运行计划以及中间站甩挂调车作业计划的功能，经批准后实施下达到车站自律机执行。调整列车运行计划遵循单一指挥、按图行车、确保重点等原则，正确合理地使用车站正线、到发线，组织和完成列车在车站的到开、会让、越行、通过等行车作业。调整应根据运行图，通过压缩停站时间、调整列车区间运行时分、变更越行站和会让站等方法完成。

（3）特殊要求列车标记功能：对于有特殊要求的列车由调度员依照相关管理规定特别设置（超限列车、专列等特殊列车应有明显的标记），并产生相应的列车运行调整计划。

（4）查询及人工干预功能：调度员可随时查询、调整列车运行调整计划的内容（含计划使用股道信息）；车站值班员可随时查询计划和进路内容。

（5）校验功能：系统在列车调整计划下达前通过合法性、时效性、完整性和无冲突性的检查。

（6）运行图界面区域划分功能：调度集中列车运行图的操作界面根据当前时刻线划分为四个区域：实际运行区、临近计划区、调整计划区、日班计划区。实际运行区是当前时刻之间已经完成的列车运行记录区域，不可进行修改；临近计划区是当前时刻之后特定的时间段内已经下达车站将要执行的列车运行调整计划区域，计划调整受到一定限制；调整计划区是临近计划区以外的列车运行调整计划区域，可以进行人工或自动调整；日班计划区是调整计划区以远的列车运行计划区域，可以进行人工或自动调整。四种区域以明显的标记区分显示，并且随着列车运行调整计划的执行以及调度员的人工操作而动态变化。

2. 列车进路办理

（1）车站自律机依据调度中心下达的列车运行调整计划自动生成列车进路指令，通过合法性、时效性、完整性和无冲突性的检查后转变为命令，适时下传给本站联锁设备执行。

（2）自动排列列车进路时检查的条件主要包括：车次号（列车性质和等级）、超限级别、列车长度、机车类型、股道用途、股道有效长、道岔弯股进路的最大允许速度等。

（3）车站自律机因故无法排列基本进路时，系统自动报警。调度中心可以对某一次列车进路进行人工干预（但须受分散自律安全条件控制）。

（4）进站信号机外制动距离内，进站方向为超过6‰下坡道的车站，自律机自动办理相关延续进路的排列与锁闭。

（5）对于多方向车站，系统按照列车运行调整计划或调度员指定的列车优先权选择相应方向的列车进路。

（6）排列进路的时机，原则上依据列车运行调整计划并提前若干时分。实际执行中必须考虑列车类型、区间闭塞类型、邻站发车时刻、区间运行时分和完整到达停稳以及前行列车发车进入区间的条件等因素，同时考虑信息处理、进路办理的时间以及列车的速度等因素，科学合理进行确定。

（7）调度中心具备列车进路的人工控制功能，且优先级高于列车运行调整计划自动控制的列车进路。调度中心人工办理列车进路无车次号时，调度员必须输入列车车次号方可执行。

3. 接车进路预告信息

（1）调度集中自动通过调度命令无线传送系统，以文字方式向司机提供接车进路预告信息。

（2）自动闭塞区段自动预告时机确定为接车站接车进路或通过进路已经排列，系统在出发站的以下位置发送列车接车进路预告信息：

①出站信号机；

②一离去信号机；

③二离去信号机。

在上述任一位置系统收到自动确认信息后，在后续位置不再发送接车进路预告信息。列车越过二离去信号机后，系统未收到自动确认信息时，改由接车站发送接车进路预告信息，采取在每个闭塞分区自动向列车发送。系统收到自动确认信息或该次列车越过接车进站信号机后，不再发送列车接车进路预告信息。

（3）自动站间闭塞区段自动预告时机确定为接车站接车进路或通过进路已经排列，系统在出发站选择列车在以下位置发送列车接车进路预告信息：

①出站信号机；

②反向进站信号机；

③反向进站预告信号机。

在上述任一位置系统收到自动确认信息后，在后续位置不再发送接车进路预告信息。列车越过反向进站预告信号机后，系统未收到自动确认信息时，改由接车站发送接车进路预告信息，采取每隔一定时间自动向列车发送。系统收到自动确认信息或该次车越过进站信号机后，不再发送列车接车进路预告信息。

（4）当调度集中系统发送接车进路预告信息未成功时立即向电务维修中心报警。

4. 列车车次号

（1）列车车次号是调度集中列车调整计划的合法性、时效性、完整性和无冲突性检查，以及调度指挥、列车追踪、自动排列进路的重要基础信息，应保证及时、准确无误。在 TDCS 的基础上，系统具备列车车次号自动、人工输入，自动校核以及人工校正等功能。

（2）列车自动追踪、列车运行调整计划、无线车次号校核三方面的列车车次号应完全一致。如不一致时，系统将立即报警，由调度员或车站值班员进行人工校正。

5. 列车停稳信息

列车停稳信息是停站列车出发信号开放时机的重要条件，可通过调度集中车次号校核系统实现。在不具备列车停稳信息条件时，可采用列车整列进入股道并延时后自动开放出站信号。

（四）非正常作业条件下作业办理

1. 接车作业

（1）进路锁闭状态下，进站信号机因故不能开放时，系统将及时报警（语音和文字提示），由调度员人工办理接车作业。

（2）由于轨道区段故障导致进路无法建立，由调度员在判明轨道电路故障条件下，人工开放引导信号。

（3）道岔无表示时，必须现场人工确认并采取相关安全措施，由调度员办理引导总锁闭，开放引导信号；经现场人工确认列车整列到达后，取消引导总锁闭或转为非常站控模式后由车站办理引导接车。

（4）如果进站信号机内方第一区段故障，由调度员办理引导接车，引导信号应保持开放，列车头部越过故障区段后自动关闭引导信号。进路正常情况下，系统在列车整列进入股道后，在分散自律控制模式下人工实施引导进路解锁；区段故障情况下，经调度员和司机确认列车整列到达后，调度员人工实施引导进路解锁。

2. 发车作业

发车进路因故无法排列时，系统将自动报警，由调度员人工办理非正常发车作业。

3. 非正常解锁

（1）由于轨道电路故障导致进路中的轨道区段不能正常解锁，接车进路由调度员和司机确认列车整列到达或通过后，调度员人工解锁遗留接车进路；发车进路由调度员和司机确认列车整列出站后，调度员人工解锁遗留发车进路；调车进路原则上由办理调车进路方的人员，负责人工解锁该调车进路的遗留进路。调度中心、车站均应具备在分散自律控制模式下的调车进路人工解锁手段。

（2）轨道电路停电恢复时，在人工确认机车停稳后，由调度员（或车站值班员）按压轨道电路停电恢复按钮分咽喉一次性解锁。

（3）系统在分散自律控制模式下，车站操作不能解锁调度中心办理的列车进路或关闭列车信号，调度中心的操作不能解锁车站办理的调车进路或关闭调车信号。

4. 非正常办理

（1）当区间为自动站间闭塞且区间故障不能正常复原时，需调度员人工确认区间空闲后，中心人工办理事故复原操作。

（2）当自动站间闭塞区间检查设备为计轴设备，出现轴数不符且计轴设备处于区间占用状态，或者计轴设备检修及停电复原时，需调度员人工确认区间空闲后，中心人工办理计轴复零操作。

（3）在自动站间闭塞区段的区间空闲检查设备故障停用时，调度员通过列车运行调整计划以及实际运行图，并与列车司机无线通信联系，人工确认列车整列到达、区间空闲后，人工办理闭塞行车。

5. 系统故障降级处理措施

（1）当车站自律机与中心子系统网络通信中断后（以下简称通信中断），系统将立即自动报警。

（2）对于双线自动闭塞区段无人车站，在通信中断时且未转为非常站控模式前，调度员不得改变该站来车方向列车运行调整计划设定的车序，由车站自律机按原已收到的列车运行调整计划和列车实际运行情况继续自动执行；列车运行调整计划执行完毕后，通信仍未恢复正常时系统应将该站设置为自动通过状态。

(3) 对于自动站间闭塞区段无人车站，在自动站间闭塞正常工作情况下，通信中断时且未转为非常站控模式前，调度员不得改变该站来车方向列车运行调整计划设定的车序，由车站自律机按原已收到的列车运行调整计划和列车实际运行情况继续自动执行，直到列车运行调整计划执行完毕。

(4) 对于有人车站，在通信中断后可参照上述条款执行，也可及时转为非常站控模式组织接发列车。

（五）调车作业办理

1. 调度集中控制范围内的调车作业原则上均应纳入分散自律安全条件控制。在有人车站，由车站人员直接办理或由系统自动进行控制；在无人车站，调度中心助理调度员直接办理或由系统自动进行控制。

2. 为保证调车作业不干扰列车运行调整计划的执行，分散自律控制模式的调车作业，在办理与列车运行调整计划相关的调车进路时，均应人工输入钩作业预计时分，否则不能办理。在办理与列车运行调整计划无关的调车进路时，可不输入钩作业预计时分（由设备判断）。调度集中系统应能根据调车进路、车列长度、《站细》规定等提出钩作业参考时分。

3. 调车作业，分为人工直接操作与计划自动执行两种方式。人工直接操作方式的调车进路采用一钩（一条进路）一办；计划自动执行方式是系统根据调车作业计划自动办理调车进路。原则上无人车站的调车作业由调度中心办理，有人车站的调车作业由车站办理。

4. 办理调车进路，必须由车站自律机依据列车运行调整计划在时间与空间上（进路预计占用时间、避让车次、相关联锁条件等）对调车进路检查运算，无冲突后方可排列。

5. 调车作业组织、指挥依据以下内容进行：

（1）列车编组顺序信息（运统 1）；

（2）调车计划（日班计划）；

（3）站存车信息；

（4）调车作业通知单。

6. 无人车站主要有临时甩挂、路用车作业、简单摘挂等调车作业。现场调车指挥、摘挂作业，由调车组或机车乘务组完成。可以采用人工直接操作方式和计划自动执行方式两种。

7. 无人车站人工直接操作方式一般情况是指由助理调度员在调度所内人工办理（也可在车站车务终端人工办理），分为计划内与计划外两种。计划内调车作业由调车组通过车务终端（含站场平面示意图）或通过调度命令无线传送系统（不含站场平面示意图）在机车获得调车作业通知单；助理调度员根据调车作业计划、列车车次、列车到站时分，通过与司机（或调车组）无线通信联系，人工办理调车进路；调车作业完成后，调度员通过与司机（或调车组）无线通信联系确定发车时分及进路；列车出发后，由助理调度员人工生成新的列车编组信息，并下传到有关车站；车站站存车信息由助理调度员人工输入、修改。计划外调车作业主要是指因车辆故障、装载不良等危及行车安全造成的临时甩挂作业，流程为由调度员根据司机或有关人员的报告以及设备报警，确定列车进行临时甩挂的车站；助理调度员通过与现场或司机联系，确定摘挂位置及车辆号，人工办理调车进路；调车作业由机车乘务组完成。调车作业完成后，调度员与司机联系确定发车时分及进路；列车出发后，由助理调度员人工生成新的列车编组信息，并下传至有关车站；车站站存车信息由助理调度员人工输入、修改。

8. 无人车站计划自动执行方式流程为助理调度员根据列车日班计划、列车编组信息(运统 1)、列车运行调整计划及站存车信息，提前编制调车作业计划。调车作业计划主要包括作业车站、作业车次、钩计划、每钩作业时分等；调车作业计划下达到相关车站的自律机，由系统自动执行；调车组通过车务终端（含站场平面示意图）或通过调度命令无线传送系统（不含站场平面示意图）在机车获得调车作业通知单；车站自律机执行调车作业计划时，检查相关列车运行调整计划、实际到站时间、车次号校核以及司机的调车无线请求信息等条件；调车作业每一钩进路排列前，司机应根据调车组的指挥，通过无线通信设备向调度集中发出调车请求信息，系统经检查运算后自动排列调车进路；调度员可随时查询、修改调车作业计划或调车进路指令序列的内容；调车作业完成后，调度员经与司机联系确定发车时分及进路；列车出发后，由助理调度员人工生成新的列车编组信息，并下传至有关车站；车站站存车信息由助理调度员人工输入、修改。

9. 有人车站调车作业包括车站人工直接操作方式和计划自动执行方式两种。

10. 人工直接操作方式流程为列车甩挂计划、编组信息等应随列车运行调整计划一并下达到作业车站并予以提示，以便车站做好准备工作；由车站站调或值班员依据列车运行调整计划、列车甩挂计划、编组信息以及站存车信息编制调车作业计划，由车站具体执行；车站依据调车计划以及现场调车作业情况，在车务终端排列相关调车进路；车站在该列车出发后按现行规定形成列车编组顺序表（运统 1)；车站站存车信息由车站人工输入、修改。

11. 计划自动执行方式流程与无人车站类似，其主要区别是：由车站值班员在车站车务终端编制、查询、修改调车作业计划和车站值班员人工生成新的列车编组信息以及人工输入、修改车站站存车信息。

12. 如果调车作业没有在预计的时间内完成，在影响列车运行调整计划的情况下，调度集中自动向调度员、车站值班员报警。

13. 对于利用特定到发线设置平面调车区集中联锁溜放作业功能的车站，原联锁控制台平面溜放的所有功能按钮必须纳入调度集中的车务终端。车站值班员通过车务终端办理平面溜放调车作业。

14. 溜放按钮采用 1 层密码方式设置，进行溜放调车作业时，溜放按钮必须受到车站自律机控制。溜放按钮使用时，车站值班员应输入预计溜放作业时间；车站自律机检查相关到发线在该时间段未被列车运行调整计划使用以及没有正在办理的调车进路后，方可生效；一旦溜放作业开始执行，车站自律机自动将溜放区域内所有线路设置禁用标记，禁止非溜放进路使用；溜放按钮经车站人工复原后，方可恢复正常使用状态。

15. 调车作业通知单采用统一格式，包括调车计划、调车机号、计划序号等内容。调车作业通知单由中心或车站生成并传送至调车组或机车。

（六）故障处理与设备维护

1. 无人车站所在区段设电务应急抢修中心，配备应急工作人员（经过行车培训考核的电务人员或行车人员）和电务维修人员，完成无人车站故障（指必须派工作人员赶赴现场处理的、常见的故障，事故救援、灾害抢险由铁路局另行规定）情况下的行车组织和故障处理。

2. 发生设备故障时，应急工作人员担当无人车站车务终端的临时值岗工作（具有与车站值班员同等的职责），行车组织须在调度员的集中领导下，负责非常站控模式的转换（需要时）、车站行车工作的统一指挥以及设备检修登销记、试验、开通等工作。

3. 有关抢修、作业人员应遵从故障处理安全制度，经应急工作人员同意并签认后，积极查明原因，排除故障，尽快恢复使用。故障处理完毕后，应将确认的故障现象以及故障原因、处理情况登记在《行车设备检查登记簿》内并及时上报有关站段调度。

4. 调度所每一调度区段增设综合维修台和综合维修调度员。综合维修调度员应在列车调度员的直接领导下，负责所有行车设备的现场维修调度指挥工作，具体负责“天”窗修计划的制定、下达；无人车站设备维修的联系、要点、登记；设备停用封锁的处理；施工、限速等调度命令的下达；超速防护区段设置临时限速等工作。

5. 无人车站设有综合维修终端，用于电务、工务、电力等部门进行设备维修、施工时使用。综合维修终端具备《行车设备检查登记簿》的所有内容，经调度中心综合维修调度员同意，可完成“天窗”修、施工计划的接收、签订，维修、施工的联系、要点、登记和销记等。

6. 无人车站需在非常站控模式下进行维修、施工时（例如垂直“天窗”施工），车务终端应有应急工作人员值岗（具有与车站值班员同等的职责），在调度员的集中领导下，负责非常站控模式的转换、车站行车工作的统一指挥以及设备检修登销记、试验、开通等工作。

7. 进行设备维修、施工时，无人车站车务终端前应有维修人员值守，负责现场与调度员之间的通信联系。有条件时应解决现场与调度中心的直接通信手段。

8. 各铁路局需重新制定无人车站电动转辙机手摇把使用保管，以及设备检修登销记等办法，并同步制定调度集中条件下无人车站设备维护管理工作制度与实施办法。

三、CTC 调度中心功能和车站功能设置

（一）调度中心调度员工作站（运行计划管理）功能设置

调度员工作站，主要实现监控管辖区段范围内列车运行位置、指挥列车运行的功能（人工编制和调整列车运行计划、调度命令的下达、与相邻区段调度员工作站交换信息）。主要有：

1. 自动生成列车实迹运行图

提供自动接收车站系统的报点，结合阶段计划描绘实迹运行图。

2. 人工或自动铺画三、四小时阶段计划

提供如区间施工、站内施工和反向运行等列车运行中各种情况的相关标注的添加功能 handle-lable；

提供自动铺画列车计划运行线、手工添加列车运行线、修改列车运行线和手动删除列车运行线 delete-train 的功能。

3. 浏览各类运行图

提供浏览实际运行图 load-his-plot，浏览日班计划 load-dayplan，浏览基本图及更新 load-basic 的功能。

4. 列车运行计划的下达

提供将计划下达到车站自律机，自动进行进路选排。

提供采用文本方式等下达日班计划、阶段计划、基本图 send-plan 到车站，方便值班员

获知列车运行计划。

5. 编组、记事信息的记录和查询

提供自动记录车站系统传送的编组信息；

提供记事功能；

提供方法见编组和记事功能。

6. 各种显示方式的选择

提供各种显示功能选择，方便用户浏览运行图。

图 3—4 为某公司开发研制的调度中心调度员工作站的操作界面，该画面为调整方案视图，中间的粗线为当前时间标记，视图包括的时间范围是 7 h，当前时间标记左面记录实际运行图（3 h），当前时间标记右边铺画阶段计划线（4 h）。整个视图中的符号显示符合《铁路运输调度规则》中的规定。界面并使用透明底色标出了 4 大区域：实际计划区、临近计划区、调整计划区和日班计划区。

该系统提供具体操作功能包括：登陆身份识别、数据保存、显示内容定制、自动铺画运行线、人工调整运行线、加图定车、停开列车、选定多运行线整体调整、修改车次号、设置区间线路慢行、设置车站股道封锁设置天窗、日班计划与阶段计划接收与下达、信息查询与回放等（详见各系统操作手册）。

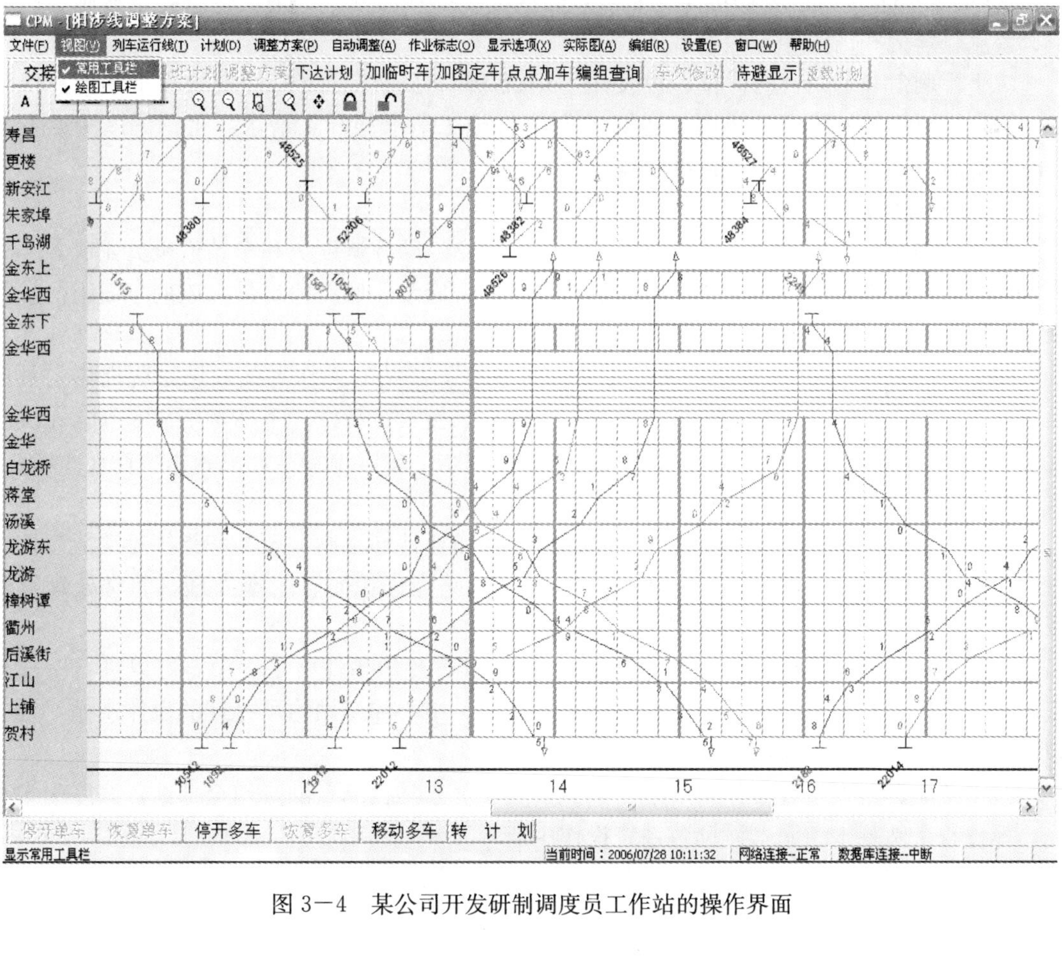

图 3—4 某公司开发研制调度员工作站的操作界面

(二) 调度中心综合维修工作站(调度命令与施工管理)功能设置

综合维修工作站，主要用于设备日常维护、天窗修、施工以及故障处理方面的登、销记手续办理，并具有设置临时限速，区间、股道封锁等功能。一般有：

1. 调度命令管理

位于行调台的行车调度值班员，进行各类调度命令的编写及存储，同时将编辑好的调度命令下达给相关的车站系统，其中重要的调度命令抄送给上级调度指挥人员（值班主任台）。系统自动接收车站系统接收调度命令后的回执，接收上级对调度命令审查签证的回执。重要的调度命令必须得到上级的审查签证后方可下达给车站系统。当其他工作台需要此信息时，行车调度值班员将已完成的调度命令转发给其他工作台。行车调度值班员可随时查询历史调度命令。车站系统接收调度命令后可自动下达到运行的机车上，或由人工转发到运行的机车。

2. 行车凭证发放

位于行调台的行车调度值班员，编写行车凭证，并向管辖区域内的运行列车发送行车凭证。行车凭证通过无线调度命令传送系统发送到机车。

3. “运统 46”电子化管理

中心的综合维修工作站与车站的综合维修终端上下配套，实现现行的《行车设备检查登记簿》(运统 46）全部内容的电子化管理，完成综合维修计划的申请、接收，维修施工的联系、要点、登记和销记等。

位于行调台和助调台的行车调度使用“运统 46”完成综合维修计划的审批功能。位于车站综合维修终端的值班员使用“运统 46”进行施工请求和开工请求，得到调度中心调度员的批准后，进行行车设备综合维修作业。

4. 列车信息管理

位于行调台的行车调度员随时查看列车编组信息。助理调度员和车站值班员完成各类列车信息的管理工作，进行各类列车信息的人工录入、修改。调度值班员完成列车编组信息的录入、修改后，必须将此信息传送至受令单位。

图 3－5 为某公司开发研制的调度中心综合维修工作站的操作界面，该系统提供的具体操作功能包括：登陆身份识别、查询、编写、储存、接收、转发、下达调度命令（含无线调度命令)、发送行车凭证、施工请求、线路开通、列车信息管理等（详见各系统操作手册)。

(三) 助理调度员工作站和控制工作站功能设置

助理调度员工作站，主要实现无人车站的调车作业计划编制、调整和指挥等功能。控制工作站，主要实现站场画面显示、调度中心人工进路操作控制、闭塞办理、非常处理等功能。任务不重情况下，可由同一调度员担任。

该系统具备原联锁控制台的全部功能，按照 CTC 技术条件要求，中心可以进行全部列车、调车操作，车站只能进行调车进路相关的操作。中心和车站均可办理的操作遵循“谁办理谁取消”的原则，以保证系统安全。

该系统应具备人工直接控制功能。因此，原则上车站控制台的按钮全部纳入调度集中系统，操作与车站基本相同（详见各系统操作手册)。

图 3－6 为某公司开发研制的控制工作站的操作界面。

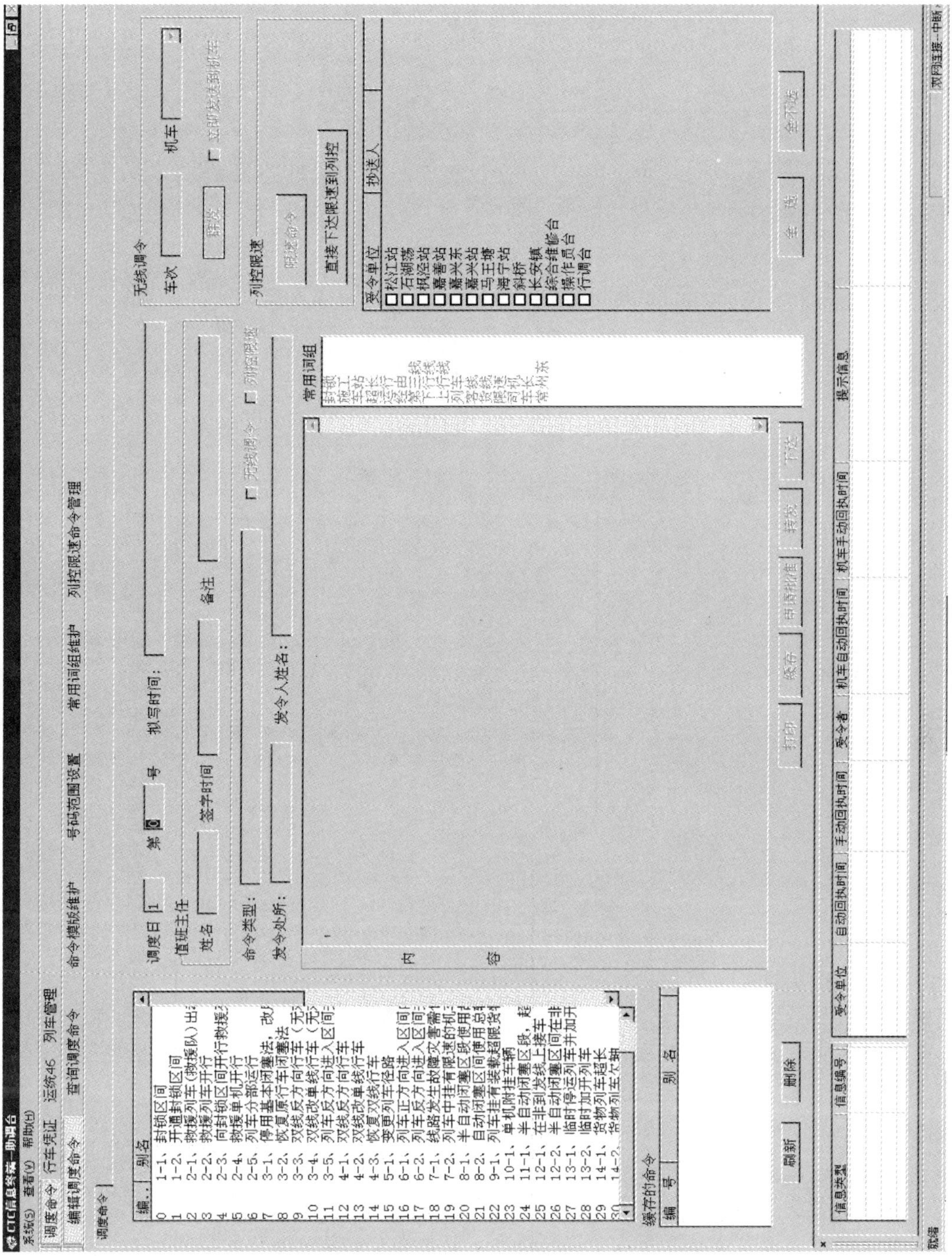

图3-5　某公司开发研制综合维修工作站的操作界面

（四）调车作业管理功能设置

主要安装在助理调度台上和车务终端。实现调车作业通知单的录入、查询、修改、预下达、下达。调车作业通知单按现场使用格式提供模板，包含作业车站、作业车次、勾计划、每条进路作业时分等内容。主要功能有：

1. 编写、保存、修改、预下达、下达调车作业通知单

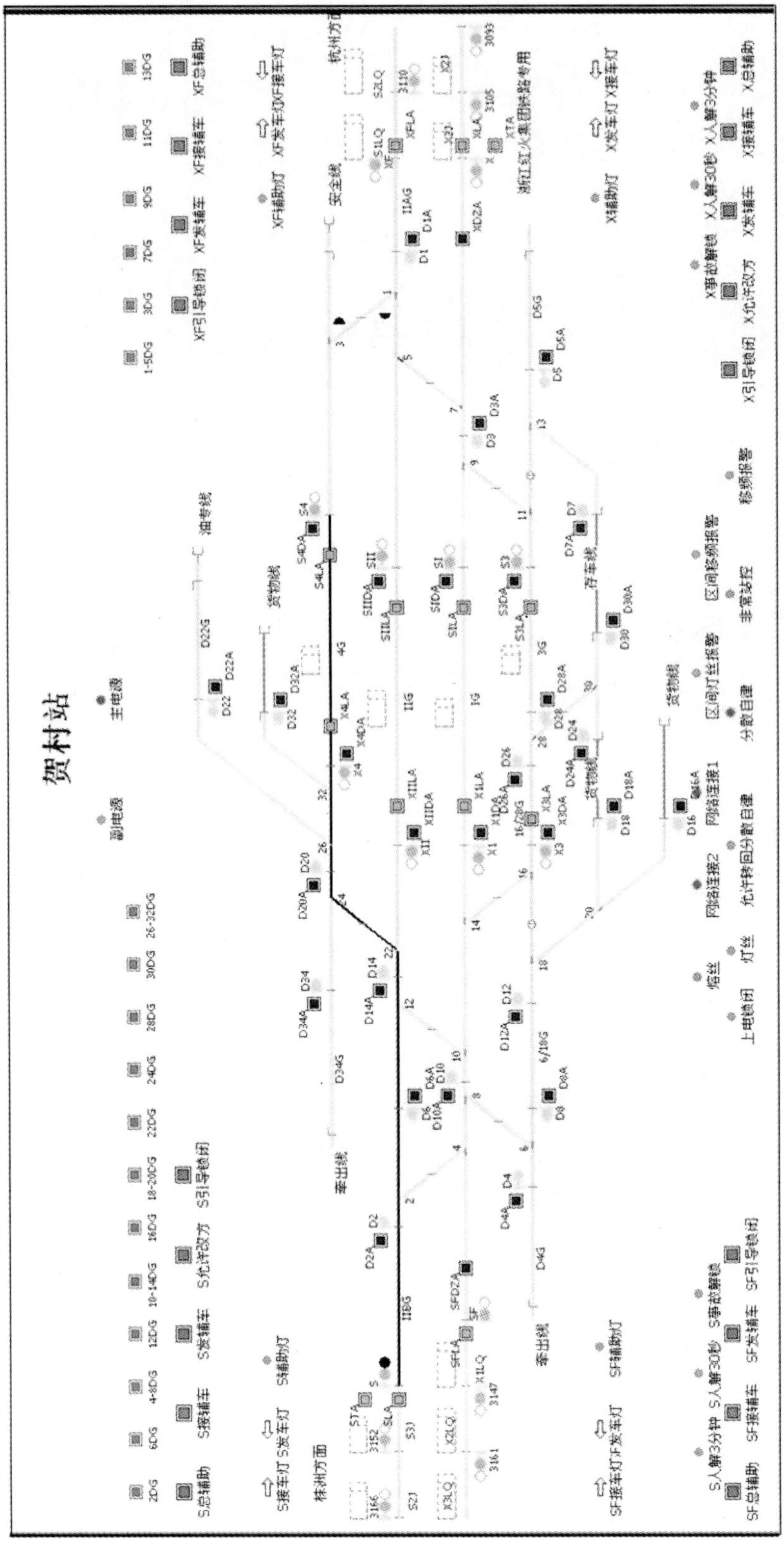

图3-6 某公司开发研制控制工作站的操作界面（引导进路办理）

以通知单表格的形式提供模板，方便输入，实现调车作业管理。调车作业通知单可下达到车站和机车。

2. 调车作业通知单和运行日志的查询

系统自动存储已下达的调车作业通知单和调度员操作记录，方便用户随时查阅。

3. 调车作业过程监视

以通知单表格界面提供某一单作业的全过程监控，显示进路的请求、锁闭、占用、执行完毕等状态。

图 3－7 为某公司开发研制的调车作业系统的操作界面。具体操作功能包括身份识别、选择车站（中心）、查询、编制、储存、传送调车作业通知单、执行过程监控、作业单管理等。

（五）车站子系统的功能设置

车站子系统主要设备包括车站自律机、车务终端、综合维修终端、电务维护终端、网络设备、电源设备、防雷设备、联锁系统接口设备和无线系统接口设备等。其中，车站自律机是分散自律调度集中的关键设备，应满足以下功能要求：

1. 接收调度中心的列车运行调整计划、直接操作指令和车站值班员直接操作指令，经检测无冲突后适时发送给车站联锁系统执行；

2. 实时接收车站信号设备状态表示信息，进行列车车次号跟踪，收集行车运行实际数据，并上传至调度中心；

3. 掌握车站联锁系统对进路命令执行的情况，并根据反馈信息对有关进路进行必要的调整；

4. 应能接收相邻各两站的实际运行图和设备状态信息；

5. 应采用双机热备的冗余配置方式。

车务终端采用双机热备冗余配置，以满足操作、显示功能需求，单独设置的车务终端不具备列车进路办理功能；计算机联锁车站的车务终端可与联锁控显操作终端实现二合一设置，在非常站控模式下，具备所有联锁操作、显示功能。可以显示行车信息、无线车次号校核信息、调度命令；可以以图表形式显示本站及相邻各两站和实际运行图、列车运行调整计划等内容，同时具备相邻各两站站间透明功能；可以自动生成本站行车日志、完成调度命令签收等功能。

综合维修终端用于无人车站电务、工务、电力、桥隧等部门在施工、维修和抢险等情况下，现场人员和调度中心的联系，以及设备日常维护、天窗修、施工以及故障处理方面的登、销记手续的办理。

除调车作业外，车务终端的主要功能在车站实现对本站及相邻各方向一定数量车站范围内的运行图的浏览功能和行车日志的管理功能。

运行图浏览功能包括基本图和调整方案图的浏览、阶段计划接收等。

行车日志管理功能包括：

1. 自动生成运统记录

接收本站和邻站车次跟踪的报点信息，自动按“运统 2”或“运统 3”的格式生成报表信息（车次、接车股道、实际到发点、规定到发点、邻站发车时分、邻站到达时分等信息）。

2. 人工修改、添加记录信息

自动生成的“运统 2”或“运统 3”记录，可人工修改其内容。同时，也可人工添加新的记录，并为其添写记录内容。

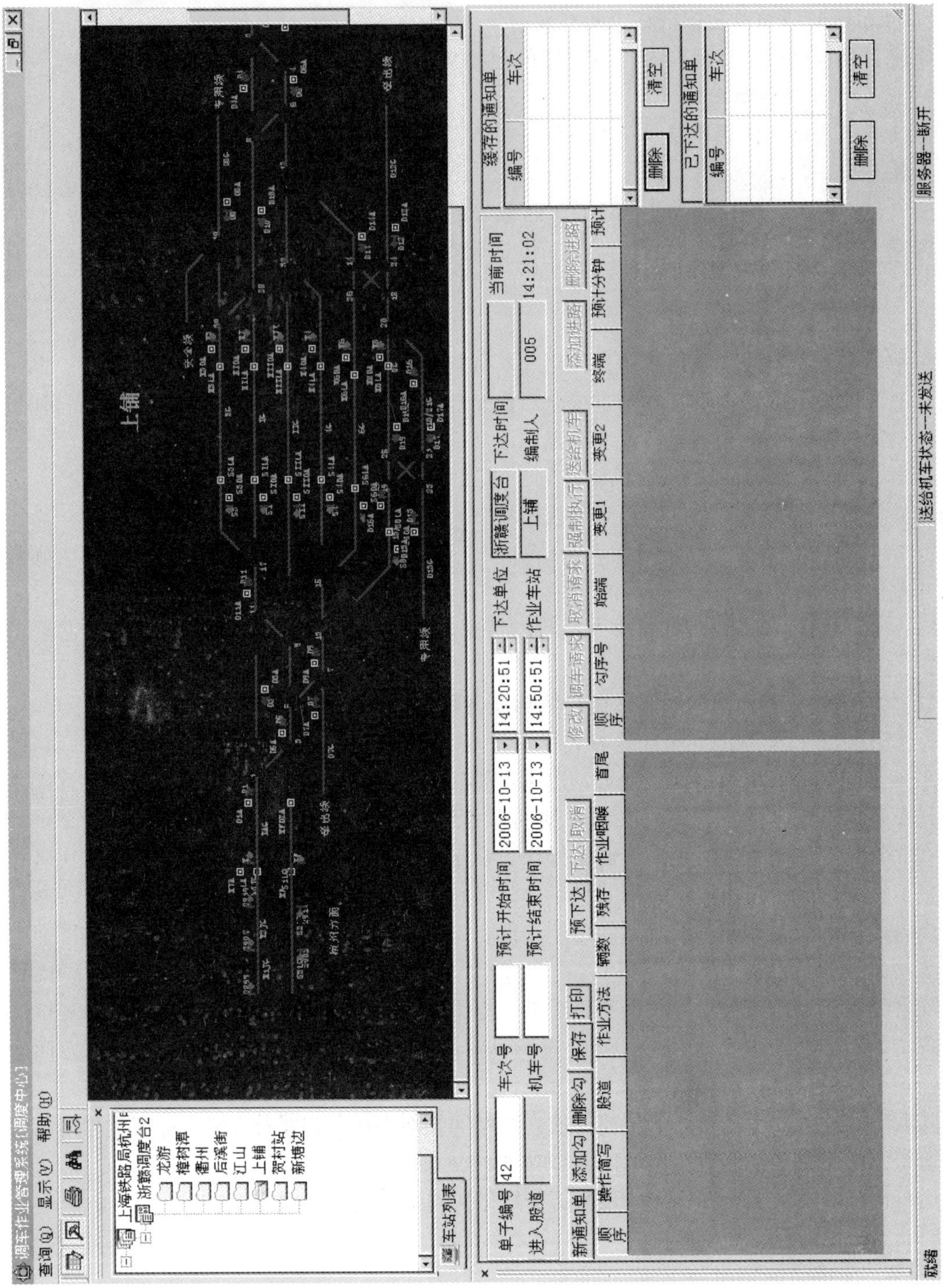

图3-7　某公司开发研制调车作业系统的操作界面

3. 查询历史日志

值班员可以查询某一天的值班简况和每班详细情况。值班简况显示该天值班的所有值班员姓名及上下班时间，每班详细情况显示该值班员工作期间所有的记录信息。

4. 统计班工作量

图 3—8 为某公司开发研制的车站子系统的操作界面。

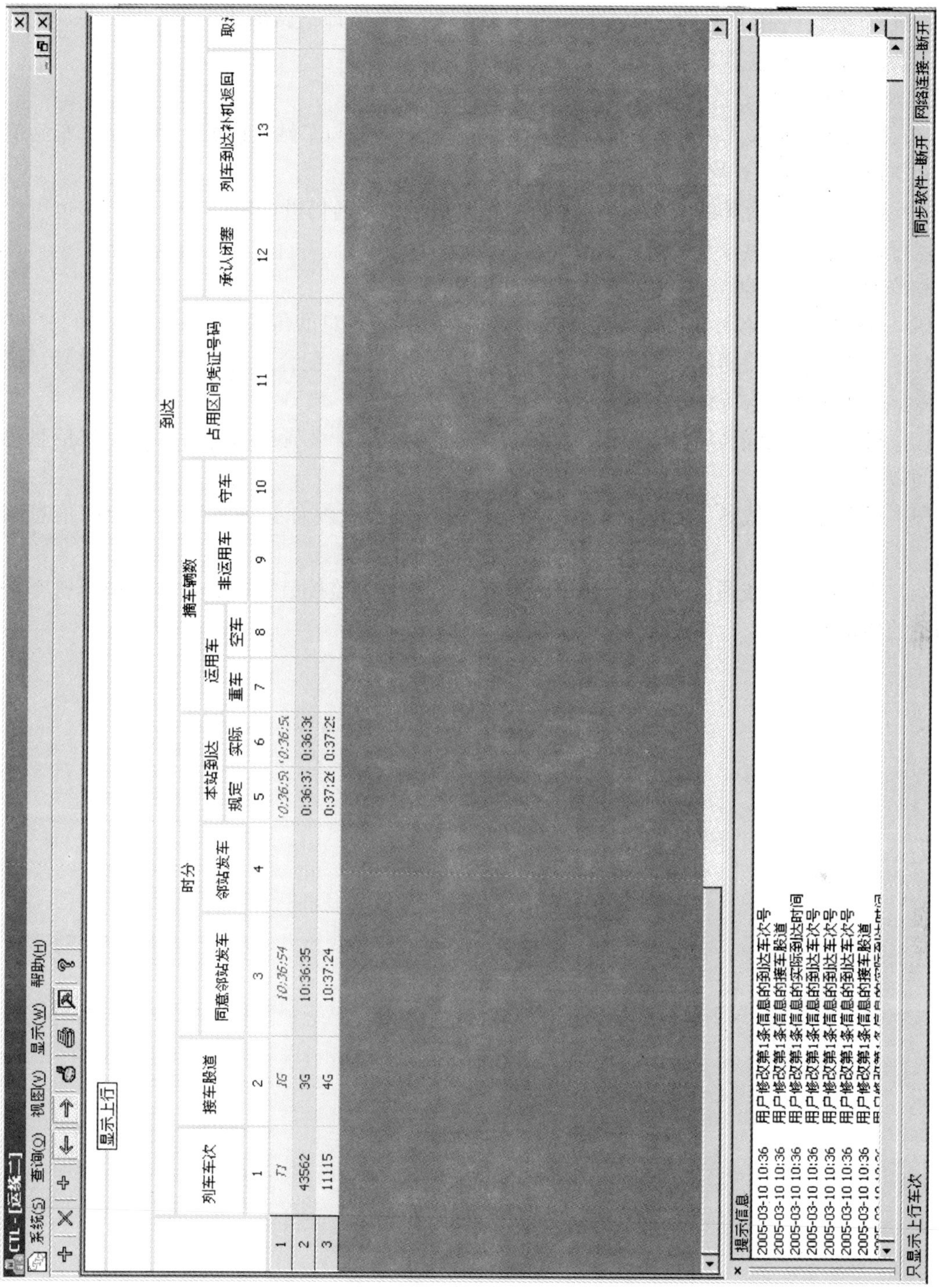

图3-8　某公司开发研制行车日志系统的操作界面

四、CTC 与 GSM—R 系统结合的功能

1. 语音通信：调度台和车站台可实现调度员与车站值班员之间、调度员（车站值班员）与运行机车司机（CIR）之间、调度员（车站值班员）与助理车站值班员（GSM—R 手机）之间语音通信，并可实现单呼和组呼。

2. 录音功能：

（1）通过调度所及车站装备的录音装置可实现对调度员与车站值班员、调度员（车站值班员）与司机间（或 GSM—R 用户）的通话进行录音。

（2）通过机车综合无线通信设备（CIR）可对司机语音通信进行记录。另外 CIR 也可给列车运行控制装置提供录音接口，实现司机的录音。

3. 车地间数据信息传送：

（1）GSM—R 网络与列控设备配合，可实现列车控制信息的传送。

（2）机车综合无线通信设备（CIR）与 CTC（或 TDCS）配合，可实现无线车次号、调度命令、接车进路预告等信息的传送。

（3）机车综合无线通信设备（CIR）与列车尾部安全防护装置配合，可实现列尾信息等车地间数据信息传送。

（4）机车综合无线通信设备（CIR）与工务晃车机装置配合实现轨道动态监控信息的传送。

（5）机车综合无线通信设备（CIR）与调车机车信号和监控装置配合，实现调车机车信号信息的传送。

第四章　CTC调度指挥

第一节　CTC调度指挥

一、调度组织机构

调度所每个CTC调度区段一般设列车调度员、助理调度员、综合维修调度员。列车调度员是主要的行车指挥人，助理调度员和综合维修调度员均受列车调度员指挥。

如济南铁路局机构设置如下：胶济线纳入CTC控制的车站共计32个，全长364.6 km，划分为三个调度区段，(1) 青岛—高密（含）区段，管辖CTC控制车站12个；(2) 高密—淄博区段，管辖CTC控制车站14个；(3) 淄博（含）—平陵城区段，管辖CTC控制车站6个。其中姚哥庄和蔡家庄站为无行车人员值守车站（简称“无人站”，下同）。管内陇海线纳入CTC控制的车站共计11个，全部由西陇海调度区段管辖，其中杨楼和李庄站为无人站。胶济、陇海线全线均为双线区段，其中淄博—临淄、即墨—高密为四线区段。四线区段的三、四线为低速线。除青岛站、青岛西站、东风站的独立调车场外，胶济线青岛—平陵城间、陇海线徐州西—虞城县间所有正线、到发线、集中联锁的调车线纳入CTC控制。胶济线纳入CTC控制的调度区段设济南枢纽、胶济二、胶济一台三个列调台，如图4－1、图4－2所示。每个CTC调度区段设列车调度员、助理调度员、综合维修调度员各1名。CTC区段的车站设车站值班员、助理值班员，根据需要设信号员（长）、调车区长；无人站设综合维护人员。在高密站设置应急行车人员，负责姚哥庄和蔡家庄两个无人站在非常站控和各种非正常情况时的行车组织工作；在黄口站设置应急行车人员，负责杨楼和李庄两个无人站在非常站控和各种非正常情况时的行车组织工作。

再如郑州铁路局，其管内陇海线郑徐段纳入CTC调度集中控制的车站共计18个，划分为二个调度区段：(1) 陇海东台调度集中指挥区段，占杨至谢集（不含谢集），管辖调度集中控制站、场12个；(2) 商丘地区台调度集中指挥区段，谢集至张阁庄，管辖调度集中控制站、场6个。其中罗王、内黄集站设为仅保留一名值守车站值班员的车站（简称无人车站）。除商丘运转场、开封运转场二个站的独立调车场外，陇海线张阁庄至占杨各站所有正线、到发线、调车线全部纳入CTC控制。对商丘客场、商丘运转场、商丘直通场、开封运转场、开封客场，在列车调度员无法兼顾的情况下，采取列车调度员确定列车运行线与各站确定接发车股道相结合的方式，共同确定列车运行计划。陇海东调度台、商丘地区调度台分别设列车调度员、助理调度员、综合维修调度员各一名。调度集中区段的车站车务部门仍按原岗位设置行车人员，无人车站仅设两名车务人员担当值守车站值班员，倒班轮流值守车站。对无固定调车机车的车站，根据各站实际调车作业量的大小按需要可增设一至两名助理值班员，完成本务机车在车站的调车作业。

又如武汉铁路局，武九线调度集中区段武九正线全长130 km（新店站至西河村站中心

图 4—1　济南枢纽调度台

图 4—2　胶济一台

里程），正线共设有 11 个车站，均纳入调度集中控制。武九线调度台设列车调度员、助理调度员、综合维修调度员。车站设车站值班员，原则上办理旅客乘降的车站设助理值班员，其他车站是否设置助理值班员在《武九调细》中确定。无人站设应急车站值班员。

此外，青藏公司青藏线西宁（客）至哈尔盖区段（简称“西哈段”），区段全长176 km，区段内各车站均纳入调度集中，西哈段设行车调度台，设列车调度员一名，助理调度员一名。但未设置综合维修调度员，这是与其他路局不同之处。

二、调度员的岗位职责、作业办法及工作标准

（一）调度员的岗位职责

1. 列车调度员的职责

（1）列车调度员是本调度区段行车工作的统一指挥者，履行《铁路运输调度规则》规定

的职责。

(2) 指挥助理调度员通过CTC系统正确操纵所辖区段内各站信号设备，指挥综合维修调度员及时、正确地编发调度命令（行车凭证），并进行检查确认。

(3) 负责与计划、机调、客调等工种联系，及时、正确地在运行图上标注图表信息。

(4) 负责使用列车无线调度通信设备向车站值班员、司机、运转车长发布口头指示。

2. 助理调度员的职责

(1) 接受列车调度员的领导。

(2) 根据列车调度员下达的列车运行计划，随时监控管辖各站列车进路和调车进路的排列情况，必要时直接操纵车站信号设备。作业中，主动与列车调度员联系，优化作业组织。

(3) 中心操作方式下，担任车站的调车领导人，根据日班计划、列车编组、车站现在车、装卸车进度等信息，及时编制调车作业计划，向车站和司机传送调车作业计划。

(4) 中心操作方式下，及时确认、修改列车编组顺序表、车站站存车等信息。

(5) 负责分散自律控制模式下各种操作方式的转换，并在《行车设备检查登记簿》内登记。

3. 综合维修调度员的职责

(1) 接受列车调度员的领导。

(2) 及时发布列车运行、设备施工、检修等的调度命令及有关行车凭证。加强与施工调度员、供电调度员的联系，组织兑现月度施工方案和天窗修计划。

(3) 遇CTC设备故障、施工、检修时，在《行车设备检查登记簿》或《行车设备施工登记簿》内与CTC电务值班人员办理登、销记手续。

(4) 协助助理调度员监控管辖各站列车进路和调车进路的排列情况。

(5) 对需要人工排列的进路，与助理调度员执行“二人确认制度”。

(二) 调度员的作业办法

1. 确认制度

(1) 调度命令确认制度。

综合维修调度员按照列车调度员的指示及时草拟调度命令，但在发布之前须经列车调度员审核确认。

(2) 人工排路确认制度。

遇CTC系统不能自动触发信号，人工排列进路时，助理调度员操作完毕后，在综合维修调度终端上会出现对话框，需经综合维修调度员确认后，信号才能触发。

(3) 接发车股道确认制度。

遇超限、超长列车及有特殊要求指定股道的列车运行时，列车调度员要按照列车属性和要求，正确设定接发车股道，助理调度员对设定的股道要进行认真确认。

2. 调度命令

(1) 列车调度员在发布调度命令、口头指示时，除严格按照《技规》、《行规》有关规定办理外，对在途运行的列车，当无线传送系统作用良好时，可直接用其向有关列车司机发布、转达指挥列车运行的命令或口头指示。

(2) 列车调度员遇使用无线传送系统无法向司机发布调度命令，或因条件所限来不及直接向列车司机（运转车长）发布命令时，应使列车在关系区间前的车站停车交付调度命令。

(3) 列车调度员使用无线传送系统向列车司机发布调度命令时，列车司机接受命令确认无误后必须及时签认。若司机对调度命令内容有疑问时，须立即使用列车无线调度电话向列车调度员询问。

(4) 列车司机通过无线传送系统接受调度命令后，应按命令要求，使用列车无线调度电话向运转车长、重联司机转达调度命令内容。运转车长、重联机车司机接受本务司机传达的调度命令后，须将调度命令号码及主要内容记录于《乘务日志》、《司机手册》记事栏内。

(5) 无调度命令无线传送系统或调度命令无线传送系统故障时，向司机、运转车长发布的调度命令，由综合维修调度员发给有关站段（所、室），由受令站段（所、室）负责转达。当乘务人员已出乘时，应发给列车始发站或进入关系区间前的停车站由其交付，如来不及必须在进入关系区间前停车交付。作为行车凭证的调度命令，由综合维修调度员向车站发布后，由关系区间前或关系车站的车站值班员（无人站为综合维护人员或应急行车人员）负责向司机（运转车长）转达（交付）。

(6) 列车调度员（综合维修调度员）除按照《技规》、《行规》、《铁路运输调度规则》等有关规章规定需发布调度命令外，在 CTC 控制模式下，遇下列情况，还应发布调度命令。

①自动闭塞设备故障停用时，采用调度命令行车法行车（此命令应交给司机、车长、车站值班员或综合维修人员）。

②遇 CTC 设备故障或设备“天窗”维修、施工，需要转入非常站控时（此命令应交给司机、车站值班员或综合维修人员）。

③在站内无空闲线路的情况下，接入《技规》第 283 条规定的列车。

3. 行车设备施工和检修

(1) 遇 CTC 设备需进行施工、检修作业时，电务值班人员与车站值班员或综合维修调度员联系，取得同意后方准进行施工、检修作业，并在《行车设备施工登记簿》(《行车设备检查登记簿》) 内办理登、销记手续。

(2) CTC 控制方式下，遇行车设备施工、检修时，助理调度员可根据需要指示车站转为车站控制模式。

(3) 因运输特殊要求和《技规》规定，对无人站的行车设备需进行联合检查时，由综合维修人员负责组织工务、电务、水电等相关部门进行设备联合检查，将检查结果记录于《行车设备检查登记簿》内，并向列车调度员汇报，对发现的问题由相关单位、部门尽快解决。

三、CTC 调度员接发列车作业

(一) 基本概念

基本进路：指按下进路始端和终端两个按钮后，所排列出的一条运行上较合理的列车或调车进路，也称为优先进路。

变更进路：除基本进路外，所能排出的运行径路。

始端按钮和终端按钮：在排列列车或调车进路时，从进路的始端先按下的按钮称为始端按钮，进路终端处后按下的按钮称为终端按钮。

(二) 接发车股道设置

列车调度员（助理调度员）要按照列车属性和特殊要求，正确设定接发车股道。

股道自动选择（默认股道）的原则：

1. 图定车次使用图定股道；

2. 非图定车次或不按图定径路运行的列车，股道设置必须满足以下条件：

（1）计划通过的列车，默认正线（如人工修改为侧线通过，客货列车需人工办理）。

（2）到开、始发、终到的列车，默认到发线（如人工修改为正线到开，货运列车可自触，但客运列车需设定技术停点才自触）。

（3）股道必须空闲，即不能使用已被另一列车计划使用的股道。

（4）默认的股道必须满足《站细》中各站规定的条件。

当系统无法找到合适的默认股道时，此时需调度员人工指定股道。

（三）CTC 自动排路的时机和条件

1. 接车进路自动触发。根据不同等级列车运行的位置，提前若干闭塞分区办理，以济南铁路局胶济线为例，相关规定如下：

（1）动车组提前 9 个闭塞分区；

（2）特快旅客列车通过，提前 6 个闭塞分区；

（3）其他旅客列车通过，提前 5 个闭塞分区；

（4）行包、货物列车、单机和路用列车通过，提前 4 个闭塞分区；

（5）旅客列车停车，提前 4 个闭塞分区；

（6）行包、货物列车、单机和路用列车停车，提前 3 个闭塞分区。

相邻车站间闭塞分区数不足时，车站作为一个分区处理。

2. 发车进路自动触发。

（1）遵循计划发车的先后顺序；

（2）满足《技规》规定的前方区间空闲间隔条件；

（3）根据预计出发时间，客车提前 5 min 办理，货车提前 1 min 办理。

（四）接发客运列车（以及比照客运列车办理的其他列车）线路的规定

1. 客运列车应接入固定线路。如变更接车线路时，列车调度员要及时下达计划，并提前通知车站。

2. 特快旅客列车应在正线上通过，其他通过旅客列车原则上应在正线上通过。

3. 原规定为通过的客运列车由正线变更为到发线接车及特快旅客列车遇特殊情况必须变更基本进路时，在具有 GSM—R 条件的 CTC 控制模式下，无线传输系统良好，不必预告司机；在非常站控模式下或无线传输系统故障，应预告司机，如来不及预告时，应使列车在站外停车后，再开放进站信号机，接入站内。

（五）接发超长列车

与《技规》原规定办法相同。

（六）接发超限列车

挂有超限货物车辆的列车称为超限列车。超限等级分为一级、二级和超级三种。

1. 超限货物车辆的挂运须有调度命令，在班计划内确定，助理调度员和车站值班员应根据装运超限货物车辆的电报和调度命令规定的限制和要求，办理接发列车和调车作业。

2. 车站在超限货物车辆挂运前，报告列车调度员，请求调度命令，命令下达并交付司机后，方可组织发车。

3. 助理调度员在接发列车时，要认真核对各站接发车股道的设置。

4. 超限列车应接入固定线路。

办理超限货物列车进路：遇运行条件中有区间禁会的超限货物列车，在进入禁会区间的前方站，助理调度员必须确认相对方向区间空闲后，人工办理进路。

（七）接发救援列车

车站转为车站控制模式，由车站按有关规定办理；无人站，列车调度员应立即通知行车应急人员尽快赶赴该站，协助综合维修人员办理接发列车。

（八）接发装载特种货物列车

在接发装载特种货物列车时，应根据专门会议的布置，车站指派专人负责。列车调度员应下达调度命令，确定接车股道及进路准备办法，助理调度员要认真核对接发车股道，确保接发列车的绝对安全。

（九）专运、军运列车

专运、军运列车根据专运文件或命令要求，助理调度员提前人工触发列车进路。

（十）列车在站内停车再开

1. 在站无作业的列车（军用列车及特别指定的列车除外）在站内（包括未全部进、出站）停车，不超过 20 min 时，按以下办法开车：

（1）司机操纵列车停车时，司机应将停车原因及时报告车站值班员和列车调度员，待停车原因消除后，司机根据信号显示起动列车。

（2）运转车长（或其他乘务员）使用紧急制动阀或显示停车信号使列车停车时，运转车长（或其他乘务员）应将停车原因及时报告车站值班员和列车调度员，由运转车长按规定发车。

（3）车站接发列车人员使列车在站内临时停车时，由车站按规定发车。

（4）因等信号，造成列车停车时，信号开放后，司机根据信号显示起动列车。

（5）其他情况致使列车在站内临时停车时，车站值班员（综合维修人员）应会同司机、运转车长等查明停车原因，在列车具备运行条件后，由车站值班员（综合维修人员）通知司机继续运行。

2. 除上述情况外及停车超过 20 min 时，车站均由车站会同司机、运转车长，按规定手续经简略试验后发车；无人站比照区间办理。

（十一）重型轨道车运行办法

1. 开行重型轨道车时，轨道车司机应将使用目的、运行地点、运行速度及其他注意事项，向车站值班员（综合维修调度员）提出申请，由车站值班员转报列车调度员发布调度命令后执行。

2. 列车调度员同意重型轨道车开行时，须向有关站及司机发布命令，命令内容包括开行车次及运行注意事项。

3. 重型轨道车在站内作业时，车站值班员（助理调度员）应将经由股道和注意事项向司机传达清楚，司机凭调车信号作业，并认真执行要道还道制度和确认制度。摘挂车作业时，按本务机车调车作业办理。在站停车时，由司机做好防溜工作。

4. 重型轨道车原则上在本段管内或施工区段内使用，经铁路局调度所批准。跨局运行时，需有部令。

5. 重型轨道车在 CTC 控制区段运行时，应配备机车“三项设备”和无线传送装置。若未安装无线传送装置或无线传送装置故障，列车调度员应通知各站按规定执行车机联控制度。

（十二）轻型车辆及小车使用办法

1. 轻型车辆及小车，原则上只准在施工作业时和昼间使用，不按列车办理，小车可利用列车间隔或跟随列车后面运行，在任何情况下不得影响列车正常运行。

2. 在夜间或降雾、暴风、雨雪时仅限于消除线路故障或执行特殊任务时使用，但必须有照明及停车信号，此时轻型车辆应按列车办理。

3. 轻型车辆禁止跟随列车后面运行。

（十三）下列情况，禁止办理相对方向同时接车和同方向同时发、接列车

除遵守《技规》有关规定外，在CTC自动排路时，每条列车进路均有其影响的时间范围，时间范围有重叠的进路，系统按同时接发列车处理。如胶济线设定的时间范围是：接车进路（预计到达时间－5 min，预计到达时间＋30 s），发车进路（预计出发时间－3 min，预计出发时间＋2 min），通过进路（预计到达时间－5 min，预计出发时间＋2 min）。

（十四）分路不良区段作业办法

1. 对分路不良区段，由电务人员按规定在电脑终端的站场平面图上用特殊线条对分路不良区段进行明示化，并在《行车设备检查登记簿》内登记。

2. 对未确认与已确认空闲的分路不良区段采用不同的显示方式，如胶济线的办法是对未确认空闲的分路不良区段采用闪烁显示方式，已确认空闲的分路不良区段采用稳定显示方式。对闪烁显示的分路不良区段，各站要及时确认区段空闲后，将闪烁显示改为稳定显示。对在中心控制方式下的无人站，由车站综合维修人员确认分路不良区段空闲后，通知助理调度员将闪烁显示改为稳定显示。

3. 由CTC系统自动排路时，经由未确认空闲分路不良区段的进路或向分路不良股道接车的进路排列前，由系统负责给出提示，助理调度员必须根据提示，确认分路不良区段空闲后，方可通过系统自动排列该进路。经由已确认空闲分路不良区段的进路由系统自动排列该进路。列车通过后，要重新确定分路不良区段空闲。

4. 助理调度员人工排列经由未确认空闲的分路不良区段的进路时，必须严格执行以下规定：

（1）办理列车进路前，必须通知车站检查，确认与进路有关的所有分路不良轨道区段的线路空闲和邻线机车、车辆在警冲标内方停妥后，方可准备进路。

（2）调车作业时，询问并得到调车人员或司机汇报机车、车辆出清道岔轨道电路区段时，方可扳动道岔，开放信号。

（3）在轨道电路分路不良的区段上停放车辆或在不能封闭的货物线办理调车作业时，车站值班员（助理调度员）必须在车务终端（调度站场操作终端）的站场平面图上做好表示（红光带），确保安全。

（4）遇有轨道电路分路不良，列车或车列通过后进路漏解锁、白光带不消失，必须通过车站确认列车或车列确已安全通过该区段后，方可进行区段人工解锁。

（十五）变更进路的办法

1. 已开放的进站信号机，三显示自动闭塞区间当列车进入第二接近区段（特快旅客列车、动车组为第一接近区段）后，禁止关闭信号、变更进路（遇特殊情况除外）。四显示自动闭塞区间当列车已进入第三接近区段（特快旅客列车、动车组为第一接近区段）时，禁止关闭信号、变更进路（遇特殊情况除外）。

2. 双线区段的车站，禁止办理经由同一咽喉两正线间八字渡线道岔的列车变更进路。

3. 双线区段的车站，原规定为正线通过的列车临时变更进路（直进侧出、侧进直出、侧进侧出）时，须经列车调度员准许，并由助理调度员通知车站值班员（无人站由助理调度员）预告司机；如来不及预告时，应使列车在站外停车后，再开放信号机，接入站内。如须经道岔侧向运行时，应根据实际经过道岔的状况，按《技规》第 275 条 31～33 表的规定，经列车调度员准许后发布命令，限速运行。

（十六）站内无空闲线路时接车办法

在站内无空闲线路的特殊情况下，在 CTC 控制方式下，列车调度员只准办理接入为排除故障、事故救援、疏解车辆等所需要的救援列车、不挂车的单机、动车及重型轨道车。车站由车站按《技规》第 283 条、相关《行规》办理。无人站：列车调度员在办理上述列车接车时，须使用列车无线调度电话将事由向司机交待清楚后，用调车信号锁闭进路，并下达“准许列车越过关闭的进站信号直接进入有车线，要求列车注意运行”的调度命令。该列车司机应根据列车调度员交待的有关事由和命令，并以时速不超过 20 km 直接进站，随时注意停车。

（十七）引导接车办法

凡进站、接车进路信号机不能使用或在双线区段由反方向开来列车而无进站信号机时，应使用引导信号或派引导人员接车。有人站转入车站控制，由车站按有关规定办理。无人站，由助理调度员按以下方式办理。

使用引导信号接车时办理方式有两种：一种是先将引导进路上的道岔锁在规定位置后，开放引导信号，简称引导进路锁闭；一种是将全咽喉道岔锁在规定位置后，开放引导信号，简称引导总锁闭。

1. 引导进路锁闭方式：助理调度员先将引导进路上的道岔扳至规定位置，然后按操作程序使用引导按钮，则引导进路上的白光带点亮，引导信号开放，进站信号机复示器同时点亮红色和白色表示灯。

如果进路上有个别轨道区段故障时，也可按引导进路锁闭方式办理，但故障区段不能实现引导锁闭，仍点亮红光带，故必须在开放引导信号前，将属于故障区段的道岔实行人工锁闭。若开放引导信号后或列车行进中轨道区段故障恢复，则该区段立即能实现引导锁闭，点亮白光带。

轨道电路故障均能按此种方式开放引导信号。

此种引导进路锁闭方式可以实现敌对照查锁闭，即不能向已排列了敌对进路的股道开放引导信号，也不能向已办理了引导接车的股道再办理列、调车进路。

进站信号机内方第一轨道电路区段良好，引导信号开放后即可松手，当机车车辆第一轮对压入信号机内方时，引导信号自动关闭；如果进站信号机内方第一轨道电路区段故障，办理引导进路时，在站场图的引导按钮上方应该有 30 s 延时表示，如果助理调度员要保持引导信号的持续开放，在 30 s 内必须再次办理引导进路操作，重新开始另一个 30 s 延时，直到列车进入进站信号机内方。

引导列车沿进路通过后，进路仍处于锁闭状态，白光带继续点亮，当助理调度员与车站综合维修人员确认列车已全部进入股道后，方可使用总人工解锁按钮解锁进路，进路解锁后白光带熄灭。

引导信号开放后，如果要关闭信号，可使用总人工解锁按钮进行解锁。进站信号开放后按下引导信号按钮无效，不会干扰正在开放的列车信号。但当进站信号机内方带调车信号机时，如调车信号开放（接车进路兼调车信号机相同），按下引导信号按钮，便将调车信号关闭，但不能开放引导信号。电路未修改之前，按压引导信号按钮影响开放信号。

2. 引导总锁闭方式：如果道岔失去表示或向非接车线路引导接车时，采用引导进路锁闭方式不能开放信号，可采用引导总锁闭方式。办理方法是助理调度员在使用引导总锁闭按钮前，应指示车站综合维修人员将进路上的道岔扳至规定位置，经确认后再按操作程序使用引导总锁闭按钮，引导信号开放，进站信号机复示器同时点亮红色和白色表示灯。

引导总锁闭按钮所辖咽喉内的所有道岔被单锁，道岔文字变红。再次引导总锁闭时，道岔文字还原到引导总锁闭前的状态。

应当注意，采用这种引导锁闭方式，开放引导信号后，道岔与信号没有联锁关系，即道岔位置是否正确、进路是否空闲、敌对进路是否办理等条件均由车站综合维修人员来确认，保证安全。

进站信号机内方第一轨道电路区段良好，引导信号开放后即可松手，当机车车辆第一轮对压入信号机内方时，引导信号自动关闭；如果进站信号机内方第一轨道电路区段故障，办理引导进路时，在站场图的引导按钮上方应该有30s延时表示，如果助理调度员要保持引导信号的持续开放，在30s内必须再次办理引导进路操作，重新开始另一个30s延时，直到列车进入进站信号机内方。

使用这种引导锁闭开放引导信号接车时，车站值班员须在确认列车已全部进入股道后，方可再次操作引导总锁闭按钮，本咽喉区道岔即解锁。引导信号开放后，如果要关闭信号，可再次操作引导总锁闭按钮，引导信号立即关闭，本咽喉区道岔原锁闭道岔全部解锁。

3. 如人工引导时，引导人员前往接车后，不准变更接车顺序和接车进路。

四、非正常情况下的调度处理

1. 遇CTC设备故障或设备“天窗”维修、施工，需要转入非常站控方式时，车站与列车调度员需分别登记。

在CTC控制方式下，车站值班员发现危及行车安全的情况时，应立即按下非常站控按钮将控制方式转为非常站控，并及时报告列车调度员。

在非常站控方式下，由车站值班员组织车站行车人员办理接发列车，无人站由综合维修人员组织应急行车人员办理接发列车。无人站在转入非常站控方式后，且应急行车人员未赶到该站，遇列车在车站接发时，由综合维修人员负责办理接发车手续。对无人站，从CTC控制方式转为非常站控方式时，列车调度员（助理调度员）应及时通知应急行车人员赶往无人站。

2. 办理反方向行车：双线双向（反向大区间）自动闭塞区段，遇反方向接发列车时，在列车调度员的指挥下，综合维修调度员须按规定向车站和机车乘务员发布反方向运行的调度命令，列车占用区间的凭证为发布反方向运行的调度命令和出站信号机显示的进行信号（绿色灯光），并确认反方向发车进路表示器的白色灯光（未装设反方向发车进路表示器时，由发车人员口头通知司机和运转车长）。助理调度员每次变更列车运行方向前，必须与车站值班员共同确认站间区间空闲。

3. 无联锁接发车办法。有人站转入车站控制由车站按有关规定办理。对于无人站，助理调度员在设备故障或停电时，应立即通知应急行车人员，尽快赶赴该站，按有关规定办理。

4. 调度员控制发车进路，遇特殊情况须取消发车进路：

（1）助理调度员应先通知车站值班员，由车站值班员通知发车人员；如发车人员已显示发车指示信号，而列车尚未起动时，还应通知司机，收回行车凭证。无人站，助理调度员应使用列车无线调度电话通知司机。

（2）助理调度员必须得到车站值班员（无人站为司机）可以取消进路的汇报后，再取消发车进路。

5. 列车由区间退行的接车办法：

CTC 控制方式下，在不得已情况下列车必须退行时，列车司机应使用列车无线调度电话将情况及时向列车调度员报告并取得同意后，方准组织列车退行。列车调度员接到列车退行的报告后，应将列车退行情况提前告知该站车站值班员（综合维修人员），注意列车运行，并根据车站线路占用情况，开放进站信号机或按引导办法将列车接入站内（车站控制模式时指示车站办理）。转入非常站控方式后，车站值班员（综合维修人员）接到列车退行报告时，须按《技规》、《行规》及有关规定办理。

（1）货物列车退行时，有随乘流动调车组时，由流动调车组人员在退行车列的前端，结挂简易紧急制动阀，经简略试验后，登车负责瞭望；无随乘流动调车组时，由列车调度员指派车站胜任人员担当，对无人站可指派其他车站胜任人员担当。

（2）在分散自律和中心控制下，已准许退行的列车，退行一个或多个闭塞分区停车后，在变更向前进方向运行时，助理调度员须在接到退行列车到达前方站的汇报后，助理调度员方可放行后续列车。

6. 列车冒进信号的处理：

有人站转入车站控制方式，由车站按有关规定办理。无人站按以下方式办理：

列车冒进进站（接车进路）信号机后，待接车条件具备后，助理调度员指派综合维修人员以调车方式将列车领入站内；列车冒进出站（发车进路）信号是否需退回线路内，按助理调度员的指示办理。退回时，无运转车长值乘的列车由助理调度员指派综合维修人员以调车方式领回线路内；如不退回，发车时发给司机绿色许可证，直接开往区间。

7. 发生挤道岔时的处理：

当发生挤道岔时，助理调度员应指示车站转入非常站控模式或 CTC 分散自律模式下的车站控制方式，由车站值班员或综合维修人员按有关规定办理。助理调度员还应通知行车应急人员尽快赶赴无人站，协助综合维修人员工作。

8. 在分散自律模式列车调度员控制列车进路时，由于轨道电路故障导致进路不能正常解锁时，助理调度员必须与车站联系，在确认列车整列到达、通过或出站后，人工解锁遗留的列车或调车进路。

9. 在 CTC 分散自律模式的车站控制方式下，轨道电路停电恢复时，车站值班员（或综合维修人员）必须使用列车无线调度电话与司机联系，在确认站内列车和调车车列停稳后，按压电解锁按钮一次性解锁。

10. CTC 控制方式下，列车调度员遇站内轨道电路因故出现红光带时，有人站通过车站值班员通知车站及工、电有关人员检查，无人站通过综合维修人员通知有关人员检查，车站值班员（综合维修人员）按规定在《行车设备检查登记簿》内登记。检查确认故障区段（线路）空闲或排除障碍物后，车站值班员（综合维修人员）应将检查结果向助理调度员汇报。

助理调度员根据现场汇报情况，确认故障区段（线路）空闲，单操道岔准备进路，确认进路正确，并对进路上故障区域内的道岔施行单独锁闭后，方可开放引导信号接车或向机车乘务员传送绿色许可证（或调度命令）办理发车。必要时应及时通知车站值班员（综合维修人员）转入非常站控方式。

11. CTC控制方式下，列车调度员遇站内道岔或区段轨道电路失去表示时，有人站通过车站值班员通知车站及工、电有关人员检查，无人站通过综合维修人员通知有关人员检查，车站值班员（综合维修人员）按规定在《行车设备检查登记簿》内登记。检查确认道岔（区段）空闲或排除障碍物后，车站值班员（综合维修人员）应将检查结果向助理调度员汇报。助理调度员根据现场汇报情况，确认道岔（区段）空闲，单操道岔准备进路，并通知车站值班员将进路上的故障道岔、分动外锁闭道岔及邻线上防护道岔摇（单操）到所需位置加锁后，确认进路正确，接车时向司机和车站值班员（综合维修人员）发布引导接车的调度命令，方可使用引导总锁闭开放引导信号接车或向机车司机传送绿色许可证办理发车。必要时应及时通知车站值班员（综合维修人员）转入非常站控方式。

12. CTC控制方式下，遇进站（接车进路）信号机故障时，车站值班员（列车调度员）应根据系统报警，及时通知列车调度员（车站值班员），由车站值班员（综合维修人员）在《行车设备检查登记簿》内进行登记，并通知工、电务人员迅速赶赴现场进行故障排除，必要时应转入非常站控方式。在工、电务人员未排除故障，但又需要在该车站办理接车作业时，列车调度员向司机和车站值班员（综合维修人员）发布引导接车的调度命令，指示助理调度员及时正确地以列车按钮准备接车进路或转入非常站控方式后通过车站值班员（综合维修人员）准备接车进路，确认进路准备妥当后，开放引导信号接车。

13. CTC控制方式下，遇出站信号机故障时，车站值班员（列车调度员）应根据系统报警，及时通知列车调度员（车站值班员），由车站值班员（综合维修人员）在《行车设备检查登记簿》内进行登记，并通知工、电务人员迅速赶赴现场进行故障排除，必要时应转入非常站控方式。在工、电务人员未排除故障前，需要在该车站办理发车作业时，列车调度员指示助理调度员及时正确地以列车按钮准备发车进路或转入非常站控方式后通过车站值班员（综合维修人员）准备发车进路，确认进路准备妥当后，向机车司机传送绿色许可证，通知车站发车。

14. CTC控制方式下，遇向非到发线接车时，列车调度员（助理调度员）通过调度监控终端确认接车线路空闲，对非集中区线路通知车站确认线路空闲后，向车站发布非到发线接车的调度命令，单操道岔或以调车按钮准备进路（非集中区通知车站准备进路，并将进路上有关道岔及邻线上防护道岔加锁），确认接车进路正确后，向司机和车站值班员（综合维修人员）发布引导接车的调度命令，方可使用引导总锁闭开放引导信号接车。

15. CTC控制方式下，遇从非到发线发车时，列车调度员向车站发布非到发线发车的调度命令，助理调度员以调车按钮准备进路（非集中区通知车站准备进路，并将进路上有关道岔及邻线上防护道岔加锁），确认发车进路正确后，方可向机车乘务员传送非到发线发车的调度命令和绿色许可证，通知车站发车。

16. 非常站控方式下，采用电话闭塞法行车时，车站值班员（综合维修人员）须与邻站办理闭塞手续。如邻站为中心控制或分散自律控制模式时，须与列车调度员（助理调度员）办理闭塞手续。列车调度员（助理调度员）与车站值班员（综合维修人员）办理电话闭塞时，应及时将发出或收到的电话记录号码登记在《行车日志》内。遇调度电话、列车无线调度电话不通时，闭塞法的变更或恢复，应由该区间两端站的车站值班员（综合维修人员）确认区间空闲后，直接以电话记录办理。

17. 进路解锁和取消，原则是谁办理谁解锁。

18. 电气化区段各站，对停电线路及恢复供电线路，有人站车站值班员应按照列车调度员的调度命令及时在 CTC 系统内进行标注，无人站由助理调度员进行标注，并报告列车调度员；列车调度员要认真进行确认，并及时调整列车运行计划。列车运行计划下达后，车站值班员（助理调度员）要认真确认接车股道，防止电力机车接入无电线路。

19. 列车调度员遇一台或几台调度终端 CTC 系统故障时，可切换到其他作用良好的调度终端上继续作业，并及时通知电务值班人员抢修。遇所有调度终端 CTC 系统故障时，须立即通知各站转入车站控制模式，通过调度集中电话及时向各站下达阶段计划，转入人工铺画列车运行图组织指挥行车，并通知电务值班人员抢修，通知应急行车人员赶赴无人站组织行车作业。车站组织作业时，可由车站自律机按原已收到的列车运行调整计划继续自动执行，直到列车运行调整计划执行完毕，此时车站值班员（综合维修人员）应加强监控，发现问题立即转入非常站控。车站值班员（综合维修人员）应及时向列车调度员报点。

20. 列车调度员遇调度终端 CTC 通信故障时，须立即通知各站转入车站控制模式，通过调度集中电话及时向各站下达阶段计划，并通知电务值班人员抢修，通知应急行车人员赶赴无人站组织行车作业。车站组织作业时，可由车站自律机按原已收到的列车运行调整计划继续自动执行，直到列车运行调整计划执行完毕，此时车站值班员（综合维修人员）应加强监控，发现问题立即转入非常站控。车站值班员（综合维修人员）应及时向列车调度员报点。

21. 车站值班员（列车调度员）发现车站与调度所间 CTC 通信故障时，应及时通知列车调度员（车站值班员），并通知电务值班人员进行抢修，由车站在车站控制模式下组织车站作业。此时，可由车站自律机按原已收到的列车运行调整计划继续自动执行，直到列车运行调整计划执行完毕。列车调度员接到车站值班员（综合维修人员）的汇报后，应及时使用调度集中电话向该站下达阶段计划。遇车站是无人站时，列车调度员还应马上通知应急行车人员赶赴无人站组织行车。车站值班员（综合维修人员）要及时向列车调度员报点。

22. 车站有一台车务终端故障，另一台车务终端作用良好时，车站值班员（综合维修人员）应切换到作用良好的车务终端继续作业，同时向列车调度员汇报，并及时通知电务人员处理。

23. 车站所有车务终端故障时，车站值班员（综合维修人员）应立即转入非常站控方式，向列车调度员汇报，并通知电务人员处理。列车调度员接到车站值班员（综合维修人员）的汇报以后，应及时向该站下达阶段计划。遇车站是无人站时，列车调度员还应马上通知应急行车人员赶赴无人站组织行车。车站值班员（综合维修人员）要及时向列车调度员报点。

第二节　车站行车组织

一、概　　述

根据 CTC 的作业特点，车站分为有人站和无人站。

CTC 控制区段设有分散自律控制与非常站控两种模式。分散自律控制模式下，只有控制指令不同来源，没有中心与车站控制权的转换，系统根据列车运行调整计划自动控制列车进路，根据调车作业计划自动控制调车进路，并具备人工办理进路的功能；非常站控模式是脱离 CTC 控制转为车站控制台（计算机联锁终端）人工控制的方式，调度中心不具备直接控制权，系统具备 TDCS 功能。

各个铁路局对 CTC 的操作方式也分别做了一些补充规定，例如济南铁路局对分散自律控制模式又分为三种操作方式：中心操作方式、车站调车操作方式及车站操作方式。

中心操作方式：调度员对列车及调车进路均有操作权，车站对列车及调车进路均无操作权。

车站调车操作方式：调度员对列车进路有操作权，对调车进路无操作权。而车站对调车进路有操作权，对列车进路无操作权。

车站操作方式：车站对列车及调车进路均有操作权，调度员对列车及调车进路均无操作权。

纳入 CTC 控制的车站，其功能和作用与以往并没有太大的差别，工作内容与以往的车站基本相同，主要差别体现在 CTC 下的具体操作上，概括起来主要包括以下几点：

1. 在 CTC 模式下，进路的控制主要由车站自律机依据调度中心下达的列车运行调整计划自动生成列车进路指令，通过合法性、时效性、完整性和无冲突性的检查后转变为命令，适时下传给本站联锁设备执行。而传统模式的进路控制由车站值班员人工排列和解锁。

2. 在 CTC 模式下接发列车作业主要由调度员控制，车站值班员则不再负责办理，只起到监控的作用。

3. 在 CTC 模式下阶段计划的概念逐步模糊，调度员做出的列车运行调整计划随时下达，车站工作人员根据该计划做好相应的准备，而不再是传统模式下每 3～4 h 才下一次计划。

4. CTC 模式下，车站在输入调车作业计划时，增加了钩时分的内容。

5. 由于 CTC 系统的功能特点，可实现不办理客货运业务、调车作业量较小、列车和调车进路由调度中心远程控制的车站行车岗位无人化，从而出现了传统模式下不存在的一个概念——无人站。

6. 由于出现了无人站，需要在增加应急行车人员负责无人站在非常站控和各种非正常情况时的行车组织工作。

7. CTC 系统能实现现行的《行车设备检查登记簿》（运统 46）全部内容的电子化管理，完成综合维修计划的申请、接收，维修施工的联系、要点、登记和销记等。

8. 由于作业组织方式的变化，车站在进行客运作业组织和行包作业组织时，车站值班员需要与调度员加强联系，随时了解到发线占用的情况。

9. 在非正常情况下的作业，CTC 的模式下调度员必须参与进去作相应的操作。例如，道岔无表示时，必须现场人工确认并采取相关安全措施，由调度员办理引导总锁闭，开放引导信号；经现场人工确认列车整列到达后，取消引导总锁闭或转为非常站控模式后由车站办理引导接车。

本节的主要内容是介绍 CTC 车站在操作上的不同点，通过结合专业理论知识，使读者能熟悉 CTC 控制模式下车站相关工作岗位的职责以及操作方法。

二、CTC 车站行车组织方法

本小节主要介绍 CTC 车站中无人站行车组织方法、有人站行车组织方法，以及故障条件下故障的处理措施和设备的维护。

（一）CTC 车站行车人员主要工作

1. 车站值班员职责

在 CTC 控制方式下，负责接听行车电话、接收调度命令、监视车务终端或控制台显示。根据列车调度员（助理调度员）指示，亲自或指派人员对站内线路进行检查、确认，向机车乘务员、运转车长转交调度命令、递交行车凭证。

未设车站调度员（调车区长）的作业量较大的车站，负责担任车站调车领导人，组织办理车站调车作业。在非常站控方式下，负责组织完成车站接发列车作业。

在分散自律模式下遇信联闭设备故障时，根据调度员指示，负责接发列车进路的检查、准备，及时向调度员汇报；遇清扫道岔时，负责与调度员联系相关道岔的转换事宜。

2. 信号员（长）职责

按照车站值班员的命令，正确及时地准备接发车进路。根据调车作业计划，正确及时地准备调车作业进路。协助车站值班员，通过车务终端或控制台监视列车运行和调车作业动态。监视设备状态，发生故障时，及时向车站值班员汇报。

（二）CTC 车站行车作业组织方法

1. 车站行车作业组织方法

分散自律调度集中区段，有关行车工作由该区段列车调度员直接指挥。该系统分散自律控制的基本模式是用列车运行调整计划自动控制列车运行进路，同时在分散自律条件下调度中心具备人工办理列车、调车进路，车站具备人工辅助办理列车进路、完全办理调车进路的功能，即只有控制指令不同来源，没有调度中心与车站控制权的转换，分散自律控制模式下，原车站微机联锁控制台不起作用。非常站控模式下车站与调度集中系统控制脱离，转为车站传统人工控制的模式，调度中心不具备直接控制权，系统车务终端不起控制作用。

（1）车站接发车工作组织的日常要求

调度集中控制范围内的车站接发列车，以列车运行调整计划自动控制为基本方式，以调度员人工控制为辅助方式。

分散自律调度集中系统以日班计划为依据，人工和自动调整列车运行计划，经列车调度员批准后适时下达到车站自律机执行。车站自律机依据列车调度员下达的列车运行调整计划自动生成列车进路指令，通过合法性、时效性、完整性和无冲突性的检查后转变为命令，适时下传给车站联锁设备执行。车站自律机因故无法排列基本进路时，系统自动报警，调度台可以对某一次列车进路进行人工干预，列车调度员应指示助理调度员通过控制工作站排列接发列车进路，但须受分散自律安全条件控制。

对于有特殊运行要求的列车由列车调度员依照相关管理规定特别设置，并产生相应的列车运行调整计划。

分散自律控制模式下，车站值班员应通过车务终端监督列车运行，可随时查询上一班及当班列车运行情况、本站及相邻上下行方向各两个车站的列车运行调整计划和进路内容。车务终端应于列车在相邻两站开车、通过时，立即向车站值班员发出车站、车次及到开（通过）时刻警示信息。列车接近时，车务终端应用语音提示某次列车第几接近。车站值班员通过监督列车运行和车务终端的语音提示，按照《站细》规定及时通知助理值班员立岗接车。

接发在车站办理客运业务的列车及快速、特快旅客列车通过时，车务终端应于列车在接车方向相隔邻站开车（通过）、邻站开车（通过）、压上接近区段三个时刻分别发出车站、车次及到开（通过）时刻等警示信息。车站值班员通过监督列车运行和车务终端的语音提示，按照《站细》规定及时停止影响接发列车进路的调车作业，通知助理值班员、客运人员立岗接车，站内平过道应提前派人到岗监护。

局界口站与邻局车站间办理预告和报点时，由调度员与邻局车站值班员以电话办理。

接发特快旅客列车及 200 km/h 动车组时，车站值班员间应按规定执行“告知”程序。接发超限、超长、军特运等有特殊要求的列车时，车站值班员间应按规定以电话通知相关注意事项。

禁止办理相对方向同时接车和同方向同时发接列车的具体规定，必须纳入分散自律安全控制条件。遇相对方向不能同时接车或同方向不能同时发接列车时，由系统提示，列车调度员确定接发列车顺序。

由助理调度员人工办理接发列车进路，相对方向不能同时接车时，先接列车全部进入接车线后，助理调度员应得到机车司机列车停妥的报告后，方准办理相对方向列车的接车进路。

除执行《技规》、《行规》有关规定外，禁止办理的相对方向同时接车和同方向同时发接列车应在《调度集中区段调度工作细则》中做出具体规定。

车站值班员确认列车完整性之后向列车调度员汇报。列车调度员、助理调度员和综合维修调度员使用带密码的按钮时，应在《行车设备检查登记簿》内进行登记。

（2）车站接发列车线路的规定

在设有隔开设备的车站，列车调度员或车站值班员（应急车站值班员）在人工控制操作办理相对方向同时接车或同方向同时发接列车，需要彼此隔开时，须将接车线末端的进路开通隔开设备。

人工控制操作办理接发客运列车、挂有超限货物车辆列车时，列车调度员（助理调度员）须按规定的固定线路办理；车站值班员（应急车站值班员）须按《站细》规定的固定线路办理。

特快旅客列车应在正线通过，其他通过列车原则上应在正线通过。

原规定为通过的客运列车由正线变更为到发线接车及特快旅客列车遇特殊情况必须变更基本进路时，在列车调度员（助理调度员）人工控制办理的情况下，由列车调度员（助理调度员）使用列车无线调度电话直接告知列车司机，如来不及告知时，应使列车在站外停车后，开放信号机，再接入站内。在办理有旅客乘降、行包装卸作业的旅客列车时，应接入靠站台的固定线路。

（3）车站发车作业工作组织

发车前，检查确认进路道岔位置正确、影响进路的调车作业已经停止后，方可开放出站信号机，交付行车凭证，在旅客上下、行包装卸和列检作业完了后，指示发车或发车。

发车进路准备妥当，行车凭证已交付，出站（进路）信号机已开放，发车条件完备后，车站值班员（助理值班员）方可显示发车信号或向运转车长显示发车指示信号。

运转车长得到发车指示信号后，确认列车已完全具备发车条件，方可向司机显示发车信号。

司机必须确认占用区间行车凭证及发车信号或发车表示器显示正确后，方可起动列车。

因曲线等关系，司机难以确认运转车长发车信号时，经铁路局指定的车站，可由发车人员直接向司机显示发车信号。

单机、动车、重型轨道车及无运转车长值乘的列车，均由发车人员直接向司机显示发车信号。

通信记录装置良好的车站，单机、动车、重型轨道车及无运转车长值乘的列车，准许使用列车无线调度通信设备发车。

（4）车站接发列车的特殊规定

如下情况禁止办理相对方向同时接车和同方向同时发接列车：

①进站信号机外制动距离内，进站方向为超过 6‰的下坡道，而接车线末端无隔开设备；

②在接、发旅客列车的同时，接入列车运行监控记录装置发生故障的列车而接车线末端无隔开设备（单机、动车及重型轨道车除外）。

相对方向不能同时接车时，应先接后面有续行列车的列车、停车后起动困难的列车或不适于在站外停车的列车。遇两列车不能同时接发时，原则上应先接后发。车站应将不能办理相对方向同时接车和同方向同时发接列车的情况纳入《站细》。

（5）车站行车作业方法补充说明

CTC 模式下车站行车作业流程，接发车用语，接发列车进路准备办法，确认接车线路空闲办法，信号开放、关闭时机和确认开闭状态的办法，车站直接发接车办法，接发超长、超限和其他有特殊要求的列车的办法，相对方向同时接车和同方向同时发车的规定等，可以参照非 CTC 模式的车站行车作业办法，各站根据实际情况，在编写《站细》时做具体规定。

2. 无人车站行车作业组织方法

列车调度员可以通过控制工作站远程操纵无人站的所有控制按钮，但严禁无人站值守的车站值班员在分散自律控制模式下操控车务终端的任何控制按钮。调度员需对调度集中控制的道岔实行单独锁闭或解除单锁时，应及时通知助理调度员办理。

无人站对停留超过 20 min 的列车，应进行列车自动制动机简略试验，有运转车长的列车由运转车长负责，无运转车长的列车由车辆乘务员负责，无车辆乘务员的由司机自行试风。遇有特殊情况，司机、运转车长（车辆乘务员）应及时与助理调度员联系，无法与助理调度员直接联系时，及时与综合维护人员联系。无人站司机凭出站信号机显示（行车凭证）开车。

在无人站，列检人员和相关人员到站检查处理故障车、事故车作业完毕后，必须做好停留车辆的防溜措施，并与应急车站值班员办理防溜措施的检查、登记、交接手续。在无人站，摘车时列车司机负责将随车有关票据交于该站值守的车站值班员并签字交接，故障车、事故车列检处理后，应将车辆回送单据与车站值班员办理签字交接，列车挂车时，由车站值班员与列车司机办理随车票据（包括车辆回送单据）的交接手续。

无人站在电务应急抢修中心人员未到达该站前，列车调度员（助理调度员）通过应急车站值班员准备接发列车进路时，原则上不得在该站办理列车的会让作业。在未转入非常站控模式时，遇到上述情况，列车调度员须将“准许列车越过关闭的信号机运行（或发车）”的调度命令向该站车站值班员（应急车站值班员）一并发布，车站接发车人员应注意列车运行。

（三）CTC 车站故障处理

1. 非常站控模式行车组织方法

（1）非常站控模式相关的 CTC 设备

①在调度终端、车务终端、车站微机联锁控制台上设置控制模式状态表示灯：

a. 红灯：非常站控表示灯；

b. 绿灯：CTC 控制表示灯；

c. 黄灯：允许转回 CTC 控制表示灯。

②非常站控按钮密码加封并带计数器，设置在车站微机联锁控制台。正常状态为分散自律控制模式，破封按下为非常站控模式。

车站值班员应对非常站控按钮的使用和密码的保存负责，并严禁非工作人员操作。电务人员检修时，必须按规定进行联系登记。

③分散自律控制模式转向非常站控模式不检查任何条件，但向列车调度员进行提示报警。非常站控模式转回分散自律控制模式系统检查以下条件：

a. 调度集中系统设备正常；

b. 非常站控模式下没有未完成的按钮操作。

在满足上述条件时，允许转回 CTC 控制，表示灯亮灯后，操作非常站控按钮，转回分散自律控制模式，否则操作无效。

④在分散自律控制模式下，除非常站控按钮和接通光带按钮外，车站微机联锁控制台其他按钮的操作均不起作用；在非常站控模式下，调度台控制工作站和车务终端所有操控按钮均不起作用。

（2）非常站控模式下的行车组织

①非常站控模式下的行车组织基本要求

在非常站控模式下，车站的行车工作由车站值班员统一指挥，划分车场的车站，各车场的行车工作由该车场值班员统一指挥；无人站行车指挥工作由应急行车人员担任，但必须执行列车调度员命令。

调度集中区段应保持在分散自律控制模式下，由调度中心对区段内的信号设备进行集中控制、对列车运行直接指挥和管理。但遇到下列情况，应立即由分散自律控制模式转换为非常站控模式：

a. 调度集中设备故障；

b. 发生危及行车安全的情况；

c. 设备天窗维修、施工需要转为非常站控的情况；

d. 必须转为非常站控的特殊情况。

需要转入非常站控模式时，列车调度员发布准许转入非常站控的调度命令，由车站值班员在接到命令后，输入密码按下非常站控按钮，转换为非常站控模式。

遇危及行车安全等紧急情况需转换为非常站控模式时，车站值班员应立即按下非常站控按钮将车站控制模式转为非常站控，同时报告列车调度员，列车调度员发布控制模式转换的调度命令，无人站还应通知应急行车人员迅速赶往车站。

使用非常站控按钮应按规定在《行车设备检查登记簿》内登记。

无人站原则上不得转为非常站控模式，但站段要针对无人站制定非常站控模式下的应急预案，组织相对固定的应急行车人员。当无人站有计划必须转为非常站控模式时，列车调度员应提前通知应急行车人员前往无人站，待应急行车人员到岗后，发布调度命令，由值守的车站值班员进行模式转换的控制操作。遇紧急情况，由无人站值守的车站值班员进行模式转换的控制操作，同时通知应急行车人员迅速赶往车站。

②非常站控模式下的行车闭塞

作业方式和过程与非 CTC 模式相同。

(3) 非常站控模式下的列车运行（接车与发车）

①在非常站控模式下，非调度集中区段与调度集中区段的相邻两站间办理接发列车作业时，由车站值班员与邻站办理预告闭塞手续，无人站由应急行车人员办理接发列车作业。

对无人站，从分散自律控制转为非常站控后，调度员应及时通知应急行车人员赶往无人站。

②非常站控模式下的车站与分散自律控制模式下的相邻站，非调度集中区段与调度集中区段的相邻两站间办理接发列车作业时，由车站值班员与邻站办理预告闭塞手续。

邻站调度集中系统根据列车运行调整计划自动向非调度集中车站和非常站控车站发送预告请求，车站值班员同意接车时，调度集中系统自动排列该次列车的发车进路，开放出站信号；不同意接车时，调度集中系统严禁排列该次列车的发车进路和开放出站信号，并向调度员报警，调度员与车站值班员电话联系确认。

③非常站控车站向调度集中区段分散自律控制模式下的车站已办妥列车预告手续，需要取消预告时，必须与调度员联系，取得调度员的同意后，方可取消预告。调度员对调度集中系统自动向非调度集中车站、非常站控车站已办妥的列车预告需要取消时，必须通过电话与非调度集中车站、非常站控车站值班员联系，取得车站值班员的同意后，方可取消预告，并按照列车运行调整计划向车站重新下达阶段计划。

④在不得已情况下列车必须退行时，列车司机应使用列车无线调度电话将情况及时向列车调度员报告并取得同意后，方准组织列车退行。列车调度员接到列车退行的报告后，应将列车退行情况提前告知该站车站值班员，注意列车运行，并根据车站线路占用情况，开放进站信号机或按引导办法将列车接入站内。转入非常站控模式后，车站值班员接到列车退行报告时，按有关规定办理。

货物列车退行时，由列车调度员指派车站胜任人员在退行车列的前端，安装简易紧急制动阀，经简略试验后，登车负责瞭望。

(4) 行车设备施工和检修

在调度集中控制范围内的线路、道岔上进行作业或检修信号、联锁、闭塞设备，影响其使用时，相关单位事先须在综合维修终端的行车设备检查登记栏内登记，无人站由列车调度员签认或由综合维修调度员取得列车调度员同意后签认，有人车站由列车调度员和车站值班员共同签认后，方可开始。

对调度集中设备需进行施工、检修作业时，应在"天窗"点内进行。电务人员与车站值班员和综合维修调度员联系，取得同意后方准进行施工、检修作业，并在《行车设备检查登记簿》内办理登、销记手续。

因运输特殊要求和《技规》规定，对无人站的行车设备需进行联合检查时，由综合维护人员负责组织工务、电务、水电等相关部门进行设备联合检查，将检查结果记录于《行车设备检查登记簿》内，并向列车调度员汇报，对发现的问题由相关单位、部门尽快解决。

2. 故障处理措施与设备维护

(1) 故障处理措施

非正常情况接发列车作业，列车调度员必须参与组织和指挥，例如：

①轨道电路停电恢复时，列车调度员应指示车站值班员（或助理调度员）使用列车无线调度电话与司机联系，在确认站内列车和调车车列停稳后，由车站值班员按压上电解锁按钮一次性解锁，并报告列车调度员。

②遇列车因故压标影响其他列车会让或作业时，列车调度员应使用列车无线调度电话及时通知列车司机向前移动进入接车线内，通知不到时，应指示车站值班员及时通知列车司机。

③进站（进路）信号机故障时接车：

进站信号机正常开放后，因故障临时关闭且不能重新开放，进路在锁闭状态时，由调度员人工开放引导信号接车。

进站信号机故障后准备接车时，调度员应指示车站值班员排列调车信号锁闭接车进路，调度员确认进路正确后，人工开放引导信号接车。无法排列调车信号锁闭进路时，调度员应指示车站值班员单操锁闭进路上的有关道岔及防护道岔准备进路，并通过接通光带确认进路正确后，人工开放引导信号接车。调度员确认列车通过后，应指示车站值班员解除进路上的道岔单锁。无人站由列车调度员指示助理调度员准备接车进路。

引导信号不能开放时，调度员应指示车站值班员指派胜任人员人工引导接车。

(2) CTC设备维护

①CTC设备施工、检修作业，必须纳入月度施工计划。CTC设备施工、检修作业时，电务值班人员与车站值班员（综合维护人员）或综合维修调度员联系，取得同意后方准进行施工、检修作业，并在《行车设备施工登记簿》（《行车设备检查登记簿》）内办理登、销记手续。

②因运输特殊要求和《技规》规定，对无人站的行车设备需进行联合检查时，由指定车站负责组织工务、电务、水电等相关部门进行设备联合检查，将检查结果记录于《行车设备检查登记簿》内，并向调度员汇报，对发现的问题由相关单位、部门尽快解决。

③当站内行车设备因施工改造发生变化时，电务部门应与设备运用同步维护修改调度集中系统中的相关参数，否则不准使用该设备。车务部门还应及时对《站细》和《调度集中区段调度工作细则》的有关内容进行补充和修改。

三、CTC车站调车作业组织方法

(一) CTC车站调车作业的组织原则

调度集中控制范围内的调车作业均应纳入分散自律安全条件控制。分散自律安全条件控制分为人工直接操作与计划自动执行两种方式。人工直接操作方式的调车进路采用一钩（一条进路）一办；计划自动执行方式是系统根据调车作业计划自动办理调车进路。有固定调车机车的车站，调车组除负责完成本站的调车作业外，还应随乘机车负责完成调车机车固定作业区段内其他车站的调车作业。

CTC车站调车作业的组织原则有如下几点：

1. 调车作业计划是保证实现阶段计划的调车具体行动计划。车站值班员（助理调度员）应根据列车运行调整计划、列车编组信息、站存车信息、调车机车及线路运用等情况，提前编制调车作业计划。

2. 中间站利用本务机车调车作业，调车领导人应使用系统提供的附有车站示意图的调车作业通知单。调车指挥人应通过车务终端获得附有车站示意图的调车作业通知单，并亲自向机车司机交递和传达。

3. 调车领导人编制完调车作业计划后，通过调度命令无线传送系统下达到相关作业机车。调车组及作业机车司机通过车务终端或调度命令无线传送系统获得调车作业通知单。

4. 计划自动执行方式下进行的调车作业，除只变更车辆辆数外，严禁变更调车作业计划。因故需要变更调车作业计划时，必须通知调车指挥人停止调车作业后，听取调车指挥人调车作业情况的汇报，重新编制调车作业计划。

5. 为保证调车作业不干扰列车运行调整计划的执行，分散自律控制模式下的调车作业，在办理与列车运行调整计划相关的调车进路时，均应人工输入钩作业预计时分，否则不能办理。在办理与列车运行调整计划无关的调车进路时，可不输入钩作业预计时分。调度集中系统应能根据调车进路、车列长度、《站细》规定等提出钩作业参考时分。

6. 计划自动执行方式下进行调车作业，在具备GSM—R条件下，作业机车司机在作业中应根据调车指挥人的指挥，在每一钩作业动车前，通过无线通信设备向调度集中系统发出调车请求，待调车信号开放后，方准动车。未装设调度命令无线传送系统或系统故障时，必须转为人工直接操作方式办理调车作业，调车指挥人和机车司机按规定与有关人员执行调车联控用语。

（二）车站调车作业组织方法

1. 车站调车作业组织

车站调车作业组织见图4—3。

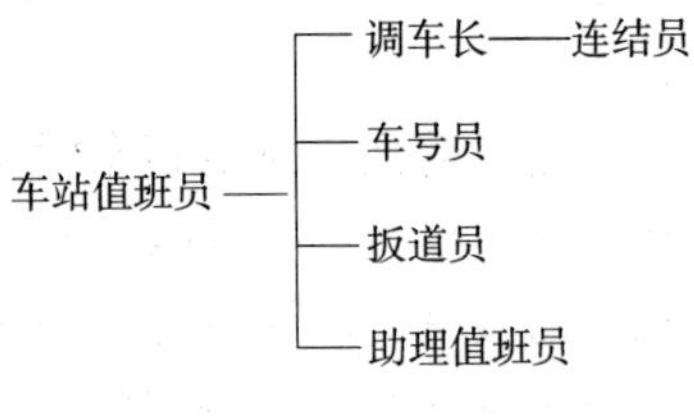

图4—3　车站调车作业组织

（1）在有人车站，由车站人员以人工直接操作方式办理调车作业。

（2）在调度集中控制的站线上进行的调车作业，原则上有人车站由车站值班员担当调车领导人。

（3）调车作业由调车长单一指挥。在无固定调车组的车站，利用本务机车调车作业时，可由助理值班员担任指挥工作。

2. 调车作业计划的编制、下达和变更

（1）调车作业计划的编制

①调车作业计划是保证实现阶段计划的调车具体行动计划。调车作业计划的编制由车站值班员（助理调度员）根据阶段计划和现车分布状况、到达列车编组确报、各装卸地点进度及调车机车工作动态等情况和有关规定提前进行编制。

②调车作业计划的编制，应确定编组列车使用的空重别、去向别、车流数量、作业使用的股道、作业种类和顺序、隔离限制、计算列车重量、计长，以保证及时解编和腾空到发

线，按编组计划编车，按运行图正点发车。

③编制调车计划要充分合理地运用车站技术设备和先进工作方法，做到解体照顾编组、解体照顾送车、在固定线路使用的基础上活用线路，以及合理“开口”，使车站调车作业既能密切配合，又能高效地进行。

④调车计划编制完后，由助理调度员直接向车站值班员、调车长、信号员送达布置，有关人员要认真复诵。调车长负责向连结员、司机传达。

（2）调车作业计划的下达

①编制完调车作业计划后，下达到相关车站的自律机，并通过调度命令无线传送系统下达到相关作业机车。调车组及作业机车司机通过车务终端或调度命令无线传送系统获得调车作业通知单。调车指挥人通过车务终端取得调车作业通知单后，要及时与助理调度员联系，听取有关作业布置和注意事项。

编制完调车作业计划后，应与调车指挥人亲自交接；亲自交接确有困难时，在《站细》内规定。在具备 GSM—R 条件下，可通过该系统直接下达到相关作业机车。

②无调度命令无线传送系统及调度命令无线传送系统故障时，助理调度员将编制的调车作业计划连同注意事项通过 CTC 向车站值班员（应急行车人员）进行布置，车站值班员（应急行车人员）签收后，按规定程序向有关作业人员传达。

（3）调车作业计划的变更

①在 CTC 控制区域内调车作业，原则上不得变更调车作业计划，确需变更作业计划时，必须停止调车作业，由调车领导人重新修改调车作业计划，进行重新传送（交接），调车指挥人向所有参加作业的人员传达清楚后开始调车作业。

②利用本务机车调车作业时，调车作业计划一经下达原则上不准变更。如必须变更时，不论钩数多少，都要重新编制书面计划，停轮向有关人员传达，确认明了后，收回原计划方可开始作业。

③在岔线内调车，遇实际与计划不符时，可由调车长制定计划，作业完了后应及时向车站值班员汇报计划变更和车辆停留情况。

3. 调车作业工作方法

（1）车站调车操作方式或车站操作方式下，车站值班员应依据调车计划以及现场调车作业情况，在车务终端输入调车作业计划或直接排列调车进路。排列调车进路时，须在按压进路按钮后输入调车钩作业预计时分（非 CTC 控制范围除外），由车站自律机自动判别是否排列进路。

（2）中心操作方式下，由助理调度员提前编制调车作业计划下达车站自律机执行。调车指挥人员于每一钩作业动车前，必须使用列车无线调度通信设备向助理调度员要道，无法与助理调度员直接通讯时，通过应急行车人员向助理调度员要道。

（3）分散自律控制下调车作业时，助理调度员（车站值班员、应急行车人员）与作业机车司机间要加强联控。

（4）助理调度员于调车作业完了后，应通过司机或车站值班员（应急行车人员）详细了解列车编组情况，及时确认、修改列车编组信息，并将信息传送至前方有关作业站，同时确认、修改作业车站站存车信息。

（5）车站调车作业完了后，车号员（车站值班员、调车区长）应及时确认、修改列车编组顺序表（运统 1），并向助理调度员报告或按规定传送列车编组情况，亲自或通过其他人员确认、修改站存车信息。无人站由应急行车人员及时修改列车编组顺序表（运统 1），并向助理调度员汇报，助理调度员应及时确认、修改车站站存车情况。

（6）在中心操作方式下，调车信号因故障不能开放时，助理调度员须在调车进路准备妥当的情况下，使用列车无线调度通信设备口头通知调车指挥人和司机作业（无法直接通讯时，通过应急行车人员通知），调车指挥人和司机根据助理调度员“准许越过关闭的调××信号机进行调车作业”的通知，进行作业。

（7）在中心操作方式下，助理调度员遇不能向车务终端传送下达调车作业计划以及不能使用列车无线调度通信设备传达布置调车作业计划时，必须转入车站操作方式或车站调车操作方式后进行调车作业，必要时转入非常站控模式。对无人站及时通知应急行车人员到站作业。

（8）在中心操作方式下，调车作业中遇调车机车不能出清轨道电路，需原路返回时，助理调度员确认道岔开通位置正确，并用道岔按钮锁闭道岔后，方准同意。调车指挥人必须得到助理调度员的允许（无法直接通讯时，通过应急行车人员得到）并口头通知司机进路道岔开通情况后，显示起动信号；调车司机凭调车指挥人的口头通知和起动信号动车。

（9）越出站界调车

①分散自律控制下，需越出站界调车时，在车站调车操作方式下，车站必须提前向助理调度员提出调车作业申请，经助理调度员同意后方可办理；中心操作方式下，助理调度员根据实际情况办理。

②助理调度员在办理越出站界调车时，确认调车进路准备妥当后，使用列车无线调度通信设备通知车站和司机（无法直接通讯时，通过车站值班员、应急行车人员通知），准许司机、调车指挥人越出站界调车作业。作业机车司机、调车指挥人必须根据开放的调车信号越出站界调车作业，越出站界调车作业完了后，调车指挥人须及时向助理调度员汇报。

（三）无人站调车作业组织方法

1. 无人站必须停办客货运业务，除故障车的甩挂作业外，不得办理调车作业。

2. 在无人站，由助理调度员直接办理或由系统自动进行控制调车作业。

3. 无人站由助理调度员担当调车领导人，在非常站控模式下，由值守的车站值班员担当调车领导人，值守的车站值班员担任调车的指挥工作。

4. 助理调度员应通过操作终端，加强对调车作业占用正线、到发线情况的监视，必要时通知车站停止调车作业。

5. 对无人站临时甩挂故障车的调车作业，由助理调度员通知应急行车人员到站担当调车作业；对无人站有计划的调车作业，助理调度员应提前通知应急行车人员到站。

6. 在无人站调车作业完毕后，对摘下的车辆，调车作业人员必须按规定采取好防溜措施，并在无人站车辆防溜登记簿内登记。

7. 无人站车站行车室必须在固定位置配备足够良好的车辆防溜器具，调车指挥人每次作业时、列检及相关人员处理故障车或事故车时，必须与综合维护人员办理防溜器具使用或交回的清点交接手续。

第五章　CTCS0/2 列控系统及功能

第一节　列控系统概述

一、列控系统技术发展概况

1. 列控 ATP 系统的组成与主要功能

ATP（Automatic Train Protection System）是列车速度防护系统，是列车超速防护和机车信号系统的一体化系统。列控 ATP 系统主要由车载设备及地面设备两大部分组成，地面设备与车载设备一起工作才能完成列车运行控制的功能。

图 5—1 是列车运行控制系统地面设备原理框图。

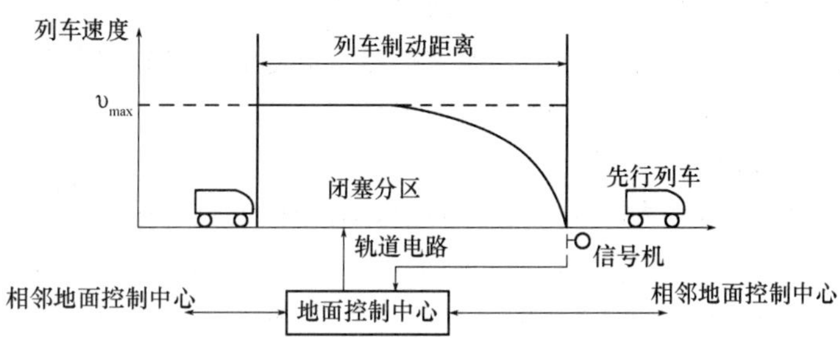

图 5—1　列车运行控制系统地面设备原理框图

地面控制中心通过电缆与铁路线上的轨道电路、信号机、应答器等设备相连，主要完成列车位置检测，形成速度信号及目的距离等信号，并将此信号传递给列车，车载设备将按照速度信号控制列车制动。

列控 ATP 系统车载设备原理框图见图 5—2。

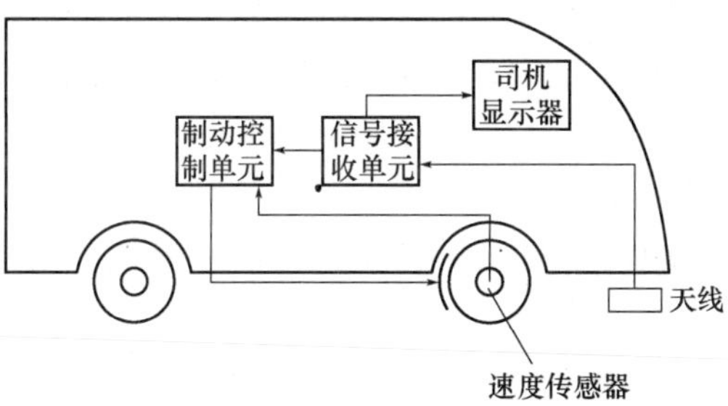

图 5—2　列控系统车载设备原理框图

车载设备主要由天线、信号接收单元、制动控制单元、司机显示器、速度传感器等组成。

机车头部的天线接收到地面的速度命令及目的距离等信号，经过信号接收单元放大、滤波、解调后，将此命令的数据送到司机显示器和制动控制单元。制动控制单元收到速度传感器传送的信号，测量出列车的实际速度，将实际速度与信号命令比较，如果判断列车需要制动，则产生制动信号，直接控制列车制动系统。列车就会自动减速或停车。

列控 ATP 系统主要功能是：

（1）防止列车冒进关闭的信号机；

（2）防止列车错误出发；

（3）防止列车退行；

（4）防止列车超速通过道岔；

（5）防止列车超过线路允许的最大速度；

（6）监督列车通过临时限速区段；

（7）在出入库无信号区段限制列车速度。

为保证列车运行控制系统不间断地工作和加强设备的维修与管理，在列车运行控制系统的地面和车上都安装有监视设备。

地面监视系统可以检测信号机、轨道电路、地面控制中心的接收和发送设备等。检测结果可以在维修工区显示及储存，也可以通过通信网送往维修基地和调度中心。设备异常前数小时内信号设备动作情况可以保存下来，供故障分析用。

车上监视设备可以将列车运行过程中速度信号、制动装置动作以及列车实际速度和司机操作等状态保存下来。有关运行安全的资料一般可保存 12～72 h。

2. 列控 ATP 的速度防护模式

各国的列车自动控制系统都具有自己的特点，有不同的技术条件和适应范围。

国外铁路采用的列控系统主要有：日本新干线 ATC 系统，法国 TGV 铁路和韩国高速铁路的 TVM300 及 TVM430 系统，德国及西班牙铁路采用的 LZB 系统以及瑞典铁路的 EBICA900 系统等。

根据技术特点和用途，列控 ATP 有着不同的分类方法。

按照地面向机车传送信号的连续性来分类，分为连续式列控系统和点式列控系统两种类型。

按照人机关系来分类，分为设备优先控制和司机优先控制两种类型。

按照列车速度防护模式，分为阶梯速度防护模式和曲线速度防护模式两种类型。

本章按照列车速度防护模式来分类，这是因为列车速度防护模式与行车安全、运营效率、闭塞方式、运输组织模式和列车驾驶都有着密不可分的关系。

本节主要按列车速度防护模式分类方式进行介绍。

（1）阶梯控制方式技术原理

阶梯控制方式可不需要距离信息，只要在停车信号与最高速度间增加若干中间速度信号，即可实现阶梯控制方式。

每个闭塞分区设计为一个目标速度，因此轨道信息量较少，只送一个速度信息，设备相对比较简单，这种控制方式是较早时期列控系统的控制方式。

阶梯控制又分为出口速度检查和入口速度检查两种方式。

①出口速度检查控制方式

阶梯控制出口速度检查方式，每一个闭塞分区内置按照一个允许速度进行控制，列车的允许速度为本区段的入口速度，即上一区段的目标速度。

阶梯控制出口速度检查方式示意图见图 5—3。

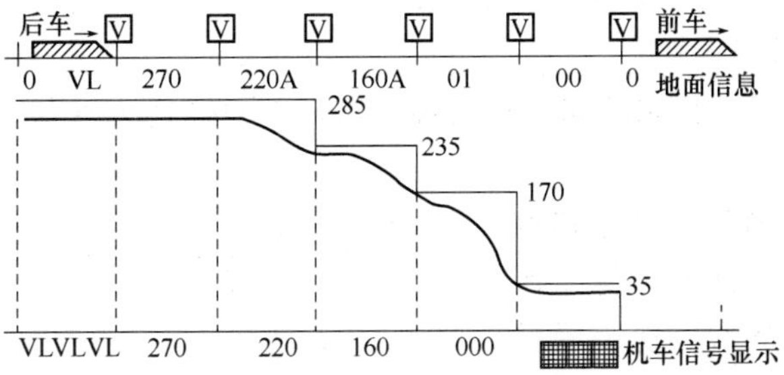

图 5—3 阶梯控制出口速度检查方式示意图

机车信号显示器给出的是目标速度，要求列车在闭塞分区内将列车速度降低到目标速度，设备在闭塞分区出口进行检查。如果列车实际速度未达到目标速度以下则设备自动进行制动。

出口速度检查方式由于要在列车到达停车信号处（目标速度为零）才能检查列车速度是否为零，如果列车速度不是零，设备才进行制动。由于制动后列车要走行一段距离才能停车，因此为保证安全，停车信号后方要有一段安全防护区。

安全防护区的设置对线路的通过能力有一定的影响，此外这种阶梯监控分段制动的方式也不符合一般列车的连续制动模式。

法国 TVM300 系统采用了这种方式，TVM300 系统是其早期产品，系统构成简单，地面轨道电路采用了 UM71，地对车信息传输容量仅有 18 个，因此它的速度监控是阶梯式的。

为充分发挥乘务员责任感及驾驶技巧，法国铁路采用了人控为主，设备起监督作用的控制方式。

②入口速度检查控制方式

列车在闭塞分区入口处接收到目标速度信号后立即以此速度进行检查，一旦列车超速，则进行制动，使列车速度降低到目标速度以下。这种方式为速度分级，入口制动，自动缓解的控制方式。

阶梯控制入口速度检查方式示意图见图 5—4。

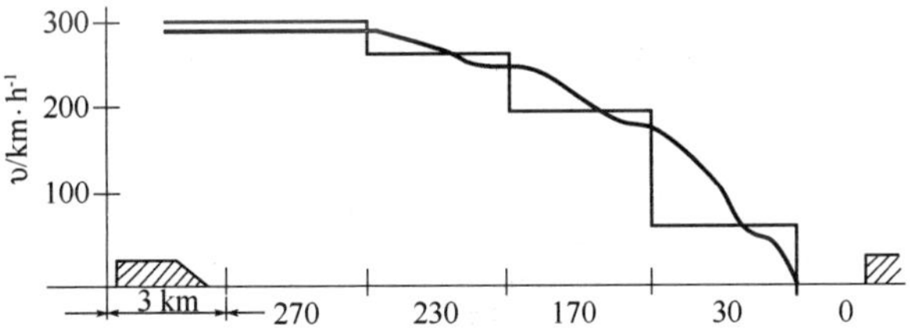

图 5—4 阶梯控制入口速度检查方式原理示意图

日本新干线传统 ATC 系统采用这种方式，新干线 ATC 系统采用“设备优先”的控制原则。列车减速一般由设备完成，当列车速度低于目标速度后自动缓解。列车速度减到 30 km/h 以下需要在车站停车时，在停车点前设置 P 点，当列车收到 P 点信息后，才由司机操纵以保证列车停在正确位置。这种方式要求列车制动系统连续多次制动后制动力不衰竭。

③分级速度制动方式存在的主要问题

a. 制动距离的确定。由于线路上运行的各种列车制动性能各异，为了确保安全，系统只能按制动性能最差的列车性能来确定制动距离，这对于制动性能好的列车来说是个损失，影响进一步提高运行密度。

b. ATP 制动控制只进行制动和缓解两种操作，不调整制动力大小，因此列车减速度变化大，旅行舒适度差。

c. 分段制动方式增加了列车追踪间隔。采用多段制动方式时，每个闭塞分区都要考虑列车从入口速度降低到出口速度减速制动距离，列车实际的减速过程要包括列车在信号设备动作时间及制动空走时间中走行的距离，此外还要在防护点之前留有一定安全距离。如果列车从 200 km/h 分三段降到速度 0，则存在 3 个空走距离和 3 个安全距离。如果只用一次制动的话，则只需要一个空走距离和一个安全距离。分段制动方式和一次制动方式示意图见图5—5。

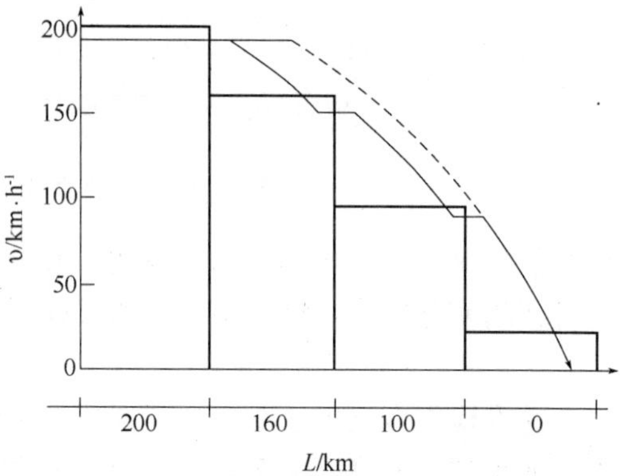

图 5—5　分段制动方式和一次制动方式示意图

（2）曲线控制方式

曲线控制又可细分为两种模式方式：分级曲线控制方式和速度—距离模式曲线控制方式。

①分级速度曲线模式

曲线控制方式和阶梯控制方式一样，每一个闭塞分区只给定一个目标速度。控制曲线把闭塞分区允许速度的变化连续起来。地面设备传送给车载设备的信息是下一个闭塞分区的速度、距离和线路条件数据，该方式要求每个闭塞分区入口速度（上一个闭塞分区的目标速度）和出口速度（本闭塞分区目标速度）用曲线连接起来，形成一段连续的控制曲线，由于没有提供至目标点的全部数据，所以系统生成的数据是分级连续制动模式曲线（即以分级小曲线的变换点连成的准一次制动模式曲线）。列车速度超过限速曲线时，列控设备实施制动。为防止冒进信号发生追尾，仍设有保护区段，见图 5—6。

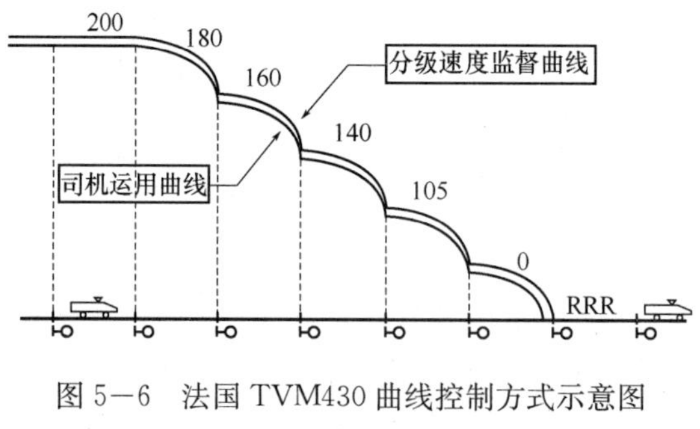

图 5—6　法国 TVM430 曲线控制方式示意图

在曲线控制方式下，列车在一个闭塞分区中运行时，列控设备判定列车超速的目标速度不再是一个常数，而是随着列车行驶不断变化，即是距离的函数。

法国 TVM430 系统采用了这种方式，TVM430 是 TVM300 的换代产品，地面采用 UM2000 型轨道电路。

地面轨道电路 UM2000 可以传递 27 bit 信息，其中目标速度信息 6 bit，距离信息8 bit，坡度信息 4 bit。

法国 TGV 采用“人控优先”的控制原则。列车正常运行由司机驾驶，当列车速度低于目标速度后只给出允许缓解的表示，由司机进行缓解操作。只有在司机失误并可能出现危险的情况下列控设备才强迫列车制动。法国铁路认为这种人机关系有利于发挥司机的技术能力，加强其责任感。

②速度—距离曲线模式

速度—距离模式曲线控制不再对每一个闭塞分区规定一个目标速度，而是向列车传送目标速度、列车距目标的距离（和 TVM430 不一样，它可以包括多个闭塞分区的长度）的信息。列车追踪间隔可以根据列车制动性能、车速、线路条件调整，可以提高混跑线路的通过能力。这种方式称为目标速度—目标距离方式（DISTANCE TO GO），是一种更理想的运行控制模式。

速度一距离模式曲线控制实现了一次制动方式，它根据目标速度、目标距离、线路条件、列车性能以及前方列车的位置、限速条件等动态数据等，生成目标—距离模式曲线，进行连续制动，缩短了运行间隔，提高了运输效率，增加了旅行舒适度。

速度—距离曲线模式要求车地通信设备向列车传送数字信息，信息量明显增加，可靠性高。

德国 LZB 系统和日本数字 ATC 系统采用这种控制方式。

a. 德国 LZB 列控系统

德国连续式列车自动控制系统 LZB 是由轨旁设备 LZB L72 和车载设备 LZB 80 构成。所有固定数据如线路地理参数、局部的固定限速等都储存在 LZB 中心。联锁系统向控制中心传送信息显示、道岔设置及其他数据的同时，系统范围内的列车也向控制中心传送它们的特殊数据，如列车长度、列车位置、实际速度等等。区间列车占用情况检查是通过区间轨道电路或计轴设备等完成的。根据上述数据，控制中心确定每列列车的最大标称速度，指挥列车运行，德国 LZB 系统列车速度—距离方式示意图见图 5—7。

图 5—7（b）中的曲线 1 为常规最大制动，曲线 2 为常规最小制动。在 LZB 系统中，地面和车上的信息是通过感应环线相互传送的。每个 LZB 地面控制中心最长可以控制 12.7 km 的环线，每个短回线发送接收单元的环线长度为左右各 300 m，环线每 100 m 交叉换位一次，以对电气进行补偿，同时也用于确定列车的实际位置。

地面设备由控制中心和环线系统构成。控制中心与调度中心、微机联锁、相邻控制中心交换数据，并通过环线和列车交换数据，控制每一列车运行。

b. 日本数字 ATC 列控系统

日本新干线 ATC 系统近年来为进一步提高高速列车速度和行车密度，采用数字技术对传统 ATC 系统进行了改进，增加了车一地通信数据，正逐步升级为这种新的数字 ATC 系统。其制动曲线如图 5—8 所示。

新干线数字 ATC 根据增加的数据和车上线路数据结合起来，列车就可以知道自己现

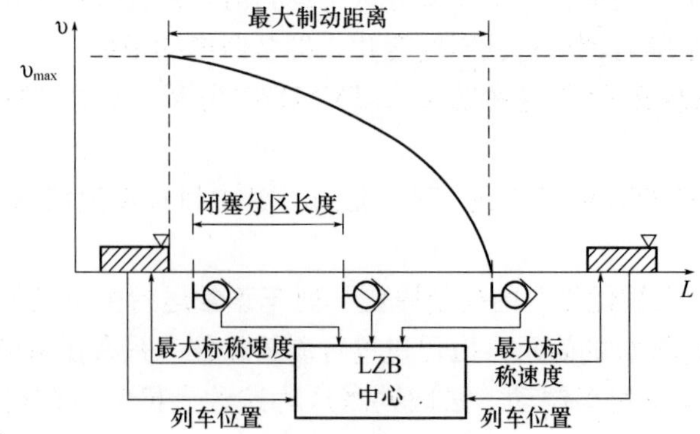

(a) 列车速度 - 距离方式示意图

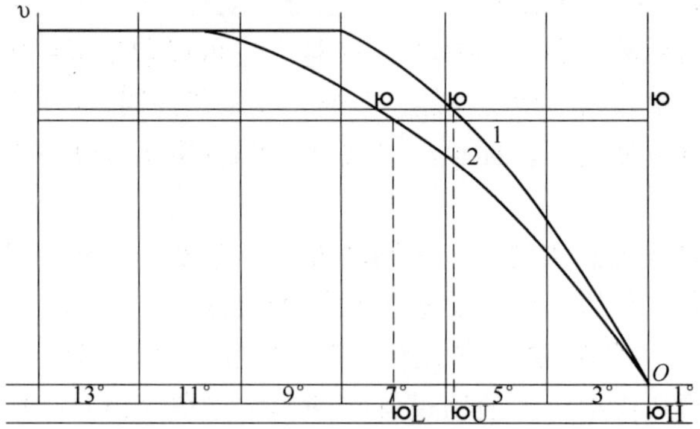

(b) 列车速度 - 距离控制曲线图

图 5—7　德国 LZB 系统列车速度—距离方式示意图

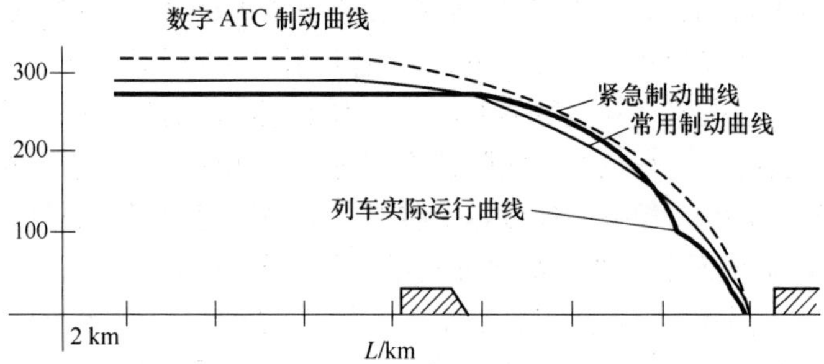

图 5—8　日本新干线数字 ATC 曲线控制方式示意图

在处于什么位置、据前方停车点（或限速点）还有多少距离，列车根据这些数据，结合本身的牵引及制动性能，经过列车牵引计算，计算出最高允许速度，控制列车在允许速度以下运行。这种方式只是再增加数字信息发送设备，地面接收设备和原有车上设备可保持不变，新的车上设备可以接收数字信息，实现高速运行。列控系统各种控制模式归纳成表 5—1。

表 5－1　列控系统各种控制模式比较表

控制模式	分级速度		目标距离		
制动模式	台阶式	分段曲线式	一次连续式		
信号显示	速差式	速差式	速度式（连续式）		
闭塞制式	固定闭塞		准移动闭塞		移动闭塞
				虚拟闭塞	
车地信息传输	多信息轨道电路＋点式设备	数字轨道电路；或多信息轨道电路＋点式设备	无线通信；或数字轨道电路；或多信息轨道电路＋点式设备	无线通信	无线通信
轨道占用检查	轨道电路	轨道电路	轨道电路或计轴设备	无线定位应答器	无线定位应答器
制动模式图示	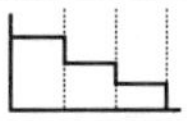	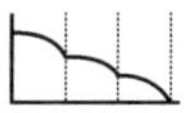	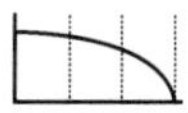		
列车运行间隔	双红灯防护 $XL+1L$	设为对照值 XL	一次连续制动始点可变小于 XL	一次连续制动始点可变小于 XL	移动闭塞更小于 XL

注：表中 XL 为若干个闭塞分区。

二、中国铁路既有列控系统技术应用

国产设备：我国机车信号装备率达 100%，具有红灯防护自动停车功能。

在既有机车上装备的自主知识产权的机车运行监控记录装置 LKJ2000 是一个系列产品，具有列车速度超速防护功能。

国产列控设备在既有线上为保障行车安全，提高运输效率，发挥了重要作用。

引进设备：既有线列控系统技术主要采用了法国 TGV 高速铁路引进的 U-T 列控系统，其中：京郑、郑武、沈大线采用了法国车载 TVM300 列控系统，地面使用 UM71 型 18 信息移频自动闭塞系统。

秦沈、广深线采用了法国车载 TVM430 列控系统，地面使用 UM2000 型数字轨道电路构成的自动闭塞系统。

三、CTCS 系统组成原理

CTCS 是 Chinese Train Control System 的缩写，即中国列车运行控制系统，CTCS 以分级的形式满足不同线路运输需求，在不干扰机车乘务员正常驾驶的前提下有效地保证列车运行的安全和提高行车的效率。

（一）CTCS 列控系统的构成

我国制定了中国列车运行控制系统（简称 CTCS）的技术规范，着手全力发展和装备列车运行控制系统。CTCS 技术规范是参照欧洲列车运行控制系统（简称 ETCS）编制的。以下的介绍将以 CTCS 为主。

CTCS 有两个子系统，即车载子系统和地面子系统。图 5—9 是 CTCS 系统结构示意图。

地面子系统由以下部分组成：车地通信、列车控制中心（TCC）/无线闭塞中心（RBC）。

CTCS 的车地通信主要有：轨道电路、应答器、GSM—R，其中 GSM—R 不属于 CTCS 设备，但是 CTCS 的重要组成部分。

轨道电路具有轨道占用检查、沿轨道连续传送地车信息功能，应采用 UM 系列轨道电路或数字轨道电路。

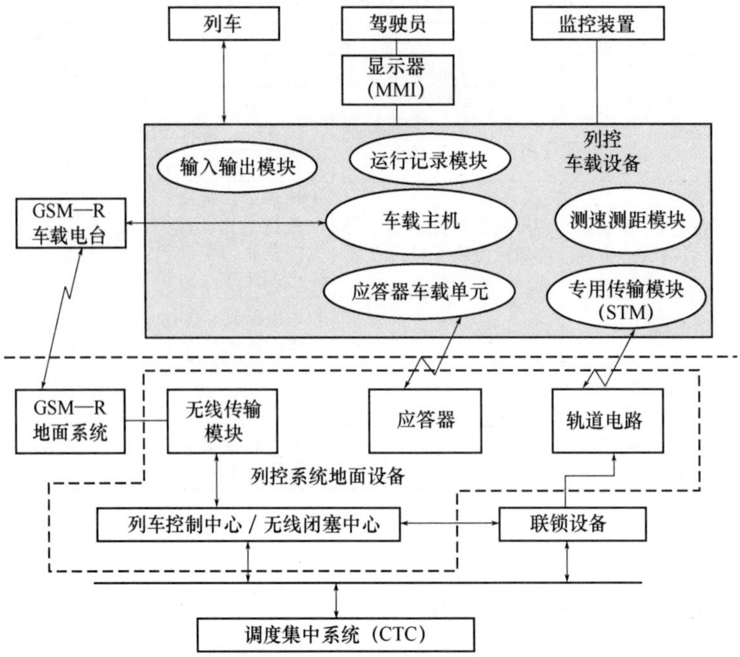

图 5—9　CTCS 系统结构示意图

应答器是一种能向车载子系统发送报文信息的传输设备，既可以传送固定信息，也可连接轨旁单元传送可变信息。

无线通信网络（GSM—R）是用于车载子系统和列车控制中心进行双向信息传输的车地通信系统。

列车控制中心是基于安全计算机的控制系统，它根据地面子系统或来自外部地面系统的信息，如轨道占用信息、联锁状态等产生列车行车许可命令，并通过车地信息传输系统传输给车载子系统，保证列车控制中心管辖内列车的运行安全。

车载子系统可由以下两部分组成：CTCS 列控车载设备、无线系统车载模块。

CTCS 车载设备是基于安全计算机的控制系统，通过与地面子系统交换信息来控制列车运行。

无线系统车载模块用于车载子系统和列车控制中心进行双向信息交换。

（二）CTCS 列控系统的应用等级

1. CTCS 应用等级

CTCS 系统采用 4 层结构，分别为：

（1）运输管理层：是行车指挥中心，其通过通信网络实现对列车运行的控制。

（2）网络传输层：以无线和有线的方式实现数据的传输。

（3）地面设备层：包括列控中心、点式设备、轨道电路无线通信设备等。

（4）车载设备层：包括车载安全计算机、连续信息接收模块、点式信息接收模块、无线通信模块等。

针对不同的线路、不同的传输信息方式和闭塞技术，CTCS 划分为 5 个等级，依次为 CTCS0～CTCS4 级，同条线路上可以实现多种应用级别，向下兼容，以满足不同线路速度需求。

(1) CTCS 0 级

适合既有线的现状，车载设备由目前使用的通用式机车信号和运行监控记录装置构成，地面使用国产 4 信息、8 信息、18 信息轨道电路。

为了规范的一致性，将目前干线铁路应用的地面信号设备和车载设备定义为 0 级。0 级由通用机车信号＋列车运行监控装置组成。

0 级的控制模式也是目标距离式，它在既有地面信号设备的基础上，采取大储存的方式把线路数据全部储存在车载设备中，靠逻辑推断地址调取所需的线路数据，结合列车性能计算给出目标距离式制动曲线。这种方式可以使地车信息传输的信息的需求量减少。

CTCS 0 级适用于列车最高运行速度为 160 km/h 及以下，一般自动闭塞设计仍按固定闭塞方式进行，采用四显示自动闭塞，信号显示具有分级速度控制的概念，其目标距离式制动曲线可作为参考。

(2) CTCS 1 级

CTCS 1 级面向 160 km/h 及以下的区段，车载设备由主体机车信号与加强型运行监控装置组成，地面采用 UM71 或 ZPW—2000 轨道电路。

CTCS 1 级在既有设备基础上强化改造，达到机车信号主体化要求，并增加点式设备，实现列车运行安全监控功能。利用轨道电路完成列车占用检测及完整性检查，连续向列车传送控制信息。

CTCS 1 级的控制模式为目标距离式，采取大储存的方式把线路数据全部储存在车载设备中，靠逻辑推断地址调取所需的线路数据，结合列车性能计算给出目标距离式制动曲线。在车站附近增加点式信息设备传输定速度控制。目标距离控制模式根据目标距离、目标速度及列车本身的性能确定列车制动曲线，不设定每个闭塞分区速度等级，采用一次制动方式。

1 级与 0 级的差别在于全面提高了系统的安全性，是对 0 级的全面加强，可称为线路数据全部储存在车载设备上的列车运行控制系统。

(3) CTCS 2 级

CTCS 2 级面向提速干线和高速新线，适用于各种限速区段，车载设备由 ATP 速度防护系统与 LKJ2000 运行监控记录装置组成，地面采用 UM71 或 ZPW—2000A 轨道电路。

采用车地一体化设计，基于轨道电路和点式信息设备传输信息的列车运行控制系统。适用于各种限速区段，地面可不设通过信号机，机车乘务员凭车载信号行车。可实现行车指挥－联锁－列控一体化、区间－车站一体化、通信－信号一体化和机电一体化。

CTCS 2 级原本是 CTCS 技术规范中的一个应用等级，但经过铁道部组织专家研究，已形成一种固定模式，构成一个系统，因为没有为这个系统另命名，就称其为 CTCS 2 级系统，它立足于国产化的地面设备，车载信号设备也已经技术引进，功能比较齐全并适合国情。以后提到 CTCS 2 级的很多地方，实际上应严格称为符合 CTCS 2 级标准的列控系统。

CTCS 2 级轨道电路完成列车占用检测及完整性检查，连续向列车传送控制信息；点式信息设备传输定位信息、进路参数、线路参数、限速和停车信息。

CTCS 2 级采用目标距离控制模式（又称为连续式一次速度控制）。目标距离控制模式根据目标距离、目标速度及列车本身的性能确定列车制动曲线，不设定每个闭塞分区速度等级，采用一次制动方式。

CTCS 2 级采取闭塞方式称为准移动闭塞方式，准移动闭塞的追踪目标点是前行列车所占用闭塞分区的始端，留有一定的安全距离，而后行列车从最高速开始一次制动曲线的计算点是根据目标距离、目标速度及列车本身的性能计算决定的。目标点相对固定，在同一闭塞分区内不依前行列车的走行而变化，而制动的起始点是随线路参数和列车本身性能不同而变化的。空间间隔的长度是不固定的，由于要与移动闭塞相区别，所以称为准移动闭塞。显然其追踪运行间隔要比固定闭塞小一些。

（4）CTCS 3 级

CTCS 3 级面向提速干线、高速新线或特殊线路，基于无线传输信息并采用轨道电路等方式检查列车占用的列车运行控制系统。适用于各种限速区段，地面可不设通过信号机，机车乘务员凭车载信号行车。

CTCS 3 级是基于无线通信（如 GSM—R）的列车运行控制系统，它可以叠加在既有干线信号系统上。

CTCS 3 级轨道电路完成列车占用检测及完整性检查，点式信息设备提供列车用于测距修正的定位基准信息。无线通信系统实现地车间连续、双向的信息传输，行车许可由地面列控中心产生，通过无线通信系统传送到车上。

CTCS 3 级采取目标距离控制模式（又称连续式一次速度控制）和准移动闭塞方式。由于其实现了地车间连续、双向的信息传输，所以功能更丰富些，实时性更强些。

（5）CTCS 4 级

CTCS 4 级面向高速新线或特殊线路，基于无线传输信息的列车运行控制系统。地面不设通过信号机，机车乘务员凭车载信号行车。列车定位和完整性检查由无线闭塞中心和车载验证系统共同完成，实现虚拟闭塞或移动闭塞。

CTCS4 级是完全基于无线通信（如 GSM—R）的列车运行控制系统。由地面无线闭塞中心（RBC）和车载设备完成列车占用检测及完整性检查，点式信息设备提供列车用于测距修正的定位基准信息。

CTCS 4 级采取目标距离控制模式，列车按移动闭塞或虚拟闭塞方式运行。虚拟闭塞是准移动闭塞的一种特殊方式，它不设轨道占用检查设备，采取无线定位方式来实现列车定位和占用轨道的检查功能，闭塞分区是通过计算机技术虚拟设置的。

2. CTCS 应用等级划分的特点

分析 CTCS 的应用等级划分，发现有以下两个特点：

（1）各应用等级均采用目标距离控制模式，采取连续一次制动方式。这是由于我国的列控系统的应用起步晚，起点高，因此一步就瞄准了比较先进的控制模式。在我国阶梯式和曲线式分级速度控制都曾用过，取得了经验，好在并未形成规模，CTCS 规范推荐采用目标距离控制模式是适宜的，符合国际列控系统的发展趋势。由于列控系统的控制模式是其主要特征和性能之一，控制模式决定了闭塞方式和列车运行间隔，从而决定了运输能力，所以说除移动闭塞外，各应用等级的主要功能几乎是一样的。

（2）各应用等级是根据设备配置来划分的，其主要差别在于地对车信息传输的方式和线路数据的来源。基于国情 ZPW—2000 系列轨道电路比较成熟，已经国产化，所以以它为基础设备之一；欧标应答器通用性强，供货厂商多，国内企业已研制成功，也作为基础设备之一；无线通信（如 GSM—R）能实现地车间连续、双向的大信息量传输，有发展趋势，用于高等级列控系统。

线路数据完全储存于车载数据库靠逻辑推算来提取相应数据的方式，用于较低等级列控系统；点式信息设备传输线路数据的方式，增加了线路数据的实时性，用于中等级列控系统；无线通信连续、双向信息传输，有大信息量和实时性的优势，用于高等级列控系统。

为便于对照，用表 5—2 归纳。表中 L 为一个闭塞分区。

表 5—2　列控系统等级比较表

应用等级	CTCS 0	CTCS 1	CTCS 2	CTCS 3	CTCS 4
控制模式	目标距离	目标距离	目标距离	目标距离	目标距离
制动方式	一次连续	一次连续	一次连续	一次连续	一次连续
闭塞方式	固定闭塞或准移动闭塞	准移动闭塞	准移动闭塞	准移动闭塞	移动闭塞或虚拟闭塞
地对车信息传输	多信息轨道电路＋点式设备	多信息轨道电路＋点式设备	多信息轨道电路＋点式设备；或数字轨道电路	无线通信双向信息传输	无线通信双向信息传输
轨道占用检查	轨道电路	轨道电路	轨道电路	轨道电路等	无线定位应答器校正
列车运行间隔	按固定闭塞运行大于 L	设为对照值 L	L	L	小于 L
线路数据来源	储存于车载数据库	储存于车载数据库	应答器提供或数字轨道电路	无线电通信提供	无线电通信提供
对应 ETCS 级			ETCS1 级	ETCS2 级	ETCS3 级

（三）CTCS 列控系统的主要功能

1. 基本功能

（1）系统按照故障—安全原则、采用冗余结构进行系统设计，在任何情况下防止列车无行车许可证运行。

（2）防止列车超速运行，包括列车超过进路允许速度、线路结构规定的速度、机车车辆构造速度、临时限速和紧急限速、铁路有关运行设备的限速；能够以字符、数字及图形等方式显示列车运行速度、允许速度、目标速度和目标距离；能够实时给出列车超速、制动、允许缓解等表示以及设备故障状态的报警。

（3）防止列车溜逸。

（4）按列车安全制动距离，自动调整列车运行追踪间隔。

（5）防止列车运行速度超过线路允许速度、道岔侧向规定速度以及列车构造速度，保证列车行车安全，超速时由列控设备自动实行减速或制动停车。

（6）防止列车冒进关闭的禁止信号机（或点）。

（7）监督列车以低于 30 km/h 的速度进行出入库作业。

（8）与机车自身速度控制系统结合，实现对列车减速、缓解、加速的自动控制。

（9）与列车调度系统结合，实现对列车的简单自动驾驶。

（10）由车载测速单元获取列车走行速度和列车的位置。每通过一个轨道区段分界点或应答器时，列车的测距系统将校正一次，以提高目标距离的精度。

（11）根据接收地面中心信息以及车载设备实时处理，车载设备应连续向司机显示下列行车内容：目标速度、目标距离、允许速度、实际速度。

还有下列其他辅助报警显示：超速、制动、缓解、故障。

2. 其他安全功能

为保证高速铁路列车的安全运行，还设有下列检测设备和安全防护措施，并纳入列控系统进行统一管理，构成完整的列车安全运行体系。

(1) 环境状况监督。强风、雨、雪检测器及立交处防落物检测器产生的报警信号，被传输给车站和区段调度所。列控系统根据这些信息发出限速或停车指令。

(2) 列车状态检测。轴温检测器产生的报警信号传到车站和区段调度所。列控系统根据这些信息处理，通过点式传输，将轴温报警信息传送给列车。

(3) 人员和设备防护。在施工或发生事故时，通过局部操作或车站或区段调度所控制，使列控系统发出各种防护或限速命令，对设备或人员进行安全防护。

3. 其他功能

(1) 列控系统不仅具有列车速度控制功能，根据需要，其控制中心还应对所辖区间内渡线道岔及中间小站道岔进行控制，实现信号基础安全设备一体化。

(2) 设备维护功能。对列控地面设备状态进行监督管理，存储设备故障的信息。设备状态的故障及报警信息传到区段调度所或车站操作员处。

第二节　CTCS2 列控系统

一、CTCS2 列控系统组成原理

CTCS2 列控系统分车载设备和地面设备两部分，地面设备又分轨旁和室内设备两部分，其总体结构如图 5—10 所示。

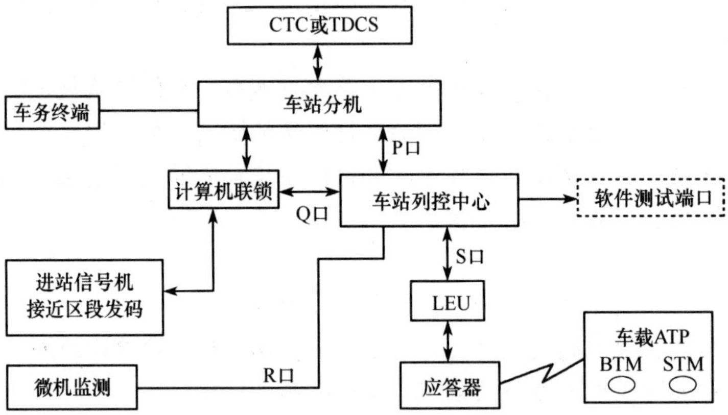

图 5—10 (a)　列控中心关系图 1

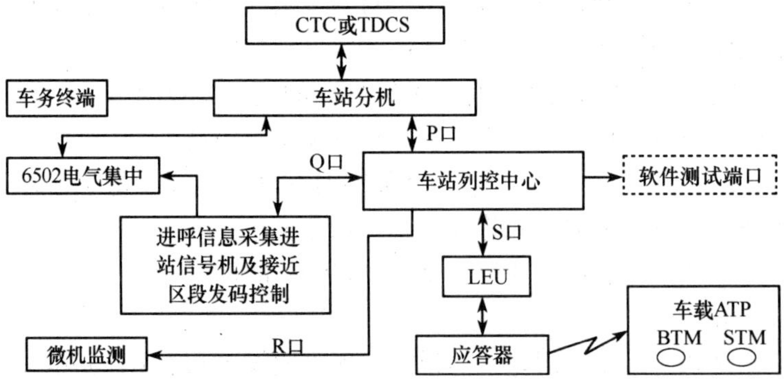

图 5—10 (b)　列控中心关系图 2

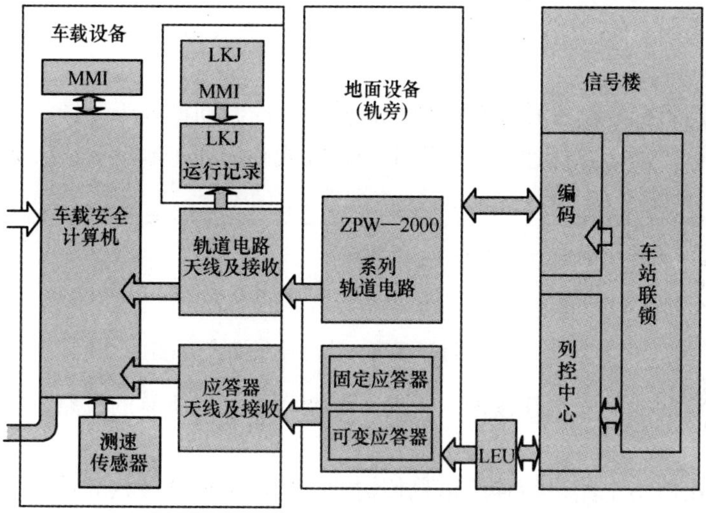

图 5—10（c）　CTCS2 系统构成图

1. 地面设备

列控中心的硬件设备结构要求与车站计算机联锁相同，采用联锁列控一体化结构，根据列车占用情况及进路状态，通过对轨道电路及可变应答器信息的控制产生行车许可信息，以及进路相关的线路静态速度曲线，并传送给列车。

轨道电路采用 ZPW—2000A 系列轨道电路，完成列车占用检测及列车完整性检查，连续向列车传送允许移动控制信息。

站内轨道电路：车站正线及股道采用与区间同制式的轨道电路。

点式应答器：采用电气特性与欧洲 ETCS 技术规范相同的大容量应答器。固定应答器设于各闭塞分区入口处，如：车站进站信号机、出站信号机及区间信号点，用于向车载设备传输定位信息、进路参数、线路参数、限速和停车信息等；可变点式应答器设于进站口，当列车通过该应答器进站停车时，应答器向列车提供地面应答器编号、至出站点的链接信息、接车进路线路参数，包括：目标距离、线路坡度、线路限速、信号机类型和轨道电路载频等信息以及接车进路区域临时限速值。

2. 车载设备

车载安全计算机：采用高可靠的安全计算机平台，根据地面连续式和点式传输的移动授权及线路数据，生成连续式速度监督曲线，监控列车的安全运行，超速时，通过继电接口对列车的制动系统发出制动控制指令。

轨道电路接收模块：接收 ZPW—2000 系列轨道电路低频信息，并将该连续信息同时提供给车载安全计算机和 LKJ 运行记录器。

应答器接收模块：接收处理应答器信息，并将该信息提供给车载安全计算机。

车载人机界面通过触摸屏显示列车运行速度、允许速度、目标速度和目标距离，并可接收司机输入。

测速测距有两种形式的传感器：轴端速度传感器和雷达，前者更适合低速应用，后者则更适合高速，采用两种传感器的结合，可保证测速测距的更高精度。制动接口采用继电接口方式，紧急制动采用失电制动方式。

数据记录器用于记录与系统运行和状态有关的数据，记录的数据将在 ATP 系统故障时用于维护目的。采用 LKJ 运行记录器，用于驾驶事件及 ATP 控制事件的记录。

3. 速度防护模式

列控系统采用目标距离－速度控制模式，其采取的制动模式为连续式一次制动速度控制的方式，根据目标距离、目标速度及列车本身的性能确定列车制动曲线。如图 5－11 所示。

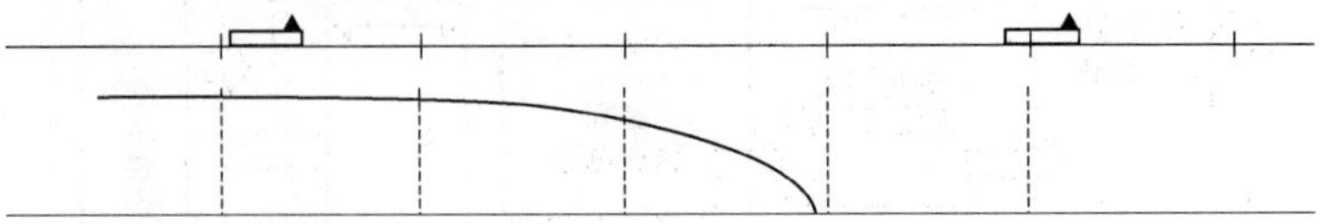

图 5－11　目标距离—速度控制模式示意图

制动速度控制曲线是一次连续的，需要一个制动距离内所有的线路参数，通过应答器进行信息传输。

目标距离是由轨道电路进行连续信息传输的，构成了移动授权凭证。

目标距离控制模式根据目标距离、目标速度及列车本身的性能确定列车制动曲线，不设定每个闭塞分区速度等级，采用一次制动方式。目标距离控制模式追踪目标点是前行列车所占用闭塞分区的始端，而后行列车从最高速开始制动的计算点是根据目标距离、目标速度及列车本身的性能计算决定的。目标点相对固定，在同一闭塞分区内不依前行列车的走行而变化，而制动的起始点是随线路参数和列车本身性能不同而变化的。两列车空间间隔的长度是不固定的，所以称为准移动闭塞。

目标距离速度控制曲线实际上有三条，如图 5－12 所示。

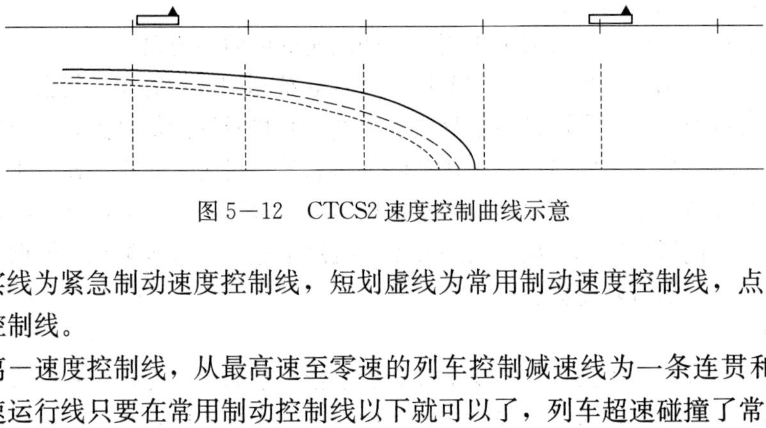

图 5－12　CTCS2 速度控制曲线示意

图中粗实线为紧急制动速度控制线，短划虚线为常用制动速度控制线，点虚线为司机实际运行速度控制线。

目标距离－速度控制线，从最高速至零速的列车控制减速线为一条连贯和光滑的曲线，列车实际减速运行线只要在常用制动控制线以下就可以了，列车超速碰撞了常用制动速度控制线，设备报警并自动实施常用制动，如继续超速碰撞了紧急制动速度控制线，则引发紧急制动，因为速度控制是连续的，全程监控的，所以不会超速太多，紧急制动的停车点不会冒出闭塞分区，可以不需增加一个闭塞分区作为安全防护区段，当然设计时会在停车点与目标点之间留有一定的安全距离。

列控设备给出的一次连续的制动速度控制曲线是根据目标距离、线路参数和列车自身的性能计算而定的，制动速度控制曲线是一次连续的，需要一个制动距离内所有的线路参数，线路参数通过应答器进行信息传输。目标距离是由轨道电路进行连续信息传输的，构成了移动授权凭证。

目标距离－速度控制的列车制动的起始点是随线路参数和列车本身性能不同而变化的，

空间间隔的长度是不固定的，比较适用于各种不同性能和速度列车的混合运行，其追踪运行间隔要比分级速度控制小，减速比较平稳，旅客的适舒度也要好些。

目标距离—速度控制线的目标点为停车点时，目标速度值为零；当目标点为进站道岔侧向时，则道岔侧向限速值即为目标速度值。如图 5—13 所示。

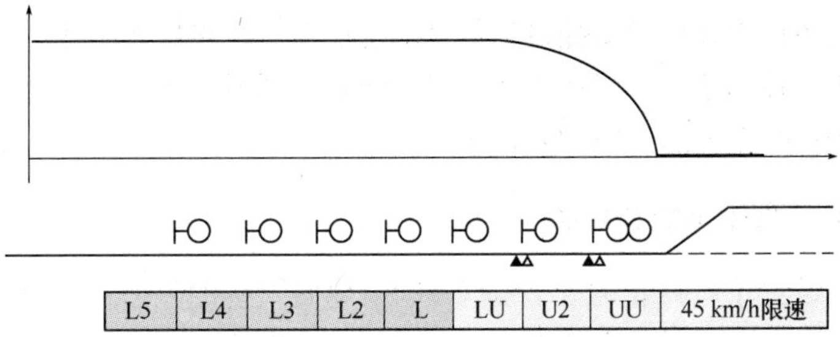

图 5—13　侧线接车时的速度控制线

200 km/h 线路区段 CTCS 系统建设要达到 CTCS2 级。

200 km/h 线路分为既有线提速 200 km/h 区段和客运专线 200 km/h 区段，要求 200 km/h 动车组列车能下线运行在 CTCS1 和 CTCS0 线路区段，CTCS2 列控技术条件见表 5—3。

表 5—3　CTCS2 列控技术条件

CTCS 级别	地面设备		车载设备	
闭塞方式	设备名称	作用	设备名称	作用
CTCS2 基于轨道电路的固定闭塞	轨道电路	列车占用检测和列车完整性检查、连续向列车传送控制信息	连续信息接收模块	完成轨道电路信息的接收与处理
	点式信息设备	用于向车载设备传输定位信息、进路参数、线路参数、限速和停车信息等	点式信息接收模块	测速模块
			完成点式信息的接收与处理	实时检测列车运行速度并计算走行距离

CTCS2 列控是基于点式应答器、轨道电路传输列车运行控制信息的点连式系统。CTCS2 系统设备组成见图 5—14。

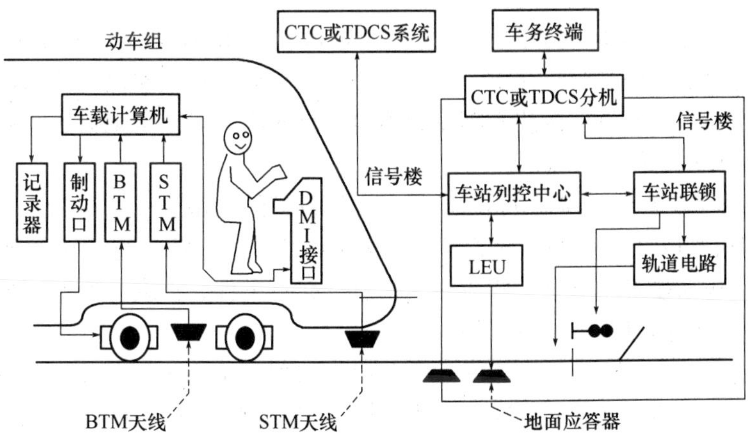

图 5—14　CTCS2 级列控系统结构图

地面设备由车站列控中心、地面电子单元（LEU）、点式应答器、ZPW—2000（UM）系列轨道电路、车站闭环电码化、车站计算机联锁等组成。轨道电路、车站电码化传输连续列控信息，点式应答器、车站列控中心传输点式列控信息。

车载设备由车载安全计算机、轨道信息接收单元（STM）、应答器信息接收单元（BTM）、制动接口单元、记录单元、人机界面（DMI）、速度传感器、BTM 天线、STM 天线等组成。车载设备根据地面设备提供的信号动态信息、线路静态参数、临时限速信息及有关动车组数据，生成控制速度和目标距离模式曲线，控制列车运行。同时，记录单元对列控系统有关数据及操作状态信息实时动态记录。

二、CTCS2 车站列控系统及功能

车站列控中心设置于车站信号楼，是 CTCS2 地面设备的核心。以 ZPW—2000 系列轨道电路、应答器配合安全可靠的车载设备，构成点一连式的列车运行控制系统，成为目前国内铁路列控建设和应用的主要制式。

图 5—15 是 CTCS2 车站列控中心系统组成框图。

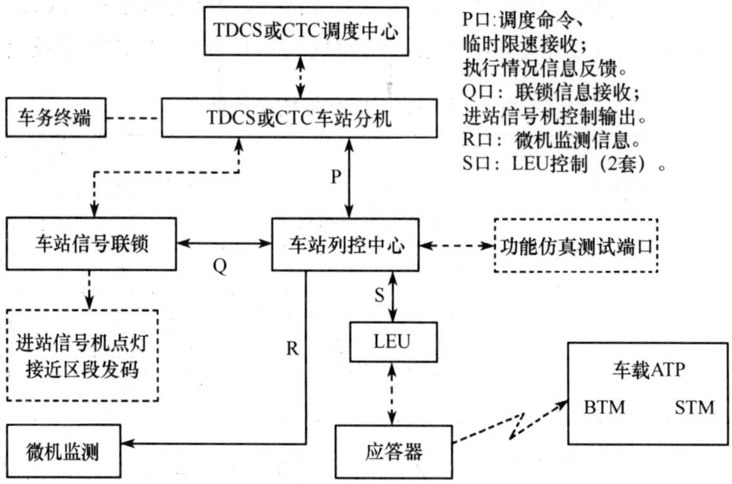

图 5—15　CTCS2 列控中心系统组成框图

车站列控中心分别与车站信号联锁、CTC 或 TDCS、微机监测、地面电子单元（LEU）等设备进行信息交换，获得行车命令、列车进路、列车运行状况和设备状态，通过安全逻辑运算，产生控车命令，通过有源应答器及轨道电路传送给列车，实现对运行列车的控制。

1. TDCS 或 CTC 行车指挥设备

CTCS2 级适应于装备 TDCS 或 CTC 行车指挥设备的线路。

车站列控中心与 CTC 或 TDCS 实现信息交换，按统一时钟进行系统管理和控制。可以获得调度命令，包括接发车信息、临时限速信息（起点里程、长度、速度、车次、起止时间等）、运行方向信息等，传送给车载设备。

在 CTC 或 TDCS 的车站车务终端上设有特定的列控中心人机界面，采用统一的格式，包括输入、确认、显示方式等。CTC 或 TDCS 的车站分机与车站列控中心由通信接口设备连接，且接口及通道有冗余配置。

临时限速调度命令，在调度中心以表格形式体现（包括界面、输入、回执），通过计算机网络发往 TDCS 或 CTC 车站分机，并在车站车务终端以与调度中心基本相同的形式显示。由车站分机将临时限速传至车站列控中心，适时发往通过列车。

2. 车站信号联锁设备

CTCS2 级适应于装备计算机联锁的车站。

CTCS2 由列控中心接收联锁设备提供的车站进路和相关信息，包括接车进路、发车进路、通过进路、运行方向、股道号等。在办理通过进路且离去区段有临时限速时，CTCS2 车站列控中心根据牵引计算及动车组制动需要，输出进站或进路信号机点黄灯，对应接近区段轨道电路发黄码控制条件，由联锁系统完成联锁、控制及驱动。

计算机联锁与车站列控中心采用计算机通信接口设备连接，通信接口及通道有冗余配置。

3. 车站微机监测系统

车站列控中心与车站微机监测系统接口，向车站微机监测系统传送列控中心的相关监测信息，包括应答器的监测、通道监测、值班员操作过程实时记录等相关信息。

4. 地面电子单元（LEU）

LEU 接收车站列控中心实际报文，并实时向有源应答器传送。LEU 应具有自检测、监测与有源应答器间通信状态等功能，应将检测数据实时传送给车站列控中心。

5. 应答器

应答器依据在系统中的作用，其安装的位置不同，分别设在进站口、出站口及区间。图 5－16 为应答器布置示意图。

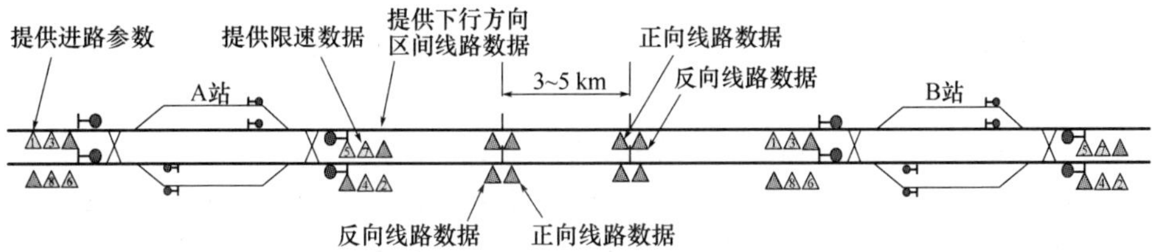

图 5－16　应答器布置示意图

应答器分无源应答器和有源应答器两种，无源应答器提供前方一定距离内的线路参数等信息；有源应答器提供前方一定距离内的临时限速等信息

进站信号机处设置无源应答器和有源应答器，提供接车进路参数及临时限速信息。

车站出站口处设置无源应答器和有源应答器，提供前方一定距离内的线路参数和前方一定距离内的临时限速等信息。

区间间隔 3 km～5 km 成对设置的应答器分别提供列车运行前方（正向或反向）一定距离内的线路参数及定位信息，车载设备可通过成对的应答器识别运行方向。

根据需要设置特殊用途的无源应答器（如 CTCS 级间转换等）。

应答器的正线线路参数交叉覆盖，实现信息冗余。

6. 车站电码化

车站正线电码化，接车进路和发车进路采用不同的载频（以下行正线正方向为例，若接车进路为 1 700 Hz，则发车进路应为 2 300 Hz）。

进站信号机前方轨道电路和接车进路电码化采用不同的载频。

CTCS2 级区段，ATP 车载设备的锁频功能通过应答器信息实现，若应答器信息丢失，由机车乘务员按现行规则手动切换轨道电路载频。

7. 地面列控中心

列控中心是设于各车站的列控核心安全设备，采用冗余的硬件结构。列控中心根据调度命令、进路状态、线路参数等产生进路及临时限速等相关控车信息，通过地面有源应答器及轨道电路传送给列车。

在运用于既有线 200 km/h 的 CTCS2-200 型与运用于客运专线的 CTCS2-300 型列控系统中的应答器布置与列控中心技术要求会有所不同。

临时限速由调度中心集中管理，通过 CTC 或 TDCS 向有关车站下达临时限速的调度命令。两站间只允许设置一处区间或站内临时限速值，若有两处以上，合并后以最低临时限速值下达。临时限速设置情况在运行图终端和站场显示终端上明确显示。临时限速调度命令须经车站值班员签收后，方可由 CTC 或 TDCS 车站设备传至列控中心。

三、CTCS2 列控系统的车—地通信

国外典型的列控系统车地间传输媒介主要包括以下几种方式。有的列控系统仅用一种传输媒介，有的列控系统以一种为主，辅以其他方式。

（1）轨道电路

列控系统信息基于轨道电路传输是传统方式。U/T 系统、日本 ATC 系统等均采用轨道电路传输。

（2）轨道电缆

德国 LZB 系统采用轨道电缆实现了列控系统的双向信息传输。

（3）点式设备

利用点式设备提供列控系统信息传输通道的方式已经广泛采用。点式设备主要包括点式应答器和点式环线两种。在欧洲 ETCS 2 级标准中主要提供列控系统的辅助信息，如里程标、线路数据、切换点等；在欧洲 ETCS 1 级标准中利用点式设备提供全部控车信息。

（4）无线传输

利用无线传输通道作为列控系统信息传输通道已经过很多年的研究，欧洲列控系统 ETCS 2 级及 ETCS 3 级技术标准明确利用 GSM—R 无线系统进行列控信息车地双向传输，欧盟已经通过立法的形式确定了 ETCS 技术标准。中国列控系统（CTCS）的技术发展也有向无线传输的发展趋势。无线传输具有信息量大、双向传输、通用及兼容性强等特点。

CTCS2 列控系统采用了点式应答器和轨道电路两种车－地通信方式。

（一）应答器

点式应答器是一种点式信息发送设备，其标志设于点式环线外轨中间位置。国内已使用的点式应答器标志为：DF 型或 SK 型为三角形（黄色），DK 型为梭形，见图 5—17。

根据点式信息发送设备的安装位置，使用相应的发送器，信息经放大，通过电缆提供环线上的点式信号，供机车信号接收。

CTCS 2 列控系统采用欧标应答器。

1. 欧标应答器

欧洲列车控制系统 ETCS 的技术规范中包括有应答器的标准，我们称为欧标应答器。国

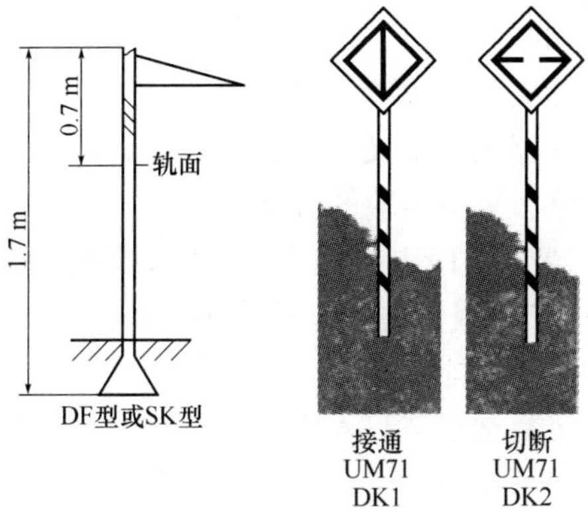

图 5—17　点式信息发送设备的标志

内已有厂商研制成功符合欧标的应答器。

（1）欧标应答器可存储 1023 位数据报文

利用应答器主要可以传送以下信息：

线路基本参数：如线路坡度、轨道区段长度、轨道区段编号等；

线路速度信息：如线路最大允许速度、列车最大允许速度等：

临时限速信息：如因施工、天气等原因引起的临时限速信息；

车站进路信息：如接发车进路信息，以及相关的线路参数；

道岔限速信息：如给出前方道岔的侧向限速值；

特殊定位信息：如变相点、进出隧道、列车停位等；

其他信息：如固定障碍物信息、列车运行目标数据、链接数据等。

（2）应答器系统

应答器系统包括的主要设备及工具有：地面无源应答器、地面有源应答器、地面电子单元（LEU）、车载天线、应答器传输模块（BTM）、报文编码工具、应答器无线读写器。

（3）应答器的功能与工作流程

通过无线读写工具可以向地面无源应答器写入数据报文；列控中心、车站联锁等设备可通过接口给地面电子单元（LEU）提供列车可变信息，LEU 将对应的传输报文发送给地面有源应答器。

当列车经过地面无源应答器上方时，无源应答器接收到车载天线发射的电磁能量后，电子电路工作，把存储的 1023 位数据报文循环发送出去，直至电能消失。

车载天线将接收到的数据报文传送给应答器传输模块（BTM），经过滤波、放大、解调后，对接收到的数据报文进行解码，还原得到用户报文，然后发给车载列控设备。

（4）其他

①地面电子单元（LEU）是一种数据实时采集与处理单元。当 LEU 与列控中心、车站联锁等设备间通信故障时，有源应答器可以自动切换到无源应答器工作模式，发送缺省报文；当 LEU 与有源应答器间通信故障时，LEU 可以向列控中心、车站联锁等发送故障信息，并给出报警信号。

②车载天线是一个双工的收发天线，既要向地面连续发送 27.095 MHz 的高频电磁能量，以激活地面应答器，还要接收应答器发送的报文。车载天线具有自检和断线检查功能。

③应答器传输模块（BTM）向车载天线提供电能。

④报文编码工具的主要功能：

生成编码参数：根据设计文件生成编码参数；

生成用户报文：按《应答器报文定义》生成用户报文；

编码：按《欧洲编码策略》生成传输的数据报文；

存入数据库：每个应答器（或 LEU）对应一套传输数据报文；

下载：由计算机向 LEU 和无线读写器下载传输数据报文。

⑤应答器无线读写器的主要功能：

存储应答器数据报文，将数据报文写入应答器存储单元；读取应答器存储的数据报文并校验；以串行方式与计算机进行通信。

2. 地面应答器的配置原则

应答器分有源应答器（可变应答器）和无源应答器（固定应答器）两种类型，为便于维护，原则上区间不设有源应答器。

如果应答器所需传输的数据量较大（有效数据超过 772 bit），一个应答器不能满足要求，可以使用一组（最多 8 个）应答器来完成。

（1）200 km/h 既有线地面应答器配置的原则

①进站口应答器组由无源应答器组加上一个有源应答器组成。当列车进站停车时，应答器向列车提供地面应答器编号、至出站点的链接信息、接车进路线路参数，包括：目标距离、线路坡度、线路限速、信号机类型和轨道电路载频等信息，接车进路区域临时限速。

当接车股道具有直股发车进路时，应同时提供直股发车进路及前方一定距离内的线路参数和临时限速信息。

当办理正线通过进路时，进站口应答器需同时给出前方区间较低的临时限速信息。

此处的无源应答器与有源应答器结合，通过对应答器编号从小到大设置规律的判断，确定列车运行方向。

②出站口应答器组由无源应答器组加上一个有源应答器组成。无源应答器组提供前方一定距离内的线路参数等信息，有源应答器提供前方一定距离内的临时限速等信息。

③区间间隔 3～5 km 成对设置无源应答器，分别提供正、反方向前方一定距离内的线路参数及定位信息，原则上设于闭塞分区分界处。正线的线路参数要交叉覆盖。

④根据需要可设特殊用途的无源应答器（如 CTCS 级间转换等）。

（2）350 km/h 客车专用线地面应答器配置的原则

①进站口应答器组的设置与 200 km/h 既有线同，但在该处的应答器应与出站信号机处的有源应答器进行链接。

②出站口应答器组的设置与 200 km/h 既有线同。

③每架出站信号机处一个有源应答器和一个无源应答器，该处应答器与总出站口应答器链接。

出站信号机处的应答器设置与 200 km/h 既有线不同，既有提速线由于缺乏该点信息，侧线发车时只能按照部分监控模式运行。客运专线设置该处应答器，可满足列车全监控模式的需要。

④每两个闭塞分区设置一个应答器组，该应答器组含有两个无源应答器，分别存储正、反两个方向的线路数据，向列车提供地面应答器编号、线路参数。应答器提供的线路参数范

围与下个同方向应答器组提供的线路参数范围至少应有一个列车安全制动距离的重叠。该应答器组设置在闭塞分区入口处，同时也是列车的绝对定位点。此类应答器组之间互相链接。

客运专线数据存储应答器的设置原则与既有 200 km/h 既有线相同，不同点是：由于客运专线列车速度的提高，需存储更长线路的线路数据，但考虑到高速线路变坡点将大大少于既有提速线路，所以一般情况下，一个应答器的容量可以满足系统的存储需要。

⑤为减小列车在区间走行时的距离累积误差，在两个应答器组之间的闭塞分区入口处增加设置单个的无源应答器。该应答器的设置同时也是兼容 CTCS 3 级的需要，因为在 CTCS 3 级系统中，列车每通过一个闭塞分区的应答器需要与无线闭塞中心进行呼叫应答。

单一功能的定位应答器是既有提速线路所没有的。该应答器的设置为消除列车的距离累计误差，可提高列车的控制精度，对司机操作和系统工作没有影响。

（二）轨道电路

轨道电路是利用铁路线路的两条钢轨作导线，用以检查有无列车、传递列车占用信息以及其他信号信息的电气回路，它是铁路信号基础设备的基础，借助它可以监督列车在线路上的运行情况，并利用它传递与行车有关的各种信息。

移频自动闭塞是以移频轨道电路为基础的自动闭塞，它选用频率参数作为控制信息，采用频率调制的方法，把低频信息（F_c）调制到较高频率（载频 f_0）上，以形成振幅不变、频率随低频信息的幅度作周期性变化的调制信号。将此信号用两根钢轨作为传输通道来控制通过信号机的显示，达到自动指挥列车运行的目的。

移频自动闭塞采用四显示自动闭塞，是一种新型速差式自动闭塞制度，通过信号机显示灯位自上而下为绿、红、黄。除了显示绿、黄、红灯外，还增加了绿黄灯显示。能预告列车运行前方至少 3 个及以上闭塞分区的空闲状态，列车从最高速度到停车的制动距离为两个（或多个）闭塞分区，这样既可适当缩短闭塞分区的长度，从而缩短列车追踪的间隔，增加区间通过列车的对数，又能满足列车制动距离的要求。因此采用四显示自动闭塞对保证行车安全、提高区间通过能力以及提高运行速度都十分有利。

移频自动闭塞发送器发出的低频信息都具有速度的含义。列车速度是分级控制的，连续式机车信号接收设备，接收地面移频自动闭塞信息，以提供列车允许行驶的速度值。机车上装有测速设备，可以测出列车实际行驶速度。列车实际行驶速度如果比列车允许行驶速度高 7 km/h 时，则无论在哪个速度等级运行，都将产生紧急制动。

新型移频自动闭塞采用数字信息处理技术，接收器使用双机并联冗余，发送器采用“N+1”冗余结构的轨道电路结构如图 5－18 所示。

轨道电路车—地信息传输原理示意图见图 5－19。

站内轨道电路采用与区间相同制式的轨道电路。

区间轨道电路制式，根据 CTCS 有关技术规范，不同级别的线路其制式有所不同，主要包括以下制式：

CTCS 0 级：国产 4 信息、8 信息、18 信息移频；

CTCS 1 级：UM71、ZPW—2000；

CTCS 2 级：UM71、ZPW—2000A。

当列控车载设备运行于 CTCS0 级和 CTCS1 级线路时，只作为机车信号功能使用（无线路数据，但 CTCS2 级区段线路数据丢失时情况不同）。

我国铁道行业标准（TB/T 3060—2002）《机车信号信息定义及分配》把国产移频制式、

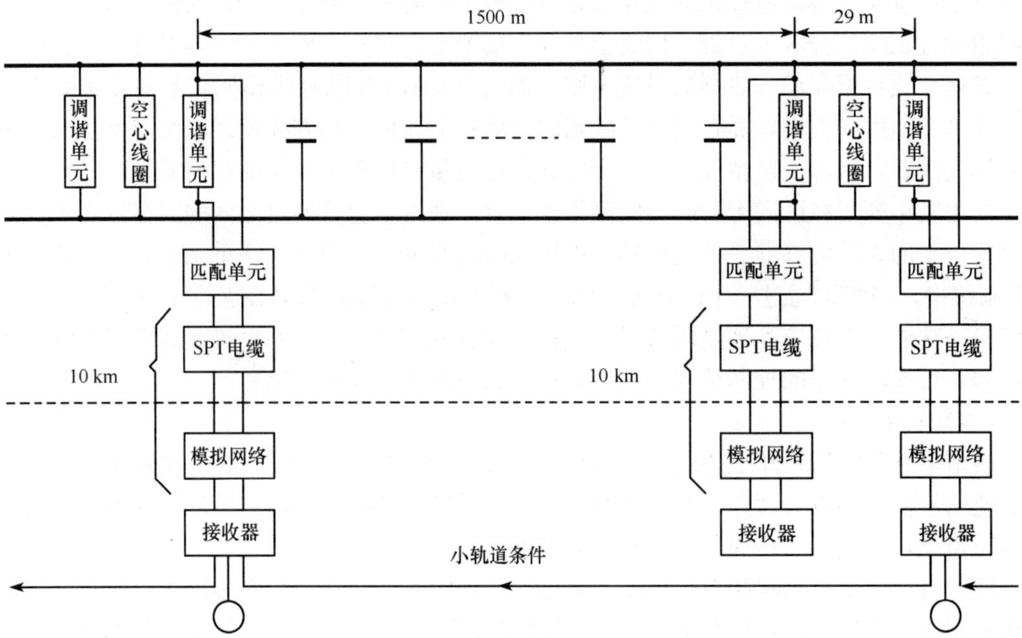

图 5—18　轨道电路结构图

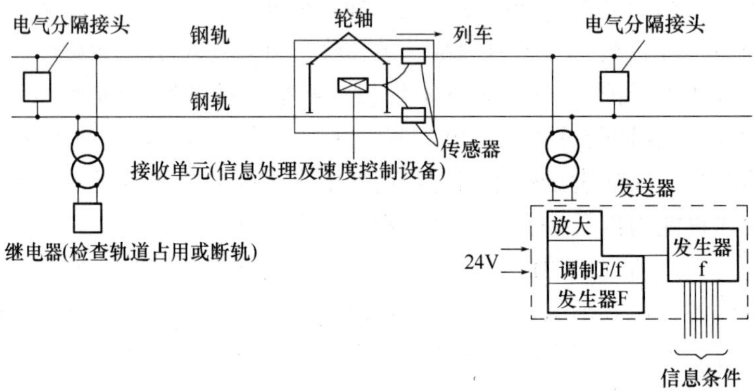

图 5—19　车—地信息传输原理示意图

UM71 制式的低频频率进行分配，定义了 14 个信息，机车信号设备可适用于范围规定的各种区段。14 个信息定义为：

L3 码：准许列车按规定速度运行，表示运行前方 5 个及以上闭塞分区空闲，机车信号机显示一个绿色灯光。

L2 码：准许列车按规定速度运行，表示运行前方 4 个及以上闭塞分区空闲，机车信号机显示一个绿色灯光。

L 码：准许列车按规定速度运行，机车信号机显示一个绿色灯光。

LU 码：准许列车按规定速度注意运行，机车信号机显示一个半绿半黄灯光。

LU2 码：要求列车减速到规定的速度等级越过接近的地面信号机，并预告次一架地面信号机显示一个黄色灯光，机车信号机显示一个黄色灯光。

U 码：要求列车减速到规定的速度等级越过接近的地面信号机，机车信号机显示一个黄色灯光。

U2S 码：要求列车减速到规定的速度等级越过接近的地面信号机，并预告次一架地面信号机显示一个黄色闪光和一个黄色灯光，机车信号机显示一个带“2”字的黄色闪光灯光。

U2 码：要求列车减速到规定的速度等级越过接近的地面信号机，并预告次一架地面信号机显示两个黄色灯光，机车信号机显示一个带“2”字的黄色灯光。

U3 码：要求列车减速到规定的速度等级越过接近的地面信号机，表示接近的地面信号机显示一个黄色灯光，并预告次一架信号机为进站或出站信号机且显示一个红色灯光，机车信号机显示一个黄色灯光（仅适用于双红灯防护的自动闭塞区段）。

UUS 码：要求列车限速运行，表示列车接近的地面信号机开放，经 18 号及以上道岔侧向位置进路，且次一架信号机开放经道岔的直向，或 18 号及以上道岔侧向位置进路；或表示列车接近设有分歧道岔线路所的地面信号机开放，经 18 号及以上道岔侧向位置进路，机车信号机显示一个双半黄色闪光灯光。

UU 码：要求列车限速运行，表示列车接近的地面信号机开放，经道岔侧向位置进路，机车信号机显示一个双半黄色灯光。

HB 码：表示列车接近的进站或接车进路信号机开放引导信号或通过信号机显示容许信号，机车信号机显示一个半红半黄色闪光灯光。

HU 码：要求及时采取停车措施，机车信号机显示一个半红半黄色灯光。

H 码：要求立即采取紧急停车措施，机车信号显示一个红色灯光。

站内轨道电路采用与区间相同制式的轨道电路。

下面对 CTCS0、CTCS1、CTCS2 使用的轨道电路进行介绍：

1. 国产移频自动闭塞系统（CTCS0）

载频：550 Hz、650 Hz、750 Hz、850 Hz。

下行线使用载频：550 Hz、750 Hz；

上行线使用载频：650 Hz、850 Hz。

低频信息最多 18 个：7 Hz、8 Hz、8.5 Hz、9 Hz、9.5 Hz、11 Hz、12.5 Hz、13.5 Hz、15 Hz、16.5 Hz、17.5 Hz、18.5 Hz、20 Hz、21.5 Hz、22.5 Hz、23.5 Hz、24.5 Hz、26 Hz。各个低频信息对应的机车信号显示见表 5－4。

绝缘方式：机械绝缘。

在国产移频区段，列控车载设备运行于 CTCS0 级，它仅提供机车信号功能，即只需要给出当前机车信号显示信息。

表 5－4　国产移频自动闭塞系统各个低频信息对应的机车信号显示

序　号	1	2	3	4	5	6	7
信息名称	L3 码	L2 码	L 码	LU 码	LU2 码	U 码	U2S 码
机车信号显示	L 绿	L 绿	L 绿	LU 绿黄	U 黄	U 黄	U2S 黄 2 闪
频率/Hz	9.5	8.5	11	13.5	12.5	15	17.5
序　号	8	9	10	11	12	13	14
信息名称	U2 码	U3 码	UUS 码	UU 码	HB 码	HU 码	H 码
机车信号显示	U2 黄 2	U 黄	UUS 双黄闪	UU 双黄	HUS 红黄闪	HU 红黄	H 红
频率/Hz	16.5	18.5	21.5	20	24.5	26	23.5

另外，作为机车信号，还有以下处理：

(1) HU 码→无码：机车信号显示红（H）；

(2) 其他码（非 HU 码）→无码：机车信号显示白（B）；

(3) 低频信息 8 Hz：机车信号显示白（B），该信息用于自动闭塞区段反方向按站间闭塞行车时的轨道电路占用检查。

列车在既有线 CTCS0 区间追踪运行时，通用机车信号显示示意图见图 5—20。

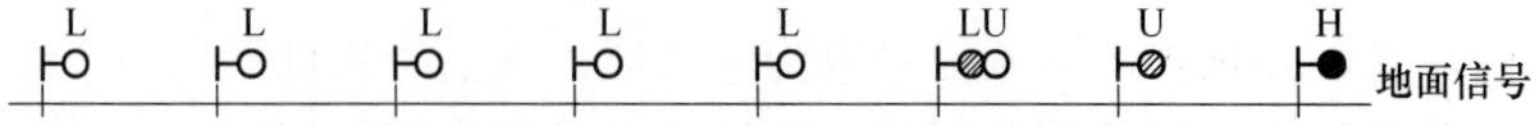

L3	L3	L2	L	LU	U	HU	电码
9.5	9.5	8.5	11	13.5	15	26	低频Hz
L	L	L	L	LU	U	HU	机车信号

图 5—20　既有线 CTCS0 区间追踪运行时机车信号显示示意图

2. UM71、ZPW—2000（CTCS1）

UM71 无绝缘轨道电路是从法国引进的轨道电路制式，UM71 的 U 为通用，M 为调制，1971 年研制。以 UM71 轨道电路构成的自动闭塞称为 UM71 自动闭塞。

UM71 与 TVM300 配套，组成的机车信号及超速防护设备多信息区间列车间隔自动调整系统，简称为 U—T 系统。U—T 系统可以在交流电气化区段或非电气化区段使用。在我国铁路京郑线、郑武线、沈山线等线路上采用了这种 U—T 系统。

ZPW—2000 无绝缘移频自动闭塞是在法国 UM71 无绝缘轨道电路技术引进、国产化的基础上，结合国情，为提高系统安全性、系统传输性能及系统可靠性而进行的技术再开发。

ZPW—2000 无绝缘移频轨道电路充分肯定、保持了 UM71 无绝缘轨道电路整体结构上的优势，并在传输安全性、传输长度、系统可靠性以及结合国情提高技术性能价格比、降低工程造价上，都有了提高。

载频：1 700 Hz、2 000 Hz、2 300 Hz、2 600 Hz。

下行线使用载频：1 700 Hz、2 300 Hz；

上行线使用载频：2 000 Hz、2 600 Hz。

低频信息有 18 个：10.3 Hz、11.4 Hz、12.5 Hz、13.6 Hz、14.7 Hz、15.8 Hz、16.9 Hz、18 Hz、19.1 Hz、20.2 Hz、22.4 Hz、24.6 Hz、26.8 Hz、29 Hz。其余 4 个未作定义：21.3 Hz、23.5 Hz、25.7 Hz、27.9 Hz。各个低频信息对应的机车信号显示见表5—5。

绝缘方式：电气谐振。

调谐区长度：26 m。

无应答器时，区间使用的 UM71 轨道电路可达到 CTCS1 级的要求，但由于其在站内无法提供载频切换与锁定功能，无法达到主体机车信号的要求，因此不能作为 CTCS1 级站内轨道电路（或电码化）制式。

表 5－5　CTCS1 主体机车信号的 14 个低频信息定义

序　号	1	2	3	4	5	6	7
信息名称	L3 码	L2 码	L 码	LU 码	LU2 码	U 码	U2S 码
机车信号显示	L 绿	L 绿	L 绿	LU 绿黄	U 黄	U 黄	U2S 黄闪
频率/Hz	10.3	12.5	11.4	13.6	15.8	16.9	20.2
地面信号显示	L	L	L	L	L	LU	LU 或 U
序　号	8	9	10	11	12	13	14
信息名称	U2 码	U3 码	UUS 码	UU 码	HB 码	HU 码	H 码
机车信号显示	U2 黄 2	U 黄	UUS 双黄闪	UU 双黄	HUS 红黄闪	HU 红黄	H 红
频率/Hz	14.7	22.4	19.1	18.0	24.6	26.8	29.0
地面信号显示	LU 或 U	U	U	U	U	U	H

注：U2S 码和 U2 码在采用双红灯防护的自动闭塞区段，地面显示 U 灯。

另外，作为机车信号，还有以下处理：

(1) HU 码→无码：机车信号显示红（H）；

(2) 其他码（非 HU 码）→无码：机车信号显示白（B）；

(3) 低频信息 27.9 Hz：机车信号显示白（B），该信息用于自动闭塞区段反方向按站间闭塞行车时的轨道电路占用检查。

列车在既有线 CTCS1 区间追踪运行时，主体化机车信号显示示意图见图 5－21。

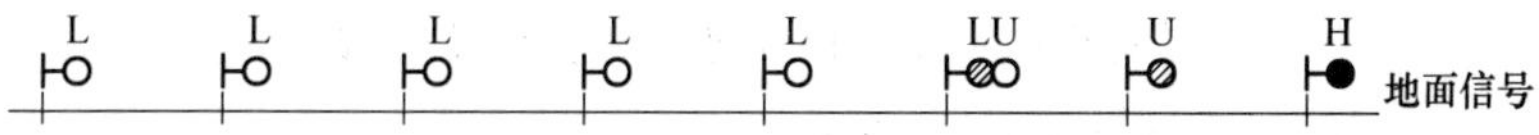

L3	L3	L2	L	LU	U	HU	电码
10.3	10.3	12.5	11.4	13.6	16.9	26.8	低频Hz
L	L	L	L	LU	U	HU	机车信号

图 5－21　既有线 CTCS1 区间追踪运行时主体化机车信号显示示意图

3. UM71、ZPW—2000A（CTCS2）

该制式是 CTCS2 级区段地面轨道电路的主要制式，它具有 8 个载频，当与应答器相结合时，它可以作为 CTCS2 级配置的轨道电路。能够满足区间和站内使用的要求。在 CTCS 规范的区段，改造线路和新建线路主要使用这种制式。

在区间使用时，UM71、ZPW—2000A 能满足主体机车信号系统技术条件的要求。

ZPW—2000A 制式低频信息的定义与 UM71 基本相同，除了低频信息 25.7 Hz。25.7 Hz 只出现在站内，用于载频切换与锁定。

表 5－6 列出了 ZPW—2000A 的 8 种载频频率。

表 5－6　ZPW—2000A 的 8 种载频频率

名称	1700-1	1700-2	2000-1	2000-2	2300-1	2300-2	2600-1	2600-2
频率/Hz	1701.4	1698.7	2001.4	1998.7	2301.4	2298.7	2601.4	2598.7

下行线使用载频：1700－1、1700－2、2300－1、2300－2；

上行线使用载频：2000－1、2000－2、2600－1、2600－2。

低频信息最多 18 个：10.3 Hz、11.4 Hz、12.5 Hz、13.6 Hz、14.7 Hz、15.8 Hz、16.9 Hz、

18 Hz、19.1 Hz、20.2 Hz、21.3 Hz、22.4 Hz、23.5 Hz、24.6 Hz、25.7 Hz、26.8 Hz、27.9 Hz、29 Hz。

绝缘方式：电气谐振。

调谐区长度：29 m。

铁道部对 CTCS2 区段 200 km/h 动车组运行时的低频信息做了补充规定。

(1) 既有线 CTCS2 级区段的低频信息定义

既有线 CTCS2 区段低频信息的补充定义，修订了 2 个低频信息定义，即：

UU 码（18.0 Hz）：表示进路开通道岔侧向，默认道岔允许速度 45 km/h。

UUS 码（19.1 Hz）：表示进路开通道岔侧向，默认道岔允许速度 80 km/h。

信息修订以后，低频信息意义与表 5—5 中的信息名称、信号显示及使用频率都没有变化，只是 UU 码、UUS 码的信息意义不同，并且 U2S 码和 U2 码在采用双红灯防护的自动闭塞区段，地面显示 U 灯。

既有线 CTCS2 区段区间追踪运行时信号显示示意图见图 5—22。

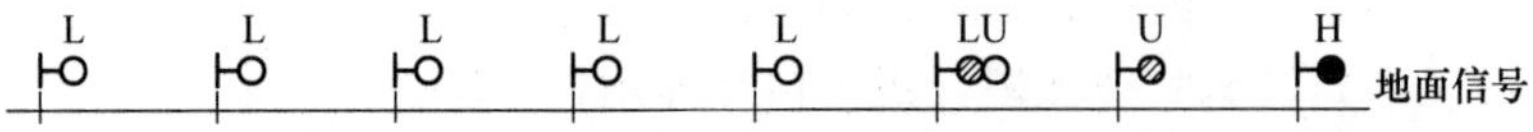

L3	L3	L2	L	LU	U	HU	电码
10.3	10.3	12.5	11.4	13.6	16.9	26.8	低频Hz
L	L	L	L	LU	U	HU	机车信号

图 5—22 既有线 CTCS2 区段区间追踪运行时信号显示示意图

(2) 客运专线 CTCS2 区段低频信息定义

铁道部对客运专线 CTCS2 区段动车组运行时，规定了 3 个轨道电路低频信息定义，即：

L3 码：10.3 Hz，表示前方 5 个闭塞分区空闲。

L4 码：23.5 Hz，表示前方 6 个闭塞分区空闲。

L5 码：21.3 Hz，表示前方至少 7 个闭塞分区空闲。

客运专线 CTCS2 级区段低频信息定义见表 5—7。

表 5—7 客运专线 CTCS2 级区段低频信息定义

序　号	1	2	3	4	5	6	7	8
信息名称	L5 码	L4 码	L3 码	L2 码	L 码	LU 码	LU2 码	U 码
机车信号显示	L 绿	L 绿	L 绿	L 绿	L 绿	LU 绿黄	U 黄	U 黄
频率/Hz	21.3	23.5	10.3	12.5	11.4	13.6	15.8	16.9
地面信号显示	L	L	L	L	L	L	L	LU
序　号	9	10	11	12	13	14	15	16
信息名称	U2S 码	U2 码	U3 码	UUS 码	UU 码	HB 码	HU 码	H 码
机车信号显示	U2S 黄闪	U2 黄 2	U 黄	UUS 双黄闪	UU 双黄	HUS 红黄闪	HU 红黄	H 红
频率/Hz	20.2	14.7	22.4	19.1	18.0	24.6	26.8	29.0
地面信号显示	LU 或 U	LU 或 U	U	U	U	U	U	H

注：(1) U2S 码和 U2 码在采用双红灯防护的自动闭塞区段，地面显示 U 灯。

(2) 10.3 Hz (L3) 表示前方 5 个闭塞分区空闲。

(3) 23.5 Hz (L4) 表示前方 6 个闭塞分区空闲。

(4) 21.3 Hz (L5) 表示前方至少 7 个闭塞分区空闲。

表 5—7 表明，在客运专线 CTCS2 区段，增加了 2 个低频信息：L4 和 L5，更有利于追踪列车的正常运行。

客运专线 CTCS2 区段动车组区间追踪运行时的信号显示见图 5—23。

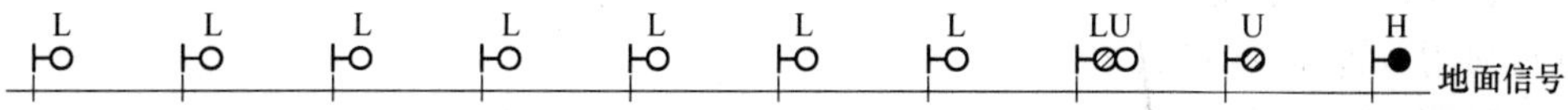

L5	L5	L4	L3	L2	L	LU	U	HU	电码
21.3	21.3	23.5	10.3	12.5	11.4	13.6	16.9	26.8	低频Hz
L	L	L	L	L	L	LU	U	HU	机车信号

图 5—23　客运专线 CTCS2 区段动车组区间追踪运行时的信号显示示意图

CTCS2 级列控系统中的轨道电路不仅用于列车的占用检查，同时也是列控系统地对车连续信息的传输媒介，通过它将地面控制中心下达的列车运行许可信息实时传送给列车。

根据铁道部《机车信号信息定义》（TB/T 3060—2002）及铁道部 2005 年下发的补充修改意见，为满足客运专线最高列车运行速度 350 km/h 的要求，其轨道电路基本码序应为：

停车序列：

L5—L5—L4—L3—L2—L—LU—U—HU；

45 km/h 接车进路序列：

L5—L5—L4—L3—L2—L—LU—U2—UU；

80 km/h 接车进路序列：

L5—L5—L4—L3—L2—L—LU—U2S—UUS。

对于采用目标距离－速度控制模式的列控系统来说，闭塞分区一般是可以等长设置的，列车收到相应的信息码，就知道距目标点的空闲闭塞分区数，也就知道了目标距离。即使闭塞分区不等长，也可通过相应的应答器事先获得每个闭塞分区的长度，经计算知道目标距离。

对于最高速度为 200 km/h 的线路，信息码序是足够的。按照长度为 1500 m 的闭塞分区计算，常规码序 L5—L4—L3—L2—L—LU—U—HU 可给出前方 7 个闭塞分区空闲的信息，总计超过 10 km。

轨道电路信息中有 3 个信息码具有明确的目标速度含义，它们分别是：

HU：0 km/h；UU：45 km/h；UUS：80 km/h。

区间、站内临时限速和对于其他目标速度（例如大号码道岔）的控制是通过轨道电路连续式信息传输并结合点式应答器传输方式来实现的。

4. 载频切换

动车组上车载 STM 具有同时接收多个载波的能力，可接收的载频如表 5—8 所示。例如，日立 200 km/h 动车组的 STM 可最多同时接收 16 种载频。

表 5—8　三种设备可接收的载频比较

序　号	区　　分	可接收的载频/Hz
1	国产 FSK	550，650，750，850
2	UM71、ZPW—2000	1700，2000，2300，2600
3	ZPW—2000A	1698.7，1701.4，1998.7，2001.4，2298.7，2301.4，2598.7，2601.4

日立 200 km/h 动车组的 STM 具有可任意指定要接收的载波频率的功能。既可以同时

接收所有的载波，反之也可以指定 1 个载波和指定 2 个、4 个、8 个载波。但是，要解调低频信号（VLF），则只能限定 1 个载波。如指定了要接收多个载波，则自动选择电平最高的载波并解调该载波中所包含的 VLF，只识别 1 个低频码。

指定载波，有 4 种方法：

（1）利用应答器的方法；

（2）利用 DMI 的按钮的方法；

（3）利用流经轨道电路中的载频锁定方法；

（4）利用 UU 或 UUS 之后无信号的方法。

四、站内电码化

由于中国铁路站内使用的轨道电路无信息传输能力，为解决列车在车站内信息传输的问题，采用了站内电码化技术。目前，主要普遍采用的是正线和侧线股道电码化，即列车运行于车站正线和侧线股道上时能够接收到电码化信息，其他区段无码。

站内电码化发送设备发送的电码与前述区间轨道电路制式相同，所以站内可以采用国产移频电码化，UM71 电码化或 ZPW—2000 电码化。当然，也可以在车站正线及侧线股道上使用这些制式的轨道电路，称为站内与区间一体化轨道电路。对于车载设备来说，无论信息来自电码化还是一体化的轨道电路，都是一样的，以下不再区分这两种情况，而以电码化为基础描述。

主体机车信号系统技术条件中，对站内电码化设备提出了为车载设备进行载频切换和锁定提供信息的功能要求。由于该功能需要通过区分 ZPW—2000 轨道电路中的子载频（—1 载频系列和—2 载频系列）并与 25.7 Hz 的低频信息结合起来，构成载频切换和锁定的条件，而 UM71 轨道电路由于不具备 8 种载频，不能满足此项功能要求，所以，UM71作为站内电码化制式时，不能达到 CTCS-1 级（主体机车信号）的要求。可以这样理解：CTCS-1 级区段的站内电码化只能使用 ZPW—2000 制式，CTCS2 级的载频切换与锁定功能由应答器信息而不是轨道电路信息实现，因此 UM71 可以作为 CTCS2 级区段的站内电码化及区间轨道电路制式使用。

为了满足主体化机车信号的需求，车站轨道区段电码化要解决以下几个问题：

（1）站内轨道区段过去采用叠加发码方式，为保持机车信号信息时间上的连贯性，后又改为预叠加发码方式的。但无论是叠加发码或预叠加发码方式，总是两层皮，平时发码方式系统故障了得不到检查。

（2）相邻股道或咽喉区可能存在同频信息串扰，易造成机车信号干扰，甚至产生显示升级。

（3）站内轨道区段过去只设计正线电码化和股道电码化，道岔区段的侧线是没有电码化的。有时过机械绝缘节或短小轨道区段时容易丢码，机车信号信息空间上的连贯性不能得到保持。

（4）接发车时，需要自动切换载频。

车站闭环电码化方式较好地解决了上述问题：

（1）站内电码化载频频谱的排列

利用数字处理技术能精密正确识别载频的技术特点，将原有的载频 1 700 Hz、2 000 Hz、2 300 Hz、2 600 Hz 采用加 1.3 Hz 和减 1.4 Hz 的方法，分别变成 1700-1、1700-2 等 8 种载频，从而可以实现站内股道或咽喉区纵向和横向相邻轨道电路载频频谱的交错排列，有效防止同频信息串扰。

（2）站内电码化的检测

车站每条正线分为接车进路、正线股道、发车进路三个发码区，分别由三个发送盒发码，并采用 N+1 的方式备用 1 个发送盒。设低频 27.9 Hz 为检测码，平时对各发码区段的传输通道及设备进行检测。当接、发车进路的各区段未被车列占用，检测盘未收到检测码时，可判断为传输通道或设备故障，系统提供故障报警，必要时可关闭防护该进路的信号机。

（3）站内电码化载频的自动切换

列车仅在经道岔侧向接、发车时进行载频的切换，直向通过车站时不进行载频的切换。例如，办理股道弯进时接车进路，在机车信号收到 UU 码后又断码的基础上，列车压入股道发送 2 s 载频为 f_0-2 的 25.7 Hz 的转频码，然后发送相应信号显示的低频码。车载信号设备在收到 UU 码后又断码的基础上，再接收到转频码就自动切换到相应的载频。

（4）站内无码区的锁频

目前既有铁路上，咽喉区经道岔弯股的进路是不电码化的，无码区就更容易收到串扰码。车站闭环电码化方式采用了如下的处理逻辑：车载信号设备在收到 UU 码后又断码的基础上，将一直搜索 25.7 Hz 的转频码，如果未找到 25.7 Hz 的转频码，则不能接收其他的低频信号。如此就能有效地实现站内无码区的锁频，防止收到串扰码。

载频切换与锁定的目的主要包括两个方面：

（1）列车转线运行（由上行线转下行线或相反）时，减少司机操作上、下行转换开关的繁琐。

（2）防止因人为操作失误引起对邻线信息的错误接收，通过设备切换提高安全性。

载频切换与锁定利用 8 种载频与 25.7 Hz 的低频信息相结合，其逻辑如表 5—9 所示：

表 5－9　8 种载频的逻辑表示

标　号	载频及低频	功　　能
D1	1700-1，25.7 Hz	车载设备锁定接收 1 700 Hz 信息
D2	2000-1，25.7 Hz	车载设备锁定接收 2 000 Hz 信息
D3	2300-1，25.7 Hz	车载设备锁定接收 2 300 Hz 信息
D4	2600-1，25.7 Hz	车载设备锁定接收 2 600 Hz 信息
S1	1700-2，25.7 Hz	车载设备切换到接收 1700/2300 Hz 信息
S2	2000-2，25.7 Hz	车载设备切换到接收 2000/2600 Hz 信息
S3	2300-2，25.7 Hz	车载设备切换到接收 1700/2300 Hz 信息
S4	2600-2，25.7 Hz	车载设备切换到接收 2000/2600 Hz 信息

载频切换与锁定的条件描述如下：

首先，需要明确载频锁定的意义。锁定载频的目的是为了防止车载设备错误接收邻线轨道电路中的信息，在车站需要防止接收相邻股道的电码化信息，在区间需要防止接收并行的另一条线路中的轨道电路信息。

因此，载频切换和锁定主要发生在进入车站股道时和从车站出发进入区间时，通常涉及的情况发生在侧线接车、侧线发车进路中。对于个别改变上下行方向的车站，也发生在正线通过时。如图 5—24、图 5—25、图 5—26 所示。

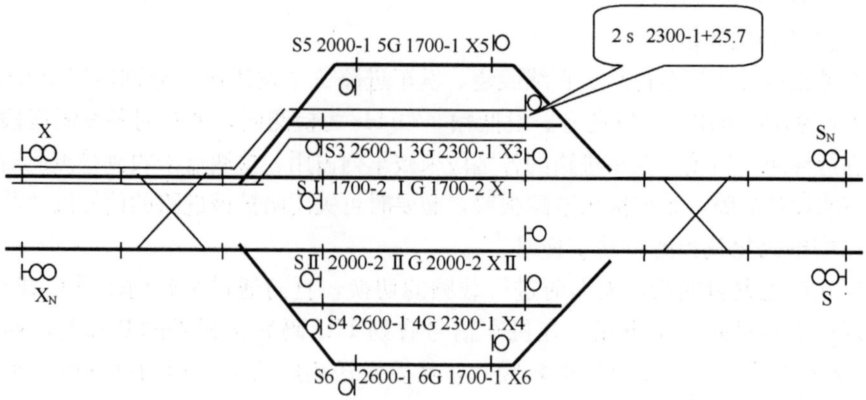

图 5－24　侧线接车时的载频锁定信息的发码时机

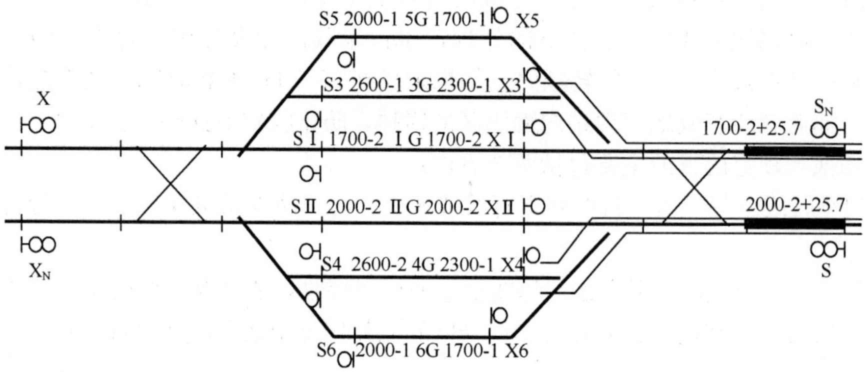

图 5－25　侧线发车时的载频锁定的发码时机

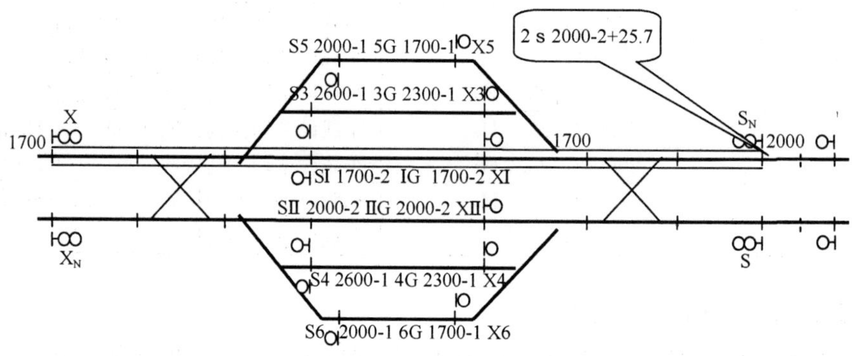

图 5－26　正线通过改变上下行方向车站时载频切换的发码时机

对照上述 3 个图，载频切换与锁定的逻辑如下：

(1) 侧线接车时的切换时机

列车在经防护道岔侧向的进路的信号机外方时，接收 UU 码。

当列车压入信号机内方时，UU/UUS 码结束（在信号机接近区段取消进路时，UU 码将变为 HU 码或 HUS 码，不属自动切换逻辑），此时列控车载设备（机车信号）将搜索任意载频上迭加的 25.7 Hz 低频信息，若收不到 25.7 Hz 的信息将不能接收任何正常码。

收到 UU/UUS 码后如果接收不到信息，在点白灯前（4 s 以内），只接收 HU/HUS 码，在点白灯后（无码大于 4 s 后），只接收载频切换信息码。

列车经道岔侧向进入股道时，将收到该股道（比如 1700-1 载频）规定的－1 载频所叠加的 25.7 Hz 的信息，之后将接收载频锁定于仅接收叠加于该载频（比如 1700）上的低频信息。

股道的载频锁定信息发码时间为列车进入股后的 2 s，2 s 之后转发送正常信息码。

（2）侧线发车时的切换时机

当列车由侧线经道岔侧向出站时，UU 码结束后，机车信号开始搜索任意载频上叠加的 25.7 Hz 信息。

当列车收到（如 1700-2 载频）－2 载频所叠加的 25.7 Hz 信息后，将接收载频锁定到接收相应区间的载频（如 1700/2300 载频）。

向 1700/2300 载频区间发车时，发车进路的最后一个区段固定发送 1700－2＋25.7 或 2300－2＋25.7 信息，车载设备收到此信息后，将载频锁定在 1700/2300 载频组上。

向 2000/2600 载频区间发车时，发车进路的最后一个区段固定发送 2000－2＋25.7 或 2600－2＋25.7 信息，车载设备收到此信息后，将载频锁定在 2000/2600 载频组上。

（3）通过改变上下行方向车站时的切换时机

个别特殊车站的的载频组切换也可能发生在正线通过时：当车站两端区间线路的上下行有变化时，比如进站时为下行，出站后为上行区间，载频切换在第一离去区段进行。

车站正线的载频组与接近车站的区间方向载频组相同。

当列车压入区间时，在第一离去区段发送 2 s－2 载频叠加 25.7 Hz 后恢复正常信息码，车载设备收到此信息后将载频切换并锁定到相应的载频组。

以上是正常情况下的自动切换实现逻辑，当出现以下情况时，需要司机操作选择载频组：

①主机上电后或故障复位后；

②机车连挂后始发；

③接收载频切换信息码失效后；

④非主体机车信号区段。

另外，需要强调的是，上述载频切换逻辑仅适用于无应答器的 CTCS1 级区段，对于 CTCS2 级区段，载频通过应答器信息预告、切换和锁定可进一步提高系统的安全性。

五、临时限速

（一）临时限速调度命令传送

临时限速由调度中心集中管理，通过 CTC 或 TDCS 向临时限速管辖车站及邻站下达调度命令。两站一区间范围内只允许设置一处区间或站内临时限速；若遇两处及以上限速，调度中心应将其视为一处连续的限速，并按最低限速值下达调度命令。

为提高临时限速调度命令传输的准确性，便于车站列控中心从调度命令中自动获取控制信息，临时限速调度命令在调度中心以统一的“窗口方式”输入、显示、确认及回执。临时限速设置情况在运行图终端和站场显示终端上有明确显示。

在 CTC 或 TDCS 的车站车务终端上增加了列控中心人机界面。在 CTC 或 TDCS 调度中心与车站失去联系或需对临时限速命令进行修正时，车站车务终端进行人工输入，其输入方式采用与调度中心基本相同的“窗口方式”。临时限速设置情况显示在车务终端上。

临时限速调度命令须经车站值班员签收后，方可由 CTC 或 TDCS 车站设备传至列控中心。车站值班员签收时确认限速起点里程、速度、长度、车次、执行时间等；对于 CTC 无人职守车站，按规定在车站综合维修终端进行签收。对于站内正线临时限速，系统须前方站签收后，本站方可签收；若前方站为无人职守车站，本站签收后，由 CTC 中心设备向前方站下达临时限速调度命令并直接向列控中心发送。

临时限速调度命令通过无线调度命令系统向列车发送时维持既有方式。

（二）临时限速设置精度

动车组限速区起点精度 100 m、限速区长度 8 档（100，500，1 000，1 500，2 000，3 000，4 000，6 000 m）、限速速度 5 档（45，60，80，120，160 km/h）。限速区长度超过 6 000 m时，可按区间限速办理。若遇限速速度小于 45 km/h 的特殊情况，由司机按调度命令控车。

（三）应答器临时限速管辖范围及关系

站内正线有临时限速时，前方站出站口应答器、本站进站口应答器分别发送相应临时限速报文。

办理正线通过且离去区段有临时限速时，进站口、出站口应答器分别发送相应临时限速报文。

CTCS 级间转换处，应答器临时限速管辖范围应向外延伸，延伸长度为线路允许速度到 45 km/h 的制动距离。

在区间其余地点有临时限速时，出站口应答器发送相应临时限速报文，进站口应答器的报文中有限速预告信息。

同一临时限速由不同的应答器发送报文时，其报文含义具有一致性。各应答器报文的限速区速度、长度完全一致，限速区起点之间有固定的数学关系式，应答器报文的选择建立对应逻辑关系。

有源应答器的报文存储在列控中心。

（四）车站临时限速控制范围

建立车站临时限速控制范围内线路里程、线路长度与临时限速区起点的对应关系，按临时限速调度命令确定所设限速区起点与对应应答器之间的距离。

车站值班员临时限速管辖范围示意图见图 5－27。

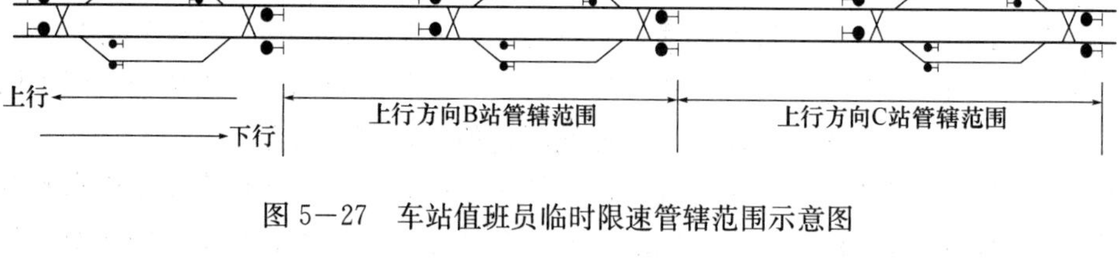

图 5－27　车站值班员临时限速管辖范围示意图

根据限速区起点与对应应答器之间的距离、限速区长度、限速区速度、进路及信号机状态等信息，选择存在列控中心中的报文。

根据临时限速调度命令中的执行时间、进路办理情况等信息，经计算确定应答器报文的发送时机，实时将所选的报文向对应的 LEU 传送；特殊情况下，由车站值班员在车务终端上确定发送时机。

进站口应答器，在进站信号机开放时控制 LEU 向应答器发送报文，直至列车完全越过进站信号机。出站口应答器，在其有效时段内连续控制 LEU 向应答器发送报文。

LEU 实时接收列控中心传送的数据报文并发送给对应有源应答器，实时更新有源应答器的数据，实现应答器对变化数据的发送。

相邻两个车站之间一个运行方向仅考虑一个临时限速区。

通过有源应答器向 ATP 车载设备提供临时限速信息，临时限速信息纳入轨道电路发码条件。临时限速区前方的地面信号显示应根据不同的临时限速等级进行相应降级显示（如 LU、U 等），并根据需要可重复显示。临时限速应答器控制范围示意图见图 5—28。

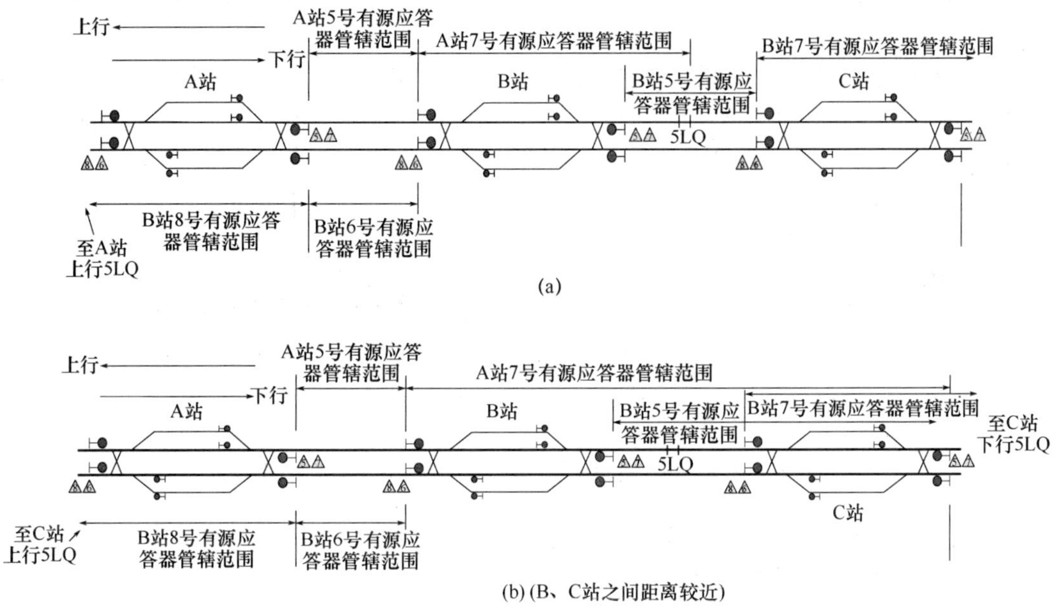

图 5—28　临时限速应答器控制范围示意图

装备 CTC 系统的线路区段，临时限速可在调度中心由调度员设置，向车站列控中心传输，也可由车站值班员直接通过车站列控中心设置。

未装备 CTC 系统的线路区段，临时限速应由车站值班员通过车站列控中心设置。原则上车站值班员负责设置本站站内及本站出站口至接车站进站信号机（含反向）范围内的临时限速。

车站站内、经道岔侧向发车时车站一离去区段等特殊区段的临时限速应通过调度命令实施。

在通过进路建立且离去区段有临时限速时，根据制动需要，进站信号机显示黄灯，对应接近区段轨道电路发 U 码；其他区段的临时限速不纳入轨道电路发码条件。

装备 TDCS 系统的区段，临时限速可在调度中心由调度员设置，向车站列控中心传输，车站值班员需对临时限速的设置和撤销进行确认；临时限速也可由车站值班员直接通过车站列控中心设置。

为提高临时限速的设置精度，应答器信息报文采用列控中心储存或动态组帧方式。

车站正线接车进路临时限速时，可通过进站信号机外方设置相应的临时限速确保安全。

（五）应答器与临时限速逻辑关系

1. 临时限速目标距离计算参数的取值

按下列取值，根据牵引计算，确定动车组从规定速度制动到限速速度的目标距离（$L_{目}$）。

规定速度：200 km/h；

制动量：制动特性最差动车组的常用制动；

制动系数：0.8；

坡度：既有线提速 200 km/h 区段，包括新建客货共线 200 km/h 铁路，线路设计主要技术标准的限坡一般不大于 6‰，坡度取 6‰下坡，当大于 6‰时取实际坡道计算；

安全余量：5%。

2. 办理正线通过且离去区段有临时限速时，为保证进站口应答器与出站口应答器临时限速报文的一致性，必须满足：$L_{进}=L_{出}+L_{站}$，限速区速度及长度完全一致。正线通过时临时限速区段逻辑关系见图 5－29。

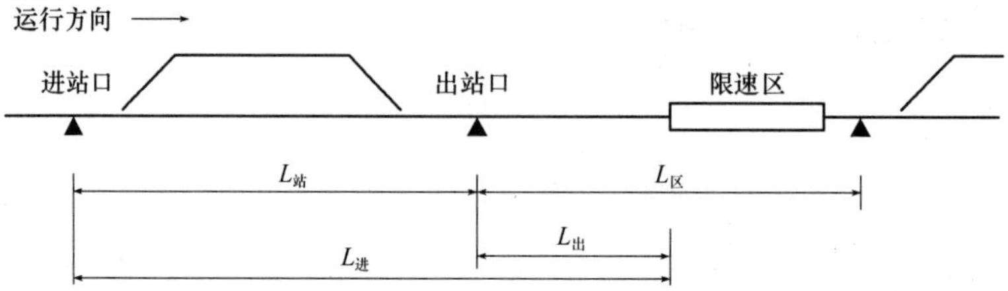

图 5－29　正线通过时临时限速区段逻辑关系示意图

在 $L_{区}>L_{目}$ 条件下，离去区段临时限速逻辑关系如下：

当 $L_{出}\leqslant 0$ 时，按站内临时限速逻辑执行；

当 $L_{出}>0$、$L_{进}\leqslant L_{目}$ 时，进站口及出站口应答器同时发送临时限速报文，控制进站信号机显示黄灯；

当 $L_{出}\leqslant L_{目}$、$L_{进}>L_{目}$ 时，进站口及出站口应答器同时发送临时限速报文，进站信号机正常显示；

当 $L_{出}>L_{目}$ 时，按区间临时限速逻辑执行，出站口应答器发送临时限速报文，进站口应答器的报文中应有预告信息。

3. 站内正线临时限速逻辑关系

办理正线接车及通过且站内正线有临时限速时，前方站出站口应答器、本站进站口应答器配合完成临时限速设置，必须满足：$L_{前出}=L_{进}+L_{区}$，限速区速度及长度完全一致。站内正线临时限速逻辑关系见图 5－30。

在 $L_{区}>L_{目}$ 条件下，站内正线临时限速逻辑关系如下：

当 $L_{进}\leqslant 0$ 时，按区间临时限速逻辑执行；

当 $0<L_{进}<L_{接}$ 时，前方出站口及本站进站口应答器同时发送临时限速报文；

当 $L_{接}\leqslant L_{进}<L_{接}+L_{发}$ 时，进站口应答器发送临时限速报文，进站信号机显示黄灯；

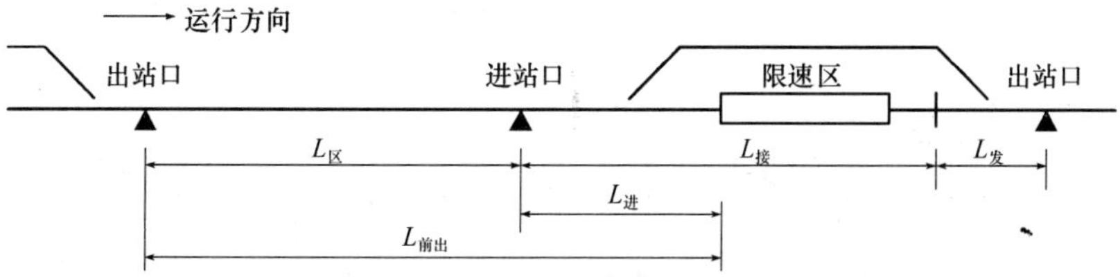

图 5－30 站内正线临时限速逻辑关系示意图

当 $L_{进} \geqslant L_{接} + L_{发}$ 时，按离去区段临时限速逻辑执行。

注：两站一区间范围内只允许设置一处站内或区间临时限速。反向运行时限速区起点取其终点里程。

在 $L_{区} < L_{目}$，甚至 $L_{站} + L_{区} < L$ 目情况下，临时限速设置应再向前方应答器前移，或采取特殊措施。

六、CTCS2 车载列控系统及功能

（一）200 km/h 动车组车载列控系统的组成

200 km/h 动车组车载列控系统，同时装备 ATP 车载设备和列车运行监控装置 LKJ—2000。

ATP 系统由地面和车载设备构成，ATP 的控制中心在地面。它以地面控制中心的信息作为列车运行指令的信息源，通过轨道电路和应答器设备获取前方运行区段的运行线路参数信息，以应答器等设备自动校核列车走行位置，实现对列车运行速度的安全监控和列车运行实际参数的采集、记录，车载 ATP 本身具有主体机车信号、通用式机车信号功能。

ATP 地面控制中心可与 CTC 或 TDCS 联网，实现运输指挥中心对列车的直接控制，达到了车地一体化的列车控制能力。因此，ATP 是列控系统的重要组成部分。

（二）车载列控系统的控车模式

在 CTCS2 级区段，由 ATP 车载设备控车。在 CTCS0、CTCS1 级区段或在 CTCS2 级区段 ATP 车载设备特定故障下，LKJ 结合 ATP 车载设备提供的机车信号或主体机车信号功能，控制列车运行，最高速度不超过 160 km/h。

两种控车模式的转换通过车载 ATP 设备实现。两种控车模式下，LKJ 通过 ATP 车载设备接收或记录有关列控状态数据（含进路参数、列车位置等）及其对应的操作状态信息。

正常情况下，两种控车模式通过特殊应答器在无需停车条件下自动转换。

故障情况下，两种控车模式须停车进行手动转换。

ATP 车载设备具备设备制动优先（机控优先）与司机制动优先（人控优先）两种模式，通过 ATP 车载设备内部设置选择其中一种模式。

（三）CTCS 级间转换

CTCS 级间转换的转换原则：

1. 原则上在车站离去区段自动转换（不应在进站信号机处转换），司机应确认，保留手动转换功能。

2. 预告点、执行点的选定。

3. 控车权的交接以 ATP 车载设备为主。

4. 级间转换时若已触发制动，则应保持制动作用完成。

CTCS 级间转换示意图见图 5－31。

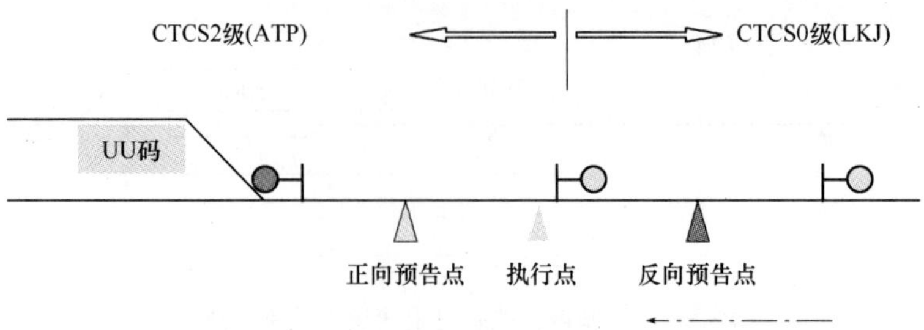

图 5—31　CTCS 级间转换

以上 CTCS 级间转换的原则可理解为：

CTCS 级间转换原则上在区间自动转换，并给司机提供相应的声光警示，由司机按压确认按钮，解除警示。自动转换失效时，司机根据 ATP 车载设备或 LKJ 的相应警示信息，手动转换。

CTCS 级间转换分别设置具有预告、执行、检查功能的固定信息应答器。原则上执行点设置在车站正向的一离去或二离去信号点。预告点和检查点随运行方向改变功能。各应答器内同时提供前方一定距离内的线路数据，且各应答器位置信息提供给列车运行监控记录装置。

级间转换的预告点与执行点设置间距约为 240 m。动车组越过预告点，ATP 车载设备进行语音及图形提示，越过执行点且自动实现级间转换后，机车乘务员应根据提示信息按压确认按钮。

级间转换应答器可与区间应答器合用。

在级间转换时，应保证控车权可靠平稳交接。控车权的交接以 ATP 车载设备为主。

级间转换时若已触发制动，则应保持制动作用完成，停车或发出缓解指令后，由手动或自动转换。

为保证 ATP 与 LKJ 的正常转换，级间转换点前后的适当距离（动车组自 160 km/h 到 0 km/h所需的制动距离）均采用 ZPW—2000（UM）系列轨道电路。

（四）ATP 车载设备的工作模式

ATP 车载设备主要工作模式有完全监控、部分监控、目视行车、调车监控、隔离模式等。

1. 完全监控模式 FS（FS：Full supervision）

当车载设备具备列控所需的基本数据（轨道电路信息、应答器信息、列车数据）时，ATP 车载设备可工作在完全监控模式。此时由 ATP 车载设备生成目标距离模式曲线，通过 DMI 显示列车运行速度、允许速度、目标速度和目标距离等，控制列车安全运行，见图5—32。

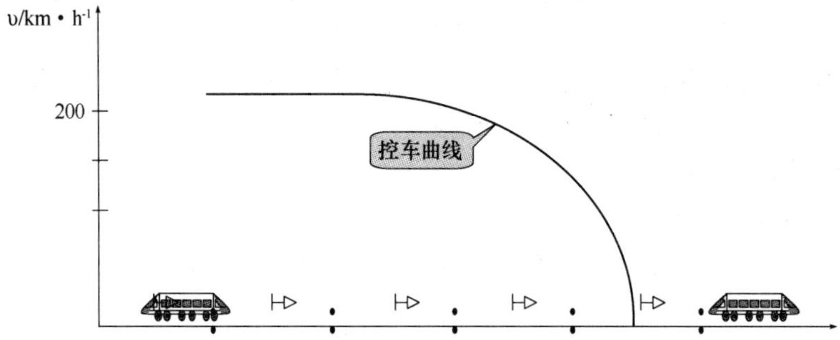

图 5—32　完全监控模式

本模式是 CTCS2 中最普通的模式。一般情况下，ATP 车载装置工作在本模式下，列车判断本身位置和应该停车位置后，产生目的制动速度模式，ATP 可以安全控制列车速度。

ATP 考虑列车静态限速停车位置或临时限速等条件，保证列车速度满足这些条件，ATP 在自动输出制动的同时，对司机提示有关的各种信息。

2. 部分监控模式 PS（PS：partial supervision）

当 ATP 车载设备接收到轨道电路允许列车信息，但线路数据缺损时，ATP 车载设备工作于部分监控模式，其产生固定限速，监控列车运行。

(1) 连续两组及以上应答器的线路数据丢失，列车在 ATP 车载设备已查询到的线路数据末端前触发常用制动，当列车运行速度低于 120 km/h 后，提供允许缓解提示，司机缓解后，ATP 车载设备根据线路最不利条件，产生监控速度曲线（最高限制速度 120 km/h），控制列车运行，见图 5—33（a）。

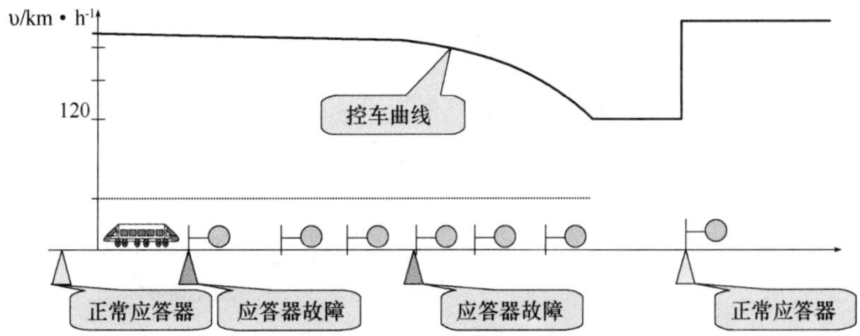

图 5—33（a）　部分监控模式

(2) 侧线发车时，ATP 车载设备根据股道轨道电路信息（根据道岔限速发送 UU 码或 UUS 码），形成并保持固定限制速度（至出站口），控制列车运行，见图 5—33（b）。

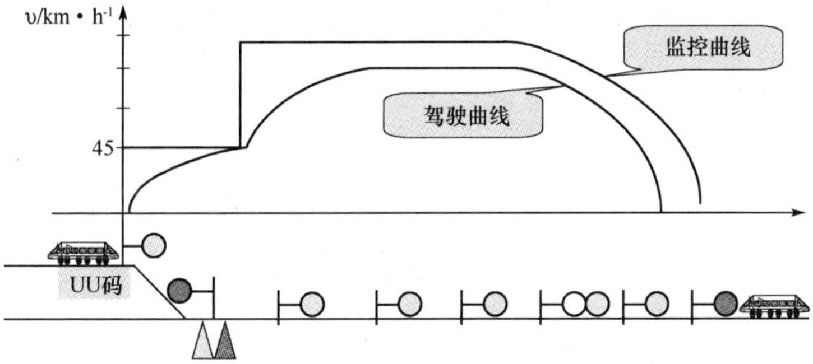

图 5—33（b）　部分监控模式

(3) 引导接车时，ATP 车载设备收到接近区段的轨道电路信息（HB 码），形成并保持固定限制速度（20 km/h），控制列车运行，见图 5—33（c）。

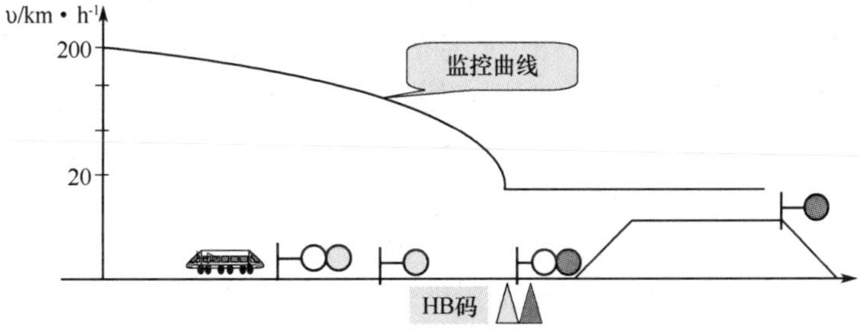

图 5—33（c）　部分监控模式

以上三种情况均被称为部分监控模式，但由于这三种情况在操作上相差较大，故我们又把侧线发车（股道出发）称为部分监控模式（PS），引导接车称引导模式（CO），应答器的线路数据丢失称应答器故障模式（BF）。

3. 目视行车模式 OS（OS：On-Sight）

当 ATP 车载设备显示禁止信号时，ATP 处于目视行车模式。此时列车停车后，根据行车管理办法（含调度命令），ATP 生成固定限制速度（20 km/h），列车在 ATP 监控下运行，司机对安全负责。每运行一段距离（100～200 m）或一段时间，司机应重复按压按钮，否则设备制动停车。接收到 HU 或者 H 以外的有信号码，该模式自动地结束，见图5－34。

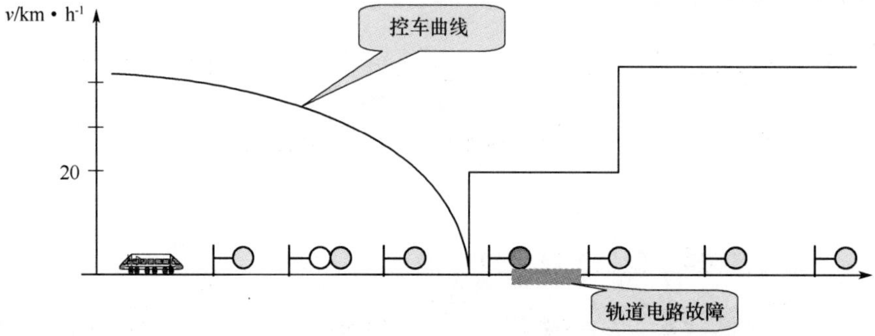

图 5－34　目视行车模式

4. 调车监控模式 SH（SH：Shunting）

当车列进行调车作业时，司机经过特殊操作后，转为调车模式，ATP 生成调车限制速度，控制列车运行。牵引运行时，限制速度 40 km/h。推进运行时，限制速度 30 km/h，见图 5－35。

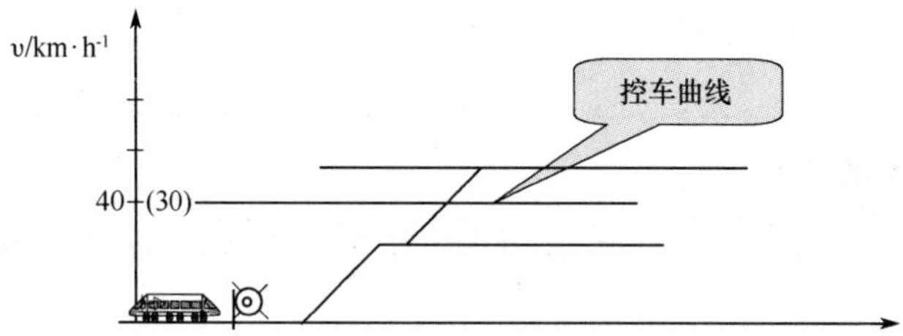

图 5－35　调车监控模式

在站内等地方进行调车时，通过按下司机调车键后，ATP 车载装置不管有无轨道电路信息，NBP 都会生成 45 km/h 恒定核对的速度曲线，列车速度一超过该限制速度，ATP 就自动输出制动。另外，如果从车站进站口的应答器接收「调车危险」报文信息时，由 ATP 车载装置输出制动停车。ATP 不输出除此之外的制动，所以停止位置完全靠司机的责任来完成。并且，SH 模式时允许列车向后（除 IS、SH 模式以外不允许列车向后）。

5. 隔离模式 IS（IS：Isolation）

当 ATP 车载设备故障，触发制动停车后，根据故障提示，司机经特殊操作，ATP 车载控制功能停用，在该模式下司机按调度命令行车。若仅 BTM 失效，ATP 车载设备提供机车信号，可人工转换为 LKJ 控制列车，见图 5－36。

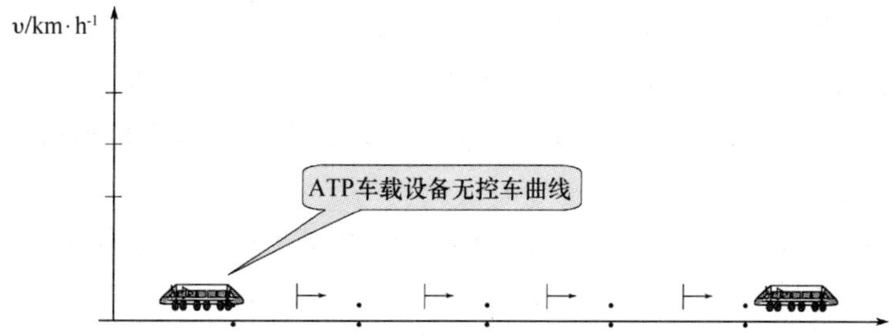

图 5—36 隔离模式

6. 反向运行模式 RO（RO：Reverse Operation）

上行列车运行在下行线，或下行列车运行在上行线时，ATP 的工作模式。出站时在出站口接收有源应答器通知反向运行的信息包，列车到达该信息包显示的位置时，ATP 就可进入此模式。反向运行中在站间几乎所有轨道电路上，只有 27.9 Hz 的 VLF。但进入下一站进站口前方 2 个轨道电路时就能收到一般码。在该轨道电路上收到的码，如果不是意味着停车的 HU 等，列车就可以进入站内。在站间，可从区间应答器得到对应列车运行方向的静态限速、轨道电路长度和坡度等线路数据。如果不能接收 27.9 Hz 并且无法接收正常信号时，ATP 车上装置输出常用制动停车。

既有提速线反向按照自动站间闭塞运行，区间轨道电路接收、发送端根据列车运行方向相应改变，贯通发码。接近区段长度应满足列车由反向最高规定运行速度紧急制动到 0 km/h的要求。ATP 车载设备采用完全监控模式，反向临时限速的设置方案与正向运行相同。

即有线反向按照自动站间闭塞运行，在车站反向出站口的有源和无源应答器提供至运行前方车站的线路参数。

即有线 CTCS2 级区段，动车组 ATP 车载设备控制的反向最高速度可按线路允许速度设置。

反向正线发车进路建立后，出站信号机后方的电码化设备应发送与相应区间轨道电路相同的低频信息，低频信息可以是正常的列车追踪码序或 27.9 Hz。反向运行时，若 27.9 Hz 掉码，ATP 车载设备比照正向运行时允许信号掉码处理。

CTCS2 级区段地面设备改造，有条件时，正、反向区间轨道电路采用相同的发码规则。

客运专线反向运行时，ATP 可反向追踪运行，ATP 车载设备的控制方式与正向相同，采用完全监控模式。

（五）ATP 车载设备操作方式

1. 初始化

ATP 车载设备上电后，设备经初始化进入默认模式，默认模式根据运营要求选择。

2. 停车

在车站股道两端的适当位置设置动车组停车位置标。

经道岔侧向接车时，ATP 车载设备根据轨道电路信息和进站有源应答器提供的相应进路信息，形成接车进路终端处速度为 0 km/h 的监控速度曲线。

进站信号机外方停车或经道岔直向接车时，ATP 车载设备根据轨道电路信息和已收到的无源应答器提供的线路信息，形成出口速度为 0 km/h 的监控速度曲线。

手信号引导接车时，根据行车管理办法（含调度命令），转为目视行车模式。

区间停车时，ATP 车载设备根据轨道电路信息和已收到的线路参数，形成出口速度为 0 km/h 的监控速度曲线。停车后，若地面设备为故障状态，可转为目视行车模式。

3. 发车

经道岔侧向发车时，ATP 车载设备按照部分监控模式运行，在列车进入区间并接收到轨道电路信息和应答器信息后，转入完全监控模式。

经道岔直向发车时，ATP 车载设备按照完全监控模式运行。

（六）列控系统故障处理方式

ATP 车载设备特定故障下，LKJ 结合 ATP 车载没备提供的机车信号或主体机车信号功能，控制列车运行，最高速度不超过 160 km/h。

如果列控中心故障，受到直接影响的是临时限速。

ATP 车载设备默认无临时限速。在无临时限速的情况下，正线直向接车不受影响；侧线接车时，按最不利接车进路参数控车。

有临时限速时，通过调度命令实施，司机凭调度命令按原有方式行车。

地面有源应答器发送环节能实时监测与应答器间的通信通道的状态和信息的正确性，一旦监测到通信通道中断或发送数据有误，将报警，并使设备导向安全控制。

地面列控设备故障时，CTCS2 系统具有安全防护措施。列控中心采用二乘二取二安全冗余结构，外部通信接口及通道也进行冗余配置，因此具有高可靠性和高可用性。

七、ATP 车载设备人机交互界面

（一）ATP 车载设备人机交互界面技术条件

ATP 车载设备人机交互界面按照铁道部确定的界面和司机操作规程进行统一设计。DMI 显示界面能够以字符、数字及图形等方式同时显示列车运行速度、允许速度、目标速度和目标距离，确保现行的动车组和列控技术能够实现。显示界面适应我国的铁路行车组织体系及司机操纵习惯。

ATP 车载设备人机交互界面具备独立的输入手段，全部信息可通过 ATP 车载设备输入，由 ATP 车载设备对输入信息进行合理性判断，并由 ATP 车载设备将司机输入的有关信息传输给列车运行监控记录装置。为避免司机对不同车载设备重复输入相同信息，非安全信息由 LKJ 提供。

1. DMI 显示界面的内容

车载设备显示界面包含以下显示内容：列车当前速度、列车限制速度、前方目标速度、前方目标距离、控车模式和运行等级等。

控车模式指车载列控系统当前所处的“完全监控”、“部分监控”、“调车”、“目视行车”、“隔离”等状态；运行等级指车载系统当前处于“CTCS2 级”、“CTCS0 级”等情况；ATP 制动显示 ATP 系统正在进行“常用制动”、“紧急制动”、“缓解或允许缓解”；报警信息显示、机车信号显示（完全监控模式除外）、时间显示。

2. 输入信息

机车乘务员应当通过人机交互界面提供的数据输入接口，输入以下内容的数据：

列车长度、司机号、车次号及其他信息。

3. DMI 显示界面

显示界面总体上分为两个显示层：基本显示层和数据输入层。基本显示层主要用于列车运行过程中向乘务员提供列车、车载设备的状态信息和控制命令，以及来自地面设备的信息；数据输入层向乘务员提供了有关列车数据的输入界面。

（二）DMI 基本显示界面

1. 基本显示界面的布置

基本显示层总体上分为八个显示区域，分别是制动信息显示、线路参数信息显示区（地理信息）、速度信息显示区、运行等级显示区、控制模式显示区、其他信息显示区、报警信息显示区、机车信号显示区（与线路参数显示区相互切换）和按钮区。DMI 主界面功能细分图如图 5－37 所示。

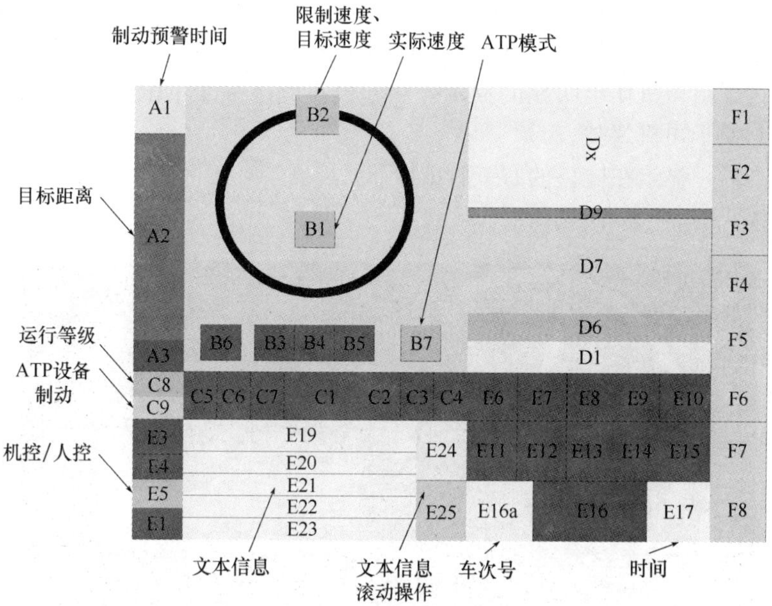

图 5－37　主界面功能细分图

距离信息显示包括两个方面的内容："目标距离"和"ATP 动作之前的预警时间"。"目标距离"以纵向条形方式显示在 A2 区；A3 显示区保留。其中，"目标距离"的最大显示距离为 8 000 m（用于 200 km/h 动车组）。

2. 数据输入界面的布置

数据输入层用于帮助乘务员输入与控制有关的列车数据，数据输入层包括已完成及待完成数据区、当前输入区、帮助区、软键盘区和按钮区。

（三）信息显示

速度信息显示区主要通过双针速度表显示列车当前速度、当前限制速度和前方目标速度，同时，可以给出开口速度、控制模式等信息。

列车当前速度以数字的方式显示在 B1 区，同时，速度表的指针也指示了列车的当前速度；列车的限制速度、目标速度和开口速度在 B2 区显示；B7 区以文字图标的方式显示 ATP 设备所处的控制模式（B0、B3、B4、B5 B7 预留）。

在运行等级显示区显示的数据主要是 ATP 设备当前的运行等级，具体显示内容为：CTCS0、CTCS1、CTCS2。

控制模式的具体显示内容为：完全监控模式、部分监控模式、目视行车模式、调车监控模式和隔离模式。

各种故障信息、报警信息等文本数据显示在 E19 至 E23 的区域中。E24 和 E25 分别显示用来滚动 E19 至 E23 区域中报警信息的按钮。

非完全监控模式下，在机车信号显示区内的机车信号。

距离信息的显示（地理信息）：在完全监控模式下，在距离信息显示区显示来自地面应答器的前方地面数据。

D1 区用来显示距离坐标；

D6 区用来显示速度变化等特殊信息；

D7 区用来显示前方 8 000 m 范围内线路固定限速；

D9 区以黄色实线表示列车前方的第一个起模点（CSM 区与 TSM 区的交接点）。同时，将起模点的指示线向下延长到坐标显示区，以便于司机可以清楚地了解到起模点的具体坐标位置。同时，为了给司机作出明显的提示，从起模点到下一个 MRSP 以斜线相连接，表示一个降速过程，便于司机驾驶。

时间经校准后，显示在屏幕的右下脚 E17 区。

完全监控模式的显示界面见图 5—38。

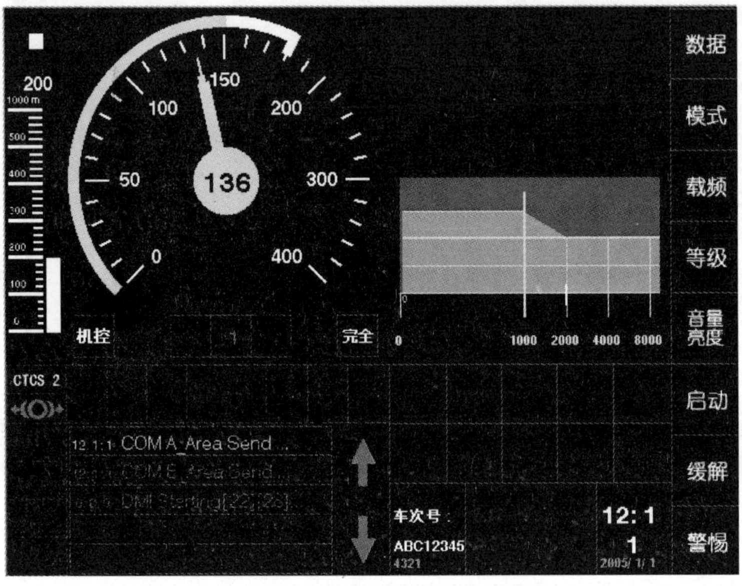

图 5—38 完全监控模式的显示界面

第六章　200 km/h 动车组运行组织方法

在既有线开行时速 200 km 的动车组是我国铁路在新时期为适应迅猛增长的运输需求而采取的一项重大举措，也是结合我国国情和路情在运输组织方面的一项创新之作。其特点主要表现在：动车组与普通客、货列车共线混跑；多种运行速度并存；同一条干线的不同地段正线数目可能不等，有双线、三线，甚至四线；信号、通信、调度指挥系统也可能不统一。由于动车组的运行速度高于一般旅客列车，更高于货物列车，因而对技术设备、设施提出了更高的要求，同时，在运行组织方面与一般旅客列车也有不同之处。

第一节　200 km/h 动车组对设备的要求

一、总体要求

按照国际铁路运输界的共识，列车运行最高速度达到 200 km/h 及以上即称为高速列车，所以即将在我国若干既有线上运行的动车组可以称之为高速动车组。高速动车组的开行要求沿线各项技术设备和设施与之适应和配套。

动车组对各项设备总的要求是：在运行高速动车组的线路上，各种设备、设施应满足旅客列车 200 km/h、货物列车 120 km/h 运行安全、平稳性要求，根据需要满足双层集装箱货物列车运行要求。

行车安全始终是铁路运输第一位的要求，对旅客列车和动车组而言更是重中之重。此外，为了使旅客乘坐舒适、旅行愉快，列车运行的平稳性也是不可忽视的。动车组运行速度高，较之一般列车更容易产生上下晃动和左右摇摆，所以运行的平稳性将处于更加突出的位置。

研究表明，客、货列车速差愈大，对线路通过能力和列车旅行速度影响愈大。为了减少这种影响，在运行高速动车组的线路上，货物列车的速度不能太低，要求实现时速 120 km。

目前，集装箱专列普遍开行，双层集装箱有利于提高线路货物输送能力和充分利用货车装载能力，因而受到运输企业的青睐。在动车组与客、货列车共线运行的线路上，必须考虑到双层集装箱货物列车的特殊性，为这种列车的运行创造条件。

二、对线路的要求

1. 基本要求

运行高速动车组的线路应全封闭、全立交，线路两侧按标准进行栅栏封闭，并设置相应的警示标志。

站内用于技术作业的平过道两端应设置栏杆等防护装置，定位于闭合状态，并设置天桥或地道用于旅客通行。

列车速度 200 km/h 通过的车站，邻近通过线路的站台安全标线与站台边缘距离为2 m，也可在距站台边缘 1 m 处设栅栏防护。

2. 线间距

区间直线区段线间距不应小于 4.4 m。线间距的变更宜利用邻近曲线完成。

有列检作业或上水作业的车站，站内正线与相邻到发线线间最小距离为 6.5 m，困难条件下为 5.5 m。

3. 线路平面及纵断面

线路最小曲线半径 3 500 m，困难条件下不小于 2 800 m。既有线保留地段半径 2 500 m 的曲线通过速度可为 200 km/h。曲线半径小于 2 500 m，大于等于 2 200 m 线路允许速度超过 180 km/h 时，须经铁道部批准。

编组站、区段站最小曲线半径 2 000 m；中间站最小曲线半径 3 500 m，困难条件下不小于 2 800 m。

夹直线及圆曲线最小长度为 0.7 v_{max}，困难条件下为 0.5 v_{max}；既有线保留地段，困难条件下可为 0.4 v_{max}。正线道岔（直向）与曲线超高顺坡终点之间的直线段长度不宜小于 70 m，困难条件下不应小于 30 m。

最小坡段长度一般不宜小于 600 m，困难条件下不应小于 400 m，且连续使用时不得超过 2 个。

坡度代数差大于 1‰时，须设置圆曲线型竖曲线，且竖曲线最小长度不宜小于 25 m。竖曲线半径不得小于 15 000 m。

4. 桥隧建筑物

桥梁的动力性能应满足提速 200 km/h 技术要求。经检算不满足要求时应进行加固或改造。

涵洞顶至轨底的填方厚度不宜小于 1.2 m。既有涵洞顶填土厚度小于 1.2 m 时，应采取增加枕下或碴下弹性等措施。线间距发生变化的双线涵洞，接长时应对基础的强度进行检算，必要时进行加固。

直线上桥梁自线路中心至维修通道栏杆内侧的净距：线路允许速度超过 160 km/h 区段的桥梁为 3.75 m。既有桥改造困难时，维修人员通道宽度可维持现状。

既有隧道原则上应在整治病害的基础上保留使用。既有双线隧道可改造为单线居中运行，满足 200 km/h 旅客列车通过的需要。

隧道内轨顶面以上净空面积单线隧道应不小于 52 m^2，双线隧道应不小于 80 m^2。

当隧道洞口 50 m 范围内无建筑物且洞口外 20 m 处的微压波峰值大于 50 Pa，或隧道洞口 50 m 范围内有建筑物且建筑物处的微压波峰值大于 20 Pa 时，应设置洞口缓冲结构。对建筑物处的微压波峰值有特殊要求时，洞口缓冲结构应进行特殊设计。

5. 轨道

正线应采用 60 kg/m 钢轨的跨区间无缝线路。应采用Ⅲ型轨枕（宜按每公里 1667 根配置）、一级道碴；有挡肩轨枕用弹条Ⅱ型扣件，无挡肩轨枕用弹条Ⅲ型扣件。

线路几何尺寸应满足提速 200 km/h 平顺性要求，验收线路时，正线线路、道岔轨距静态允许偏差为±2 mm，水平静态允许偏差为 3 mm。

正线道岔应采用可动心轨、混凝土岔枕。道岔与道岔间的线路应保持弹性连续。

正线插入短轨不得小于 6 m，并不得连续插入 2 根及以上。插入的短轨未焊接时线路允许速度不得大于 160 km/h。

站内正线上两组连续对向铺设的道岔间插入短轨长度，当有旅客列车同时通过两侧线时，不应小于 50 m；困难条件下，不应小于 33 m。当无旅客列车同时通过两侧线或道岔顺向设置时，宜采用 25 m；困难条件下不应小于 12.5 m。

三、对动车组及其检修、整备的要求

1. 动车组

动车组应有识别的标记：路徽、配属局段简称、车型、车号、定员、自重、载重、全长、最高运行速度、制造厂名及日期、定期修理的日期及处所，应有“电化区段严禁攀登”的标识。

200 km/h 速度等级的旅客列车采用交流传动、动力分散式动车组。

动车组应具有列车运行性能安全监测的功能，对重要的运行部件和功能系统进行实时监测、报警和记录。

动车组应安装与 CTCS2 级 ATP 配合的接口装置，能随时并优先响应 CTCS2 级 ATP 的指令，实施电空各级常用制动或空气紧急制动。

最高运行速度 200 km/h 时，列车紧急制动距离限值为 2 000 m。

动车组制动机采用微机控制直通式电空制动系统。制动系统优先使用动力制动，当动力制动能力不足时，采用空气制动补充。动车组应能由救援机车连挂运行并实施制动。列车管压力采用 600 kPa。

具有停放制动装置的动车组，具有在 20‰坡道上列车停放制动时不溜逸的能力。

动车组应具备功率冗余。

动车组采用车上自动切换过分相方式，受电弓在双层集装箱线路其最大工作高度不小于 7 m。

动车组须随车配备行车备品及过渡车钩、电气连接线、专用风管及止轮器。

新造动车组以及检修后按检修规程规定需要试运行的动车组，应安排上线运营前的试运行工作。

2. 动车组的检修和整备

动车组实行计划预防修，分为五级修程，其中一、二级为运用检修，三、四、五级为定期检修。检修周期及技术标准，按铁道部检修规程执行。

在路网客运中心和始发终到客流较大的地区应设置动车组检修基地，检修基地包括动车段和动车运用所，形成动车组检修体系，满足快速检修、安全可靠、高效运营的技术要求。

动车段和动车运用所应设库线供动车组停放，并应配备相应设备对转向架、车下设备、车上以及车顶设备进行检查、维护、更换、检修和清洗等作业。

动车段、动车运用所应具备各型动车组一、二级检修，动车组临修，行车安全设备检修，客运整备能力及相应的存车条件。动车段还应具备特定动车组的三、四、五级检修能力。

动车组日常运用的整备、清洁、排污等作业应在动车段和动车运用所完成。

动车段和动车运用所应设有信息管理系统。

四、对信号和通信的要求

1. 基本要求

动车组运行的沿线车站应采用计算机联锁。车站联锁设备应具备与列车调度指挥系统（TDCS）或调度集中系统（CTC）、车站列控中心设备的接口能力，安全信息传输应采用冗余配置的专用信息通道。

闭塞设备采用自动闭塞。双线区段自动闭塞应具备正向自动闭塞、反向自动站间闭塞行车功能。

自动闭塞应采用符合 CTCS2 级列控系统要求的设备。闭塞分区的划分既要满足 200 km/h旅客列车控车要求，又要满足四显示自动闭塞的行车要求。

信号微机监测系统和无线通信监测系统应实现全程联网，具有远程诊断和故障报警功能。

2. 列车调度指挥系统和调度集中

动车组运行的线路应装备列车调度指挥系统（TDCS）；有条件时，应装备分散自律调度集中系统（CTC）。

TDCS/CTC 与配套的无线通信系统结合，应能实现调度命令（含书面行车凭证等）、接车进路预告信息、调车作业通知单等信息向机车的可靠传送，并能从无线通信系统获取车次号校核、列车停稳、调车请求、信息回执等信息。

TDCS/CTC 的车务终端作为车站列控中心的用户人机操作界面，提供发送列控指令、显示车站列控中心相关设备状态等有关功能。TDCS/CTC 的人机操作界面应提供临时限速调度命令的统一模板，实现限速命令的输入、显示、签收（确认）及回执功能。

CTC 由调度中心子系统、车站子系统和调度中心与车站及车站之间的网络子系统三部分组成。CTC 在调度中心接入 TDCS 网络，与 TDCS 共用数据库服务器。

CTC 在信号设备控制与行车指挥方式上设有分散自律正常控制与非常站控两种模式。分散自律控制模式是用列车运行调整计划自动控制列车进路，并具备人工办理进路的功能；非常站控模式是当调度集中设备故障、发生危及行车安全的情况或设备天窗维修、施工时，脱离系统控制转为车站控制台人工控制的方式，调度中心不具备直接控制权，系统完好时应具备 TDCS 功能。

CTC 在调度终端、车务终端、车站控制台上设置控制模式状态表示灯：

（1）红灯亮：表示非常站控模式；

（2）绿灯亮：表示分散自律控制模式；

（3）黄灯亮：表示允许转回分散自律控制模式。

CTC 分散自律控制模式转向非常站控模式不检查任何条件，但向列车调度员进行提示报警；非常站控模式转回分散自律控制模式系统应符合以下条件：

（1）CTC 设备正常；

（2）非常站控模式下没有未完成的按钮操作。

CTC 与 GSM—R 系统结合，实现向机车司机传送书面调度命令（含行车凭证）、列车停稳信息、调车作业通知单，进路自动预告以及无线车次号传输及校核等功能。

CTC 与列控系统结合，实现向动车组传送限速信息。

CTC 与 TMIS 的信息交换按照集中统一的原则，通过铁路局调度中心接口进行交换。

车站各种现车信息、确报、调车作业通知单通过 CTC、TMIS 各自网络传至铁路局调度中心进行交换。

3. CTCS2 级列车运行控制系统

CTCS2 级列控系统是基于轨道电路加点式应答器传输列车运行许可信息并采用目标距离模式监控列车安全运行的列车运行控制系统。200 km/h 旅客列车应装备 CTCS2 级列控车载设备（ATP）和列车运行安全监控记录装置（LKJ）。地面设备应按照 CTCS2 级列控系统要求配置。

ATP 由车载安全计算机（VC）、轨道电路信息接收单元（STM）、应答器接收单元（BTM）、制动接口单元（TIU）、记录单元（DRU）、人机界面（DMI）、速度传感器、轨道电路信息接收天线、应答器接收天线等设备组成。地面设备由 ZPW—2000 或 UM 系列轨道电路、车站闭环电码化、应答器和车站列控中心（包括地面电子单元 LEU）等设备组成。车站列控中心应具备与车站联锁系统、CTC 或 TDCS、微机监测等系统的接口。

在进站口、出站口及区间适当地点设置点式应答器，必要时在出站信号机处、区间设置特定用途的应答器。

在 CTCS2 级区段与 CTCS0/1 级区段的分界处，应设置转换应答器及地面指示标志，动车组通过转换应答器，ATP 与 LKJ 间可自动转换；在 ATP 或转换应答器故障条件下，列车停车后由司机手动转换。

动车组在 CTCS2 级区段按列控模式行车；在 CTCS0/1 级区段和 ATP 故障情况下的 CTCS2 级区段，按 LKJ 方式行车，列车运行速度不超过 160 km/h。

按列控模式行车时，LKJ 仍应有列控数据、车辆状态和司机操纵等记录功能。

ATP 采用设备制动优先。

ATP 有完全监控模式（FS）、部分监控模式（PS）、目视行车模式（OS）、调车模式（SH）、隔离模式（IS）和待机模式（SB）等六种运行模式。完全监控模式和待机模式是设备责任模式，部分监控模式、目视行车模式、调车模式和隔离模式是人工责任模式。

完全监控模式是列车在区间（含车站正线通过和侧进直出）和车站接车作业时的正常运行的模式。当 ATP 车载设备具备列控所需的基本数据（轨道电路信息、应答器信息、列车数据）时，ATP 根据控车数据自动生成目标距离模式曲线，控制列车运行。司机通过人机界面（DMI）显示的列车运行速度、允许速度、目标速度和目标距离等监控列车运行。只有在完全监控模式下列车运行速度才可以超过 160 km/h。

部分监控模式是列车正常发车所用的模式。当 ATP 接收到轨道电路允许行车信息，而缺少应答器提供的线路数据或临时限速数据时，也进入部分监控模式。

在部分监控模式下，ATP 给出如下固定限速值：

（1）侧线发车，ATP 接收到的轨道电路信息为 UU 码时，固定限速值为 45 km/h；接收到的轨道电路信息为 UUS 码时，固定限速值为 80 km/h。

（2）连续两组及以上应答器线路数据丢失时，按应答器给定的数据生成的目标距离模式曲线下运行，最高速度不超过 120 km/h；

（3）引导接车，ATP 接收到的轨道电路信息为 HB 码时，越过进站信号机后，自动转入引导模式。在该模式下，固定限速值为 20 km/h，每隔一定时间（60 s）或列车移动一定距离（200 m）设备报警，要求司机在 5 s 内按压警惕按钮，否则设备触发紧急制动。

目视行车模式是不允许退行的固定限速模式，限速值为 20 km/h，列车速度超过

25 km/h，设备触发制动。动车组在区间运行，ATP 显示停车信号时，列车停车后如需继续运行，司机可使 ATP 转入目视行车模式。在目视行车模式下，每隔一定时间（60 s）或列车移动一定距离（200 m）设备报警，要求司机在 5 s 内按压警惕按钮，否则设备触发制动。

调车模式是允许退行的固定限速模式，限速值为 40 km/h，列车速度超过 45 km/h，设备触发制动。动车组进行调车作业时，司机按压专用调车按钮，转为调车模式。只有在列车停车时，司机才可以选择进入或退出调车模式。

隔离模式是 ATP 不控车的模式，ATP 失去所有速度监督功能，仅用于 ATP 故障后的行车。司机只有在确认 ATP 故障，触发制动列车停车后，报告列车调度员，方可操作隔离手柄使 ATP 转入隔离模式。

待机模式是 ATP 上电后的默认模式。待机模式不由司机选择，ATP 执行自检和外部设备测试后，自动转入待机模式。在待机模式下，设备测试的结果显示给司机，ATP 执行停车监控，司机不得移动列车。

ATP 六种模式之间的转换见表 6－1。

表 6－1　ATP 六种模式之间的转换

转入模式 / 当前模式	完全监控模式	部分监控模式	目视行车模式	调车模式	隔离模式	待机模式
完全监控模式	—	自动	人工	人工	人工	—
部分监控模式	自动	—	人工	人工	人工	—
目视行车模式	自动	自动	—	人工	人工	—
调车模式	—	人工	—	—	人工	人工
隔离模式	—	—	—	—	—	人工
待机模式	—	人工	—	人工	人工	—

当列控地面设备满足 CTCS2 级条件并且车载设备接收数据满足完全监控模式时，ATP 车载设备可自动按照速度—距离模式曲线下按 200 km/h 以内运行速度进行控车。当地面设备满足主体机车信号的要求但不满足 CTCS2 级的要求时，ATP 车载设备具有主体机车信号功能，为司机提供等同于地面信号安全级别的车载信号显示信息。当地面条件仅满足 CTCS0 级条件时，ATP 车载列控设备可以实现通用机车信号的功能，为 LKJ 设备提供机车信号显示信息。

4. 通信

充分利用既有 450 MHz 列车无线调度通信系统，有条件时应采用数字移动通信系统（GSM—R），为列车调度指挥、安全保障、应急抢险、维修施工和列车运行工况监控等提供可靠的话音与数据传输。

在采用 450 MHz 列车无线调度通信系统的线路上，接收机天线入口处最小接收电平应在全线满足－97 dBm（10 dBv），95％覆盖概率要求。

在采用 GSM—R 的线路上，基站场强应连续覆盖。GSM—R 系统在机车顶部最小接收电平为－98 dBm，95％的覆盖概率。

GSM—R 系统机车综合通信设备根据需要应兼容 450 MHz 列车无线调度通信系统功能，具备调度命令、车次号、进路信息等的传递和接收功能。

五、对牵引供电和接触网的要求

牵引变电所改造原则上不改变进线电源。新建变电所进线电源可采用 110 kV 或 220 kV，优先采用 220 kV。两路电源互为热备用。

既有线改造时牵引供电方式一般不做改动。

接触网悬挂类型应采用全补偿简单链形悬挂或全补偿弹性链形悬挂。正线接触线额定张力不应小于 15 kN。

正线接触线应采用铜合金材质，截面积不宜小于 120 mm²；正线承力索应采用铜合金绞线，截面积不宜小于 95 mm²。

接触网结构高度宜采用 1.1～1.6 m，隧道或跨线建筑物等困难条件下可适度降低，或特殊设计接触悬挂，但接触网性能应满足 200 km/h 列车运行要求。接触线动态抬升量不宜大于 120 mm。

弓网间最大动态接触压力不宜大于 200 N，最小动态接触压力不宜小于 40 N。

第二节　行车闭塞及调度命令发布

一、行车闭塞简介

通过对设在车站、线路所的有关设备或通过色灯信号机的控制，保证在同一时间内，同一区间或闭塞分区内只有一个列车运行的办法，称为行车闭塞法。实现这一功能的相关设备称为闭塞设备。

运行列车间的间隔有时间间隔、空间间隔两种。若第一个列车发车后，经过一定时间再发出下一个列车的行车制度，称为时间间隔法。在区间没有列车的前提下，才能向该区间发出列车，称为空间间隔法。时间间隔法可能导致一个区间进入两个列车的情况发生，在我国原则上不准采用。而空间间隔法能够保证在同一时间内、同一区间或闭塞分区内只有一列列车运行。我国的行车制度属于空间间隔法。

我国采用的基本闭塞法有自动闭塞、半自动闭塞和自动站间闭塞三种。绝大部分单线铁路以及小部分条件不具备的双线铁路，采用半自动闭塞；绝大部分双线铁路以及小部分繁忙的单线铁路，采用自动闭塞。当基本闭塞设备不能使用时采用电话闭塞法作为代用闭塞法。

办理闭塞的根本问题包括两个方面，即确认区间空闲和解决发车权问题。在单线区间，在确认区间空闲的条件下，发车站向接车站请求发车，得到邻站同意接车的通知并办理规定的闭塞手续，取得发车权后，方可向区间发出列车。在双线区间，双线正方向运行的发车权归发车站所有，只需向接车站发出预告即可。

使用自动闭塞法行车时，列车进入闭塞分区的行车凭证为出站或通过信号机的黄色灯光、绿黄色灯光或绿色灯光。特快旅客列车由车站通过时，为出站信号机的绿黄色灯光或绿色灯光，遇站间未设通过信号机时，发出列车的行车凭证由铁路局规定。

使用半自动闭塞法行车时，列车凭出站信号机或线路所通过信号机显示的进行信号进入区间。

使用自动站间闭塞法行车时，列车凭出站信号机显示的进行信号进入区间。

自动站间闭塞须与集中联锁设备结合使用，采用轨道检查装置自动检查区间空闲，发车站办理发车进路后即自动构成站间闭塞。列车到达接车站或返回发车站并出清区间后，自动解除闭塞。

发车站在办理发车进路前，须确认区间空闲、接车站未办理同一区间的发车进路，并向接车站预告。发车站已向接车站预告，但列车不能出发时，在取消发车进路后，须通知接车站。

二、动车组行车凭证

在 ATP 车载设备控车的模式下，动车组在双线自动闭塞、CTCS2 级区段运行时，进入闭塞分区的行车凭证为 ATP 车载设备显示的允许运行的信号。

在分散自律控制模式下，遇自动闭塞设备故障，如调度命令无线传送系统作用良好时，可以调度命令作为占用区间的行车凭证。列车调度员通过调度命令无线传送系统向司机发布调度命令，一个区间只能放行一个列车，列车司机凭调度命令进入区间。

当基本闭塞设备停用时，司机应将 ATP 转为隔离模式运行。

三、调度命令发布

列车调度员除按已有规定发布调度命令外，动车组遇下列情况，也须发布调度命令：

(1) 遇 ATP 车载设备故障，须向司机和有关车站值班员发布该动车组停止使用 ATP 车载设备的调度命令，司机根据调度命令将 ATP 车载设备转入隔离模式，用 LKJ 方式行车。

(2) 遇 ATP 车载设备恢复使用，须向司机和有关车站值班员发布该动车组恢复使用 ATP 车载设备的调度命令。司机根据调度命令，将 ATP 车载设备的隔离开关转到工作位置，恢复 ATP 方式控车。

上述调度命令，如涉及其他单位和人员，应同时发给。

列车调度员在发布调度命令、口头指示时，除严格按照《技规》等有关规定办理外，对在途运行的列车，当调度命令无线传送系统作用良好时，可直接用其向有关列车司机发布指挥列车运行的命令。

列车调度员遇使用调度命令无线传送系统无法向司机发布调度命令，或因条件所限来不及直接向列车司机发布命令时，应使列车在关系区间前的车站停车接收调度命令。

列车调度员使用调度命令无线传送系统向列车司机发布调度命令时，列车司机接收命令确认无误后必须及时签认。若司机对调度命令内容有疑问时，须立即使用列车无线调度电话向列车调度员询问。

第三节　接发列车与调车作业

一、接发列车作业

接发列车工作是车站工作组织的重要内容，也是保证列车按运行图安全正点运行、保证铁路畅通的关键环节。由于接发列车工作涉及的人员多，作业环节复杂，任何疏忽或差错都可能造成列车晚点或行车事故，其影响会波及到其他列车或车站，甚至影响运输全局。因此，接发列车是全局性的工作，局部必须服从整体。要求有关人员必须严格执行作业程序和操作方法，贯彻落实规章制度，严格按作业标准作业，确保安全、迅速、准确、不间断地接发列车，严格按图行车。

动车组的接发列车作业同样要严格遵循《技规》等有关规定，此外还有一些特殊要求。

1. 动车组设司机、随车机械师、旅客乘务组，不设运转车长。列车在发车前，动车组列车长确认旅客上下完毕后，通知司机关闭各车厢车门。如自动关门装置故障时，由列车员协助手动关闭车门。

2. 通信记录装置良好的车站，动车组准许使用列车无线调度通信设备发车。

3. 动车组通过车站时，车站须提前停止通过进路上的作业和与列车运行安全有影响的作业。提前时间由铁路局规定。

4. 关于接发车线路，规定车站仅限于在指定的到发线及进路上接发动车组。

二、动车组调车作业

动车组调车作业原则上采用自走行方式。

动车组禁止通过驼峰、溜放调车、手推调车、连挂其他机车车辆调车（救援及动车组无动力调车时的调车机车除外）和跟踪出站调车，禁止向动车组停留线路溜放调车和手推调车。

调车作业时，司机必须在动车组前端操作。

动车段（所）设动车组调车司机，负责动车组在库内调车、动车组试运行等移动动车组作业。

采用机车调车作业时，动车段（所）人员负责过渡车钩、风管的装卸并打开车门，调车人员负责车钩风管的摘接。

单列动车组为固定编组，运用状态下不得解编；两列同型动车组可重联运行。需重联运行的两列动车组，其顺位应一致（1 位和 8 位连挂）。动车组禁止加挂各型机车车辆；动车组禁止与其他列车混编。

两列动车组重联或分割时，由动车组随车机械师负责引导，司机确认。重联或分割后的动车组由随车机械师配合司机做相关试验。分割操作时，主动车组必须一次移动 5 m 以上方可停车。

第四节　动车组运行组织

一、基本要求

动车组上线运营前，必须达到运用状态，符合动车组运用技术标准要求，运行途中不进行列检作业。动车组设备故障不能继续运行时，不得拆解、甩车。动车组在运行过程中，列控车载设备（ATP）必须全程工作。

1. 动车组发车

正常情况下，在始发站出发前，列车处于待机模式，司机选择部分监控模式。当列车出站 ATP 车载设备从应答器收到控车所需的基本数据后，自动进入完全监控模式，按自动生成的目标距离模式曲线运行。

2. 动车组区间运行

（1）动车组在区间运行，ATP 显示停车时，列车必须立即停车。司机应使用列车无线调度电话通知随车机械师；列车停车等候 2 min，ATP 仍未收到允许运行显示时，司机将 ATP 转为目视行车模式，列车以遇到阻碍能随时停车的速度继续运行，最高速度不超过 20 km/h，直到 ATP 收到允许运行显示，按 ATP 显示运行；在停车等候的同时，与列车调度员、车站值班员联系，如确认前方闭塞分区内有列车时，不得进入。

（2）列车在区间运行，遇 ATP 故障时，列车必须立即停车，司机将 ATP 转为隔离模式，改按监控装置（LKJ）方式行车，并报告列车调度员或车站值班员。如果机车信号或 LKJ 故障，按有关规定执行。

（3）动车组运行中出现故障时，司机应按车载信息监控装置（MON）的提示，按步骤及时处理；需要由随车机械师配合处理时，司机应使用列车无线通信设备通知随车机械师。经处置确认无法正常运行时，司机应按车载信息监控装置（MON）的提示和随车机械师的要求，选择维持运行、降级运行、停车等方式，并使用列车无线通信设备报告列车调度员。

动车组在运行途中等待救援时，随车机械师应配合提前做好各项准备。

（4）动车组运行速度超过 160 km/h 时，区间禁止与超限列车交会。

3. 动车组回送的要求

（1）动车组回送按旅客列车办理。原则上采用自轮运行方式。无火回送时可根据《回送技术条件》加挂回送过渡车，采用客运机车牵引。机车与动车组通过过渡车钩连接，机车牵引和制动控制操作与既有线驾驶操作相同。动车组可两列重联回送。牵引机车制动主管风压为 600 kPa，无须双管供风。

（2）动车组回送运行时，须安排动车组司机及随车机械师值乘。自轮运转回送时，过境局应指派带道司机。

（3）动车组回送不得通过半径小于 200 m 的曲线，通过 1.1 m 及以上高站台线路时限速 70 km/h。

（4）动车组回送无客列检作业。过渡车车钩的装拆由随车机械师负责，动车组司机配合。

（5）动车组安装过渡车钩回送时，限速 120 km/h 运行，途中应避免实施紧急制动。发生紧急制动后，本务司机必须通知随车机械师，经随车机械师检查过渡车钩状态良好方可继续运行。

（6）动车组回送时由相关运用段（所）提出限速、回送方式（有无火）、可否换向运行等注意事项，列车调度员应根据所提事项发布有关调度命令。

二、限速运行

1. 动车组限速运行的若干情况

在下列情况下，动车组限速运行：

（1）当动车组制动系统故障时，切除 25%制动力时，限速 160 km/h 运行，切除 50%制动力时，限速 120 km/h 运行；

（2）当轴承温度超过温度报警时，立即停车请求处理；

（3）当空气弹簧故障时，限速 160 km/h 运行；

（4）当车窗玻璃洞穿，车厢失去密封时，限速 160 km/h。

2. 临时限速的管理及调度命令

临时限速由铁路局调度所集中管理，TDCS/CTC 系统作为限速调度命令编辑、显示、签收、回执等功能的实现设备。车站列控中心从 TDCS/CTC 获得临时限速命令信息并反馈限速设置情况。车站列控中心与车站 TDCS/CTC 合并设置终端设备，在特定情况下根据调度命令发布临时限速可在车站终端设置。

临时限速调度命令，CTC 区段由列车调度员（综合维修调度员）拟定，并输入限速参数；TDCS 区段由列车调度员拟定，并输入限速参数。

车站列控中心根据调度命令、线路参数、轨道电路及进路状态等产生控车信息，通过轨道电路及有源应答器传送给 ATP。

在 CTCS2 级区段，区间或站内需要临时限速时，列车调度员应向临时限速相关车站值班员和司机下达临时限速调度命令。

列车调度员如需通过车站列控中心向动车组发出临时限速指令，还必须按输入格式输入临时限速指令数据。临时限速指令数据应包括相关受令车站、限速位置、限速值、限速执行方式、限速预计开始和结束时间等内容。

为保证动车组正、反向运行时均能够收到临时限速命令，区间临时限速命令需要同时发送给相邻的两端车站，站内临时限速命令需要同时发送给本站及其相邻的两端车站。

司机应按限速调度命令的内容监视列车运行，如发现调度命令上的限速值比 ATP 上显示的低时，应操纵列车按调度命令运行。

车站值班员发现车站列控中心故障或限速命令未正确执行时，应立即报告列车调度员并通知相关司机。

3. 临时限速命令的设置和取消流程

车站列控中心临时限速的设置和取消要有认证程序并严格管理。

车站列控中心限速命令的设置流程如下：

（1）施工调度员（CTC 调度区段）或列车调度员（TDCS 调度区段）拟定临时限速调度命令；

（2）列车调度员（或施工调度员）校验、下发；

（3）车站值班员校验、签收；

（4）车站值班员择机设置至车站列控中心，并监视限速的执行结果。

车站列控中心限速命令的取消流程如下：

（1）车站值班员确认取消临时限速的条件具备，并报告列车调度员；

（2）列车调度员（或施工调度员）同意后，发布取消临时限速的调度命令；

（3）车站值班员校验、签收；

（4）车站值班员取消车站列控中心的临时限速，并监视取消限速的执行结果。

4. 关于限速地段数目的规定

CTCS2 级区段两站一区间的一个运行方向只允许设置一处临时限速。临时限速区可以设置在区间、站内正线、站内道岔咽喉区或区间跨站内线路，如图 6—1 所示。

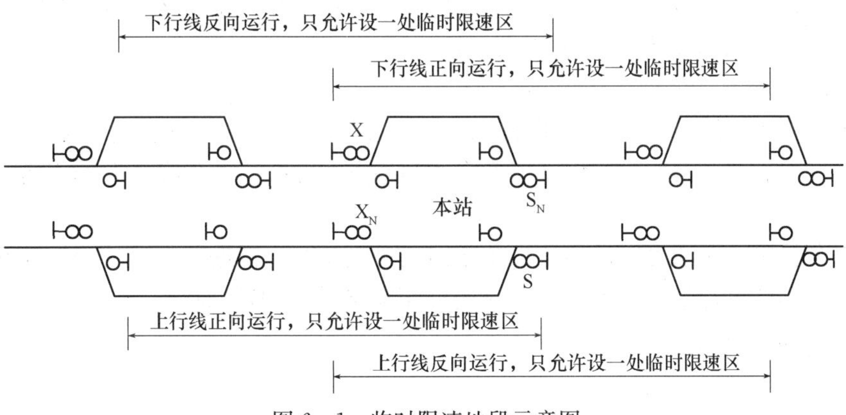

图 6—1 临时限速地段示意图

在非正常情况下（设备故障、自然灾害等），两站一区间的一个运行方向要设置 2 处及以上限速地段时，列车调度员应通知车站值班员取消车站列控中心中原有的限速信息。根据实际情况将限速地段合并，按最低速度，重新拟定限速调度命令发往车站列控中心。

5. 临时限速值的等级规定

速度超过 45 km/h 的临时限速，按 45，60，80，120，160 km/h 五个速度等级，以不高于应限速值的原则选择限速等级进行设置；低于 45 km/h 的临时限速。司机按限速调度命令的限制内容控制列车运行。

对于限速值为 25、35 km/h 的限速调度命令，速度参数选择格式为“25（45）”、“35（45）”，TDCS/CTC 按 45 km/h 向车站列控中心传送，系统按实际速度值自动生成限速调度命令文本，同时附加“司机必须按调度命令人工控制列车速度”。

限速长度分 100，500，1 000，1 500，2 000，3 000，4 000，6 000 m 八个等级，超过 6 000 m时按区间限速办理。

三、特殊情况的处理

1. 动车组在区间被迫停车的处理

动车组在区间被迫停车时，随车机械师、旅客乘务组均应听从动车组司机指挥，处理有关行车、列车防护和事故救援等事宜。过渡车钩的装、卸由随车机械师负责，动车组司机配合。动车组被救援时，动车组具备升弓供电条件的，允许升弓供电。

动车组在区间被迫停车后须返回后方站时，在返回前，列车调度员必须确认动车组至后方车站间已空闲，方可发布调度命令。司机调换操纵端，将 ATP 转入隔离模式，按调度命令检车返回。

2. 动车组在运行中突发行车设备故障时的处理

动车组在运行中突发行车设备故障时，随车机械师在司机的组织下进行故障处理。

在下列情况下，动车组司机须将 ATP 方式转换为 LKJ 方式行车：

（1）应答器接收单元（BTM）故障，ATP 触发制动停车时；

（2）人机界面（DMI）故障，无法通过 ATP 运行时；

（3）测速故障，ATP 触发制动停车时。

在轨道电路信息接收单元（STM）单系故障时，仍可以继续行车。如果 STM 双系均发生故障或区间轨道电路故障时，司机应将 ATP 转入目视行车模式。

ATP 车载设备整机故障时，司机应将 ATP 车载设备和 LKJ 车载设备均转为隔离模式，以不超过 20 km/h 的速度运行至前方站处理。

3. 其他特殊情况的处理

动车组遇大风、浓雾、暴雨、洪水、地震等天气不良和自然灾害时，应降速运行或停车；动车组发生火灾、爆炸时，应立即停在适当地点，并按应急预案采取相应措施。应急预案由铁路局制定。

动车组在救援、无动力回送连挂机车或回送过渡车时，应进行制动试验。动车组空车接运和回送时，不得附挂其他机车车辆（回送过渡车除外）。救援部门应配备和制定与动车组相适应的救援设备和办法。

四、施工组织

设备施工、检修必须坚持“施工不行车，行车不施工”的原则。线路的施工“天窗”应不少于180 min，维修“天窗”应不少于 90 min，有条件的应安排昼间“天窗”。

线路两侧范围内的设备修理和检查应在“天窗”内进行。200 km/h 列车通过时段内本线作业和检查人员、机具应严格遵守避车制度。采用巡检车巡检时，列车运行图应安排巡检车运行时分。

线路动态几何尺寸检查应实行等速检查。线路动态几何尺寸检查每月应不少于 3 次。静态几何尺寸和重点病害检查每月应不少于 2 次。钢轨探伤检查每月应不少于 1 次。根据需要，在部分动车组安装机车车载动态检查装置，每月对轨道状态进行动态监测，实施超限处所信息的实时无线传输。

铁路局电务试验车每月对动车组开行区段的列控地面设备进行一次动态检测。

接触网动态检测实行等速检查。根据需要，在部分动车组安装车载式接触网动态检测装置，每月对接触网实施动态检测。接触网综合检测动态检查，每月不少于 1 次。

封锁施工时，应按规定设好防护，车站应设置驻站联络员，作业人员和机具应严格遵守避车制度。在线间距不足 6.5 m 地段进行大型养路机械捣固、清筛作业或轨排铺轨作业等，邻线客车应限速 160 km/h 及以下。

线路备用轨料宜在车站范围内码放整齐，线路两侧不得有散落的新旧轨料、废土废渣。因施工等原因线路临时摆放的轨料，要码放整齐，并置于两侧的封闭栅栏内。因施工等原因临时拆除封闭栅栏时，应设置临时栅栏或昼夜派人看守。

凡封锁进行线路大修换轨、清筛线路、更换桥梁或道岔的施工，施工开通后的第一趟列车，不准放行动车组。

第七章　列车运行图编制理论及通过能力计算

第一节　概　　述

一、列车运行图的意义

在组织旅客和货物运输的生产过程中，列车运行是一个很复杂的环节，它要利用多种铁路技术设备，要求各个部门、各工种、各项作业之间互相协调配合，才能保证行车安全和提高运输效率。

列车运行图是用以表示列车在铁路区间运行以及在车站到发或通过时刻的技术文件，它规定各次列车占用区间的程序，列车在每个车站的到达和出发（或通过）时刻，列车在区间的运行时间，列车在车站的停站时间以及机车交路、列车重量和长度等，是全路组织列车运行的基础。

列车运行图一方面是铁路运输企业实现列车安全、正点运行和经济有效地组织铁路运输工作的列车运行生产计划，它规定了铁路线路、站场、机车、车辆等设备的运用，以及与行车各有关部门的工作，并通过列车运行图把整个铁路网的运输生产活动联系成为一个统一的整体，严格地按照一定的程序有条不紊地进行工作，保证列车按运行图运行，它是铁路运输生产的一个综合性计划。另一方面它又是铁路运输企业向社会提供运输供应能力的一种有效形式。从这个意义上讲，供社会使用的铁路旅客列车时刻表及“五定”货运班列运行计划，实际上就是铁路运输服务能力目录。因此，列车运行图又是铁路组织运输生产和产品供应销售的综合计划，是铁路运输生产联结厂矿企业生产和社会生活的纽带。

铁路通过能力与列车正点运行及列车运行的流水性密切相关。列车运行生产计划即列车运行图的实现有赖于铁路区段通过能力的保证，特别是当列车运行过程发生波动，亦即发生偏离于计划的情况时，只有在有充分通过能力保证的条件下，才能确保运输生产按计划准时进行，列车才有可能重新恢复正点运行。

二、列车运行图的分类

列车运行图是运用坐标原理对列车运行时间、空间关系的图解表示，因而实际上它是对列车运行时空过程的图解。目前，在我国铁路列车运行图上，水平线表示分界点的中心线，水平线间的间距表示分界点间的距离；垂直线表示时间。

为了适应使用上的不同需要，列车运行图按时间划分方法的不同，可有二分格、十分格、小时格运行图三种格式。

按使用范围以及铁路线路的技术设备（如单线、复线）和列车运行速度、上下行方向的列车数量、列车的运行方式等条件，列车运行图可以分为多种不同类型的列车运行图。

1. 按使用范围可分为铁路内部使用的列车运行图和社会使用的列车运行图。
2. 按照区间正线数可分为单线运行图、双线运行图和单双线运行图。
3. 按照列车运行速度可分为平行运行图和非平行运行图。
4. 按照上下行方向列车数可分为成对运行图和不成对运行图。
5. 按照同方向列车运行方式可分为连发运行图和追踪运行图。

另外，随着我国铁路事业的发展和客运专线的建设，还将会出现客运专线列车运行图和货运专线列车运行图两种新形式的列车运行图。

第二节　列车运行图要素

一、概　　述

列车运行图虽有各种不同的类型，但它总是由一些基本要素所组成的。因此，在编制列车运行图之前，必须首先确定组成列车运行图的各项要素。

列车运行图要素包括：列车区间运行时分；列车在中间站的停站时间；机车在基本段和折返段所在站的停留时间标准；列车在技术站、客运站和货运站的技术作业过程及其主要作业时间标准；车站间隔时间；追踪列车间隔时间。

1. 列车区间运行时分

列车区间运行时分是指列车在两相邻车站或线路所之间的运行时间标准，它由机务部门采用牵引计算和实际试验相结合的方法进行查定。

列车区间运行时分按车站中心线或线路所通过信号机之间的距离计算。当到发场中心线与车站中心线不一致时，按到发场中心线计算。

由于旅客列车和货物列车的运行速度各不相同，上下行方向的线路平面、纵断面条件和列车重量也不相同，所以列车区间运行时分应按各种列车和上下行方向分别查定。此外，列车区间运行时分还应根据列车在每一区间两个车站上不停车通过和停车两种情况分别查定。列车不停车通过两个相邻车站所需的区间运行时分称为纯运行时分。列车到站停车的停车附加时分和停站后出发的起动附加时分，应根据机车类型、列车重量以及进出站线路平面、纵断面条件查定。

2. 列车在中间站的停站时间

列车在中间站的停站时间由下列原因产生：

（1）进行必要的技术作业，如摘挂机车，试风和列车技术检查，机车乘务组换班等；

（2）客货运作业，如旅客乘降，行李、包裹、邮件的装卸，车辆摘挂，货物的装卸等；

（3）列车在中间站的会车和越行。

摘挂机车作业在采用补机地段的起点站和终点站上进行。列车在中间站的技术检查和试风，一般在长大下坡道之前的车站上进行。当牵引区段较长，机车乘务组的连续工作时间超过规定标准时，也可能要采用中途换班的方式。

客货运作业停站时间，应根据各种列车的不同需要分别规定。对旅客列车规定旅客乘降、行李包裹和邮件的装卸所需要的停站时间；对摘挂列车规定摘挂车辆、取送车及不摘车装卸作业所需要的停站时间。

列车进行技术作业和客货运作业的时间标准，由每一车站用分析计算和实际查标相结合的方法分别确定。列车在中间站的各项作业，应尽可能平行进行。在满足实际需要的条件下，应最大限度地缩短列车停站时间，以提高列车的旅行速度。

3. 机车在基本段和折返段所在站停留时间标准

机车在基本段和折返段所在站停留时间标准，取决于机车的运用方式。铁路机车的基本运用方式有循环运转制交路、半循环运转制交路、肩回式运转制交路和环形运转制交路几种。

机车在基本段和折返段所在站办理必要作业所需要的最小时间，称为机车在基本段和折返段所在站的停留时间标准。机车在折返段所在站应办理的作业有：在到发线上的到达作业，包括到达试风、摘机车、准备机车入段进路等；机车入段走行；机车在段内作业；机车出段走行；在到发线上的出发作业，包括挂机车、出发试风等。综合以上各项作业所需要的时间，便可得出机车在折返段所在站的停留时间标准。

如图 7—1 表示，10001 次列车机车自到达折返段所在站之时起至牵引 10004 次列车出发时止，在该站的停留时间（包括在段内的停留时间）为：

$$t_{折}=t_{到达}+t_{入段}+t_{整备}+t_{出段}+t_{出发}\quad(\text{min})$$

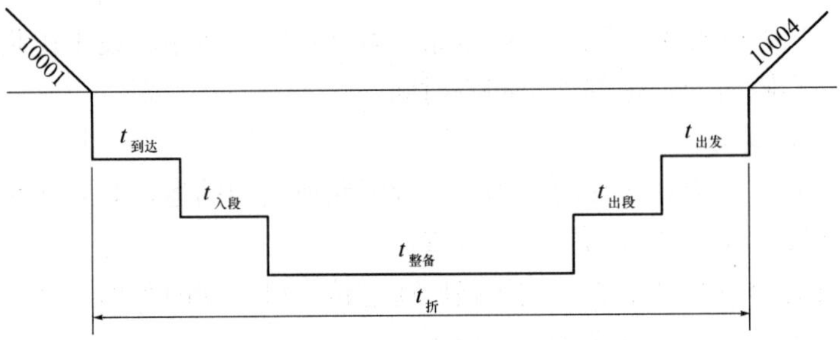

图 7—1　机车在折返段所在站作业过程图

上列各项作业时间，可根据分析计算和查标相结合的方法确定。

在基本段所在站上，不采用循环运转制时，机车也需办理上述各项作业，而且整备作业要更加细致些，因而整备时间也要更长一些。

在编制运行图前，机务部门必须对每一牵引区段的机车分别查定办理各项作业的时间标准，并规定机车在基本段和折返段所在站的停留时间标准。

4. 列车在技术站和客货运站的技术作业时间标准

为了保证车站与区段工作协调，必须编制与车站技术作业过程相配合的列车运行图。因此，在编制列车运行图时，需具备技术站、客货运站技术作业过程的主要作业时间标准，它包括：

（1）在到发车场内办理各种列车作业的时间标准；

（2）在驼峰或牵出线上解体和编组列车的时间标准；

（3）旅客列车车列在配属段、折返段所在站的停留时间标准；

（4）货物站办理整列或成组装卸作业时间标准。

上述标准，一般可根据《车站行车工作细则》确定。

二、车站间隔时间

车站间隔时间是指在车站上办理两列车的到达、出发或通过作业所需要的最小间隔时间。在查定车站间隔时间时，应遵守有关规章的规定及车站技术作业时间标准，以保证行车安全和最有效地利用区间通过能力。

常用的车站间隔时间包括不同时到达间隔时间、会车间隔时间、同方向列车连发间隔时间、同方向列车不同时发到间隔时间和不同时到发间隔时间等几种，其值大小与车站信号、道岔操纵方法，车站邻接区间的行车闭塞方法，以及车站类型、接近车站线路的平、纵断面情况，机车类型，列车重量和长度等因素有关。在编制新列车运行图之前，每个车站都应根据具体条件，查定各种车站间隔时间。

1. 不同时到达间隔时间

在单线区段，来自相对方向的两列车在车站交会时，从某一方向列车到达车站时起，至相对方向列车到达或通过该站时止的最小间隔时间，称为不同时到达间隔时间，如图7—2所示。

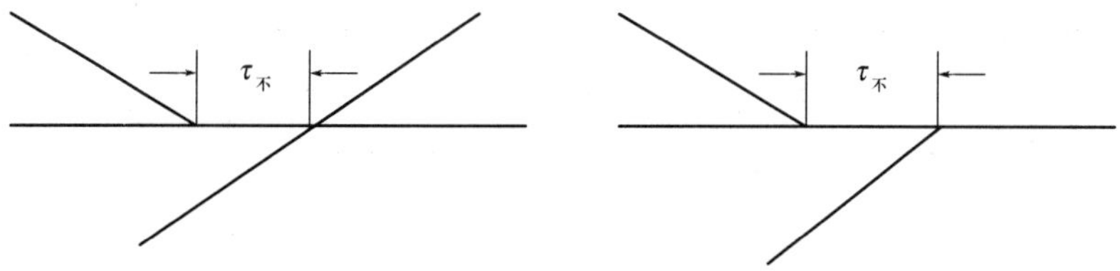

(a) 一列停车，一列通过　　(b) 两列都停车

图 7—2　不同时到达间隔时间图

为确保行车安全，在进站信号机外制动距离内进站方向为超过《技规》规定的下坡道，而接车线末端又无隔开设备的车站，禁止办理相对方向同时接车。凡不能办理相对方向同时接车的车站，由相对方向到站停车的两列车也须保持必要的不同时到达间隔时间。

不同时到达间隔时间的大小，根据如下条件确定：

(1) 当第一列车到达车站，并为对向列车准备好接车进路以后，才能给对向列车开放进站信号；

(2) 进站信号开放时，列车头部在进站信号机外方所处的位置，应等于一个制动距离及司机确认信号显示时间内所通过的距离之和。

因此，不同时到达间隔时间由两个部分组成：第一部分为第一列车到达车站后，车站办理必要作业所需要的时间 $t_{作业}$；第二部分为对向列车通过进站距离 $L_{进}$ 所需要的时间 $t_{进}$。

由于车站两端列车进站速度和进站时间不同，因此每一车站必须对上下行列车分别查定其不同时到达间隔时间。车站办理必要作业所需时间，根据各站信联闭设备条件及其作业内容查定。

2. 会车间隔时间

在单线区段，自列车到达或通过车站时起，至由该站向同一区间发出另一对向列车时止的最小间隔时间，称为会车间隔时间，如图 7—3 所示。

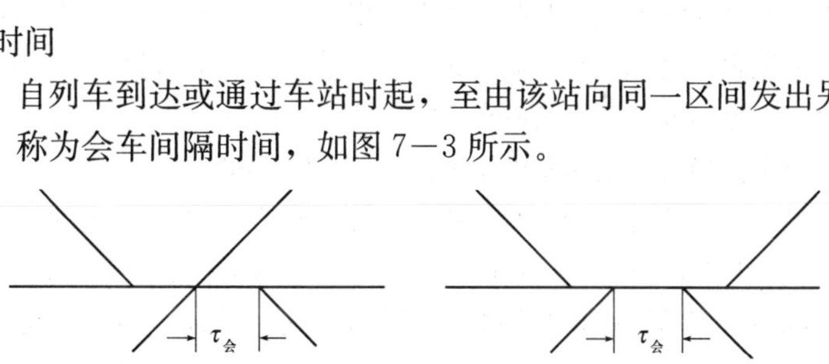

图 7—3　会车间隔时间图

会车间隔时间由车站值班员监督列车到达或通过后，为向同一区间发出另一列车所需办理必要作业的作业时间组成，根据各站信联闭设备条件及其作业内容查定。

3. 同方向列车连发间隔时间

在单线或双线区段，从列车到达或通过前方邻接车站时起，至由车站向该区间再发出另一同方向列车时止的最小间隔时间，称为同方向列车连发间隔时间。根据列车在前后两站停车或通过的不同情况，连发间隔时间可有下列四种形式：

(1) 两列车通过前后两车站，见图 7—4 (a)；

(2) 第一列车在前方站停车，第二列车在后方站通过，见图 7—4 (b)；

(3) 第一列车在前方站通过，第二列车在后方站停车，见图 7—4 (c)；

(4) 两列车在前后两站均停车，见图 7—4 (d)。

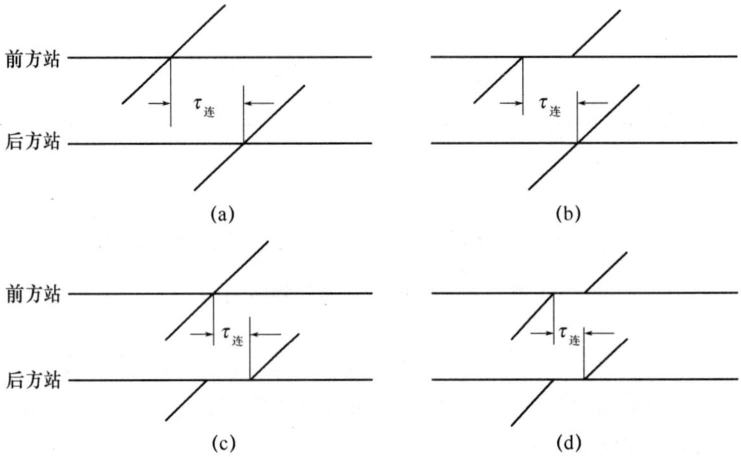

图 7—4　连发间隔时间图

按照连发间隔时间组成因素的不同，可以将上述四种形式的连发间隔时间归纳为两种类型。第一种类型为图 7—4 (a)、(b) 两种形式。其共同点是列车均在后方站通过，其不同点仅在于前者是前方站值班员监督列车通过，后者是监督列车到达。这一类型的连发间隔时间由前后两站办理作业所需的时间 $t_{作业}$，第二列车通过后方站进站距离 $l_{进}$ 的时间 $t_{进}$ 两部分组成。

第二种类型为图 7—4 (c)、(d) 两种形式。其共同点是列车均在后方站停车，其不同点仅在于前者是前方站值班员监督列车通过，后者是监督列车到达。

通过对连发间隔时间组成因素的分析可以看出，第一种类型连发间隔时间的组成因素及车站办理作业的内容与不同时到达间隔时间基本相同；第二种类型连发间隔时间所包括的作业内容则与会车间隔时间基本相同。但必须注意，连发间隔时间是发生在前后两个车站上，而不同时到达和会车间隔时间是发生在同一个车站上。

4. 同方向列车不同时到发间隔时间和不同时发到间隔时间

自某方向列车到达车站时起，至由该站发出另一同方向列车时止的最小间隔时间，称为同方向列车不同时到发间隔时间。自列车由车站发出时起，至同方向列车到达车站时止的最小间隔时间，称为同方向列车不同时发到间隔时间。这两种间隔时间在运行图上的表现形式如图 7—5 所示。

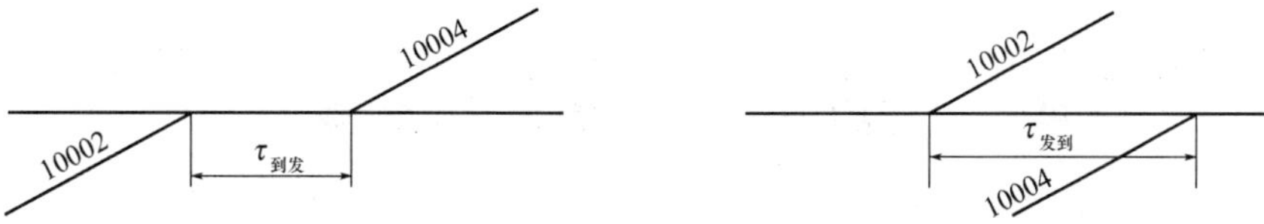

图 7—5　同方向列车不同时到发和不同时发到间隔时间图

凡禁止办理同时接发同方向列车的车站，都必须查定同方向列车不同时到发间隔时间和不同时发到间隔时间。在查定这两种间隔时间时，必须遵守以下两个条件：

(1) 办理同方向列车不同时到发时，必须在列车全部到达并停在警冲标内方以后，另一个同方向列车方可从该站出发；

(2) 办理同方向列车不同时发到时，必须在第一列车全部通过出发进路中的最后出站道岔以及车站办理有关作业之后，将要进站的另一同方向列车，应位于该站进站信号机外方 $l_{制}+l_{确}$ 的位置处。

根据上述条件，同方向列车不同时到发间隔时间为由车站值班员监督列车到达后，向同一方向发出另一列车所需办理必要作业的作业时间组成。而同方向列车不同时发到间隔时间，则由出发列车通过出站距离 $L_{出}$ 的时间 $t_{出}$、车站办理必要作业的时间 $t_{作业}$、到达的同方向列车通过进站距离 $L_{出}$ 的时间 $t_{进}$ 三部分组成。

5. 相对方向列车不同时通过间隔时间

在一端连接双线区间、另一端连接单线区间的车站（或线路所）上，两个相对方向的列车不同时通过该站（或线路所）的最小间隔时间，称为相对方向列车不同时通过间隔时间。相对方向列车不同时通过间隔时间也由 $t_{作业}$ 和 $t_{进}$ 两部分时间组成。

上述各种车站间隔时间的数值大小，与列车运行速度和列车长度有关。因此，应分别对旅客列车和货物列车进行查定。

三、追踪列车间隔时间

1. 追踪列车间隔时间的意义

在自动闭塞区段，一个站间区间内同方向可有两列或两列以上列车，以闭塞分区间隔运行，称为追踪运行。追踪运行列车之间的最小间隔时间，称为追踪列车间隔时间 I。追踪列车间隔时间，决定于同方向列车间隔距离、列车运行速度及信联闭设备类型。

2. 三显示自动闭塞区段追踪列车间隔时间

在使用三显示自动闭塞的区段，追踪列车之间的间隔，通常情况下需相隔三个闭塞分区，如图 7—6 所示。这样，可以保证后行列车经常能看到绿灯显示，从而可以使列车保持高速运行。在这种情况下，追踪列车间隔时间 $I_{道}^{绿}$ 为：

$$I_{道}^{绿}=0.06\frac{l_{列}+l'_{分区}+l''_{分区}+l'''_{分区}}{v_{运}}$$

根据列车在区间内追踪运行的条件计算出追踪列车间隔时间后，还应分别按列车到站停车、从车站出发和两列车不停车通过车站的条件进行验算。

按到站停车条件确定追踪列车间隔时间时，应确保后行的追踪列车不因站内未准备好接车进路而减低速度。为此，车站准备好进路和开放好进站信号的时刻，应不迟于第二列车首部接近站外第二通过色灯信号机的时刻。按列车从车站出发条件确定追踪列车间隔时间时，应

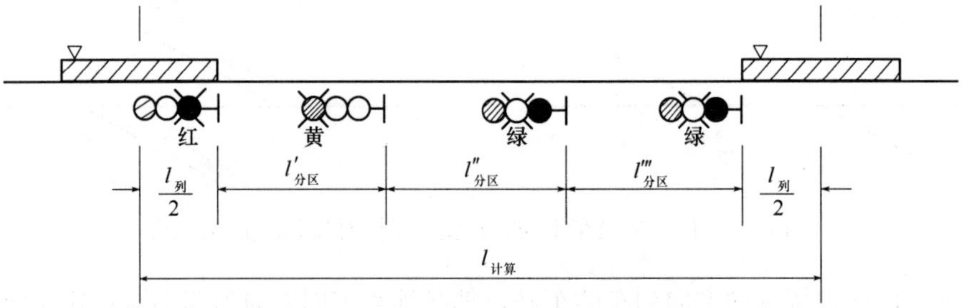

图 7—6　追踪列车向绿灯运行时的间隔距离图

确保后行列车在出站信号机显示绿灯的条件下出发。按前后两列车不停车通过车站条件确定追踪列车间隔时间时，必须在第一列车通过出站道岔，并为后行列车开放进站信号后，后行列车才能处在与第一列车相隔三个闭塞分区（包括车站闭塞分区）距离的位置。

追踪列车间隔时间亦可用图解法确定。在开行组合列车或重载列车的区段，应根据组合列车与普通货物列车前后位置的不同，分别确定 $I_{追}$、$I_{到}$、$I_{发}$ 和 $I_{通}$。

因为旅客列车和货物列车的运行速度不同，所以在确定货物列车与旅客列车之间的追踪间隔时间时，应按到站条件计算；而确定旅客列车与货物列车的追踪间隔时间时，则应按从车站出发的条件计算。对各区间求出普通货物列车之间的上述几种追踪间隔时间之后，取其中最大的数值作为计算平行运行图通过能力时的追踪间隔时间。

3. 四显示自动闭塞区间追踪列车间隔时间计算原理

（1）四显示自动闭塞的概念

一般称通过色灯信号机能显示诸如红（H）、黄（U）、绿黄（LU）和绿（L）四种灯光信号的自动闭塞为四显示自动闭塞。在国外，四显示自动闭塞通常在既有密度大、速度低、时间集中的市郊列车，又有直快和特快等列车运行的运输繁忙的市郊铁路上或列车速度高、制动距离长，运输繁忙的高速铁路上采用。

（2）四显示自动闭塞与三显示自动闭塞的区别

四显示自动闭塞的轨道电路根据前行列车位置，发出不同的码序，表示一定的限制速度。当装设有超速防护装置时，列车超速运行，将迫使列车发生紧急制动。所以，四显示信号是具有预告功能的速差式信号。三显示自动闭塞，各种信号显示没有具体速度要求，对超速没有速度监督作用，是无明显速度级差的信号。两种自动闭塞在运用功能方面的主要区别如表 7—1 所列。

表 7—1　四显示与三显示自动闭塞运用功能比较表

项　目	四 显 示	三 显 示
地面信号显示	四显示（L、LU、U、H）	三显示（L、U、H）
机车信号系统	自动停车装置，侧线运行机车信号指示	自动停车装置，侧线运行无机车信号指示
制动距离分区数	2 个闭塞分区	1 个闭塞分区
列车追踪间隔	5 个闭塞分区	3 个闭塞分区
列车运行方向	每线双向运行	每线单向运行
列车运行凭证	以机车信号为主	以地面信号为主
闭塞分区长度	700～900 m	1 600～2 600 m

（3）追踪列车间隔时间

如图 7—7 所示，在四显示自动闭塞区间，列车追踪运行至少应保证有五个闭塞分区的间隔。其中防护区用于保护区间，要求列车停车；提醒区用于提醒司机，列车将进入减速地段。据此，在四显示自动闭塞条件下，在区间内运行的追踪列车间隔时间 $I_{追}$ 可按下式计算：

$$I_{追}=0.06\frac{5l_{分区}+l_{列}}{v_{运}}+t_{信}\ (\text{min})$$

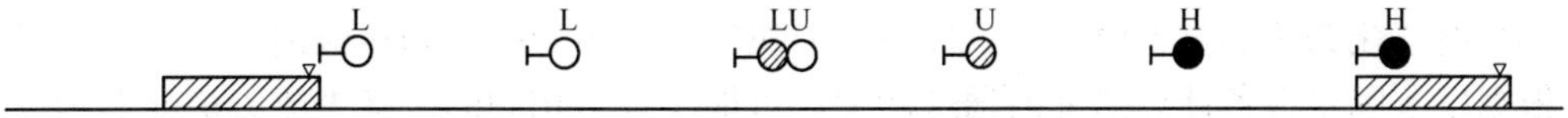

闭塞分区性质	提醒区	第一制动区	第二制动区	第三制动区	防护区	占用区
信息种类	提醒注意	预告	预告	停车		

图 7—7　四显示追踪列车间隔图

4. 移动自动闭塞追踪列车间隔时间计算原理

移动自动闭塞是在确保行车安全前提下，以使追踪列车间的间隔达到最小为目标，以车站控制装置和机车控制装置为中心的一个闭塞控制系统。在这一系统下，区间内运行的每一列车均与前方站的中心控制装置周期性地保持高可靠度的通讯联系；车站中心控制装置接到列车信息后，根据列车牵引特性曲线及区间相关参数，解算出每一追踪列车的允许最大运行速度发送给列车，而对于接近进站的列车，则根据调度命令发出该列车进站及进入股道等信号。

采用移动自动闭塞系统可以有效地压缩追踪列车间隔时间，提高区间通过能力。在移动自动闭塞区间，追踪列车间隔时间 $I_{追}$ 可按下式计算：

$$I_{追}=0.06\frac{l_{制}+l_{列}+l_{安}}{v_{运}}+t_{信}\ (\text{min})$$

式中　$l_{制}$——列车制动距离，m；

$l_{安}$——系统安全防护距离，m；

$t_{信}$——为列车动态信息传输时间，min。

第三节　区间通过能力计算

一、铁路运输能力概述

为了实现运输生产过程，完成国家规定的运输任务，铁路必须具备一定的运输能力。

在采用一定类型的机车车辆和一定的行车组织方法条件下，铁路区段的各种固定设备，在单位时间内（通常指一昼夜）所能通过的最多列车数或对数称为通过能力。通过能力在一定程度上取决于广大铁路职工的协同动作和铁路固定设备、机车车辆的合理运用。因此，通过能力并不是一成不变的，它随着技术设备和行车组织方法的改善而提高。计算铁路通过能力的目的，就在于能够胸中有数地安排运输生产，保证铁路运输适应国民经济不断发展和人民生活不断提高的需要。

铁路区段通过能力按照下列固定设备进行计算：

（1）区间。其通过能力主要决定于区间正线数、区间长度、线路纵断面、机车类型、信号、联锁、闭塞设备的种类。

（2）车站。其通过能力主要决定于车站到发线数，咽喉道岔的布置，驼峰和牵出线数，信号、联锁、闭塞设备的种类。

（3）机务段设备和整备设备。其能力主要决定于蒸汽机车洗修台位，内燃或电力机车的定修台位，温水洗炉设备及段内整备线。

（4）给水设备。其能力主要决定于水源，扬水管道及动力机械设备。

（5）电气化铁路的供电设备。其能力主要决定于牵引变电所和接触网。

根据以上固定设备计算出来的通过能力，可能是各不相同的。其中能力最薄弱的设备限制了整个区段的能力，该能力即为该区段的最终通过能力。

二、扣除系数法

采用非平行运行图扣除系数计算方法计算铁路区间通过能力时，通常需要先计算平行运行图的通过能力，然后在此基础上再确定非平行运行图的通过能力。

1. 平行运行图通过能力

（1）计算平行运行图通过能力的基本原理

在平行运行图上，同一区间内同方向列车的运行速度都是相同的，并且上下行方向列车在同一车站上都采取相同的交会方式。从这种运行图上可以看出，任何一个区间的列车运行线，总是以同样的铺画方式一组一组地反复排列的。一组列车占用区间的时间，称为运行图周期 $T_{周}$。对于一定类型平行运行图区间通过能力 n，应用直接计算法可按如下公式计算：

当同时考虑固定作业占用时间和有效度系数时

$$n=\frac{(1440-T_{固})\ n_{周}\ d_{有限}}{T_{周}}$$

式中，$n_{周}$ 表示一个运行图周期内所包含的列车对数或列数；固定作业时间（$T_{固}$）是指为进行线路养护维修、技术改造施工、电力牵引区段接触网检修等作业，须预留的固定占用区间时间，以及必要的列车慢行和其他附加时分，但双线区段施工期间组织反向行车时，应扣除利用非施工方向放行列车所节省的时间；有效度系数（$d_{有效}$）是指扣除设备故障和列车运行偏离、调度调整等因素所产生的技术损失后，区间时间可供有效利用的系数，一般可取 0.91～0.88。

运行图周期系由列车（一个或几个列车）区间纯运行时分 $\sum t_{运}$、起停车附加时分 $\sum t_{起停}$ 以及车站间隔时间 $\sum \tau_{站}$ 所组成，即 $T_{周}=\sum t_{运}+\sum t_{起停}+\sum \tau_{站}$。

一般情况下列车在各区间的运行时分不相同，各车站的间隔时间也可能不同，所以每一区间的 $T_{周}$ 常常是不等的。从上述公式可以看出，通过能力大小与 $T_{周}$ 成反比，$T_{周}$ 越大，通过能力越小。在整个区段里，$T_{周}$ 最大的区间也就是通过能力最小的区间，称为该区段的限制区间。限制区间的通过能力即为该区段的区间通过能力。

列车区间运行时分，对运行图周期的大小起主要作用。在运行图周期里 $\sum t_{运}$ 最大的区间，称为困难区间。大多数情况下，困难区间往往就是限制区间，但有的区间虽然本身不是困难区间，由于车站间隔时间数值较大，而成了限制区间。

如前所述，在不同类型的运行图里，$T_{周}$ 的组成及 $n_{周}$ 的数值是不同的。因此，必须对不同类型的运行图分别计算其通过能力。

（2）单线成对非追踪平行运行图

在单线区段，通常采用成对非追踪运行图（见图 7—8）。单线成对非追踪平行运行图周期可用下式表示：

$$T_{周}=t'+t''+\tau_{站}^{a}+\tau_{站}^{b}+\sum t_{起停}\ (\min)$$

式中，t'、t''为上、下行列车的区间纯运行时分，min；$\tau_{站}^{a}$、$\tau_{站}^{b}$为 a、b 站的车站间隔时间，min。由于 $n_{周}=1$，因此只要将其代入（7—4）式，即可得相应区间通过能力。

为了使区段通过能力达到最大，应当使限制区间的 $T_{周}$数值尽量缩小。在采用一定类型的机车和一定的列车重量标准的条件下，区间运行时分是固定不变的。因而想要缩小 $T_{周}$，只有设法缩小$\sum t_{起停}+\sum \tau_{站}$的数值。通过在限制区间合理地安排列车运行线的铺画方案，是可以达到上述目的的。如图 7—9 所示，运行图上列车运行线的可能铺画方案有四种。

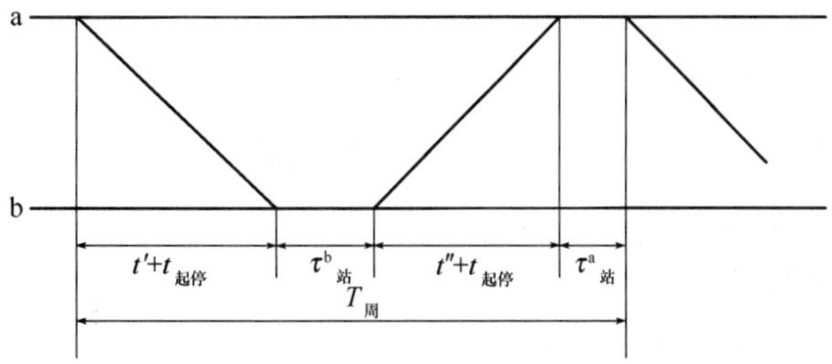

图 7—8　单线成对非追踪运行图周期示意图

在选择限制区间列车运行线的合理铺画方案时，应考虑到区间两端车站的具体条件。

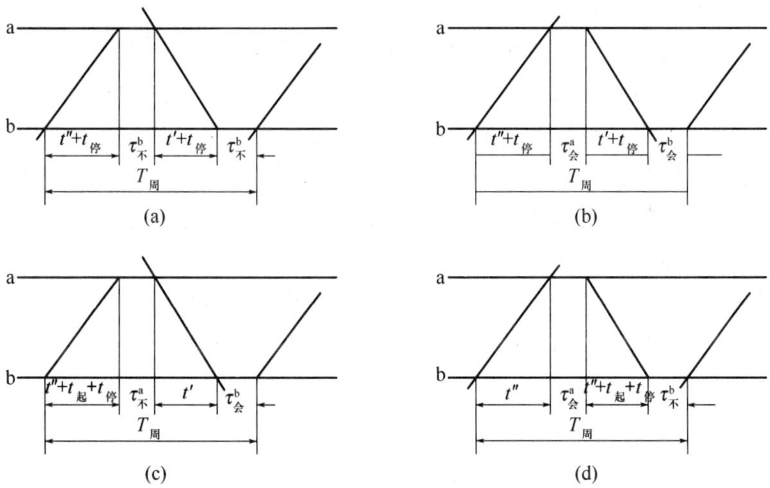

图 7—9　列车运行线铺画方案示意图

中间站的技术作业停留时间，对两相邻区间的通过能力会产生不良影响，并可能因而使相邻区间中的一个成为区段的限制区间。

在装有自动闭塞的单线区段，为了提高通过能力，也可以采用成对部分追踪运行图。当上下行行车量不同时，还可以采用不成对部分追踪运行图。

(3) 双线平行运行图

在未装设自动闭塞的双线区段，通常采用连发运行图（见图 7—10）。当不考虑 $T_{固}$ 及 $d_{有效}$ 时，区间通过能力分别上下行方向可按下式计算：

$$n=\frac{1\,440}{t_{运}+\tau_{连}}$$

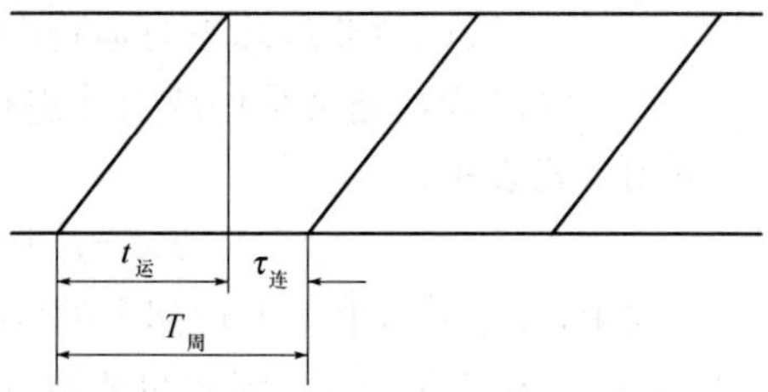

图 7—10　双线连发运行图周期

应该指出，由于区间线路断面的关系，上下行方向的限制区间可能不是同一个区间。因而，上下行方向区间通过能力不一定相同。

在装有自动闭塞区段，通常采用追踪运行图（见图 7—11）。双线追踪运行图的运行图周期 $T_{周}$ 等于追踪列车间隔时间 I，因而每一方向的区间通过能力为：

$$n=\frac{1\,440}{I}$$

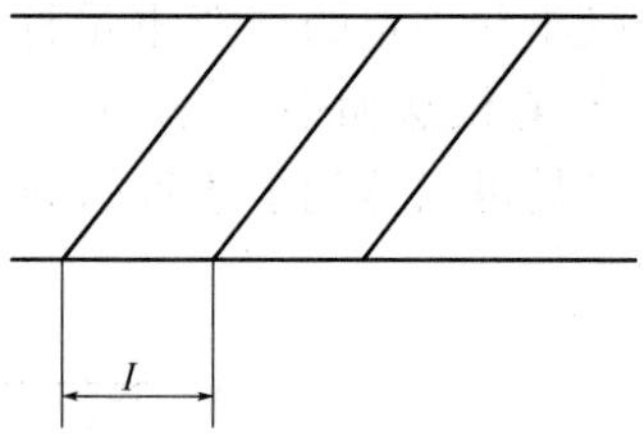

图 7—11　双线追踪运行图周期

可以看出，在双线区段上装设自动闭塞并采用追踪运行图，可以显著地增加通过能力。

2. 非平行运行图通过能力

(1) 非平行运行图通过能力计算方法

采用平行运行图可以达到最大的通过能力，但这种运行图只在能力特别紧张的特殊情况下采用。在通常情况下，采用的是非平行运行图。

在非平行运行图上，铺画有速度较高的旅客列车和快运货物列车，也有一般货物列车，以及停站次数较多和停站时间较长的摘挂列车等。

非平行运行图的通过能力，是指在旅客列车数量及其铺画位置既定的条件下，该区段一昼夜内所能通过的货物列车和旅客列车对数（或列数）。在计算非平行运行图的通过能力时，仍可以利用平行运行图所具有的明显的规律性，先确定平行运行图的通过能力，然后根据开行快速列车对货物列车的影响，扣除由于受这种影响而不能开行的货物列车数，以及因开行摘挂列车而减少开行的货物列车数，即可求得非平行运行图的通过能力。计算非平行运行图通过能力的方法有两种：

①图解法。图解法比较精确，但较烦琐，故只在特殊需要时采用。

②分析法。根据旅客列车和摘挂列车的扣除系数，可以近似地计算非平行运行图的通过能力 $n_{非}$，计算公式为：

$$n_{货}^{非}=n-\varepsilon_{客}n_{客}-(\varepsilon_{快货}-1)n_{快货}-(\varepsilon_{摘挂}-1)n_{摘挂}$$

$$n_{非}=n_{货}^{非}+n_{客}$$

式中　$n_{货}^{非}$——非平行运行图的货物列车通过能力（包括快运货物列车、摘挂列车在内）；

$n_{客}$（$n_{快货}$、$n_{摘挂}$）——在运行图上铺画的旅客（快运货物、摘挂）列车对数或列数；

$\varepsilon_{客}$（$\varepsilon_{快货}$、$\varepsilon_{摘挂}$）——旅客（快运货物、摘挂）列车的扣除系数。

所谓扣除系数，是指因铺画一对或一列旅客列车、快运货物列车或摘挂列车，须从平行运行图上扣除的货物列车对数或列数。由公式可以看出，分析法的精确性，主要取决于扣除系数数值的规定是否合理。因此，当研究用分析法确定非平行运行图的通过能力时，首先必须研究确定扣除系数的原理。

(2) 单线非自动闭塞区段旅客列车扣除系数

如图 7—12 所示，在运行图上铺画旅客列车所造成的扣除系数，由如下两部分组成：

①基本扣除系数（$\varepsilon_{基}$）。一对旅客列车占用限制区间的时间 $t_{客占}$与一对货物列车占用限制区间的时间 $T_{周}$之比，称为基本扣除系数。$t_{客占}$由旅客列车区间运行时分 $t_{客}$和车站间隔时间 $\tau_{站}$两部分组成，即

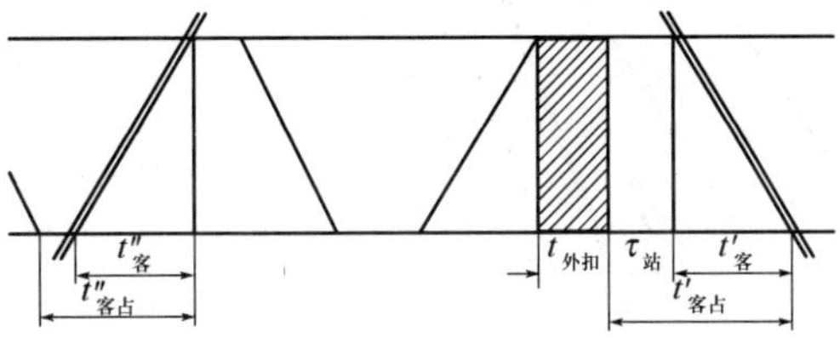

图 7—12　运行图上铺画旅客列车所形成的扣除时间图

$$t_{客占}=t'_{客占}+t''_{客占}=(t'_{客}+t''_{客})+\sum\tau_{站}=\Delta(t'+t'')+\sum\tau_{站}$$

$$\varepsilon_{基}=\frac{t_{客占}}{T_{周}}=\frac{\Delta(t'+t'')+\sum\tau_{站}}{T_{周}}$$

式中　$t'_{客}$、$t''_{客}$——旅客列车在限制区间的上下行运行时分，min；

t'、t''——货物列车在限制区间的上下行运行时分，min；

Δ——货物列车与旅客列车速度的比值。

②额外扣除系数（$\varepsilon_{外扣}$）。由于两相邻旅客列车之间的时间间隔不是货物列车占用限制区间时间的整倍数而产生的额外扣除时间 $t_{外扣}$与一对货物列车占用限制区间的时间 $T_{周}$ 之比，称为额外扣除系数。$\varepsilon_{外扣}$ 数值的大小与运行图上旅客列车对数及其铺画位置、区间不均等程度、中间站到发线数目等因素有关。在单线区段可近似地按如下经验公式计算：

$$\varepsilon_{外扣}=0.7j-0.025N_{客}-0.1$$

公式中的 j 表示区间不均等程度，它等于货物列车平均运行图周期与限制区间运行图周期之比，即 $j=\frac{T_{周}^{平均}}{T_{周}}$。在一般情况下，额外扣除系数可取 0.2～0.5。因此，旅客列车的扣除系数 $\varepsilon_{客}$应为：

$$\varepsilon_{客}=\varepsilon_{基}+\varepsilon_{外扣}$$

(3) 双线自动闭塞区段旅客列车扣除系数

当旅客快车分散铺画时，如图 7—13 所示，一列快客占用运行图的时间为：

$$t_{客占}=t_{快}=T_{影响}-(n_{越}+1)I$$

式中 $T_{影响}$为快客影响区左右界间的总时间，而 $n_{越}$为在 $T_{影响}$时间内越行的货物列车数，它可按下式计算，并取其整数值：

$$n_{越}=\frac{\sum t_{差i}}{I}=\frac{\sum(t_{货i}-t_{客i})}{I}$$

式中　$t_{货i}$——第 i 区间的货物列车运行时分，min；

$t_{客i}$——第 i 区间的旅客快车运行时分，min；

$t_{差i}$——第 i 区间的客货列车运行时分之差，min。

这说明 $t_{客占}$值并不决定于限制区间，而需按整个区段考虑其对货物列车运行的影响。在

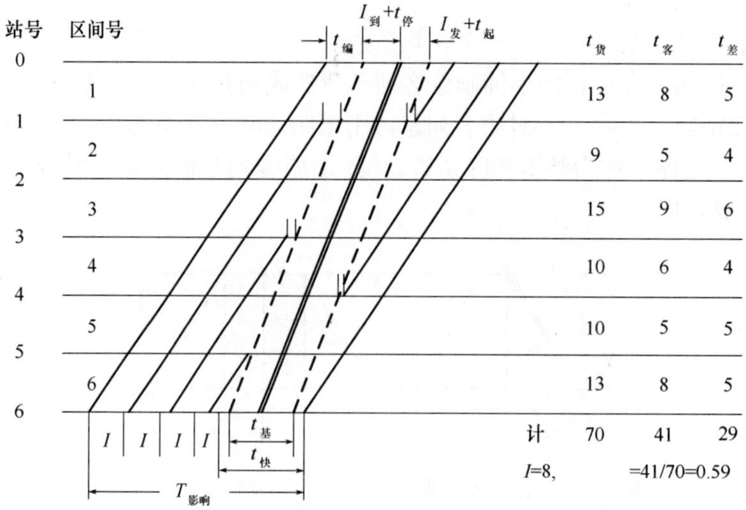

图 7－13　旅客快车分散铺画时占用区间示意图

$T_{影响}$时间内各站扣除的货车客车占用时间之和相同，所以各站客车前后的空费时间之和，也必然相等。这样，一列旅客列车占用区间的时间就可用 $t_{基}+t_{空费}$ 表示，于是有

$$\varepsilon_{快}=\frac{t_{基}+t_{空费}}{I}=\frac{t_{基}}{I}+\frac{t_{空费}}{I}=\varepsilon_{基}+\varepsilon_{外扣}$$

$\varepsilon_{基}$是指旅客列车分散铺画时的基本扣除系数，是扣除系数的最小值，可按下式计算：

$$\varepsilon_{基}=\frac{I_{到}+I_{发}+t_{起停}}{I}\approx 2\Delta+\frac{t_{起停}}{I}$$

式中　$I_{到}$、$I_{发}$——旅客列车越行货物列车所产生的同方向列车到达、发车间隔时间，min；

Δ——全区段客货列车运行时分之比；

$\varepsilon_{外扣}$——旅客列车分散铺画时的额外扣除系数。

额外扣除系数由越行站间客货列车区间运行时分之差的积累值$\sum t_{差}$减去 I 的整倍数后有剩余而产生。这一剩余的最大值决定着扣除系数中的附加值。在不同的越行方案下附加值可能是不同的，波动于 0～（$I-1$）min 之间。

旅客列车追踪铺画可以大幅度减少扣除时间，这是因为开行一列追踪旅客列车只需占用 $I_{客追}$，远较 $t_{快}$为小。即使采用连发铺画方法，由于两旅客列车的影响区部分地重合，扣除时间亦将有所减少。

旅客慢车在区段内的开行对数虽不多，但对通过能力的影响却很大。当旅客慢车无越行铺画时，慢客扣除系数 $\varepsilon_{慢}$为（如图 7－14 所示）：

$$\varepsilon_{慢}=\frac{T_{慢旅}-T_{货旅}+I_{发}+I_{到}}{I}-1$$

式中，$T_{慢旅}$（$T_{货旅}$）为旅客（货物）慢车在全区段的旅行时分，min；近似计算可取 $I_{发}=I_{到}=I$，并以 $T_{差}$ 代替 $T_{慢旅}-T_{货旅}$，则有

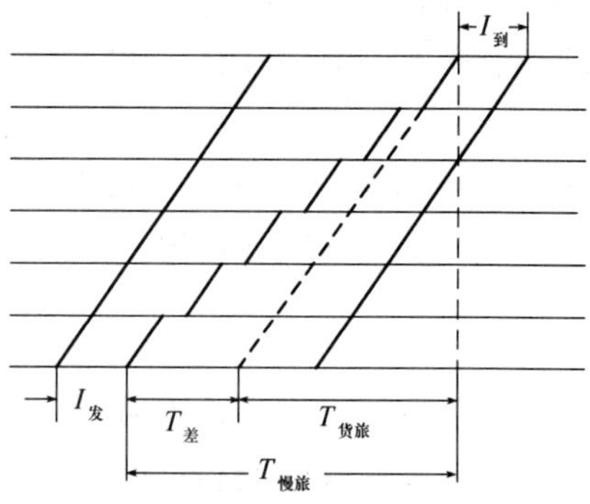

图 7－14　旅客慢车无越行铺画时的扣除系数

$$\varepsilon_{慢}=\frac{T_{差}}{I}+1$$

显然，慢客扣除系数将随 $T_{差}$ 的增大和 I 的减小而增加。当区段内的旅客列车数量较多时，将会出现慢客待避快客的情况。这时，一方面慢客因待避快客而将停站时间大大延长，从而使扣除系数有增大的可能；另一方面，因慢客与快客影响区重合，使平均扣除时间大幅度下降。总的看来，有越行铺画对减少扣除时间是有利的。

（4）摘挂列车扣除系数

摘挂列车的运行速度虽然与货物列车一样，但由于摘挂列车在中间站停站次数较多、停站时间较长，所以对通过能力也有一定影响。区间愈均等，运行图铺满程度愈高，这种影响就愈大。在平行运行图上，当区间均等时，摘挂列车每一次在车站完成作业后发出，都要从运行图上扣掉一条列车运行线。在这种情况下，摘挂列车的扣除系数等于停站次数加 1。

在非平行运行图上，除了因铺画旅客列车而产生一定的空费时间 $t_{外扣}$ 外，由于区间不均等，在邻接较小区间的车站还将产生运行图空隙。利用这些空费时间和运行图空隙铺画摘挂列车，就可以使摘挂列车扣除系数大大缩小。

快运货物列车扣除系数的确定方法，同旅客列车基本相同，但由于有可能在运行图上移动这些列车运行线的位置，所以扣除系数一般较小。

从上述分析可以看出，扣除系数的大小与一系列因素有关，其中主要有：

①区间的不均等程度；

②旅客列车、快运货物列车、摘挂列车的运行速度、数量及其在运行图上的铺画位置；

③旅客列车和摘挂列车在区段内的停站次数及停站时间。

这些因素的影响只能在运行图铺好之后才能完全确定。因此，在计算通过能力时，不得不利用扣除系数的经验数值。目前，我国铁路采用的扣除系数如表 7—2、表 7—3 所列。

表 7－2　列车扣除系数表

区间正线	闭塞方法	旅客列车	快运货物列车	摘挂列车	备　注
单线	自动	1.0	1.0	1.3～1.5	
	半自动	1.1～1.3	1.2	1.3～1.5	摘挂列车 3 对以上取 1.3
双线	自动	见表 7—3	2.0～2.3	2.5～3.0	摘挂列车 3 对以上取 2.5，6 对以上取 2.0
	半自动	1.3～1.5	1.4	1.5～2.0	

注：其他闭塞方法可参照半自动闭塞取值。

表 7－3　三显示双线自动闭塞区段旅客列车扣除系数表

$I_{追}$(min) / $n_{客}$(列)	6	7	8	9	10	11	12
5～10			2.3～2.4	2.15～2.3	2.05～2.2	1.95～2.1	1.9～2.0
11～20			2.3～2.35	2.15～2.2	2.05～2.1	1.95～2.0	1.8～1.9
21～30		2.4～2.45	2.2～2.25	2.05～2.1	1.95～2.0	1.85～1.9	1.7～1.8
31～40	2.5～2.55	2.3～2.35	2.1～2.15	1.95～2.0	1.85～1.9	1.75～1.8	1.6～1.7
41～50	2.4～2.45	2.2～2.35	2.0～2.05	1.85～1.9			
51～60	2.3～2.35	2.1～2.15	1.0～1.95				
61 以上	用图解法确定。						

注：四显示双线自动闭塞区段，用图解并参照本表取值确定。

三、高速铁路通过能力的计算

作为客运专线的高速铁路，由于其在列车运行组织方面与一般铁路有着明显的不同，因而在通过能力计算上有如下特点：

1. 若以客运站作为客流的主要始发和终到站，并将客流主要始发站与终到站之间的铁路区段定义为客流区段，则旅客列车通常应以客流区段为单位制定开行方案，亦即在高速铁路上通常只开行客运站间的旅客列车。因而，高速铁路通过能力应以客流区段为单位，计算客流区段别的通过能力。

2. 在一个客流区段内，高速列车也可能在中间客运站或中间站停车办理客运作业，与不停车高速列车比较，它将产生额外的占用列车运行图时间，即开行在客流区段内有关车站停车办理作业的高速列车，将对通过能力产生不利影响。在高速铁路通过能力计算中，若采用扣除系数法，这一影响可用高速列车扣除系数 $\varepsilon_{高}$ 表示。因此，研究高速铁路通过能力扣除系数计算法时，还应通过采用分析的方法或模拟的方法，确定高速列车扣除系数。

3. 当采用高、中速列车共线运行的运输组织模式时，在高速铁路上开行的中速列车，由于列车运行速度较高速列车低，而且停车办理作业的次数也可能较多，因而占用列车运行图时间较长，亦即开行中速列车将对通过能力产生不利的影响。在高速铁路通过能力计算中，若采用扣除系数法，这一影响可用中速列车扣除系数 $\varepsilon_{中}$ 表示。因此，在研究高速铁路通过能力扣除系数计算法时，还应通过采用分析方法或模拟方法，确定中速列车扣除系数。

4. 为使高速铁路技术设备经常处于质量良好的使用状态，以确保行车安全，在高速铁路列车运行图中，一般应为设备日常维修和养护预留出必要时间的“天窗”。它不仅缩短了运行图中可供列车运行的时间段，而且人为地将列车运行图分割为两个隔开的时间段，致使在列车运行图上不能组织列车 24 h 循环运行，对通过能力造成了相当大的影响。

5. 为方便旅客乘车旅行，在编制列车运行图时，应尽可能规定适宜的旅客列车始发和终到时刻。为此，对于高速铁路来说，一般应规定在 6：00 至 24：00 间在客流区段内到发。受这一有效到发时间限制，在列车运行图中除“天窗”时间之外，还将产生一定的称之为无效时间的时间段，它对通过能力也有一定的影响。

根据上述分析，当采用“全高速”运输组织模式时，高速铁路通过能力 $n_{高}$ 可按下式计算：

$$n_{高}=\frac{1440-(t_{检}+t_{无效})}{I\,\varepsilon_{高}}$$

式中 $t_{检}$ ——列车运行图“天窗”时间，min；

$t_{无效}$——列车运行图无效时间，min。

当采用“高、中速列车共线运行”运输组织模式时，高速铁路通过能力则应按下式计算：

$$n_{高}=\frac{1440-(t_{检}+t_{无效})}{I[\varepsilon_{高}+\alpha_{中}(\varepsilon_{中}-\varepsilon_{高})]}$$

式中 $\alpha_{中}$——列车运行图中的中速列车比重。

四、综合维修天窗

1. 概述

“天窗”是铁路施工维修的重要时间，正确安排和使用“天窗”时间是加快施工维修进度的重要途径。同时，也是缩短工程工期，提高经济效益的关键。铁路的综合维修主要指，对线路、供电、信号等固定设备进行日常维护和检修。它是解决列车运行与设备维修施工之间矛盾的重要技术措施。在高速度、大密度的客运专线上，为使线路设备经常处于良好状态，以确保行车安全和满足旅客乘车舒适度的要求，必须采用大型养路机械，实行在运行图中预留“天窗”的维修制度。

“天窗”修是现代铁路科学的维修方式，它规范了维修计划，有效地克服了设备的漏检、漏修；保证了维修质量；保障了上道作业人员的人身安全；减少了对行车安全的影响；有利于人力、技术、时间资源的综合利用和节约，提高了效率；方便了工区的日常管理工作，克服了以往分散重复的管理缺陷，防止了管理工作的疏漏；增强了职工之间的技术交流。采用预留无列车运行的“综合天窗”，作为各设备管理单位共同进行设备养护、检修、施工的时间，既保证了运输安全，又为行车设备的养护创造了条件。

客运专线综合检修天窗对通过能力的影响，是较其他影响因素如高中速列车速度匹配、列车追踪间隔、中间站设置等更为重要的影响因素。客运专线综合检修天窗，不仅检修时间影响线路通过能力，而且由于天窗时间域内的行车完全中断，对列车运行及其调度指挥也产生相当大的影响；同时，检修天窗的设置及利用，又涉及客运专线的线路、供电设备等的运行质量及其正常检修作业，这一切同客运专线的行车安全紧密相关。

我国高速客运专线采用多种速度的列车共线运行的运输组织模式，其中跨线列车受到邻接干线运行图的制约和可能晚点列车的影响，如果不能避开天窗时间在相应的客运专线上运行，就必须考虑行车组织和线路、接触网、信号维修的协调问题。

2. 天窗开行时间

（1）工务维修

国外客运专线维修组织经验表明：由于高密度行车的运输特点，白天列车运行时段内难于利用运行间隔进行维修作业，只能安排在夜间的空闲时间维修，各国间仅对天窗的利用方式及维修作业时间具体安排有所不同。考虑到我国高速客运专线列车运行速度高、开行密度大的特点，以及对线路通过能力的影响，维修天窗安排在夜间 0：00～6：00 为宜。

从充分发挥和提高维修机组平均作业效率，及保证足够的列车开行时间以满足运输组织需求两方面考虑，对于有碴轨道来讲合理的线路维修天窗时间应为 4～6 h。

（2）接触网维修

高速客运专线接触网维修基本内容与既有电气化铁路相似，只是维修作业标准上有所区别，其正常维修作业时间要求小于工务维修的需要。对于我国未来高速客运专线，由于维修技术的提高和维修设备的改进，接触网维修应采取大型维修机械进行，并考虑实际运营的需要，天窗时间建议采用 90～180 min，且与工务维修天窗重合设置。

（3）通信信号维修

根据国内外经验，信号设备的检修作业时间大大小于工务维修所需的时间，不应成为影响我国高速客运专线综合维修天窗设置的限制因素。

综上所述，可以得出：在有碴轨道条件下，综合维修天窗时间的长度决定于工务维修工作的需要；考虑到列车开行特点及对线路通过能力的影响，我国高速客运专线应该为工务维修、接触网维修和通信信号设备检修，在夜间 0：00～6：00 开设 4～6 h 的综合维修天窗。

3. 天窗开设方式

维修“天窗”开设的基本形式有“矩形”和“V 形”两大类，由此两种基本类型相互组合可演化出不同的形式，如 Y 形、r 形、X 形、平行矩形、单线隔日矩形、双向分隔式矩形、分段垂直矩形天窗等。

(1) 一线维修一线运行情况下的天窗形式

V 形天窗、单线隔日和双向分隔式矩形天窗，是我国高速客运专线在有碴轨道采用“一线维修、一线行车”的条件下三种主要的可行天窗类型。

①V 形天窗

当 V 形天窗非维修线路组织列车按单线追踪运行时，线路通过能力较大，但需要增设反向区间行车闭塞设备，车站到发线数量也有所增加，相应增加了额外投资；不组织追踪运行时，双方向列车在各时间段内分布较均衡，便于动车组的均衡利用和乘务人员的有效乘务，但是线路通过能力较小，列车旅行速度相对较低。因此，在列车开行数量相对较少、线路能力富裕的情况下，以不组织追踪运行为宜；反之，则应组织列车追踪运行。

另外，V 形天窗对与天窗倾斜方向相同的列车影响较小，对相反方向的列车影响较大。而且天窗影响范围很大，若全线连续开设 V 形天窗，必然有相当区段的天窗会开设在日间，从而极大影响到日间高速列车的正常开行。

②单向隔日矩形天窗

单向隔日设置矩型天窗非维修线路也同样具有组织和不组织追踪运行两种方式，优缺点和适用条件与 V 形天窗是相同的，但单向隔日矩形天窗对上下行双向的影响相同，而且不会影响白天的正常行车，因此能力损失较 V 形天窗小得多。

③双向分隔式矩形天窗

若高速客运专线采用上、下行线路同时设置双向分隔式矩形天窗，上、下行均给出 1 h 时间安排夕发朝至列车运行，其余时间用于维修作业。为满足连续天窗时间 4 h 的要求，部分区段天窗时间将要有所增加，可能会占用早高峰时间；并且部分中途上下线的跨线列车其合理运行时间带不一定和一小时行车带吻合，不能很好地满足部分夜间跨线列车的运行需求。

通过三种天窗设置方式对高速客运专线综合维修的适应性、行车方式、设备需求、能力利用和旅行速度等方面进行的综合比较分析（如表 7－4 所示），可以看出：在“一线维修，一线运行”的条件下，单向隔日矩型天窗是较好的设置方式。

表 7－4　三种天窗特点比较

	V 形天窗（组织反向行车）	单向隔日矩形天窗	双向分隔式矩形天窗
行车方式	单线双向或追踪运行		双线追踪运行
线路设备要求	追踪运行需具备反向行车条件		无特殊要求
列车开行时段	在影响范围内分布较均衡		时间要求比较集中
线路维修频率	每天维修一次	隔天维修一次	每天维修一次
续维维修作业时间	4 h		部分区段不足 3 h
两线同时维修	需特殊处理		无特殊要求
天窗前后时段	可用于行车		只能用于增加维修时间
旅行速度	双向运行较低，追踪运行较高		相对较高
天窗影响范围	最大	较小	最小
天窗内通过能力	最大	次之	最小
全天能力损失	最大	最小	次之

(2) 不采用一线维修一线运行时的天窗形式

对于有碴轨道不采用“一线维修，一线运行”的运输组织方式，只有分段矩形天窗和垂直矩形天窗两种形式。

①垂直矩形天窗

它可以提供较长的连续作业时间，甚至利用天窗外空费时间还可以适当延长维修施工作业时间，能够充分地发挥维修机组的作业效率。两线重合开设垂直天窗，对于需两线同时封锁维修的设备提供了良好的条件，维修作业不会受到相邻线路行车的干扰。

也正是由于双线同时封锁，不仅在天窗时间内无法行车，而且形成了天窗前后的两个空费的三角区，这对于能力的损失是相当大的。不但严重影响了夕发朝至列车和跨线列车在该区段的运行组织，同时也会影响到区段始、终站日间发车时段。

尽管可以通过组织短途列车利用两侧的空费三角区运行而降低对能力的扣除，垂直天窗的能力损失仍然是所有天窗中最大的，但在维修施工方面却创造了较其他天窗形式都好的条件。

②分段矩形天窗

如果按照V形天窗一条边的方式开设矩形天窗，称之为分段矩形天窗，天窗分段倾斜的程度需要按照跨线列车运行线斜率、线路长度和天窗时间来综合确定。

分段矩形天窗可以为维修作业提供与垂直矩形天窗相同的良好条件，而且可以在较小程度上满足长途跨线列车夜间运行的需要。它具有很大的灵活性和适应性，可以根据实际的行车需要，在全线甚至整个客运专线网上，选择合适的时间、倾斜方向、倾斜角度，以分段、组合、连续等多种方式进行开设，垂直矩形天窗只是它的一种极端形式。但是，分段矩形天窗只能照顾顺倾斜方向列车的开行，并且大大恶化了另一方向列车的行车条件。另外，它不宜在全线连续开设，否则将会占用0：00～6：00以外的时间段。

通过分析可以看出，由于分段矩形天窗具有比垂直矩形天窗更强的灵活性，在适应夜间运输需求方面具有更大的优势。

4. 夕发朝至列车与跨线列车的处理

（1）客运专线夜间行车需求

目前，有高速铁路的国家，由于国土面积较小，高速铁路尚未成网，高速列车的运行距离和时间都很短，0：00～6：00没有客运需求。

我国“四纵”、“四横”的客运专线建成后，将形成以客运专线为骨架，提速线路为网络，覆盖我国大部分大中城市，长达3万余公里的快速客运网。另外，我国高速客运专线将采取本线和跨线列车共线运行的多种速度组合的运输组织模式，高速和快速列车都将在较长的线路上和较大的时间跨度范围内运行。

我国客运专线的本线列车一般没有夜间行车需求。跨线列车为保证在始发、终到和途中主要停站到发时刻的合理性，只能在一定的时间范围内上下高速客运专线，而且高速客运专线的行车密度非常大，同时受到邻接干线运行图的制约，这样在高速客运专线上运行距离越长的跨线列车，占用的夜间行车时间也越长，不可避免的会在夜间0：00～6：00产生一定的运输需求。且未来的客运市场，夕发朝至旅客列车仍旧是乘客青睐的品牌，必然有一定的夜间运输需求。因此，长途跨线旅客列车和夕发朝至旅客列车的夜间行车需求是不可避免的。

（2）夜间行车组织方式

高速客运专线天窗的设置方式与天窗时间内是否采用“一线维修、一线运行”直接决定高速客运专线夜间的行车组织方式，可能的组织形式有以下几种：

①天窗时间内不行车，列车利用天窗前后的"三角区域"时间带或其他夜间时间（天窗未占据全部夜间时间）运行。

②转线方式——即高速列车在天窗时间内转入既有线运行。

③等线方式——即高速列车运行至天窗时间后，在就近车站停车等待天窗结束后继续运行。

④在天窗时间内组织列车按照单线追踪运行或按照单线非追踪运行。

（3）夕发朝至列车的运行组织

"夕发朝至"列车经过几年的开行和推广，已经成为了铁路部门的"品牌列车"，既满足了部分旅客的旅行需求，又可以实现铁路部门的利润最大化。

如果不允许"一线维修，一线运行"时，可通过开设适当形式的天窗，对于需长时间在高速客运专线上夜间运行的"夕发朝至"列车，可以采用"转线方式"或"等线方式"，以满足"夕发朝至"列车的夜间行车需求。

如果采用"一线维修，一线运行"时，组织列车在非维修线路上运行会对维修作业产生较强的干扰，对行车和维修都存在不安全因素，为保证安全必须严格遵守两项根本原则：

①列车通过综合维修作业地段时，按限速 160 km/h 运行；

②最好对相邻两线路进行物理防护隔离。

5. 无碴轨道条件下的综合维修天窗

我国客运专线 0：00～6：00 长达 4 h 的综合维修天窗，为长途旅客列车，尤其是为需要在夜间运行的跨线旅客列车和夕发朝至旅客列车的开行，设置了障碍。因此，我国客运专线对综合维修天窗的短时性要求特别高，减少我国客运专线线路综合维修天窗的时间，已成为非常重要的现实问题。

无碴轨道因其稳定性好、维修工作量少、使用寿命长和综合经济效益好的优点，在国外高速铁路上获得了越来越广泛的应用，并成为高速铁路轨道结构的发展方向。根据国外无碴轨道养护与维修作业的相关数据显示，无碴轨道的养护维修工作量小、维修作业时间短，在有些情况下维修工作量较有碴轨道可以减少 70%，综合维修天窗的设置时间将决定于接触网维修作业的需要——2～3 h，能够有效缓解高速铁路运营与维修的矛盾。

由此可见，无碴轨道是高速铁路轨道结构的发展方向，其综合维修天窗的设置时间决定于接触网维修作业的需要；无碴轨道客运专线综合维修天窗采用 2～3 h 分段矩形天窗形式是合理的，能够较好地满足对综合维修天窗短时性的要求。

第四节　列车运行图的编制

一、概　　述

随着铁路客货运量的日益增长和运输市场的发展变化，铁路技术设备和运输组织工作的不断改进，以及列车牵引重量和运行速度的逐步提高，每经过一定时期，就有必要重新编制一次列车运行图。

全路列车运行图的编制或调整工作，按铁道部统一规定进行。必要时，各局可在运行图实行期间对管内列车进行局部调整。为了适应运量波动和线路施工的需要，除了编制基本运行图外，还可以根据具体情况，编制各种分号运行图。

列车运行图的编制，在铁道部统一领导下，由各铁路局负责做好具体工作。

铁道部由运输、机务、车辆、工务、电务、计划等有关部门负责人组成领导小组，负责编图的组织领导工作，确定编图的原则、任务和步骤，组织有关铁路局协商拟定全路跨局旅客列车运行方案，解决局间列车交接的有关问题，审查各局提报的编图资料和各局编制的列车运行图。

各铁路局也由运输、客运、机务、车辆、工务、电务等部门的有关人员组成编图小组，按照铁道部的统一部署，认真准备好编图资料，负责完成本局的运行图编制工作。

铁路局有关部门应按时向铁道部有关业务局上报下列各项编图资料：

(1) 各区段各种客货列车行车量；

(2) 车站间隔时间和追踪列车间隔时间，以及必要的列车运行图缓冲时间；

(3) 各区段通过能力；

(4) 客货列车停车站名和停站时间标准；

(5) 各技术站主要技术作业时间标准；

(6) 客车车列在配属段、折返段停留时间标准；

(7) 客货列车区间运行时分和起停车附加时分；

(8) 各区段货物列车重量标准；

(9) 机车在基本段和折返段作业时间标准，机车运用方式和乘务组工作制度；

(10) 各区段线路允许速度；

(11) 施工计划以及慢行地段和慢行速度；

(12) 现行列车运行图完成情况的分析。

编制列车运行图时，必须满足如下要求：

(1) 保证列车运行的安全。列车运行图必须符合《铁路技术管理规程》的有关规定，严格遵守行车的作业程序和时间标准。

(2) 迅速、便利地运输旅客和货物。运行图上铺画的旅客列车应最大限度地为旅客提供方便条件，客、货列车对数应考虑到运量的波动程度，保证完成国家规定的运输任务。

(3) 充分利用铁路通过能力，经济合理地运用机车车辆。在铺画列车运行线时，应消除各种不必要的停留时间，提高列车的旅行速度；要合理规定列车重量标准和机车运用方法；对直通列车要注意良好的衔接，以提高机车车辆的运用效率。同时，要妥善安排工务部门的施工计划，保证线路大修施工和日常运输两不误。

(4) 应将区间通过能力利用率控制在一定的允许范围内，确保列车运行图具有一定的弹性，以适应日常运输生产和列车运行秩序变化的需要。

(5) 列车运行图要与列车编组计划和车站技术作业过程相协调，使列车运行线与车流很好地结合起来。

(6) 保证各站、各区段间工作的协调和均衡。在运行图上铺画列车运行线时，应力求在一昼夜内各个阶段大体均衡，以充分利用车站到发线和咽喉通过能力、车站改编作业能力，以及区间通过能力。

(7) 合理安排乘务人员的作息时间，保证不超过规定的一次连续工作时间标准。

列车运行图在很大程度上反映着整个铁路行车组织工作的水平。提高运行图编制质量，可以改善对旅客的服务，加速货物送达，改进机车车辆的运用，更好地利用区段通过能力，提高劳动生产率，降低运输成本。因此，在编制列车运行图时，必须及时总结和推广先进经验，不断提高列车运行图的质量。

列车运行图是全路与运输有关各单位的综合工作计划。因此，在编制运行图过程中，要从全局出发，统筹兼顾，正确处理列车运行与技术站作业的关系，列车运行与机车交路的关系、运输与施工的关系、跨局列车与管内列车的关系、旅客列车与货物列车的关系等。要使编制出来的运行图既是先进的，又是可行的。各铁路局编完运行图后，由铁道部审查批准，并由铁道部确定在全路统一实行新运行图的日期（与新列车编组计划同时实行）、印制行车时刻表，拟定新旧运行图的交替办法，各铁路局应组织各站、段切实做好实行新运行图的各项准备工作。

二、旅客列车运行图的编制方法

在编制列车运行图时，一般先铺画旅客列车运行线，然后再在这个基础上铺画货物列车运行线。在铺画旅客列车运行线和货物列车运行线时，需要处理好各方面的关系，安排好整个方向上的列车运行线，以期提高运行图的编制质量。为此，列车运行图的编制通常分两步进行：第一步编制列车运行方案图，着重解决运行图的全面布局问题；第二步根据方案图铺画详细的运行图，即详细规定出每一列车在各个车站上到、发或通过的时刻。

据此，编制旅客列车运行图，首先需编制旅客列车运行方案（简称客车方案，下同）。编制客车方案主要解决如下几个方面的问题。

1. 方便旅客旅行。在安排旅客列车运行线时，必须把方便旅客旅行作为一项基本要求。

（1）应规定适宜的旅客列车始发、终到和通过各主要站的时刻。

（2）使各方向各种列车的运行时刻相互衔接，缩短旅客中转换乘的等待时间。

2. 经济合理地使用机车车辆。

3. 保证旅客列车运行与客运站技术作业过程的协调。

4. 为货物列车运行创造良好条件。

旅客列车方案应按照先国际、后国内，先直通，后管内，先快车、后慢车的顺序进行编制。

根据旅客列车运行方案，按照上述各种列车的铺画顺序，可在二分格运行图上详细铺画各种列车运行线，即所谓铺画详图。在编制列车运行详图时，除国际联运的旅客列车在国境站的接续时刻不得变更外，其他列车的运行时刻尚可作小量必要的调整，以便创造更好的会让和运行条件，与货物列车运行取得较好的配合。

三、货物列车运行图的编制方法

1. 货物列车运行图的编制步骤

为了保证各邻接区段、各相邻铁路局间列车运行的紧密衔接，以及列车运行图与列车编组计划、车站技术作业过程、机车周转图的相互协调，在旅客列车运行图编制以后，货物列车运行线的铺画也可分两步进行，即先编方案图，然后再根据方案图编制详图。但在运量大、区间通过能力比较紧张的单线区段，由于在编方案图时很难对限制区间给予准确的安排，所以一般不编方案图，而直接在二分格运行图上编制详图。

2. 货物列车运行方案

在编制货物列车运行方案图时，应注意解决如下几方面的问题。

（1）列车运行图与列车编组计划的配合

（2）列车运行图与车站技术作业过程的配合

列车运行不均衡是导致货车在车站产生各种等待停留时间和浪费车站通过能力、改编能力的主要原因。由于受旅客列车铺画位置的影响，以及为保证邻局、邻区段货物列车有良好的运行条件，往往会造成货物列车运行线在运行图上不能均衡排列，而在一段时间内产生列车密集到开现象。在这种情况下，铺画运行图时应注意符合下列要求：

①列车到达技术站和由技术站出发的间隔时间，应考虑车站的到发线数目及列车占用到发线的时间，以保证车站能不间断地接发列车。

②到达技术站解体的列车，其间隔时间应与驼峰或牵出线的作业进度相适应，以减少列车待解停留时间。

③由技术站编组出发的列车，其间隔时间应与编组牵出线的编组作业进度相适应，以减少待发停留时间。

（3）列车运行图与机车周转的配合

货物列车运行方案的编制可有下列两种方法：

①由方向的一端开始，顺序铺画货物列车运行线；

②由方向中间的某一局间分界站向两端延伸铺画。

在个别区段，当通过能力利用率接近饱和时，运行图编制最好由这一最繁忙的区段开始。

3. "五定"班列的运行组织

开行"五定"班列，发到站间的货流量必须满足在一定时间内可以开行一个班列的要求，发到站间列车牵引定数和换长要基本一致。班列的组织应从货运计划安排入手，将枢纽地区其他车站的货流向班列装车站集中，组流上线。但根据货流情况，也允许枢纽地区多站组织开行"五定"班列，即可以一站或多站组合开行一个班列，运行到枢纽附近编组站后，再用小运转挂运送至相关车站卸车。

班列运行线，要求发到站间全程贯通，车次统一编号，班列途经的相关技术站紧密接续，直通速度单、双线方向分别应达到 500 km/d 和 800 km/d 以上，它由铁道部运输局组织有关部门，根据发到站间的货流量及有关要求，在运行图上铺画。根据班列运行图确定各站的班列发到时间和运到期限，并编制成班列时刻表向社会公布。

在日常工作中，"五定"班列应按固定时刻组织开车、按固定时刻组织运行、按固定时刻组织分界口交接、按固定时刻组织到达。为此，各级调度应优先承认请求车、优先安排装车去向、优先配送空车、优先组织装车、优先组织取送车作业、优先组织列车放行。

4. 货物列车运行图的详图

根据货物列车运行方案图，可在二分格运行图上具体铺画各区段的货物列车运行线。在详细铺画列车运行图过程中，对方案图所规定的运行线一般可做适当移动，但应尽可能不改变分界站的到开时刻。

在单线区段，如果通过能力有较大后备，则可优先铺画定期运行的快运货物列车和直达列车。在中间站交会时，应尽量使其他货物列车等会这些列车；在经过技术站时，应保证其紧密接续，以加速这些列车的运行。

对于摘挂列车，应先按区段管内货物列车铺画方案在图上铺画轮廓运行线，然后结合其他货物列车一起铺画。

在铺画详图时，应注意如下三个方面的问题。

（1）保证行车安全和旅客乘降安全

①遵守不准同时接发列车的有关规定。

②保证车站间隔时间及列车追踪间隔时间符合各站所规定的标准。

③避免某方向列车在禁止停车的车站上停车。

④遵守规定的机车乘务组和车长工作、休息的时间标准。

⑤列车在车站会车和越行时，同时停在车站上的列车数应与该站的到发线数相适应。

（2）有效地利用区间通过能力

在单线区段，如果通过能力有较大富余时（利用率在 70%以下），为保证机车的良好运用，货物列车运行线可以从机车折返站开始成对地铺画。这时应尽可能使列车到达折返站与由该机车牵引相反方向列车出发的间隔时间，等于机车在折返段所在站的作业时间标准。

当在运行图上铺画的列车对数达到区间通过能力利用率的 80%以上时，为了有效地使用区间通过能力，该区段应从限制区间开始铺画货物列车运行线，即在运行图上铺完旅客列车运行线之后，从限制区间开始铺画规定数量的货物列车运行线，然后再从限制区间分别向其他区间顺序铺画。

（3）提高货物列车旅行速度

影响旅行速度的主要因素是会车和越行次数及其停站时间。因此，在铺画运行图时，必须尽量减少列车的会车和越行次数及其停站时间。

在运量很大的区段上，为确保列车运行图与车站作业相协调，在铺画运行图之后，应对区段站、编组站、主要客运站和货运站的咽喉道岔和到发线的占用情况进行图解检查。当某些车站的接发车条件不能满足运行图的要求时，需要适当修改运行图，或采取必要的技术组织措施，例如重新调整到发线的使用，以保证运行图的顺利实行。

四、分号列车运行图的编制

1. 分号列车运行图的种类

分号列车运行图根据其所适应需要之不同可分为两类，即在运量波动较大的铁路区段或方向上，为适应运量波动需要而编制的不同客货行车量分号运行图，以及为进行隧道、桥梁修理和线路改造、大中修等施工，须在列车运行图上规定施工“空隙”区段的施工分号列车运行图。

为保证基本运行图的经常使用，基本运行图的货物列车对数，应该是经常可能实现的运量。但是，大多数的铁路区段或方向，列车运行图实行期间行车量的波动很大。为了达到更高的运行图指标和掌握必要运输量，必须对客货运量波动较大的区段，编制分号运行图。这类分号运行图既包括在一定旅客列车数条件下具有不同货物列车数的分号运行图，也包括开行大量临客的分号运行图。

2. 不同行车量的分号列车运行图

为适应运量波动需要而编制的分号列车运行图，决定于列车运行图实行期间的运量波动程度及波动期间的长短。运量波动程度及期间，一般应根据过去实际情况和计划运量的资料加以研究确定。经验证明，适应运量波动所编制的分号运行图，一般以取两个到三个（包括基本运行图）为宜。因为分号列车运行图数量太多，换用分号列车运行图过于频繁，容易引起现场员工执行上的困难。

分号列车运行图一般采用如下两种方法编制：

(1) 依照不同的行车量编制一个综合分号列车运行图。编制这种列车运行图，原则上应从最小运量的分号列车运行图开始，首先铺画运行图的基本核心列车，即定期直达列车和其他固定运行的货物列车（有稳定车流保证的货物列车及摘挂列车等），然后在此基础上再顺序铺画到最大分号运行图所规定的行车量，并分别把这些运行线和机车周转相互协调起来（见图 7—15）。

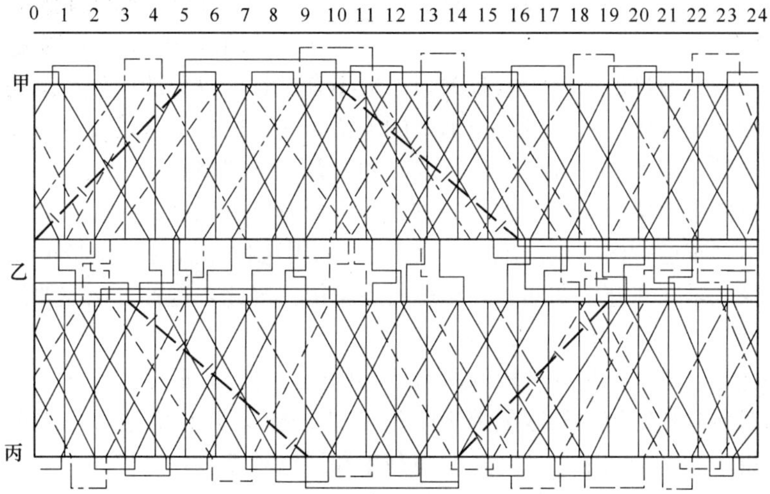

图 7—15　综合分号列车运行图

图例：———— 表示第一方案 12 对列车；
- - - - 表示在第一方案的基础上增加 4 对；
—·—·— 表示在第二方案的基础上增加 4 对；
—|—|— 摘挂列车。

(2) 按照不同的行车量，分别编制几个不同运量与不同时刻的独立分号运行图。编制这种列车运行图时，每个运行图上列车运行线的铺画及与机车周转的联系都应单独考虑。

综合分号列车运行图的优点是，更换分号列车运行图时，仅变更列车运行图上运量，而不变动列车车次、时刻和运行程序；其缺点是很难编制出最有利的列车运行图和机车周转图，同时对列车密度的均衡性也有一定的不利影响。独立分号列车运行图的优点是每个列车运行图的指标都较高，列车运行和机车周转都能够取得较好的协调；但是由于每个分号列车运行图中的运行线是各自独立的，因此当更换分号列车运行图时，容易发生困难。

综合分号列车运行图主要使用在双线区段，独立分号列车运行图则主要使用在单线区段。但在运量不大而区间通过能力又不甚紧张的单线区段，亦可编制综合分号列车运行图。

3. 在列车运行图中预留施工“空隙”的办法及施工分号列车运行图

为了提高现有铁路的通过能力和列车运行速度，满足铁路运量不断增长的需要，必须对现有铁路有计划地进行技术改造和大中修。

改造工程一般在运输量大、通过能力比较紧张的区段进行。因此，线路施工与列车运行往往会产生一定的矛盾。在列车运行图上预留线路施工所必需的“空隙”，是解决列车运行与线路施工之间矛盾的有效措施。

所谓施工“空隙”，是指在列车运行图中，为区间或车站正线规定不放行列车的一段时

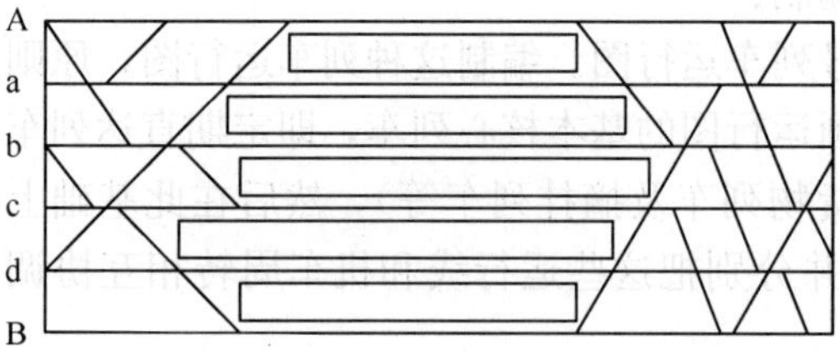

图 7—16 预留施工“空隙”的列车运行图

间。在列车对数较少的区段，列车运行图上产生的自然“空隙”，可作为施工“空隙”；而对于通过能力比较紧张的区段，必须在列车运行图中特意预留施工“空隙”。图 7—16 为预留有施工“空隙”的列车运行图。

在运行图中预留施工“空隙”的长短，与工程内容、工程复杂程度、施工技术作业过程及线路通过能力等因素有关。一般不宜过长，以免造成列车运行极不均衡，过分降低旅行速度，延长机车和车辆在技术站的停留时间。但也不宜过短，以免造成施工机械和劳力的浪费，延长工期。旅客列车运行线必须躲开施工“空隙”时间。

在列车运行图中预留施工“空隙”的方法，主要有以下三种：

(1) 在基本列车运行图中预留施工“空隙”。采用这种方法的优点是可以保证运输与施工互不干扰；缺点是在非施工期间，列车运行不均衡。因此，这种方法主要适用于应预留的“空隙”不大，而且通过能力有很大后备的区段。

由于线路施工一般并不是在区段的所有区间内同时进行，而是逐个区间顺序地进行。如果在运行图中对所有预定施工的区间都规定施工“空隙”，并相应地考虑列车慢行，势必有一些“空隙”将不能完全利用。从通过能力利用和运输观点看，这样预留“空隙”显然是不合理的。因此，可以考虑只在开始施工的某些区间预留“空隙”，然后逐步挪移到其他施工区间。

(2) 在编制基本列车运行图（不考虑施工“空隙”）的同时，另编预留施工“空隙”的分号运行图。在施工期间使用施工分号列车运行图，而在不施工期间使用基本列车运行图。采用这种方法，在施工和非施工期间，运行图均能较好地符合实际需要，既保证了施工，又能照顾到列车密度的均衡。但因为只在施工区段采用施工分号列车运行图，容易使某些列车在技术站（施工区段与非施工区段相连接的技术站）上的衔接发生不协调现象，从而延长列车和机车在技术站上的停留时间。

(3) 在基本列车运行图里不预留施工“空隙”，但在编制列车运行图时考虑了在施工期间留出施工“空隙”的可能性，其办法是：

①对双线区段，在白天预定进行施工的时间内，同方向列车间隔时间应不少于限制区间单线运行图周期，以便施工时可在施工区间利用一条正线组织双方向运行。

②对单线区段，在编制基本列车运行图时，不预留任何“空隙”时间，在施工期间可采取抽线的方法。

施工封锁区间开通后，将产生临时性的慢行，在编制施工分号列车运行图时，可将慢行附加时分规定在列车运行时分中。如不编施工分号列车运行图，而在基本列车运行图中预留施工“空隙”时，原则上不考虑慢行附加时分，可在施工前修正基本列车运行图时适当加以考虑。旅客列车慢行附加时分可以规定在列车区间运行时分内，也可预留在列车停站时分内。

为了满足铁路信联闭设备以及道岔、线路日常维修需要，接受多年来事故教训，确保行车安全，一定要坚持“要点”维修的办法，禁止利用列车运行图间隙抢点作业。因此，在编制基本图时应考虑预留“天窗”维修时间的可能性。

五、电力牵引区段列车运行图的编制

在电气化线路上，牵引变电所的功率与分布、接触网的导线截面与运行图类型和铺画方式之间有着密切的关系。在编制运行图时，必须充分考虑供电设备的条件。区段内两变电所之间同时运行的列车数越多、列车离变电所的距离越远、线路坡度越陡，以及列车的重量越大，接触网的负荷和从接触网到机车受电弓的电压损失也就越大。因此，电力牵引区段列车运行图的编制，必须注意如下特点：

（1）为了保证供电设备有最良好的工作状况，使列车达到最高的运行速度，首先要求运行线在时间和空间上尽可能均衡分布。

（2）线路断面为下坡道和上坡道相互交错的区段，应力求使一个馈电区范围内同时处于上坡位置的列车数少，尤其对位于两个牵引变电所之间中部地段的各区间更须如此。

（3）在采用再生制动的区段内，应注意上坡列车和下坡列车在时间上互相配合，如图7－17所示。这样可使上坡列车所需要的大量电流，有一部分可以利用下坡列车施行再生制动时向接触网反馈的电流来补偿。

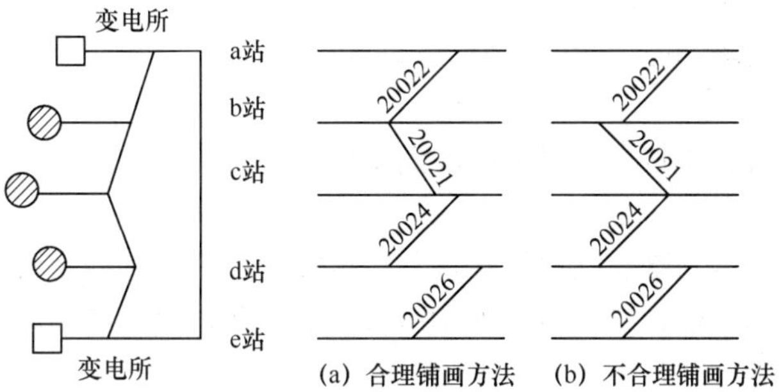

图 7－17　电气化区段根据不同线路断面在运行图上铺画列车运行线的方法图

（4）为了避免供电设备超过规定的负荷，应防止由牵引变电所间的同一地段内各分界点同时发出几个列车，各列车的起动和加速在时间上应彼此错开至少 2～3 min。

（5）离牵引变电所较远的区间，因接触网上电压下降幅度较大，应选择合理的会车方案。为了保证电力机车较快地转为按自动特性曲线行驶，应对出站就遇上坡的列车规定其不停车地通过车站。

（6）在线路断面比较平坦的双线区段，应避免超轴列车在相邻变电所的中部地段会车，尽可能使其在接近变电所的地点交会。

（7）在列车运行图上应避免接连铺画超轴列车，最好在旅客列车或重量标准较小的货物列车之后铺画超轴列车。

（8）在双线区段，应充分利用电力牵引条件下货物列车和旅客列车运行时分相差较小的特点，尽量组织列车无越行运行，可显著提高旅行速度。

（9）在列车运行图上，应为接触网的日常检查与维修留出必要的“空隙”时间，并按 V 形天窗的方法预留。此时，接触网应分为几个分段分别进行遮断。单线线路在分段的电流被遮断后，行车即完全中断，而双线线路在一条正线被遮断的时间内，另一条正线仍可作单方向或双方向行车之用。

（10）在线路大修施工期间，施工“空隙”之后，往往要密集放行列车，此时应注意各列车之间保证有一定的间隔时间。

六、高速客运专线列车运行图的编制

1. 高速客运专线列车运行图的基本类型

根据我国客运专线的特点，其列车运行图可分为基本运行图和节假日运行图，开行定期列车和季节列车，日常运营可增加临时列车。

客运专线节假日运行图主要包括春运、暑运、元旦、五一、十一等运行图，以及个别地区解决周末客流的短假期运行图。另外，可编制旅游旺季、特殊社会活动等特别需求的分号运行图。

春运、暑运、元旦、五一、十一等节日增开的列车为季节列车。另外，一些经济发达地区，为了解决周末产生的大量探亲、休假、返家、上班等客流，在周末或前后还开行一些类似季节列车形式大列车。其他为旅游旺季、特殊社会活动等增开的列车为临时列车。

2. 高速客运专线列车运行图编制的一般要求

客运专线列车运行图的编制工作是全路列车运行图编制工作的一部分，定期性的列车运行图编制工作，由铁道部统一组织。

客运专线运行图的编制除应遵守一般的列车运行图编制要求之外，还应该遵守以下一些要求：

(1) 适应客运专线客流特点，最大限度满足旅客出行的需要，尽可能按时段、频率安排列车运行线；

(2) 协调好客运专线与既有线的衔接，并尽可能提高客运专线及既有线的通过能力；

(3) 协调好跨线列车运行线与本线列车运行线的关系，尽量减少客运专线各种列车的相互影响；

(4) 尽可能提高动车组的运用效率；

(5) 兼顾均衡铺画的原则，充分利用线路和车站的通过能力，减少各种列车间的越行与避让，同时使运行图保持合理的弹性；

(6) 使高速列车运行与高速客运站的技术作业过程相协调。

根据以上要求，在编制客运专线列车运行图时，应着重处理好以下几个问题：

(1) 考虑到客运专线客流时段性的特点，客运专线运行图的编制应尽可能处理好运行线布局的问题；

(2) 考虑到列车开行数量受动车组能力的制约，客运专线运行图的编制应尽可能提高动车组的运用效率；

(3) 考虑到跨线列车对本线高速列车开行的影响，跨线列车布局方案应尽可能考虑客运专线的能力，并为本线列车的开行创造条件；

(4) 考虑到客运专线综合维修天窗方案对跨线列车和夕发朝至列车开行有制约作用，客运专线运行图的编制要尽可能地处理好它们之间的相互协调问题；

(5) 考虑到旅客的换乘，客运专线运行图的编制要处理好相关运行线的合理接续问题。

3. 客运专线列车运行图的铺画方式

客运专线列车运行图的铺画方式、列车的开行位置，对通过能力有影响作用。

(1) 同类列车成组铺画

成组铺画的追踪列数越多，平均每一列车占用运行图的时间越少，B 类列车（200～250

km/h）的影响越少，可铺画的总列数越多，如图 7—18 所示。

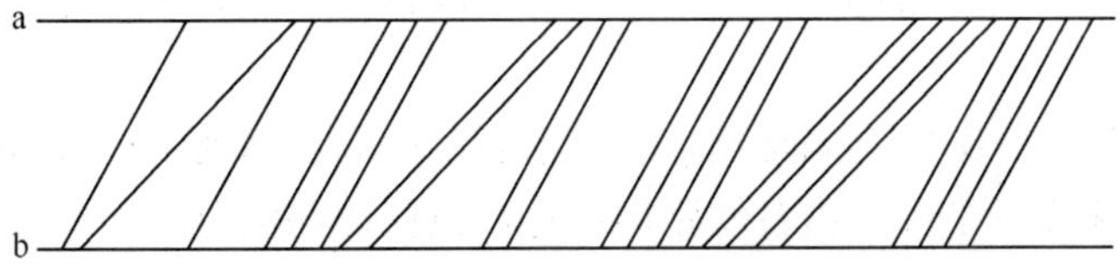

图 7—18　同类列车成组铺画对通过能力的影响

（2）高速列车停站方式

A 类列车（≥300 km/h）采用交替停站的方式，停站顺序可由远而近，即前行列车停远方站，后行列车停后方站，依次由远而近，如图 7—19 所示。

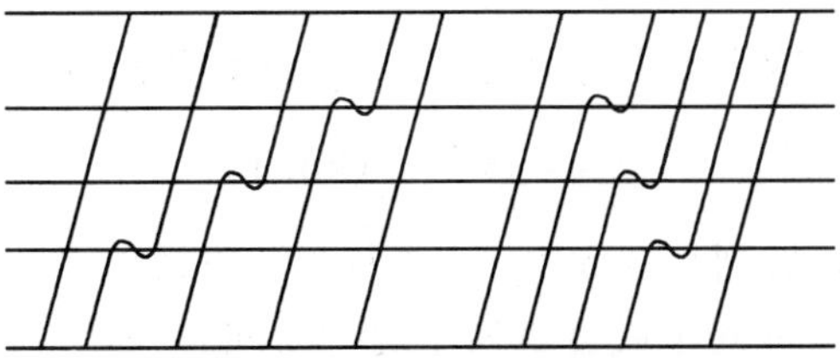

图 7—19　停站方式对通过能力的影响

（3）减少越行与待避的次数

A 类列车不越行过多的 B 类列车，以减少运行图的空费时间，B 类列车待避次数不宜过多，否则将严重影响 B 类列车的旅速，如图 7—20 所示。

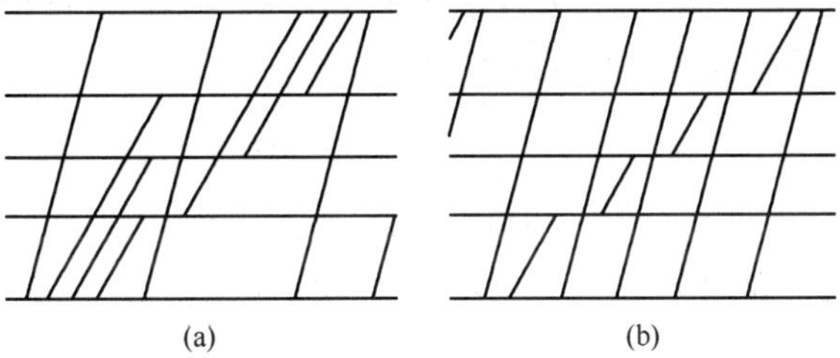

图 7—20　越行与待避过多的铺画方式

七、列车运行图指标和实行新图前的准备工作

1. 列车运行图编制质量的检查

列车运行图全部编完后，必须对列车运行图编制质量进行全面检查。检查的主要内容有：

（1）列车运行图上铺画的客货列车数，是否符合所规定的任务；

（2）列车运行线的铺画是否符合规定的各项时间标准，列车的会让是否合理，在中间站停车会让的列车数是否超过各该站现有的到发线数；

（3）摘挂列车的铺画是否满足区段管内货物列车铺画方案的要求；

（4）机车乘务组连续工作时间和机车在自外段所在站的停留时间是否符合规定的时间标准；

（5）在列车运行图上预留的施工“空隙”是否满足施工需要；

（6）局间分界站的列车衔接是否合适，一昼夜内各阶段的列车到发密度是否大体均衡。

2. 列车运行图指标

通过检查，确认运行图完全满足规定的要求后，还应计算列车运行图指标。列车运行图指标包括数量指标和质量指标，由各铁路局计算，报铁道部汇总。

（1）数量指标

①国境站和局间分界站相互交接的列车数。

②按列车性质分类的旅客列车及货物列车数。

③旅客列车及货物列车走行公里。

④由各始发站发出的各种旅客列车数和货物列车数。

（2）质量指标

①旅客列车或货物列车的平均技术速度（$v_{技}$），计算公式为：

$$v_{技}=\frac{\sum nl}{\sum nt_{运}}\ \text{(km/h)}$$

式中　$\sum nl$ ——各区段旅客列车或货物列车走行公里的总和；

$\sum nt_{运}$——各区段旅客列车或货物列车运行时间总和，包括运行时分和起停车附加时分。

②旅客列车平均直通速度（$v_{直}^{客}$），计算公式为：

$$v_{直}^{客}=\frac{\sum nl_{客}}{\sum nt_{全旅}}\ \text{(km/h)}$$

式中　$\sum nl_{客}$——旅客列车走行公里的总和；

$\sum nt_{全旅}$——旅客列车全程旅行时间的总和，包括运行时间和停站时间。

③货物列车平均旅行速度（$v_{旅}$）计算公式为：

$$v_{旅}=\frac{\sum nl_{货}}{\sum nt_{旅}}\ \text{(km/h)}$$

式中　$\sum nl_{货}$——各区段货物列车走行公里的总和；

$\sum nt_{旅}$——各区段货物列车旅行时间的总和，包括列车运行时间和中间站的停站时间。

④直通货物列车在技术站的平均接续时间（$T_{接续}$）。它是反映技术站相邻区段直通列车运行线相互衔接的质量指标。应分别就每一技术站、铁路局和全路进行计算，其计算公式为：

$$T_{接续}=\frac{\sum n_{直}t}{\sum n_{直}}\ \text{(min)}$$

式中　$\sum n_{直}t$——无改编作业通过技术站直通、直达货物列车在站停留时间的总和；

$\sum n_{直}$ ——无改编作业通过技术站的直通、直达货物列车数。

⑤货物列车平均直达速度（$v_{直}^{货}$）。它是综合表示货物列车旅行速度高低和技术站接续时间长短的指标，其计算公式为：

$$v_{直}^{货}=\frac{\sum nl'_{货}}{\sum nt'_{旅}+\sum nt_{技停}}\ \text{(km/h)}$$

式中　$\sum nl'_{货}$——整个方向货物列车走行公里的总和；

$\sum nt'_{旅}$——整个方向各区段货物列车旅行时间的总和，包括列车运行时间和在中间站的停站时间；

$\sum nt_{技停}$——所有直通、直达货物列车在该方向各技术站停留时间的总和。

⑥机车周转时间（$\theta_{机}$）和机车日车公里（$S_{机}$）。这是两项反映机车运用的主要质量指标，可分别按如下公式计算：

$$\theta_{机}=\frac{24M}{U_{供应}}\ (h)$$

$$S_{机}=\frac{\sum nl_{货}+\sum MS_{单}+\sum MS_{双}}{M}\ (km/d)$$

式中　M——一昼夜内使用机车台数（根据机车周转图确定）；

$U_{供应}$——一昼夜内向各区段供应的机车台次；

$\sum MS_{单}$、$\sum MS_{双}$——各为列车运行图规定的单机走行公里和双机牵引公里。

为了进一步评价新列车运行图的编制质量，除计算新列车运行图的各项指标外，并应与现行列车运行图进行比较，分析各项指标提高或降低的主要原因。

3. 实行新图前的准备工作

列车运行图最后经铁道部批准后，由铁道部规定全路统一实行新图的日期。为了保证新图能够正确和顺利地实行，必须在实行新图之前做好下列准备工作：

（1）发布有关实行新图的命令，公布跨局新旧旅客列车运行的交替办法；

（2）印制并分发列车时刻表；

（3）各铁路局根据铁道部发布的有关命令和指示，拟定执行新图的技术组织措施和新旧客货列车运行的交替计划；

（4）组织有关人员学习新图，使每个有关职工了解、熟悉并掌握新图规定的要求；

（5）根据新图的规定，组织各站修订和编制《车站行车工作细则》；

（6）做好机车、客车和乘务人员的调配工作；

（7）有关局共同召开局分界站会议，共同拟定保证实现新图的措施。

第八章 铁路运输行车组织安全技术

第一节 概 述

一、国内外现状

铁路运输安全（Railway Transportantinon Safety，RTS）为乘务员、旅客、铁路使用者、管理者与列车及列车运行环境、运输条件、服务信息等提供系统可靠性，防范行车事故，通过行车安全有机分级管理、事故预防链建立、安全技术整合，实现对行车系统安全保障。

在高速铁路的建设中，保证行车安全系统是高速列车开行的关键技术，世界各国都对行车安全防护系统特别是列车超速防护系统给予了高度重视。我国在“八五”期间确定以广深线 160 km/h 的准高速铁路为起点，在引进国外列车超速防护系统的基础上，根据中国高速铁路运营的特点，研制了 LSK 系列列车速度分级控制系统，并于 1997 年在广深线正式上线运用。

中国铁路在经历了五次大提速后，线路允许运行速度超过 140 km/h 的区段越来越多，达到了近 7 000 km；同时为了满足主要经济发达地区区内区外交通的需要，相继建成了运营速度达到 200 km/h 的秦皇岛到沈阳客运专线，规划在“十一五”期间建成环渤海地区、长三角地区、珠三角地区城际高速铁路和连接各个区的高速客运专线，因此，列车超速防护系统将得到越来越广泛的运用。目前，国内的超速防护系统主要有以下几种制式：

（1）引进法国的 TVM—430 型超速防护系统，UM71—2000 型区间自动闭塞系统，主要在秦沈客运专线使用。

（2）LKJ—2000 型机车运行监控器和 JTC—2000 型主体式机车信号设备组成的速度分级控制系统，18 信息移频区间自动闭塞系统，主要运用在各种线路速度达到 140 km/h 的提速线。

（3）LKJ—2000 型机车运行监控器和 SJ—94 型通用机车信号设备组成的监控系统，18 信息（或 8 信息）区间自动闭塞，主要运用在线路速度 120～140 km/h 的线路。

（4）LSK—160 系列速度分级控制系统，UM71 区间自动闭塞系统，主要运用在各种准高速铁路。其中，第 2、4 种制式在国内运用比较广泛，经过长期高速运输环境考验的只有 LSK—160 系列速度分级控制系统。

安全是铁路运输永恒的主题。随着社会的发展和科学技术的进步，铁路安全技术也有了长足的进步。但是对于高速铁路而言，与常规运行速度下的铁路运输安全相比，其安全的技术性要求是不同的。根据高速铁路的特点，其行车安全存在的主要问题有如下几个方面：

（1）列车运行的速度，如果超过 160～200 km/h，司机对于地面的信号显示和线路状态就难以辨认，更难以迅速做出反映。因此，在高速铁路区段上行驶的机车在司机室内应设置机车信号和反映地面状态（如曲线等限速地点）的显示。传统的自动闭塞和机车信号制式都是以地面信号为主体信号，高速铁路要以机车信号为主体信号。同时，原来的信息传输的数量也不能满足要求，不但作为信号显示的数量要增加，而且在进出车站、道岔和线路弯道等限速区段也要增设必要的信息。信号和线路状态的表示从地面转移到车上，从以固定设备为主的防护系统改为以移动设备为主的保障系统，这是设备和系统在空间上的转移，是铁路列车安全系统在设备功能上的一次大变革，是高速铁路提出的更高等级的要求。

（2）列车牵引功率大、动能大，牵引难、制动也难。列车牵引的功率与速度的三次方成比例，要提高列车速度，列车功率必须成倍增加。如果以 800 t（载客量约 1 000 人）的高速列车为例，最高速度分别为 200、250 和 300 km/h 时，所需的牵引总功率和比功率的计算要求列于表 8－1 所示（保有加速度 a＝0.05～0.1 m/s ）。由表中可见，列车速度由 200 km/h 提高到 300 km/h 时（提高 50％ ），功率要求提高一倍以上（120％ ）。列车的动能与速度的平方成比例，在相同列车质量情况下，列车运行的速度在 200 km/h 时的动能量为 100 km/h 时的 4 倍，300 km/h 时的动能量增至 100 km/h 时的 9 倍。这样，在高速运行下，列车必须有良好的制动系统。因此，高速列车需要采用复合制动系统（动力、盘式、涡流和磁轨等制动），利用多种制动联合作用。

表 8－1 列车牵引功率与运行速度关系

最高速度/km · h^{-1}	200	250	300
功率/kW	5 400～8 000	8 320～12 000	12 200～17 600
比功率/kW · t^{-1}	6.8～10.0	10.4～15.0	15.3～22.0

（3）设备标准高，可靠性高，技术解决难。高速铁路上运用的机车车辆、线路、桥隧和通信等设备，与常规铁路表面上区别不太大，但是，所有的铁路设施，由于速度的提高都提高了相应的标准。从安全角度出发 对各种设备的零部件的可靠性和耐久性有更高的要求，从而增加了设备技术解决的难度。高速铁路的设备，为了保证安全，不但普遍对元器件和电路等应用"故障—安全"的原则，而且对重要的控制系统，如列车控制电路这类直接危及行车安全的电路，还采用冗余技术和容错技术等，以提高可靠性；为预防火灾，机车车辆的一些零部件和隧道内的一些设备要使用难燃材料。还有，为了确保旅客安全，车辆需要采用密封性能良好和强度较高的材料。

（4）列车—线路系统（轮轨系）作用强度大，技术处理难。高速列车对线路的作用，其垂向力与横向力都将大大加剧。轮轨垂向作用力，约与速度的平方成比例，是影响运行阻力的因素之一。而轴重（轴质），尤其是簧下重量（质量）会严重影响轨道下沉、变形，导致轨道不平顺，造成磨损与破坏，并波及轨枕、道床和路基。因此，控制高速列车的轴重、减轻簧下重量以及加强轨道结构、改善轨枕与扣件性能、道床与路基质量是保证高速列车运行安全的关键性基础条件。国外很多高速铁路已在这方面进行了大量工作。轮轨的横向作用力影响列车的稳定性与曲线通过的安全，这要从机车车辆与线路两方面来改善，包括改进转向架和弹簧系与减振器的参数以及加强道床、改善道碴，保证轨道结构的横向稳定性。

（5）克服空气阻力难。空气阻力与列车速度的平方成比例，速度越高，空气阻力越大。列车速度超过 160 km/h 时，其空气阻力的矛盾将十分突出。当列车速度为 250 km/h 以上时，空气阻力占主要地位，速度 250～300 km/h 时占 75％；速度 350～400 km/h时，占的比重高达 90％左右，因此，空气阻力几乎成了列车速度提高的限制性因素。这样，车头的流线化措施，一直成为各国追求的目标。此外，空气阻力的加大，还造成噪声的增大，增加了对环境的污染。

(6) 列车密度大，行车组织难。高速列车的列车间隔在高峰期为 4 min，甚至更小，常规铁路列车间隔通常 8 min，最小 6 min。因此，高速铁路行车组织比常规铁路困难。由于我国高速铁路有可能采取“高中速列车兼容”的方式，这将使行车组织更加复杂，既要考虑高速运行的列车，还要考虑与既有线衔接的中速列车。而既有线是一个庞大的系统，情况复杂多变。高速铁路要兼容与既有线衔接的中速列车，必然要增加行车组织难度。

(7) 弓网关系复杂，稳定供受电难。在高速铁路上，确保动车受电弓与接触网的良好接触，并降低离线率，是动车牵引能量接收和再生制动能量反馈的必要措施。动车受电弓的离线率决定于列车运行时接触导线的波动传播速度。国外运用的经验表明，高速列车运行的速度与接触导线波动传播的速度之比约为 0.7，为此必须提高接触导线的抗拉强度，减轻接触导线的质量，采用先进的接触网悬挂方式与特性，使离线率控制在 5%左右。弓网之间，既要保持一定的接触压力，又要使相互间能连续滑动，具有良好的动态特性，以满足稳定供受电的需要。为此，需要减轻受电弓重量（质量），改善滑板品质，并采取措施，避免产生谐振。

(8) 设备维护要求高，检修难。高速铁路的设备，由于标准高，引进不少高新技术，增加了技术维护的难度。同时，高速运转的设备要及时或提前发现设备的隐患，随时作出相应的诊断。设备状态的检测，零部件故障的诊断，在技术上提出了更高的要求。这是因为运动中的设备，如不能及时检测出可能出现的事故隐患，其后果是不堪设想的。

(9) 障碍物、侵入物（包括在道口）与列车的冲撞以及自然灾害的袭击，后果严重。一旦有障碍物侵入高速列车运行的轨道，其侵入物只要超过 10%的车体重量，就能使列车脱轨，造成严重的行车事故。因此，必须及早探测到障碍物的存在，并采取必要的应急措施。在高速运行的线路上，几乎不允许有平交道口和汽车通行，必须采取立体交叉。同时，为防止对人畜伤害，对轨道要实行封闭。此外，地震、塌方等灾害的袭击，也将造成严重的事故。

(10) 突发事故，应急处理难。环境的变化，各种无法预见的天灾人祸等突发事件造成高速列车颠覆、人员伤亡时，必须考虑在发生事故情况下，如何使事故中人员伤亡和财物损害减少，并避免二次事故的发生，须迅速做出处理。

二、铁路运输行车安全系统的构成

铁路运输系统是一个在时间、空间上分布很广的开放的动态系统，铁路运输安全影响因素错综复杂，涉及面很广。根据系统论创始人贝塔朗菲的观点，系统是相互关联并与环境相互联系的要素的集合。从系统论的观点出发，与运输安全有关的因素划分为四类：设备、人、环境以及管理。

将事故原因归为人、机、环境的思想，最先是由美国科耐尔大学的怀特于 20 世纪 40 年代后期提出的。他认为，按人、机、环境分类是检查事故起因和预防机理的理性模型。1976 年，纽约工业学院的勘提里等人的图示揭示了以管理（规章、制度等）作为边界的人、机、环境之间的关系。以管理作为约束的人、机、环境之间的相互作用，系统将处于正常状态、近事故状态、事故状态。上述三种状态在很大程度上受社会可接受的安全水平的影响。此外，通过反馈线可将系统状态的数据反馈给管理系统，从而通过管理改变系统行为，产生不同程度的安全接受水平和系统状态。系统状态数据还可用于改进系统安全管理方法，从而最终得到更为安全的系统。

从系统论的观点出发，与运输安全有关的因素可以划分为四类：人、设备、环境以及管理，这种分类有下述特点：

（1）它是从构成生产系统的最基本元素出发，从事故的最根本原因着手，具有普遍的意义。

（2）充分体现安全是一项全员、全要素、全过程的活动。因为系统中的“人”，是指作为工作主体的人，“机”是指人所控制的一切对象的总称（包括固定设备和移动设备），“环境”是指人、机共处的特定的工作条件（包括内部环境和外部环境），考虑了人、机、环境对安全的影响，尤其考虑了三者之间的相互作用，包括人—人、人—机、机—机、机—环以及人—机—环等。

（3）以管理作为控制、协调手段，协调人、机、环境之间的相互关系，并通过反馈将系统状态的信息反馈给管理系统。

铁路运输安全是一个涉及全社会的复杂现象，是一个由自然系统和人造系统合成的动态现象。在这样一个庞大的人机动态系统中，失误的几率无处不有，要求绝对不出现安全事故是不太现实的。但是，实践证明，防止重大事故特别是旅客列车事故则是完全可能的。运输安全的主要影响因素有人员、设备、环境、管理四大类。

①人员——从事和参与铁路行车的人员。包括：机车乘务组人员、调度人员、车站行车人员以及行车设备的操作、管理、维修人员等。

②设备——有关铁路行车的各项设备。包括：线路、站场、机车、车辆、电力、通信、信号以及相关的检测、监控、维修、救援设备等。

③环境——铁路行车的环境和行车工作的环境。包括：沿线和站场周围的自然环境（如狂风、暴雨、大雾、洪水、地震、滑坡、塌方等影响）以及行车人员的工作环境（如噪声、振动、温度、湿度、光线、工作台面等影响）。

④管理。

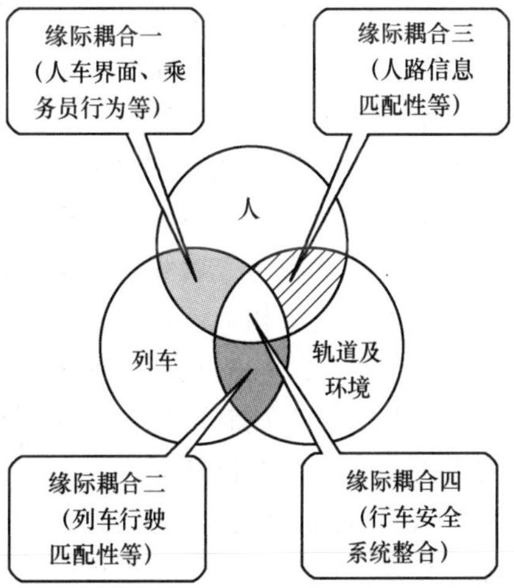

图 8—1　行车安全要素关系图

根据上面的分析，高速铁路行车安全主要构成包括了人的不安全行为、设备和环境的不安全状态，并且它们是相互耦合作用的。当不安全行为或状态所导致的危险程度超过了有关人员所能控制的阈值，行车事故就在所难免。高速铁路行车安全各要素之间存在着耦合效应，如图 8—1 所示。人—轨道—环境缘际安全耦合主要涉及人、轨道、环境和信息的匹配性问题，轨道及线路的安全设计是否符合使用者的生理及心理安全特性，信号控制系统的可靠度，铁 路安全防护设施的合理性等；人—车缘际安全耦合主要涉及人、车界面的安全设计，操作安全特性标准，车辆设计是否符合司机及乘务员的生理及心理安全特性等；车—轨缘际安全耦合主要涉及车、轨的物理匹配性问题，轨道安全设计是否符合不同列车负荷安全特性等；人—车—轨交集缘际安全耦合涉及人、车、轨系统安全匹配性问题，是行车安全管理的核心问题。

铁路行车安全管理所涉及的问题，大致分为以下四个层次：

(1) 行车事故预防体系。这是高端问题，也是从源头上解决行车安全问题的最佳层次。应建立四级行车安全事故预防体系，即行车网络预防、重点群体预防、专业预防和机制体制预防，这是解决行车安全问题的重要阶段。

(2) 行车安全保障体系，属低端问题，应建立五级行车安全保障体系，即设施完善保安全、技术提升保安全、规范作业保安全、现代装备保安全、实时检测保安全，这是解决行车安全问题的重要保证。

(3) 行车事故救援体系。这是行车安全管理的最后一个层次，事故现场救援、勘察、消防、排障、疏导等救援链形成至关重要，问题是如何优化救援链，如何设计救援链的节点及节点排序组合问题，提高事故生存率和伤害恢复率，降低事故最低失误。

(4) 行车安全管理评价体系。行车安全管理评价体系是行车安全预防体系、保障体系、救援体系的评估体系。评估体系的核心内容是提出行车安全分级管理模式及评价体系建立见图 8—2。行车安全分级管理体系的关键在于有效综合协调机制，由行车安全专家组提出系统评估方案，形成安全问题检查、预测、诊断、治理、排查、处理、效果评估与调整的工作机制。

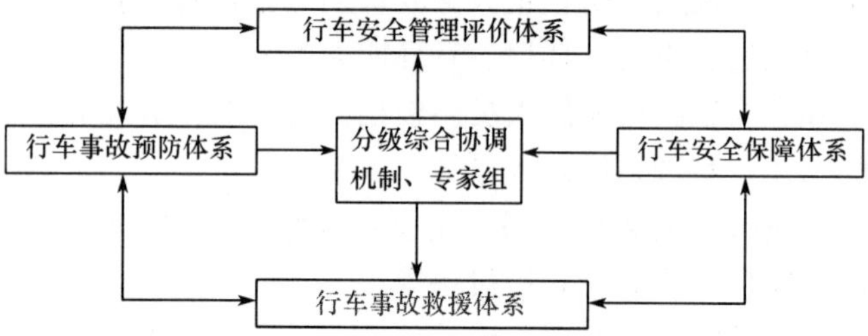

图 8—2　行车安全分级管理模式

高速铁路行车安全保障体系的逻辑结构如图 8—3 所示。该体系总体上分为三个层次。

第一层是执行决策层。该层的基本任务是处理日常业务，维持高速铁路运输系统在安全行车状态下正常运转，并收集原始的行车安全信息。它是完成高速铁路安全保障体系的执行层。

第二层是战术决策层。这一层搜收集到的丰富原始资料，经过综合加工为日常行车安全保障工作的综合管理提供决策支持。

第三层是战略决策层。依据战术决策层提供的各类能反映高速铁路行车安全概貌的主体信息，能够宏观上掌握和控制全局的安全状况，用以支持高速铁路发展的决策。

这三个层次相互依存，构成了高速铁路管理和行车安全保障体系。高速铁路行车安全保障体系各系统之间的相互关系可以用图 8—4 表示。

列车运行与控制系统，完成列车安全运行的实时控制；列车群指挥与调度系统，负责实时指挥调度列车群按列车运行图安全运行；环境监测与灾害报警系统，完成列车运行环境的安全状态监测；设施设备监测检测与诊断系统，负责实时监测或定期检测设施装备的工作状况，在发现异常情况时，进行故障诊断及查明原因，对于影响当前列车运行安全的情况，必要时还要报警；设施设备维修与养护系统，保证高速铁路的所有设施设备实时都处于安全工作状态；事故救援与减灾系统，当出现未能避免的重大事故或发生危及行车安全的严重灾害时，迅速组织全面的救援减灾工作；行车安全基础管理系统，负责路内、外人员的教育和培训；行车安全保障宏观决策支持系统，为整个行车安全保障体系的中枢，它负责各信息系统

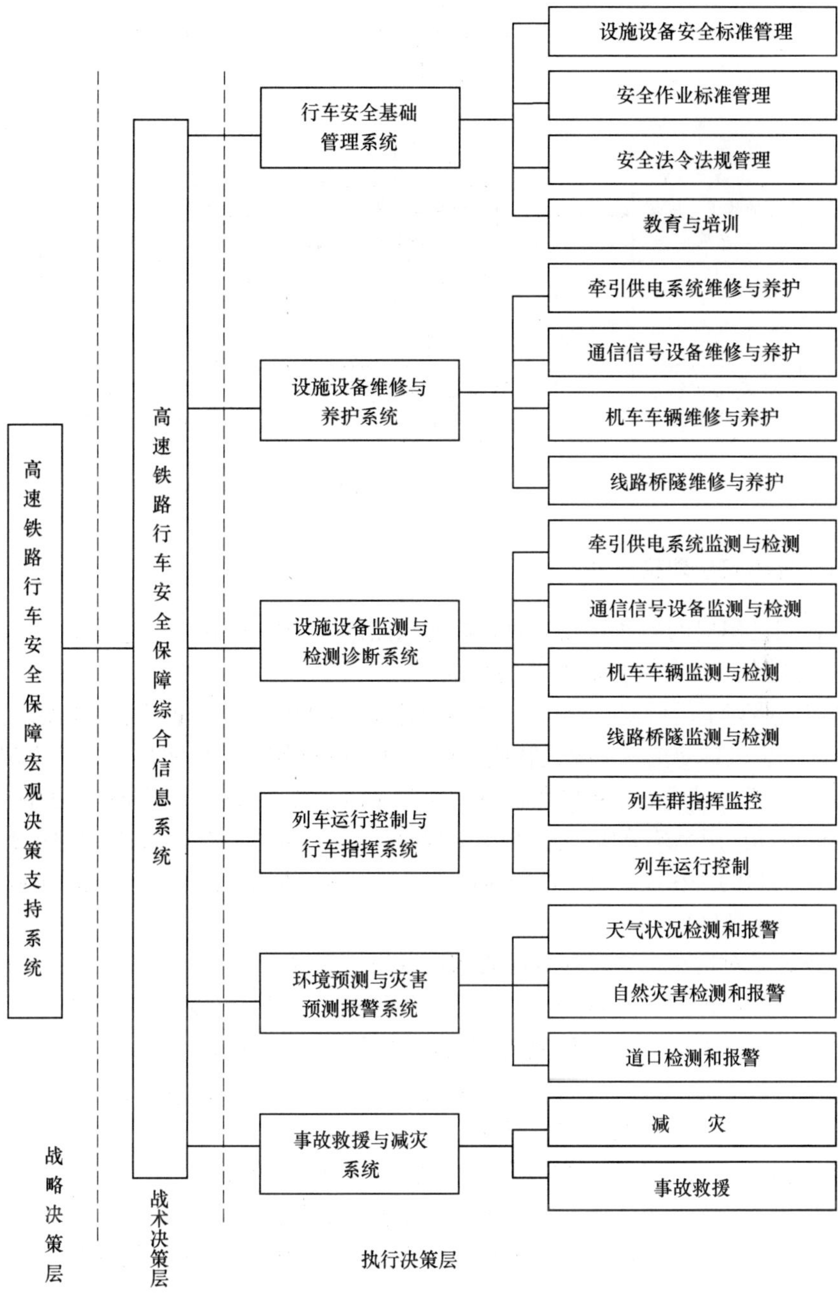

图 8—3　高速铁路行车安全保障体系实施框架

之间的信息交互，并向各生产单位提供综合信息查询服务。

各子系统间的信息交互是通过行车安全保障信息系统完成的，图中用虚线表示了各个子系统间的实际信息交互关系。

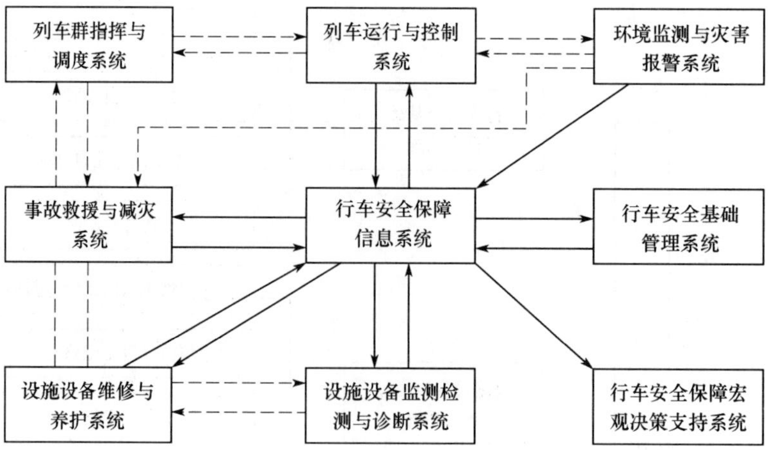

图 8—4　高速铁路行车安全保障体系各子系统信息交互

三、国外行车安全理论体系

从世界各国已建成的高速铁路来看，高速铁路的安全保障系统应包括以下几部分内容。

1. 先进的列车运行自动控制及监测系统

由于高速铁路列车运行速度较高，对速度的控制和准确制动就显得非常重要。世界各国都采用了先进的计算机自动控制系统代替或辅助驾驶员的操作，从而实现列车按规定速度行驶。如德国的 LZB 连续式列车自动保护和轨道—列车通信系统，法国的 TVM300 型信号系统，日本的列车运行自动控制系统 ATC 等。日本不仅有完备的 ATC 系统，而且为确保安全还设置了 ATC 监视器，其目的是在设备发生故障时便于查找原因，早期发现故障，及时维修。

2. 列车状态监测和诊断系统

由于高速铁路对机车设备可靠性的要求比既有铁路高，而且要求列车维修时间短，所以对列车各个部分的状态都要进行密切的监视，如热轴、车门、空调、噪声等的安全控制，钢轨、机车动力和制动方面的安全检测等。德国 ICE 列车上的诊断系统，不仅可以检测机车车辆、电气及机械方面的故障，同时列车上的故障诊断单元在发车前可对每个系统进行可靠性和功能测试，可以有效地缩短整备时间。

3. 桥梁、隧道、重要立交道口、车站、站场的监视系统

高速铁路为了提高行车速度，大量地使用了桥梁和隧道，所以必须设置桥梁、隧道监测系统，另外在车站、站场、重要立交道口也须设置相应的监测系统。如日本的限界障碍通知装置、安全侧线紧急防护装置等。

4. 环境监测和报警系统

该系统主要负责沿线铁路和自然环境的监测，当预测到可能发生灾害时，及时进行报警。监测的主要内容是地震、暴风雨、线路塌方等危及列车安全运行的自然灾害。

5. 事故应急处理系统

安全保障系统的作用是保证列车安全，避免事故发生。但事故一旦发生，有一套完善的事故应急处理系统，对减轻人员伤亡，减少事故损失，具有非常重要的意义。事故应急处理系统与上面 4 个子系统是相互交叉的，但它又可以相对独立出来。如日本高速列车上的防护开关就属于这个系统，当接触网与钢轨间通过车体短路时，防护开关自动动作，切断列车电

源。另外还有防护无线电装置，在邻线列车出轨、汽车故障占道时，可向无线电辐射范围内的所有列车发出警报。

第二节　动车组作业安全

现阶段中国动车组基地的建设尚处于起步阶段，对运用整备装置的设置也不完备。动车组整备隔离开关的控制长期以来采用人工扳动和挂接地杆，并由监护人实施监控。由于供电电网是 25 kV 高压，而车辆乘务员、检修工作人员需登上车顶进行作业，如果联系不畅，隔离开关操作不当就会造成人身伤亡，威胁人员生命和设备安全。所以对如何有效保障人身及设备安全，有关部门不仅制定了一系列严格的规章 也采取了一些技术措施，但均不能从根本上保障安全。

由于基地车辆出入频繁、数量较多，整备作业工序复杂、时间紧迫，因此对车辆的放置位置及信息要求较高。如果车辆占用股道及摆放序列等信息不能正确及时反映给调度人员，势必造成一定程度上的混乱，影响整备效率。同时，随着计算机及网络技术的发展，现有基层设施均不满足信息化的要求。所以引入安全防护系统，通过设备来保障作业安全和效率是最终解决问题的有效途径。

1. 高速动车组基地对动车组运用安全的要求

高速动车组基地用以保证动车组安全、迅速、可靠地投入运行，并以相应的舒适设备充分满足旅客的要求。鉴于基地车辆出入频繁、数量较多、整备作业工序复杂、时间紧迫的特点，对动车组的调度、停放位置及信息要求较高。如果动车组占用股道及停放序列等信息不能正确及时反映给调度人员，势必造成整备场内出现混乱，影响整备作业效率。因此，通过设置电动道岔系统和车号识别系统，并将车号识别系统提供的车号信息引入道岔集中控制，实现信息共享。动车组的运用情况及状态信息能迅速传递至各相关部门，实现对车辆的全面监测，为运用管理提供方便。

在动车组的整备、计划性的检查和临修过程中，考虑到作业的安全性和工作效率，应设置联锁控制系统。该系统应引入身份识别装置，并要求司机正确输入身份代码、车号及股道号，由隔离开关控制微机首先判断是否具备隔离开关的操动条件，然后向监控室（道岔集中控制室）发出申请，经监控室微机判断后再经监控人员授权，方可操动隔离开关。操动时须由正副司机联合动作，这样可以很大程度上满足使用的安全要求。

为了有效和直观地监视整备场的作业情况，给动车组调度指挥提供帮助，同时，也为了隔离开关的远程监控，对操动隔离开关的人员安全快速地发出授权命令，需要在整备区域设置监控装置，利用摄像设备将整备区域的图像信号送至频器，再由频道转换器输出给监控器和微机。微机可将图像信号转换成数据存入硬盘以供查讯，监控器可随时切换到所需画面，直观、有效地显示站场信息。

2. 高速动车组基地运用安全系统的设置和技术系统的组成

高速动车组基地运用安全系统应包括道岔集中控制系统、车号识别信息系统、隔离开关微机联锁系统、整备场作业图像监控系统 4 个组成部分。系统软件平台应采用 Windows2000 中文系统作为软件系统的工作平台。Windows2000 视窗系统采用 NT 内核，系统稳定性好、可靠性高，已获得广泛的认可，利用其优越的网络功能，可以很方便地实现远程控制、远程查询、故障跟踪及软件功能分解，为系统的进一步改进和发展提供了良好的软件环境。

3. 道岔集中控制系统的结构

微机联锁的道岔集中控制系统是未来发展的方向。传统的微机系统多采用联锁机、执表机、操控机三层结构。各部分相互独立，设备体系较为复杂，维护人员的素质要求较高，而且整机可靠性差，容易出现宕机、操控失灵等故障。随着计算机技术的发展．将联锁机、执表机、操控机三机一体是完全可行的。这样做使系统具有结构简单、可维护性好、操控方便的优点。道岔集中控制系统结构见图 8－5。

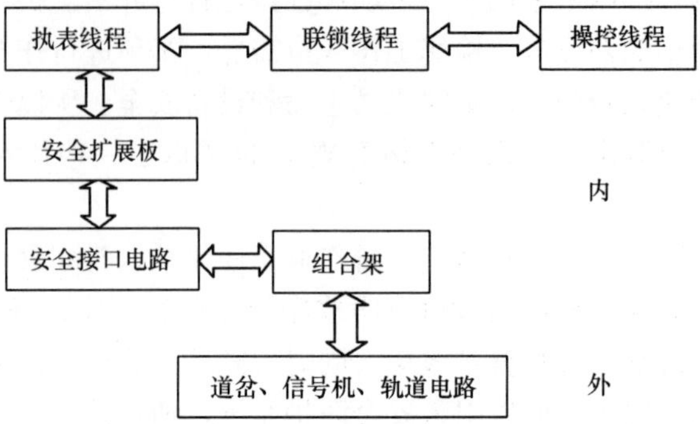

图 8－5　道岔集中控制系统结构

所谓三机一体是指通过 Windows 系统的多线程机制将联锁机、执表机、操控机作为 3 个独立的线程置于同一个 CPU 上执行，通过合理安排其优先权，保证各线程独立运行并能随时提供各自所需数据协同工作，完成微机联锁系统的采样、输出、联锁及人机接口过程，共同实现选排进路、转换道岔、锁闭进路、开放信号及联锁等一系列功能，实施对动车组的正常调度。

执表线程的接口采样及命令输出是通过安全扩展板控制接口电路实现的，这一方式消除了采用通讯传输时容易出现的干扰、死机以及时间滞延现象，保证了采样及控制输出的安全和实时可靠。操控线程应设置选排进路、取消进路、故障解锁、道岔单操、信号单操、车号输入、车辆合并分解等操作功能，同时还完成站场显示及记录。微机联锁线程设置两个背靠背的联锁模块 由它们共同完成联锁功能。这样做极大地消除了因软件错误而可能造成的误解锁、误操作等危险输出，使联锁功能导向安全。

由于道岔集中控制装置使用上的特殊性，它一经投入使用，便需不间断工作，以确保车辆运用作业不受影响，这对整个系统的设备可靠性提出了较高的要求。为此可采用双机热备方式，当设备出现故障时，通过主备机切换系统仍能工作，不影响动车组的运用作业。在主备机切换时，站场信息及联锁状态应保持连续性。因此要求主备机始终保持信息共享。这一点 在动车组进出频繁时尤显重要。

4. 隔离开关微机联锁系统的操动

隔离开关主机采用 Windows2000 视窗系统，工作时在显示屏上始终显示隔离开关的分合闸位置、接地杆归离位状态、隔离开关信号灯的开放与关闭等信息。司机在进行隔离开关的分合闸操作时必须刷卡，输入身份代码、机车号、股道号、分合闸条件等信息，不满足条件则无法授权操作并给司机提示相关提示信息。操控申请通过通讯电缆到达监控室微机（道岔集中控制微机）后，要求监控人员通过图像监视系统观察现场情况并作出正确判断，决定是否发出授权命令。司机接收到授权命令后需会同副司机联合操动申请批准的分合闸按钮及开关，启动相应股道的电动机构旋转，将隔离开关置于所需位置。若是分闸，接地杆锁闭机构开放，司机应挂接地杆。挂接地杆时，归离位表示行程开关断开，微机采样显示挂地杆离位。若是合闸，司机必须将接地杆复位，否则电动机构不能操动。当接地杆归位后行程开关闭合，电动机构旋转，带动隔离开关合闸，同时接地杆锁闭机构将锁闭接地杆，使接地杆在合闸状态无法取出，防止合闸后意外挂接地杆。

隔离开关控制微机通过 485 远程通讯接口板与监控室微机保持实时通讯，监控室微机屏幕始终有一对话框显示隔离开关及接地杆状态。在隔离开关有申请要求时，还弹出申请对话框 提示监控人员及时作出响应。而由监控室联锁微机控制的隔离开关信号灯开放和关闭时，也将在隔离开关控制装置的微机屏幕上实时显示。

当远程通讯出现故障时，在监控室微机屏上不能给出隔离开关及接地杆等状态的明确信息，申请要求也无法提出或得到批复，以保证安全。而在隔离开关装置控制微机上将无法确定隔离信号灯状态，以提示司机通讯出现故障。隔离开关信号灯只有在相应股道合闸时，才可能由监控人员操动开放，显示白色，否则显示红色。当信号灯处于开放时，也可由监控人员将其强行关闭。防止非法操动隔离开关装置应采取的措施是，刷卡时卡内有司机身份代码，当按键输入的代码与检验不一致时不予申请，分闸后将存入分闸时的刷卡信息，在同股道合闸时，必须用输入分闸时的司机卡进行刷卡，并输入有效信息，否则不予批准合闸申请。申请后监控室微机将判断司机输入的车号、股道号是否与监控室联锁微机一致，若不一致将无法授权，若一致亦需由监控人员许可并确认，授权命令方可发出。司机收到命令后，便可进行隔离开关的分合闸操作。隔离开关微机控制系统的结构见图 8—6。

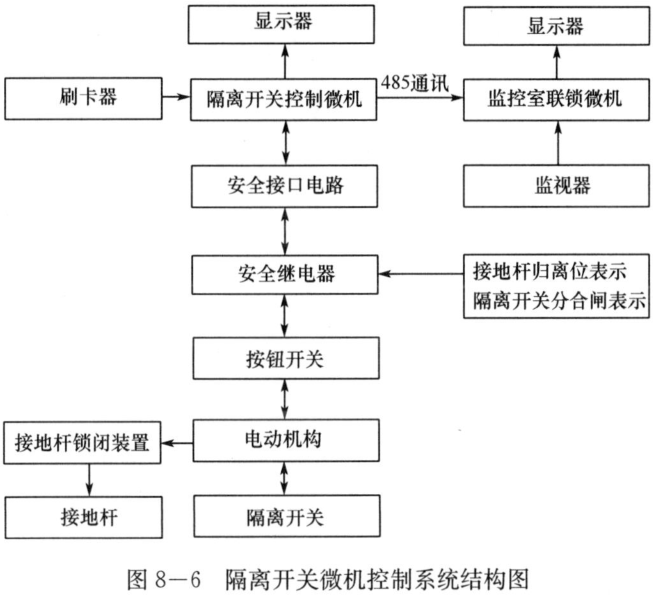

图 8—6　隔离开关微机控制系统结构图

5. 整备场作业图像监视系统的结构

高速动车组基地出入库动车组多，运用作业范围较大，包括加油、洗车、上砂、车顶作业、地沟作业、常规检查、临时故障处理、调车作业、司机考勤等，工作紧张而又繁忙，稍有疏忽就会造成混乱，影响运输生产。为了加强管理，使整备场作业得到有序控制，并为分析故障和事故提供依据，隔离开关操纵的远程监控需要监控人员及时掌握隔离开关及车顶作业的现场情况，为正确操动隔离开关授权。